철학의 거장들

철학의 거장들 4

현대편 _ 니체에서 사르트르까지

오트프리트 회페 엮음 | 이진우·윤형식·김희봉·최재식·윤선구·이종훈·신상희·구연상 옮김

한길사

Klassiker der Philosophie Volume 1 & 2

Herausgegeben von Otfried Höffe

니체(1844~1900)

"유럽 문명에 대한 강렬한 비판이라는 점에서는 루소와 비슷하지만, 비판의 척도가 루소의
인간이념과 정반대라는 의미에서 거꾸로 된 루소"(카를 뢰비트)인 니체의 등장으로
철학적 사유의 성격이 근본적으로 변화한다. 니체와의 대결은 아직 시작되지도 않았다.

뭉크의 「절규」(1893)

인간은 늘 선택이라는 상황에 직면한다. 그러나 결과를 확신할 수는 없다.
우리가 오로지 확신할 수 있는 것은 삶에 드리운 죄의식과 불안이라는 하이데거의 말은
비관적이기까지 하다. 뭉크의 「절규」는 존재의 혼란스러움과 고독이 낳은 불안과 페시미즘을
강렬하게 표현하여, 실존주의 철학사상을 간접적으로 표현하고 있다.

금세기의 가장 뛰어난 사상가로 평가받는 철학자 하이데거(1889~1976)

하이데거의 위대한 정신은 그가 이룩한 철학적 성과의 한계를 부각시킴으로써
명확하게 제시될 수 있을 것이다. 생동하는 철학적 영감을 지닌 하이데거는
존재론적인 근본개념들의 역사적인 의미변천을 추적하는 가운데 뛰어난 예지력을 보여주었다.

프롬, 마르쿠제와 함께 비판적 사회이론을 발전시킨 호르크하이머(1895~1973)
프랑크푸르트 학파의 수장이기도 한 호르크하이머는
마르크스주의를 재해석하고 프로이트의 정신분석학과 미국 사회학의 방법론을 결합하여
현대 산업사회에 대한 비판이론을 전개했다.

오트프리트 회페 엮음 ■ 이진우 · 윤형식 · 김희봉 · 최재식 · 윤선구 · 이종훈 · 신상희 · 구연상 옮김

철학의 거장들 4

현대편 ■ 니체에서 사르트르까지

한길사

철학의 거장들 4

차례

한눈에 바라본 20세기의 사유
—허무주의와 실존의 사이

철학의 거장들은 이름을 가지고 있다. 단순하고 자명할 뿐만 아니라 진부하기까지 한 이 말은 그렇게 간단하지 않다. 이 책에서 소개되고 있는 철학자들은 종종 그들이 사유하였던 문제와는 관계없이 이름만 거론되곤 하지만, 그들에게 꼬리표처럼 따라붙는 거장이라는 칭호는 사실 인간과 세계의 관계를 새롭게 조명한 그들의 사상에 토대를 두고 있다. 하이데거가 니체를 가리키며 말한 것처럼 거장의 이름은 항상 그가 사유한 문제와 사태를 상징적으로 대변한다.

만약 우리가 새로운 방식으로 삶과 세계를 해석하고자 하였던 거장들의 동기와 문제의식을 망각하고 그들의 이름만을 기억한다면, 거장의 권위는——권위(auctoritas)의 라틴어 어원이 말해주는 것과는 정반대로——우리 삶이 성장하도록 만들기는커녕 삶에 관한 사유의 가능성마저 억누를 것이다. 그들이 스스로를 이해하였던 것보다 그들을 더 잘 이해할 수 있는 가능성을 함께 제공하는 철학자들만이 진정한 거장들이다. 우리와 그들을 연결시키는 유일한 끈은 다름 아닌 그들이 평생 동안 철저하게 사유하였던 문제이다. 그것은 니체가 온몸으로 느끼고 사유하였던 '허무주의'일 수도 있고, 후설이 새로운 명료성을 획득하고자 하였던 '의식'의 문제일 수도 있고, 비트겐슈타인이 수많은 철학적 문제를 야기한다고 파악한 '언어'의 문제일 수도 있고, 우리의 입에 수없이 오르내리면서도 그 표현이 본디 무엇을 의미하는지 제대로 파악된 적이 없다고 하이데거가 말하는 '존재'의 문제일 수도 있고, 존재와 무 사이에서 벼랑 타기를 하는 인간의 '실존'을 천착한 사르트르의 문제일 수도 있다. 이러한 문제들이 잊혀진다면 거장들의 이름은 단지 껍데기로만 존재할 뿐이다. 이 껍데기 속에서는 아무도 이해할 수 없는 어려운 개념들과 현실적 삶과 유리된 사변들만이 춤을 출지도 모를 일이다.

그러나 철학의 거장들은 자신의 존재와 이름을 통해 철학을 정당화하는 창조적 예술가들이다. 현대철학의 전환점이라고 할 수 있는 니체는 이렇게 말한다. "철학을 반대하는 사람들이 있다. ……그러므로 철학을 정당화하고자 하는 사람은 건강한 민족들이 무엇 때문에 철학을 필요로 하고 또 사용해왔는가를 보여주어야 한다."

이 책은 현대의 철학적 거장들을 니체를 기점으로 분류하고 있다. 니체와 함께 철학적 사유의 성격이 근본적으로 변화한다는 점에서 니체는 분명 현대적 사상의 중심을 이루고 있다. 하버마스가 니체를 포스트모더니즘의 전환점으로 파악하고 있다는 점에서도 알 수 있듯이 현대에 대한 철저한 자기비판이 니체에게서 정점을 이룬다. 니체에게서 시작하여 사르트르에 이르는 현대철학의 거장들이 남겨놓은 사유의 흔적들은 한결같이 '회의'와 '시작'의 기호를 달고 있다. 그들은 전통 형이상학에 의해 더 이상 해석될 수 없는 새로운 문제들에 직면하여 삶과 세계를 새롭게 해석하려고 시도한 것이다. 전통의 형이상학적 이성에 대한 철저한 '회의'와 세계를 다르게 해석함으로써 새로운 사유를 '시작'하고자 하는 열정은 각자 다른 문제들과 씨름하였던 현대의 철학적 거장들을 하나로 묶어준다.

현대의 철학적 거장들은 '철학의 종말'이 공공연하게 거론되는 시대에 철학을 정당화하였다. 철학의 종말은 우리에게 무엇을 의미하는가?

헤겔이 철학의 종말을 언명한 후에도 여전히 철학은 존립한다는 실증적 사실은 결코 이 질문의 심각성을 훼손하지 않는다. 극단적으로 단순화시켜 표현하면, 철학의 종말은 '삶과의 관계 상실'을 의미한다. 철학이 본래 무엇을 의미하는지 분명하지 않다면, 철학이라는 낱말이 개념적으로 박제되어 사전에만 등장하는 것이라면, 우리는 우선 '철학의 의미'에 대한 물음을 새롭게 제기할 필요가 있다. 그러므로 현대의 철학적 거장들은 일차적으로 철학을 정당화하려는 회의적 질문자들이다.

철학적 거장들은 동시에 전통의 창조적 계승자들이다. 전통적 철학이 철저하게 회의된다는 사실은 단순한 부정만을 의미하지 않는다. 니체, 비트겐슈타인, 하이데거, 아도르노 등으로 대변되는 철학적 부정성은 항상 전통의 창조적 재해석을 함축한다. 철학적 거장들이 종종 전통적 철학자들을 창조적으로 오해함으로써 새로운 해석을 제공하였다는 것은 많은 것을 시사한다. 그들은 동일한 문제를 시대적 상황에 따라 다르게 해석함으로써 거장의 대열에 합류한다. 거장과 거장을 이어주는 전통의 끈이 '동일성'보다는 '차이'에 근거한다는 점이 가장 극명하게 드러난 것이 또한 현대철학의 특징이기도 하다.

그렇지만 위대한 거장들은 항상 위대한 정치철학자이기도 하다. 이 명제는 이 책에서는 현대적 거장들에 합류하지 못한 야스퍼스의 말이기는 하지만 철학적 거장의 핵심을 정확하게 포착하고 있다. 설령 그들의 사상이 지극히 사변적이라고 하더라도 정치적·사회적 의미를 획득하는 것은 '당대와의 불화'가 그들의 사상을 산출하였기 때문이다. 니체는 자신의 철학이 시대의 고통을 온몸으로 겪은 자신의 체험을 말해줄 뿐이라고 말하지 않는가? 그렇기 때문에 야스퍼스의 말은 사회비판의 가능성을 철학적으로 모색하였던 호르크하이머와 아도르노에게만 해당하는 것은 아니다. 프레게, 베르그송, 러셀, 카르나프의 철학에도 시대에 대한 철학자의 보다 자유로운 시각이 반영되어 있다.

이 책의 미덕은 현대철학의 거장들을 쉽게 만날 수 있음으로써 현대

사상의 흐름과 성격을 가늠할 수 있다는 데 있다. 어떤 사람은 현대철학의 거장을 선별한 기준에 의문을 제기하면서 다른 철학자들의 이름을 언급할 수도 있다. 우리는 이 책에서 서술된 철학자들만이 거장들이라고는 생각하지 않는다. 그렇지만 여기서 자리를 함께 하고 있는 철학자들이 거장들이라는 사실에는 의심의 여지가 없을 것이다.

그렇지만 이 책의 더 커다란 미덕은 거장들의 사상을 그들의 삶과의 연관관계 속에서 서술하고 있다는 점이다. 이것은 자칫하면 전기적 호기심만을 불러일으킬 수도 있겠지만, 각 분야의 전문가들에 의해 집필된 이 글들은 해당 철학자들의 문제의식과 사유방향을 생생하게 서술하는 데 성공하고 있다. 위대한 거장들에게서 기쁨을 느끼는 사람들은, 그들의 사상이 설령 전적인 오류라고 할지라도, 그것에서도 역시 즐거움을 갖는다. 그것은 사유의 문제를 대하는 열정과 진실성이 독자에게 전달되기 때문일 것이다. 어떤 사상의 이해는 일차적으로 이해하고자 하는 마음에서 생겨난다. 그렇기 때문에 이 책의 번역은 모두 해당 분야의 전문가들에 의해 이루어졌다. 전문가들이라고 해서 오류로부터 완전히 벗어난 것은 아니다. 단, 자신이 맡은 거장들을 이해하고자 하는 마음이 남다를 뿐만 아니라 거장들의 사상을 전체적인 맥락에서 파악하고 있다는 점만은 거장들의 사상과 사유의 호흡을 전달하는 데 긍정적으로 작용하였을 것이다.

비록 번역이기는 하지만 우리도 이제는 20세기의 사상을 한눈에 바라볼 수 있는 책을 가지게 되었다. 인문학의 붕괴가 유용성과 경쟁력의 이름으로 정당화되고 있는 시대에 이런 책을 출간한다는 것 자체가 반(反)시대적일지도 모른다. 이 자리를 빌려 용기 있는 결정을 해주신 한길사의 김언호 사장님께 깊은 감사를 드린다.

2001년 3월
이진우

16

머리말

"인간의 마음을 윤택하게 한 사람이 진정한 거장이다."
●샹트-뵈브, 1850년 10월 21일

철학의 경우 거장(Klassiker)은 전문가에게만 의미가 있는 것이 아니다. 고대 그리스에서 시작했고, 그 이래로 아주 상이한 언어들 속에서 그리스의 이름으로 명명된 모든 활동들은 인간들로 하여금 새로운 방식으로 생각하고 말하고 또 행동하게 만들었다. 신화(Mythos)의 자리에 이성(Logos)이 들어섰다. (신들의 작용, 세계의 단초, 인간 사회의 시작 등에 관한) 이야기에 의한 근거지음(Begründung)은 개념논증적이며 따라서 일반적으로 조종 가능한 근거지음으로 대체된다.

이른바 소크라테스 이전의 철학자들, 즉 이오니아 자연철학자들인 헤라클레이토스와 파르메니데스에서부터 철학의 거장들은 이런 새로운 정신—'논리적인'(logisch) 정신—을 발견했고, 시대를 형성하는 선례들을 개진했다. 그들은 인간의 근본물음을 정립했고, 이 물음에 답하기 위해 개념을 만들고 방법을 고안해냈으며, 이를 통해 해결책, 즉 그것이 갖는 근본적이고 포괄적인 의미로 인해 인간의 자기이해와 세계에서 인간의 위치를 결정적으로 규정해줄 해결책을 발전시켰다. 이렇게 해서 철학의 거장들은 제2프랑스 제국의 공식 비평가인 샹트-뵈브(Sainte-Beuve)에 의해 높게 제시된 척도, 즉 "인간의 마음을 윤택하게 한 사람이 진정한 거장이다"라는 척도를 충족시킨다.

철학의 거장들은 동시에 인간 정신의 거장들이다. 어떤 것을 구성하든 해체하든 간에, 또 어떤 것을 발견하든 파악하든 혹은 비판하든 간에 그들은 주변부가 아니라 중심부에서 강하게 영향력을 행사한 사람들이다. 우리의 자연 및 사회 인식의 구조는 우리의 도덕적·정치적인 생활세계의 구조와 마찬가지로 철학이 없이는 생각될 수 없다. 따라서 이런 것은 마르크스 이전의 사람들 및 심지어 '그저 사변적인' 사상가들에게서도 마찬가지다. 철학의 거장들이 세계를 그저 다양하게 해석했던 것만은 아니다. 사유의 독창성, 철저함 및 일관성에 힘입어 그들은 또한 세계를 변화시켰다. 직접적인 행위가 그들의 과제가 아님은 분명하다. 그들은 통상로를 발견하지도 않았고, 경제제국을 건립하지도 않았으며, 종교를 창시하지도 않았다. 그리고 그들 대부분이 문예적인 재능을 갖지 못한 것은 아니었지만, 문학과 시의 역사에서 한자리를 차지한 사람들은 극소수에 불과했다.

철학자들의 일은 사유(Denken)이다. 그리고 그들이 이 사실을 진지하게 생각한다면, 이 또한 사유와 다름 아니다. 세계를 변화시키려고 서두르는 철학자들은 어설픈 사상가로, 또 동시에 풋내기 실천가, 정치가로 전락할 위험이 있다. 그들의 직접적인 과제는 핵심을 찌르는 질문을 제기하고, 방법적으로 모색하며, 혁신적인 해결책을 제시하는 것이다. 이런 것을 성공적으로 이루었을 때 그들은 세계를 변화시킬 힘을 갖게 된다. 철학적인 사유가 야기하는 이 변화는 물론 일반적으로 곧바로 감지될 수 있는 것도, 예견될 수 있는 것도 아니다. 그렇다고 해서 그 변화가 결코 하찮은 것은 아니다. 한 예를 들자면, 플라톤과 아리스토텔레스가 유럽 및 지중해안 국가들의 발전에 미친 영향력이 페리클레스나 알렉산드로스 대왕보다 떨어지는 것은 아니다.

뿌리까지 침투해 들어가는, 문자 그대로 철저한 사유는 피상적인 관찰자를 쉽게 혼란에 빠뜨릴 수 있는 속성을 갖고 있다. 깊숙한 질문들 및 포괄적인 문제들이 어디에 놓여 있으며, 이것들이 어떤 척도에 따라 분명하고 정확하게 정립된 것으로 또 이성적으로 해결된 것으로 간주될 수 있는지, 이와 같은 두번째 열(zweiter Ordnung)의 물음들, 이런 근본적(Grund) 또는 메타(Meta) 질문들은 철학에서 확정된 적이 한 번도 없다. 그것들은 철학의 본질적인 대상들이고, 철학의 독특한 의미와 함께 그것의 난해성을 보여준다.

게다가 우리는 철학사에서 다음과 같은 근본물음들을 발견할 수 있다. "대상이란 무엇이고, 인식은 무엇이며, 언어는 무엇이고, 이성적인 행위란 무엇인가?" 그러나 이와 같은 물음들은 문제의 고정된 규준을 형성하고 있지 않다. 공동적인 근본물음의 영역에서 질문의 의도는 변화되고, 새로운 관점들이 나타난다. 많은 것들이 보다 선명하게 보이고, 또한 보다 좁거나 다시 포괄적으로 보일 수도 있다. 철학적인 사유가 지나가는 지평은 결코 완결된 채로 있는 것이 아니다. 이 지평은 사유 속에 그저 자유롭게 놓여 있는 것이 아니다. 그것은 또한 종종 충분하게 만들어져야 한다. 그리고 정확한 질문들뿐만 아니라 그것의 해결 기준들도 철학에 의해 규정되어야 한다. 정확한 정립 및 확실한 검사로 간주될 수 있는 것을 위한 척도들이 규정되어야 한다.

바로 여기에 철학과 개별과학들(Einzelwissenschaften)간의 중대한 차이가 있다. 개별과학들이 주장을 제시하고 검사, 즉 확증(bestätigen)하거나 반박(widerlegen)하는 반면, 주장이 무엇이고 또 그것이 언제 확증된 것으로 또는 반박된 것으로 간주될 수 있는지를 최초로 해명하는 작업이 철학에 속한다.

그러므로 철학은 그 계속되는 새로운 노력에도 불구하고 끝내 확실한 학문의 서열로 올라간다는 것, 그 이름의 첫번째 부분에서 벗어날 수 없다는 것이 역사의 과정에서 나타나고 있다. 사랑-지혜(*philosophia*)로서 철학은 소유가 아니라 지식의 독특한 형태에 대한, 그것의 근본 혹은 최고의 형태에 대한, 계속적이고 새로운 추구이다.

이 철학이라는 지식의 형태는——간과해서는 안 될 지식의 다양하고 독특한 모습을 해침이 없이——일반적인 세 특징, 즉 논증(Argumentation), 반성(Reflexion), 무전제성(Voraussetzungslosigkeit)에 의해 특징지어질 수 있다.

오류를 파괴하고 참된 지식을 정초하려는 목표를 갖고 있는 철학자는 먼저 인간에게 호소하는 것이 아니라, 질문을 제기하고 정초된 대답을 모색한다. 그는 정의(Difinition)를 제안하고, 주장을 제시하며, 확증과 반박을 모색한다. 그는 제시된 문제설정 및 근본개념들을 검토하고 이로부터 새로운 것을 형성한다.

이런 다층적인 논증작업은 모두 반성의 성질을 갖고 있다. 철학은 직접적인 인식, 일상언어적인 혹은 개별과학적인 (자연적·사회적·언어적 세계에 관한) 인식으로부터 거리를 취하며, 이로써 새로운 관점에서 이 인식을 그 요소들로 나누고 또 그것을 원리로부터 무모순적으로 파악할 수 있게 된다. 그러므로 참된 철학적 방법, 즉 논리분석적인, 해석학적 혹은 현상학적인, 선험적 혹은 변증법적인 사유방식을 통해서 자연적·사회적·언어적 사태에 대한 우리의 지식은 거의 확장되지 않는다. 이러한 과제를 수행하는 것은 자연과학, 사회과학, 언어학과 같은 개별학문들이다.

그 반면에 철학을 통해서는 이 사태적 지식(Sachverhaltswissen)을 갖고 걷는 인간의 길, 자신의 세계와 자기 자신을 추론하는 인간의 길이 두번째, 반성적 지반 위에서 계속된다. 그러나 이런 속행은 개별과학적인 인식 및 일상적 지식에 대해 중대한 결과를 초래하며, 아주 본질적으로 그 근본개념들과 방법들, 그 목표들과 기준들을 만들어낸다.

이와 동시에 철학은 방법적인 의미에서 무전제적이고자 한다. 철학의 비판적인 논의에서 원칙적으로 벗어나는 것은 아무것도 없다. 아주 일상적인 것도 문제시되어야 하고, 철학 자체도 마찬가지이다. 이러한 철학의 자기비판도 철학적 사유의 구성적인 요소에 속한다.

그러므로 이와 같은 사유의 발전에 근본적인 일익을 담당한 철학자들은 거장으로 간주될 수 있다. 웅장하고 길다란 현대철학의 '조상 기념품 진열실'(Ahnengalerie)에 관해서는 독창성과 중요성의 척도가 아주 엄격하게 해석되어야 한다. 실제로 신칸트주의, 신스콜라주의 등의 주요한 주창자들이라 하더라도 여기에는 받아들여질 수 없다. 나아가 '거장'이라는 표현은 질적인 탁월성을 함축하고 있다. 고대 로마에서 클라시키(Classici)가 최고 지배자 집단의 일원이었듯이, 철학에 고유한 사유를 가장 탁월하게 실현한 사람만이 거장에 속한다.

거장들은 철학의 과업을 선례적으로 실현했기 때문에 그들은 우리에게 철학의 임무, 가능성, 심지어 한계에 대한 정보를 가장 잘 전해줄 수 있는 사람들이다. 마찬가지로 거장들은 서구정신의 발전사상 중요한 단계를 우리에게 보여주고, 이로써——직접적으로든 간접적으로든 간에——우리 사유를 오늘날까지 적지 않게 규정한 근본개념들, 방법들 및 태도들의 기원을 현시하는 사람들이다. 끝으로 거장들은 그들의 문제를 다시-사유(Nach-Denken)함으로써 스스로 사유하도록 우리를 자극하는 사람들이다.

거장들의 주저를 강독하고 비판적으로 토론할 때 우리는 그저 철학의 실례들을 배우는 것이 아니다. 이와 더불어 우리는 스스로 철학하는 것을 배운다. 그래서 많은 현대 사상가들——해석학적 혹은 변증법적 사상의 주창자뿐만 아니라 현상학자, 선험철학자, 심지어 분석철학자 및 논리학자들——은 자기 분야의 탁월한 대변자들과 끊임없이 새로운 토론을 모색한다.

거장에 대한 이런 다층적인 의미로 말미암아 그저 개념, 문제, 학파의 역사가 아니라 특히 거장의 역사로 철학사를 기술하는 것이 적절한 것이다.

현대로 내려올수록 우리의 선별 작업은 더욱 어렵고 논란의 여지가 있다. 최소한의 객관성을 담지하기 위해 우리는 이 책에서——철학적인 질과 중요성이라는 척도 이외에——생존자는 제외한다는 기준을 적용했다. 우리는 또한 편향적인 태도를 거부하고, 아리스토텔레스 이후의 고대철학, (천 년 동안의) 중세철학 및 비독일어권이나 비영어권의 근세철학에 대한 과소평가를 교정하려고 노력했다.

이와 같은 관점들이 객관적인 선별 작업에 전적으로 충분한 것은 물론 아니다. 납득 가능성보다 더한 것이 요구되어서는 안 된다. 몇몇 경우 우리는 여러 명의 철학자들을 한 장에 묶어 기술했다. 소크라테스 이전의 철학자들과 스토아 학파, 프랑스 계몽주의, 미국 프래그머티즘, 호르크하이머 및 아도르노가 그 경우이다. 이런 방식을 통해서만 철학의 주요 흐름들이 과대·과소평가되지 않고 또 편향되게 기술되지 않을 것이라 생각했기 때문이다.

각각의 기고문들은 현재의 국제적인 연구 상황을 바탕으로, 또 새로운 문제제기와 방법을 고려해서 거장들에 대한 정보 및 비판적인 설명을 개진하고 있다. 전문가들뿐만 아니라 입문자들, 또 철학에 관심을 갖고 있는 비전문가들이 이 글의 독자들이다. 각 기고문들의 서두 부분에서는 거장들의 생애가 짤막하고 일목요연하게 설명되고, 그 정신사적·사회사적인 배경도 언급되고 있다. 저작에 대한 부분이 이 글들의 핵심을 이루고 있으며, 여기서 작품의 다양한 주제적·역사적 측면들뿐만 아니라 이전 및 당대의 작품들과의 상호 연관성이 제시되고 있다. 물음의 제기와 방법, 의도, 해결방안 및 근본개념에 대한 논의를 통해서 독자들은 각 사상가들의 다양하지만 잘 알려져 있지 않은 부분들을 접하게 될 것이다. 영향사가 글 마지막 부분에서 요약적으로 정리되고 있다. 부록에서 상세하게 제시되고 있는 참고문헌은 학적인 방향정립과 보다 정확한 연구에 기여할 수 있을 것인데, 우리는 최신의 연구 동향을 고려하여 작성된 이 부분에서 원전과 중요한 참고 저작들에 대한 정보를 얻을 수 있기 때문이다.

이 기획이 마침내 그 윤곽을 드러낼 수 있도록 뜻깊은 조언을 해준 동료들, 무엇보다도 이 기획이 실현될 수 있도록 원고를 보내준 동료들에게 감사드린다. 그리고 이 기획을 사려 깊게 보살펴준 출판사의 시비(Günther Schiwy) 박사, 복잡한 원고를 편집하느라고 수고한 모타스(Christian Mottas) 씨에게도 감사드린다.

1993년 10월 튀빙겐에서
오트프리트 회페

1 | 논리적 사유에서 시적 사유로

프리드리히 니체(1844~1900)

"진리는 추악하다.
우리는 진리로 말미암아 멸망하지 않도록 예술을 가지고 있다."
●니체

니체(Friedrich Nietzsche)는 스스로를 고대철학으로부터 크리스트교 시대 전체를 거쳐 그 자신의 현재에까지 이르는 긴 시대의 끝에 위치해 있는 철학자로 파악한다. 독일 관념론 철학에서, 온갖 종류의 회의론과 상대주의의 반박에도 불구하고, 지식과 과학은 인간의 최고규정이라는 의미에서의 진리를 아무런 목적도 없이 인식하는 것이라고 다시 한번 사유되었다면, 19세기의 자연과학적·실증주의적 세계상과 그 뒤를 이은 지식의 기술적·산업적 이용의 관점에서 돌이켜보면 이 시대 전체의 이상들이 니체에게는 단지 '가치들'로 보일 뿐이다.

이 가치들은 그때까지만 해도 문화와 인간의 정체성 의식을 안정시킬 수 있었고, 바로 그런 이유 때문에 쓸모 있었다. 그런데 이러한 이상들이 시대에 뒤떨어져 진부해졌다는 사실을 파악해야 한다는 것이다. 그것들을 '가치들'로 규정한다는 사실에는 이미 삶을 위해 요청되는 그 가치들의 '전도' 가능성, 즉 가치들이 스스로 절대성을 주장하면 결국 무의미해진다는 의미가 포함되어 있다. 니체는 인간의 자기이해가 변화하고 있음을 인식하고 있으며, 그와 같은 '가치 전도'의 결과로 생겨날 수

밖에 없는 도덕적 · 사회적 변화들의 규모를 인식하고 있다. 그렇기 때문에 그는 적어도 현재로서는 아직 방향을 찾지 못한 '허무주의적' 시대의 사상가로서 스스로를 이해한다.

니체는 자신이 이 세계사적 시대의 마지막 단계에서 기존의 '최고' 개념들과 방향 제시적이고 주도적인 사유 도식을 보유하지 않은 최초의 사상가라고 파악한다. 그것은 이러한 시대 전환을 아직 보지 못하기 때문에 여전히 종래의 범주들로 진리를 파악하려고 시도하는 동시대인들과는 대비되는 것이다.

생애

전기로만 보더라도 니체는 대개가 대학의 철학 선생이었던 19세기 후반부 독일 철학자들 중에서 국외자이다. 철학자로서의 니체는 독학자였다. 그는 1844년 10월 15일 뤼첸(Lützen) 근처에 있는 뢰켄(Röcken)에서 목사의 아들로 태어났다. 본에서 문헌학과 신학을 공부하고 라이프치히에서 문헌학을 공부한 다음, 그는 24세의 나이로 바젤에서 고전 문헌학 교수가 되었다. 그는 그곳에서 부르크하르트(Jacob Burckhardt)와 사귀고, 당시 스위스에서 살고 있었던 리하르트 바그너와 알게 된다. 처음에 그는 바그너의 음악이 자신의 사상과 친화관계를 가지고 있음을 발견하였다. 1870~1871년 일어난 전쟁에서 그는 수개월 동안 자발적으로 간호사로 근무하였는데, 이때 중병을 얻었다. 그는 그후 지속적인 고통을 당하게 되었고, 1879년에는 교수직을 사퇴해야만 했다. 그는 그때부터 여러 곳을 전전하며 재야 학자로 살았다.

그것은 무엇보다도 그가 질스-마리아, 니차, 마리엔바트, 베네치아, 리바, 라팔로, 로마, 제노바, 토리노와 같이 유리한 기후적 조건을 지닌 곳에서 자신의 병세를 약화시키려고 시도하였기 때문이다. 그는 1889년 토리노에서 진행성 뇌연화(腦軟化)로 추측되는 병의 결과로 정신착란을

"만물은 가고, 만물은 다시 돌아온다. 존재의 바퀴는 영원히 굴러간다. 만물은 사멸하고, 만물은 다시 꽃을 활짝 피운다. …… 존재의 동일한 집은 영원히 지어진다." —니체

일으켰는데, 바이마르에서 1900년 8월 25일 죽을 때까지 이 병에 시달렸다.

저작

철학 개념에 관하여

니체의 철학은 계몽철학의 전통 속에 서 있는데, 이 전통은 그 자체 의미심장하게도 프랜시스 베이컨의 우상론으로 시작한다. 계몽주의는 편견에 대립한다. 편견들이란 스스로 의식하지 못하면서도 오성과 판단을 결정하는 전래된 의견과 확신들이다. 계몽이란 "스스로 책임이 있는 미성숙으로부터 인간의 탈출"이며 또 "다른 사람의" 인도 없이 오성을 사용하는 것이라는 칸트의 정의는 이성이 자신의 힘으로만 계몽에 이를 능력이 있다는 것을 전제한다.[1] 그렇기 때문에 "이성에게서 계몽을 기대하면서도 계몽이 어느 쪽에서 이루어져야 하는가를 미리 규정하는 것은 무의미하다"는 말은 정당하다. "이성"은 "이미 스스로 이성에 의해 제어되고 제한된다."[2]

니체는 자율적이고 공평한 이성의 권력에 보내는 이러한 신뢰, 그의 시각에서 말하자면 이성에 관한 일종의 편견에 만족하지 않는다. 이 점에서 그는 이성비판과 종래의 철학에 대한 비판을 이제까지 가능하였던 것보다 훨씬 철저하게 시작한다. 칸트가 이성비판과 이 이성의 인식능력에 대한 비판을 통해 형이상학의 한계를 설정하고자 하였을 때, 이성은 물론 인식 도구로서 가지는 자신의 영향력에 대한 비판을 포함한 비판의 도구였다.

이에 반하여 니체는 이성 자체에 관한 물음을 시도한다. 이른바 이성의 '순수'한 개념들 속에서, 니체는 근본적으로 역사적으로 규정되어 있고——우리가 그 궤도 안에서 사유하는——특별한 언어의 문법과 결합되어 있는 도식들을 발견한다. 이로써 그는 근세 철학의 기초적인 사유방식, 즉 반성의 가능성이라는 사유방식을 의문시한다. 일치의 방식으로 자기 자신을 사유의 대상으로 삼는 사유가 고대와 중세에는 궁극적으로 오직 신적인 존재에만 부여되었다면, 특히 데카르트 이후의 사유는 유한한 사유로서 자신의 '가능성들'의 한계를 스스로 규정하고, 자기 자신을 '방법론적'으로 인도할 수 있으며 또 인도해야만 하는 능력으로 스스로를 이해한다. 이렇게 정언적이고 도덕적인 양태가 이성의 개념 속에 들어오게 된다.

이러한 관점에 대해 니체는 이성이 특히 개념적으로 제약되어 있다고 주장한다. 니체의 관점에 의하면, '무엇'이 이성이고 '무엇'이 이성적인가를 아무런 편견 없이 이성근거에 따라 '순수하게' 규정하고자 한다면 이성은 초시간적으로 일치하는 개념이 아니라 항상 역사적으로 규정되고 변화하는 개념만을 가질 수 있을 뿐이다.

스스로 절대적 합리성을 주장하는 철학의 시각에서 이러한 질문 제기의 철저함과 급진성에 대한 반박은 이 발언들의 인식론적 지위에 관한 물음에서 정점을 이룬다. 이러한 급진적 이성비판은 과연 합리적으로 해결할 수 있는 주장을 가지고 등장할 수 있는가? 이것은 항상 니체의 철학에 제기된 주요 물음이었다. 그리고 그것은 또한 오늘날에도 니체가 과연 철학에 속하는가 아닌가에 관한 의견이 갈라지는 지점이기도 하다.

그렇기 때문에 우리는 니체를 세계관적 관점에서 끌어대는 입장이나 또 미리 결정된 철학개념을 가지고 그의 발언들을 부정하는 시각에 대항하여 니체의 철학이 스스로 어떤 지위를 요구하며 또 어떤 지위를 그의 철학에 인정할 수 있는가를 물어야 한다. 그러므로 우선은 니체가 스스로를 어떻게 이해하고 있는가를 정확하게 고찰해야 한다. 그러므로 이 짧은 개괄적 설명에서도 니체가 되도록이면 자신의 말로 직접 말하도록 할 것이다. 그것은 특히 그의 말들이 개념이기보다는 은유들인 까닭에 '다른 낱말들로' 쉽게 서술될 수 없기 때문이다.

이론적 인간

『음악정신으로부터 비극의 탄생』(1872)이라는 논저는 이미 그때까지 철학적 용어에 속하지 않았던 한 쌍의 개념에서 출발한다. 이 논저는 '아폴론적'과 '디오니소스적'이라는 개념들——은유들이라고 말하는 편이 아마 나을 것이다——에 방향을 맞춘다. 이 개념들은 고대 신화에서 차용한 것들이며, 그 대립을 통해 이제까지의 철학적 사유가 발전시킨 전체 개념세계를 밝힐 수 있다는 것이다. '아폴론적인 것'은 예술·철학·종교를 통해 산출되었을 뿐만 아니라 일상적 삶이 지향하는 특정한 형태의 표상들 및 세계상들의 세계를 대변한다. '디오니소스적인 것'은 이 세계의 심층에 놓여 있는 무형태적 근거를 의미한다는 것이다.

이러한 구별이 '의지'와 '표상'이라는 쇼펜하우어의 개념들에서 설령 미리 예시되었고 또 그렇기 때문에 니체에 대한 쇼펜하우어의 영향이 오해의 여지 없이 명백하다고 할지라도, 니체는 이 저서에서 특별한 방식으로 이 구별을 더욱 근본적으로 실행하고 있다. 쇼펜하우어의 '체계적' 사유에서 '의지'는 근거로서는 부정되고 이념적 '표상'의 반열로 올라간다. 체계적 사유에서 나온 이 사상은 니체에게시는 역사적-계보학적으로 해석됨으로써 상대화된다.

형태를 지닌 만물의 밑바탕에 놓여 있는 '디오니소스적인 것'은——이것은 훗날 '권력에의 의지'라는 이름으로 다시 나타난다——니체에 의하면 우리 문화가 시작될 때, 즉 본래적 의미의 철학이 시작하기 이전의 그리스 비극에서 이미 '이론적' 태도로 전환되었다. 이 태도 속에서 인간은 '삶'에 전념하는 대신 자기 자신을 관조하거나 인식할 수 있다고 믿었다. 니체가 보기에 제식(祭式)을 통한 디오니소스적 삶의 축제는 연극이 되었으며, 여기서 관객은 자신의 참여를 동시에 '감정'으로 내면화하지만, 자신은 다행스럽게도 이 연극으로부터 제외되었다고 믿었다. 이런 관점에서 보면 니체가 스스로를, "이론적 인간"에 대한 이론을 통해 감정과 정념의 생성을 탐구하고자 하는 '심리학자'로 이해하는 까닭이 자명해진다.

　서양 철학을 지배하는 이론적 태도의 생성이 그에게는 동시에 감정세계의 생성을 의미한다. 즉 그 안에서 삶에의 참여는 내면화되고 정념에 의해 규정된 '가치평가'로서 표현되는 감정세계를 말이다. 니체는 자신의 철학을 심리학 또는 이론적 사유의 메타 이론으로 이해한다. 이 이론적 사유는 그리스인들 이후 우리를 규정하는 역할을 담당하였으며, 또 방관과 불참여의 유형으로부터 자기 자신을 편견 없이 이해하는 이성적 성격의 지형을 발전시켰다는 것이다. 그러나 이러한 메타 이론의 가능성에 관한 물음은 동시에 이 사유가 안고 있는 내면적 문제점의 특징을 그려준다.

　"이론적 인간"[3]의 시선은 자기 노력의 단순한 결과들에 고정되어 있다. "진리의 베일을 매번 벗기면서도, 베일이 벗겨진 다음에도 여전히 베일로 남아 있는 것을 항상 황홀한 시선으로 주시하고 있는"[4] 예술가와는 반대로, 그는 이른바 객관적인 것을 고집스럽게 추구하면서 그 자신이 자신의 역사적·개인적 제약성 때문에 이 결과들에 관여되어 있다는 사실을 간과한다. 니체는 이러한 대상화의 태도에서 "의미심장한 광기의 망상"을 발견한다.

　이것은 소크라테스라는 인물을 통해 처음 탄생한 것으로서 사유가 인과율의 실마리에 따라 존재의 가장 깊은 심연까지 도달할 수 있으며 또 사유가 존재를 인식할 수 있을 뿐만 아니라 존재를 수정할 수도 있다는 믿음이다. 이 고상한 형이상학적 광기는 "학문의 본능"으로 주어졌다는 것이다. 이 본능은 학문을 "점점 더 그 한계까지 몰고가서 예술로 변할 수밖에 없는 한계점에 다다르게 한다. 이 과정은 본래 예술을 목표로 겨냥하고 있었던 것이다."[5]

　은폐되지 않고 어떤 편견에 의해서도 구속당하지 않는 객관적 진리가 목표가 아니라, "진정한 이론적 인간" 레싱이 고백한 바와 같이 "진리의 탐구"가 중요한 것이다. '메타 이론적 심리학자' 니체는 학문이 근본적으로 예술이며 또 그것은 예술의 작품들과 마찬가지로 개인적으로 규정되어 있다는 점을 학문에게 깨우쳐주고자 한다. 절대적 진리를 지향하는 "낙관주의"가 고집하고 또 위안으로 삼는 것은 사실 "특정한 형식, 특히 종교와 학문으로서의 예술의 산물이라는 것이다."[6] 표면적 진리의 이러한 예술가적, 개인적 근원은——억압된 근원이 다시 나타나고 또 "논리학의 본질 속에 은폐된 낙관주의[7]"의 한계들이 나타나도록 만드는——학문의 "한계들"에서 거듭 밝혀진다. 이 한계점에서 "재능 있는 고귀한 인간"은 "논리가 어떻게 자기 자신을 중심으로 맴돌고 마침내는 자신의 꼬리를 무는가를 경험하고 경악한다". 이렇게 "인식의 새로운 형식", 즉 "이 무서움을 단지 참아내기 위해서라도 보호 및 치료제로서 예술을 필요로 하는 비극적 인식"[8]이 출현한다는 것이다. 예술은 (아폴론적) 진리의 가상을 새롭게 보장함으로써 심연을 감추는 것이다. 디오니소스적 근원 속에서는 어떠한 안정도 있을 수 없기 때문이다.

지배적 사상

신리 낙관주의에 관한 이 "비극적 인식"의 동기는, 외관상 '실증주의적'으로 보이는 중간시기[9]를 거쳐 니체의 모든 저작을 관류하고 있다. '인식'은 그 자체 '오류'에 대해 긍정적 가치로서 통용되기 때문에 '비극적 인식'은 모순적 개념이다. 그렇지만 이러한 '가치평가'는 니체에 의하면 이미 이론적 태도의 결과이다. 이 이론적 태도가 설령 니체의 사유에서 '실증주의적'이라고 일컬어지는 시기에 긍정된다고 할지라도, 서양의 허무주의가 이러한 태도와 함께 확산되고 있다고 보는 니체의 인식에는 조금도 변함이 없다.

니체에 의하면 이러한 태도가 궁극적으로 의미하는 "오류"와 진리의 모든 가상들은 특정한 "류의 생명체", 즉 의식의 발전 단계에서 의식을 가진 생명체의 "류"는 오류 없이는 살 수 없다는 사실에 근거하고 있다.[10] 그렇기 때문에 사람들은 니체의 철학을 생물학적으로 이해하였다. 그러나 니체는 자신의 저서 『즐거운 학문』의 서두에서 이미 "진리"에 관한 '메타 이론적' 진리라는 이율배반을 생물학적으로 해결하는 관점에 대해 거리를 둔다.

그는 "실존의 목적에 관한 교사들"[11]을 반대한다. 실존에 대한 이익을 말하는 사람은 최종적 의미에서 실존의 목적을 인식하였다고 거짓 주장을 한다는 것이다. 이에 대해 니체는 인간에 관한 자신의 주관적이고 개인적인 시각만을 말한다. 그는 이른바 이해관계로부터 해방된 이론적 태도에 대해 비판하면서 동시에 자기 관점의 개별성을 일관성 있게 함께 고려한다. 그뿐만 아니라 그는 외관상 이론적 시각을 산출하는 그때그때의 감정을 함께 고려한다. "나는 선하거나 아니면 사악한 시선으로 인간을 바라보기를 좋아한다. 나는 한 가지 과제를 담당하는 인간들을 발견한다. 모든 사람과 개개의 개별자들을, 인류의 보존에 도움이 되는 것을 행한다는 특수성 속에서 발견하는 것이다." 모든 시선, 따라서 니체의 시선마저도 감정에 의해 규정되어 있으며 다른 사람의 시각에서는 좋거나 나쁜 것이다.

그러나 그의 시선은, 인간에 관한 "선한" 시선이거나 아니면 "사악한" 시선으로서, 그 자체 다시금 삶에 기여한다. 삶에 대한 시선은 존재하지 않는다. "증오, 고약한 즐거움, 강탈욕과 지배욕 그리고 그 밖의 악한 것으로 불리는 모든 것, 그것은 경이로운 종(種) 보존의 경제에 속한다. 물론 그것은 값비싸고, 낭비적이고, 전체적으로는 지극히 어리석은 경제에 속한다."[12] "낭비적"이고 "어리석은" 경제라는 모순적 표현은 여기서 여전히 목적론적으로 사유하고 있으며 자연 내의 이성에 관해 말하고 있다는 의심을 지워버린다. 경제를 말하는 까닭은 단지 그것이 "실증된 양의 우리 종을 이제까지 보존하였기"[13] 때문이다.

가치평가를 통해 반성하는 이성에게는 무목적적 · 이기적 · 개인주의적으로 보이는 모든 것에도 불구하고 실증된 양의 종은 보존되었다. 이 확고한 사실은 증명의 근거이지 사태에서의 인식이성은 아니다. 어떤 것이 스스로를 아무리 악하거나 개인주의적이라고 이해하더라도 또는 다른 것에 의해 그렇게 이해되었다고 할지라도, 그것은 인류가 현재와 같이 그렇게 존재하고 있다는 사실에 자기 방식에 따라 무의식적으로 기여하였다.

"'종은 모든 것이고, 하나는 항상 아무 것도 아니다' 라는 명제가 인류에게 완전히 체화되었을"[14] 때에만, 일종의 '해방' 또는 '차원 높은 그 무엇' 이—여기서 이미 "초인"의 동기가 암시되고 있다—주어질 수 있을지도 모른다. 그렇게 되면 비로소 "마지막 해방과 무책임성"의 가능성이 열릴 것이다. 디오니소스적 '웃음'은 이처럼 "지혜와 동맹관계"를 맺고 있을지도 모른다. 그렇게 되면 초월을 통해 발견될 수 있는 진정한 결과들을 겨냥한 어떤 진지한 의도도 없이 "오직 '즐거운 학문' 만이" 존립할 것이다.

그렇지만 이 디오니소스적 "실존의 희극"은 그 동안 아직 '의식되지 않고 있으며', 지금은 여전히 아폴론적 비극의 시대, 즉 의식화된 실존의 목적을 지향한다고 믿는 도덕과 종교들의 시대이다. 위대한 인간들과 예술가들 역시, "예를 들면 시인들은 항상 그 어떤 도덕의 시종이었다."[15] 그들은 "삶에 대한 믿음을 장려함으로써" 종을 장려하였다. "'주인공'이 무대에 등장할 때마다" 처음에는 기존의 도덕과 이 도덕의 가치판단으로부터 생겨난 존재론에 대립하는 "새로운 것"이 달성된다.

그러나 "웃음의 끔찍한 반대"로서 그것은, "장기적으로 볼 때 웃음과 이성과 자연이 이 위대한 목적의 교사들 개개인을 이제까지 지배해 왔다는 사실을 부정할 수 없다고 하더라도 '그렇다, 살 만한 가치가 있다! 그렇다, 나는 살 가치가 있다!' 고 생각하는 수많은 개별자들을 심각하게 뒤흔들어" 놓았다. 어떤 관점의 절대화라는 짧은 비극은 "궁극적으로 실존의 영원한 희극으로 변화함으로써" 다시 자신의 디오니소스적 근원으로 회귀하는 것이다. 외관상으로는 항상 "새로운 것이 성취되는" 것처럼 보일지라도, 단지 동일한 존재가 반복하는 것이다. 인류는 "삶 속의 이성에 대한 믿음이 없이는" 번성할 수 없다.[16] 단지 그때그때마다 주어진 목표, 즉 가상만이 새로운 것이다.

그런데 니체의 철학적 근본사상에서 결정적인 것은 그가 그러한 분석을 통해 무엇인가 새로운 것을 말했다거나 인간에 관한 진리를 인식했다고 '믿지' 않는다는 점이다. 그는 일관성 있게 자기 자신을 함께 포함시킨다. "그러므로! 그러므로! 그러므로! 오 나의 형제들이여, 너희는 나를 이해하는가? 너희는 이 밀물과 썰물의 새로운 법칙을 이해하는가? 우리 역시 우리의 시대를 가지고 있다!"[17] 알려지고 입증된 옛 것이 "선한 것"으로 통용된다면, 옛 것에 대해서는 "어떤 경우에도 악한 것"인 새로운 것은——종(種)이 그로 인해 멸망하지 않는 한——"진실로……마찬가지로 합목적적이다."[18] 물론 그것이 생성되는 순간에는 그것이 "무엇을 위하여" 합목적적인가는 아직 말할 수 없다. 그것은 자신의 유희적 방식에서 우선은 "목적 없이 합목적적이다"(칸트). 다시 말해서, 그것은 새로운 세계관들이 "논의의 필요도 없이 명백하고 그 자체 고상한 명령을 근거로 스스로를 무조건 신뢰할" 때에만 작용하는 것이다.[19]

관점주의의 문제

니체가 과연 자신의 '학설'을 이러한 의미에서 진리라고 간주하는지, 또 이데올로기로부터 해방된 새로운 문화와 신인간의 목표를 지향하는 데 자신의 학설이 의미있다고 생각하는지 묻는다면, 이 물음이 비록 그의 철학의 핵심에 적중하기는 하지만 그 철학의 내면적 논리로부터는 분명하게 대답될 수 없다. 니체는 우선 이 물음이 순수하게 이론적·오성적으로 해결될 수 있다는 의미에서 '가볍다'고 전제하지는 않는다. 그것은 내면적으로 정합적인 이론적 사유의 한계에 부딪혀 결국 이 한계를 드러나게 만드는 물음이다.

니체는 자신 역시 자신의 철학으로써 "자기 시대"를 가지고 있으며, 또 자신의 철학은 시대에 의해 규정된 모든 것과 마찬가지로 개인적으로, 더욱이 질병, 치유, 건강과 같은 개인의 상태에 의해 규정된 것이라는 점, 다시 말해 그것은 "따라서" "논의의 여지가 없는 마지막" 근거에 토대를 두고 있다는 점을 이해시킨다. 그는 일관성 있고 자기확신에 가득 찬 사유의 "도식"을 이른바 내면으로부터 파악하지만, 그것으로써 이 도식이 극복되지는 않는다는 사실도 알고 있다.

관점주의는 이렇게 논리적 필연성에 따라 그 불합리함이 드러나는 극단까지 실행된다. 절대적인 이론적 반성이 있을 수 없다면, 우리는 예컨대 그때그때의 개별적 인격이 존재론적으로 탁월한 관점을 가진 시각 '이다' 라고 일반적으로 말할 수 없다. 그렇기 때문에 한편으로는 '주체'로서의 개별적 개인을 넘어서는 관점들이 거론된다. 시대에 적합한 역사적 관점, '인종주의적' 및 민족적으로 규정된 관점, 언어에 의해 제한된 관점, 사회에 의해 제한된 관점 또는 "도덕적 기후"[20]의 관점과 같은 것이 그 예이다. 가장 포괄적인 관점은 "종"(Art)의 관점일 것이며, 철학적 반성에 대해서는 '형이상학'의 관점이 가장 흥미로운 관점이다. 다른 한편으로는 질병, 건강, 기분과 같이 개개의 인격을 더욱더 분화시키는 관점들이 논의된다.

그와 같이 '생활세계적' 제약들에 대한 반성을 통해 관점주의를 극복하거나 또는 제약의 계기 자체를 객관적으로 고려하고자 하는 모든 시도는 헤겔에서와 마찬가지로 역설적으로 다루어진다. 그러한 일은 "근면한 사람들"에게는 무한한 과제일 것이다. 왜냐하면 가능한 모든 것이 여기서 고찰될 수 있기 때문이다. "우리는 식품의 도덕적 효과를 알고 있는가? 영양의 철학이 존립하는가? ……공동생활에 관한 경험들, 예를 들면 수도원의 경험들은 이미 수집되었는가? ……이제까지 인간들이 자신의 '실존조건'으로 생각하였던 모든 것, 그리고 이러한 생각에서 드러나는 모든 이성, 열정, 미신은 이미 끝까지 탐구되었는가?"[21]

객관적으로 확인할 수 있는 주관적 전제조건들 및 편견들에 관한 반성은 자신의 고유한 주장에 따르면——이 반성이 그것들을 고려할 수 있기 위해서는 우선 그것들을 인식해야 한다는 생각에 몰두함으로써 결국은 그것들을 보지 못하는──조건들에 예속되어 있다. 다시 말해서, 그것은 반성의 반성의 반성과 같이 무한히 계속되는 반성 속에서 길을 잃는다.

반성은 진리에 도달하기 위해서는 제한조건들을 자각하고자 한다. 이에 반하여 니체는 "의식의 우스꽝스러운 과대평가와 오해"에 관해 말한다. 그러나 그 역시 이러한 역사적 "과대평가"에 나름의 기능과 효과를 필연적으로 인정해야만 한다. 이러한 과대평가는 "의식의 너무 빠른 형성을 방해하였다는 커다란 유용성의 결과를 가져온다. 인간들은 의식을 이미 가졌다고 믿었기 때문에 그것을 획득하려는 별반 수고를 기울이지 않았다──그리고 지금도 역시 상황이 다를 바 없다! 지식을 자기 것으로 육화하여서 본능이 되게 만드는 것은 인간의 눈에 비로소 희미하게 나타나는, 아직 분명하게 인식할 수 없는 전혀 새로운 과제이다. 이제까지는 우리의 오류들만이 우리의 것으로 육화되었으며 또 우리의 모든 의식은 오류들과 관계를 맺고 있다는 사실을 파악한 사람들에 의해서만 인식될 수 있는 과제이다!"[22]

"육화한다는 것"은 엄밀한 이론적·철학적 개념이 아니라, 니체의 모든 주요 개념들이 그렇듯이 철학의 전통적 언어에 묶여 있기는 하지만 "경박과 거짓의 심연을 밝혀 들춰내기 위해서는" 필요한 "강한 반대개념들"[23] 중의 하나이다. 이러한 맥락에서 "육화한다는 것"은 이론적 자기반성의 반대를 의미한다. "육화된" 지식은 무의식적이기 때문에 "지배하는 사상"[24]으로서 "논쟁의 여지가 없을 정도로 분명함"으로써 그때그때의 관점을 안정시킨다.

니체에 의하면 이러한 안정을 위해서 중요한 것은 지식을 그 논리적 가능성의 관점에서 조회하는 대신 "지식", 즉 어떤 진리도 존재하지 않는다는 "비극적 인식"을 "육화하여 본능이 되도록 만드는 것"이다.

의식과 정념

니체는 "따라서" 의식 존재의 본성에 관한 자기 자신의 '심리학적' 의식화마저도 개인적 행위로 파악해야만 한다. 이러한 개인적 행위는 자신의 실제 동인 및 "본능"을 완전히 명료하게 의식할 수 없기 때문에 스스로를 강하게 인식하거나 진리로 간주할 수 있는 것이다. 그의 '학설'도 마찬가지로 정념에 의해 규정되는 "쾌락과 고통"의 영역에 속하게 된다. 이러한 견해를 통해 그는 자신의 '학설'에 대한 잠재적 추종자와 반대자의 의도를 '폭로한다.' 그의 학설은 다른 개성에 대한 개인적 발언과 표현으로 남는다. 다른 사람들이 그의 학설을 통해 자신들의 선입견을 강화할 수 있다고 생각하는 한, 그의 학설은 쾌락을 준다. 그리고 그의 학설이 선입견을 선입견으로서 폭로하는 한, 그것은 고통을 야기한다. 후자의 경우에 그것은 비도덕적 의미에서, 즉 어떤 도덕이 다른 도덕에게는 사악하고 낯설게 보인다는 의미에서 '악하게' 보인다.

니체가 스스로를 이해하는 바에 의하면 은폐되지 않은 진리를 통해 선입견을 폭로한다는 것은 말이 되지 않는다. "사람은 쾌락을 행하고 고통을 가함으로써 다른 사람들에게 자신의 권력을 행사한다──사람은 그 이상의 것을 원하지 않는다!"[25] 양자 사이의 차이는 오로지 다음의 문제에 달려 있다. 다른 사람들은 근본적으로 이미 우리와 의견을 같이하고 있는가, 그래서 그들은 우리의 주장에 대해 '열려 있으며' 또 우리의 주장들이 그들에게 기쁨을 주는 것으로 보이는가 아니면 그렇지 않은가.

메타 이론적으로 표현되는 이 '심리학'의 비극적인 측면은, 그것에 대한 개방성이 감정적으로 존립하는 한에서만 그것이 진리로 수용된다는 점에 있다. 다른 경우에 그것은 사악하게 보일 수밖에 없으며, 따라서 이미 부정되는 것이다. 우리는 발언들의 무조건적 타당성을 말할 수 있는 하나의 관점에 이를 수 없다. 그것은 영원히 동일한 문제이다.

의식에 대한 니체의 불신은 전통 철학, 특히 데카르트적 철학에 대한

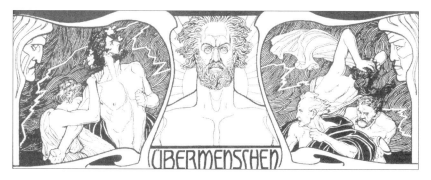

불신과 일치한다. 데카르트 철학은 진리에 이르는 방법론적 길을 일종의 명료화, 즉 일반적으로 공감할 수 있는 것으로의 전환과 동일시하였으며, 또 절대적으로 쉽게 재경험할 수 있는 '단순한' 관계 또는 명백한 사태로 복잡하고 불명료한 사태들을 해체할 수 있는 가능성에서 문제의 해결을 발견하였다.

이에 반해 니체에게 진리는 어렵고, 쉽게 매개될 수 없는 것이다. 니체는 특히 절대적 진리에 대한 계몽을 가능한 것으로 사유하려면 무제한적으로 타당한 일반성이 있어야 한다고 전제하는 논리를 반대한다. 그에게 진리는 그렇게 산출될 수 있는 명료성이거나 하이데거가 표현하는 바처럼 "비은폐성"과 같은 것이 아니다. 자신의 논리를 일관성 있게 전개하자면, 니체는 이러한 진리개념에 대해 악의를 표할 수밖에 없다. 자신의 명제들이 일반적으로 이해 가능하다고 주장하는 것은 이미 자신이 비판한 진리개념에 참여하는 것을 의미할 것이다.

언명들 상호간의 '일치' 또는 객관적 사태와 언명들의 '일치'로서의 진리는 니체에 의하면 단지 '아폴론적' 가상으로 이해될 수 있다. 이 가상이 자기의식을 안정시키는 한, 우리는 이 가상의 근거를 근본적으로 규명하지 않으려 하며 또 바로 그렇기 때문에 철저하게 규명해서는 안 된다. 우리는 기껏해야 다른 사람들에게서 근거에 대한 반성의 단절을 비합리성으로 폭로하고자 할 수 있을 뿐이며, 그렇게 다른 사람들이 가진 자기의식의 안정성을 파괴할 수 있을 뿐이다. 우리는 오직 반성될 수 없는 자신의 "강한" 확신에 의해서만 낯선 입장들을 비판할 수 있다. 말하자면 이러한 악의는 어떤 의지를 보존하거나 강화하려는 이해관계에서 완전히 순진무구하게 이루어진다.

판단과 가치평가

외관상 오직 이론적이고 이데올로기 비판적인 '인식'은 따라서 그 자체 하나의 가치평가를 필연적으로 함축하고 있다. 하나의 관점, 즉 문제점 있는 것을 문제점 없는 것 또는 단순화하는 사유[26]로 환원시킨다는 맥락에서 보면 단순한 분석적 명료화 또는 가치중립적 설명으로 보이는 것은 다른 관점에서 보면 '사악한' 정념에서 나온 종합적 판단으로 보일 수밖에 없다. 그러므로 니체에게는 판단 그 자체와 특히 단순한 분석적 개념설명과 판단의 종합적 내용을 구별하는 판단은 결코 "인식"이 아니라 하나의 "믿음"이다.[27]

그는 도덕적 존재론은 지배적 편견이라고 발언하면서 "존재론적 상대성"에 관한 콰인(W.V.O. Quine)의 명제에서 비로소 마찬가지의 명료한 형태로 다시 등장하게 될 사상을 선취한다. 종합적이며 독창적인, 즉 이미 수용된 '진리'로 환원될 수 없을 뿐더러 아직 친숙하지도 않은 사상을 수용한다는 것은 니체에게 그 자체로 가치전도를 의미한다.

"독창성"은 니체에 의하면 "아직 아무런 이름을 가지지 않은 것을 본다"는 의미를 가진다. "인간들이 통상 그러하듯이, 이름은 비로소 사물을 그들에게 가시적인 것으로 만든다——독창적인 사람들은 대개 이름을 짓는 사람들이기도 하였다."[28] 평범한 사람들은 친숙한 것만을 본다. 즉 일반개념으로 표시될 수 있어서 이미 '특정한 무엇'이며 또 수용된 지식의 도덕적·존재론적 체계 내에서 의미를 지닌 '무엇'만을 본다. 그들은 또한 자신들이 스스로 대답을 할 수 있는 물음들만을 '일반적으로'

듣는다.[29] 그들은 이런 의미에서 선한 것만을 보고 듣는다. 이에 반해, 독창적인 사람들이 다른 것을 본다거나 또는 무엇인가를 다르게 본다고 주장할 때 그들은 이미 친숙한 시각의 개방으로서 친숙한 가치평가의 가치전도를 이미 요구하고 있는 것이다.

이런 가치전도에서 객관적 진리를 향한 진보를 볼 수 있다는 믿음은 물론 다시금 형이상학적 사유로의 후퇴를 의미할 것이다. 하이데거는 니체의 "가치평가" 개념 자체가 더욱 높은 가치들을 획득하고자 하는 의도라고 보았으며, 따라서 그의 철학이 형이상학적 사유에 사로잡혀 있다고 해석하였다. 진보는 실제로 '그 자체'라는 이념 또는 모든 가치평가에 앞서 선한 것이라는 이념에 의해 인도되고 있음에 틀림없을 것이다.

그런데 이러한 이념은 니체에 의하면 소크라테스와 플라톤 이래 형이상학의 근본 편견이다. 그는 동시대의 크리스트교 도덕을 이 편견이 대중화된 형태로 파악한다. 새로운 시각으로 '개방'한다는 의미에서 가치전도는 항상 새로운 가치평가를 가져오지만, 이러한 가치평가들 안에서만 무엇인가가 '선할' 수 있기 때문에 새로운 가치평가 자체는 이제까지의 친숙한 가치평가보다 더 나을 수 없다. '악의 있는' 새로운 시각 역시 그것이 인정되는 순간 통상적이 되고 '선하게' 된다. 이 사상은 "사물들에게 있는 필연적인 것"을 그들에게 있는 "아름다운 것"으로 보는 운명애, 즉 아모르 파티(amor fati)를 의미한다.[30] 필연적인 것은 그들의 신뢰성이며, 신뢰할 만한 동일한 사물들에 관한 언어의 구속력이다.

논리학, 윤리학 및 미학은 여기서부터 함께 고찰된다. 진리로서 타당한 것은 그때그때마다 아직 가치전도에 희생되지 않은 "오류들"이다. "결국" 그것들은 "반박될 수 없는", 즉 니체의 맥락에서 보면 정복될 수 없는 "오류들"이거나[31] 또는 우리가 진지하게 이성적으로 회의할 수 없는 것이다. 그것이 데카르트뿐만 아니라—특히 이른바 실증주의적 시기의—니체에게도 역시 모든 학문의 토대이다.

니체에 의하면 이렇게 진리로 간주된 것은 그것이 진리로 간주된 근거가 은폐되어 있기 때문에 회의될 수 없다. 데카르트와는 달리 니체는 그것을 그 자체로 존재하는 영원한 진리의 보증인으로서의 선한 신이 보증하는 것으로 보지 않고, 이 근거의 망각 또는 억압을 통해 보증된다고 파악한다. 근거의 (역사적) 의식화는 니체에게는 진리에 대한 믿음의 쇠퇴이다. 그것은 이전에는 진리 및 특정한 존재론적·도덕적 사태의 회의 불가능성을 보장하였던 신의 '죽음'과 일치한다.

그러므로 인식은 니체에 의하면 믿음과 대립하지 않는다. 진리로 이미 간주된 것에 맞지 않는 무엇인가를 믿음이 ('정당화'의 방법을 통해) 소화시켜야만 할 때, 인식은 비로소 시작한다. 인식은 니체에 의하면 "낯선 것이 친숙한 것으로 환원되어야 한다는 것에 지나지"[32] 않는다. 이러한 환원이 성공하는 한에서 그것은 인식이며 또 인식으로서 좋은 것이다. 그것은 처음에는 낯설고 이해되지 않았던 것에 대해서도 가치평가의 동일성을 보장한다.

이러한 인식 본능 또는 보존 및 권력의지는 순수이론적 통찰 때문이 아니라 무능과 퇴폐로 인해 쇠퇴한다(니체는 바그너와의 단절도 데카당스의 배척으로 이해한다).[33] 낯선 것이 '설명'을 통해 친숙한 것으로 환원되지도 않고 그것의 완전한, 즉 비유적 의미를 해석하지도 않은 채 수용되어 더 이상 사악한 것으로 보이지 않게 되면 그때마다 고유한 신은 "죽임을" 당한다. 삶의 한 형태가 해체되는 것이다.

그런데 이렇게 독창적으로 타자로서의 타자를 인정함으로써 다시금 신뢰 가능성과 일반적 타당성이라는 아름답고 새로운 아폴론적 가상이 산출된다. 그렇게 되면 논리학은 이 새로운 토대 위에서 언어적으로 다양한 의미들의 동일화라는 동일성의 근본개념을 가지고 다시 시작할 수 있다. 이런 관점에서 보면 진, 선, 미는 다시 동일한 것이 된다.

논리적 사유

니체에게 논리학은 그 본질에서 원래 예술가적인 아름다운 가상 또는 원래 종교적인 선한 가상의 논리학이다. 양자는 모두 논리학의 출발점을 이루는 것, 즉 진리로서, 동일한 것으로 또는 존재하는 것으로 간주된 것의 동일한 예술-종교적, 디오니소스적 근원이다. '정당화하는' 사유의 일반 형식으로서 논리학은 "현실 세계와는 일치하는 것이 전혀 없는 전제조건들, 즉 사물들의 동등성과 상이한 시점에서의 사물의 동일성이라는 전제조건"[34]에 토대를 두고 있다. 그것은 이렇게 직선적 시간 개념에 토대를 두고 있는데, 이 개념에 따르면 동일한 사물의 지속과 상이한 것의 연속이 객관적 시간규정으로서 나타난다.

그런데 니체에 따르면 바로 이와 같이 정당화하는 사유의 전제를 설정하는 성격 속에서 모든 이론의 허무주의적 근본 경향이 나타난다. 형식논리가 개념에 관한 자신의 개념적 파악에서——언어사용에서 동일한 것으로 관철되기 때문에 모든 사용에 앞서 존립한다고 생각된——객관적 의미들을 전제한다는 사실은 물론 니체 이전의 철학에 익히 알려진 것이다. 전통 철학은 이러한 전제조건이 적어도 이상적이거나 원형적인 (신적인) 사유에서는 실제로 충족된다고 생각하였다.

니체가 근본적으로 가상 세계에 국한함으로써 시도한 논리학의 상대화에 대해 우리는 과연 논리 없이 사유할 수 있는가 하는 물음을 제기할 수 있다. 니체의 말을 따르더라도 우리는 그렇게 할 수 없다. 그는 이렇게 말한다. "여기에 제약이 있다. 우리의 사유 자체는 (논리에 대한 믿음과 함께 '자아'에 대한) 믿음을 포함한다."[35] "그것을 포기한다는 것은 더 이상 사유해서는 안 된다는 것을 의미한다."[36] 그럼에도 그는 논리가 "오직 우리가 꾸며낸 허구적 진리들"에만 타당하다는 생각을 고집한다. 논리는 "우리가 설정한 존재-도식에 따라 현실 세계를 파악하려는, 더 정확하게 말하자면, 현실 세계를 서술할 수 있고 계산할 수 있도록 만들려는 시도"이다.[37] 논리가 우리의 표상들과 관계를 맺는 것은 그것이 우리의 표상능력과 일치하는 한에서이지, 그것이 그 자체로 존재하는 현실과 일치하기 때문이 아니다.

진정한 의미에서의 논리적 판단기능들은 칸트의 이성비판에 의하면 우리에게 "주어진" 가능한 감각적 "현상들"의 영역과 관계를 맺는다면, 니체에게서는 믿음과 예술, 즉 믿는 예술의 상상력에 기인하는 가상하고만 관계를 맺는다. 사유 능력은 이 가상을 통해 정당화된 표상 능력에 뒤이어 나타난다.

이런 관점으로부터 니체는 우리가 과연 현실적으로 존재하는 것으로 이해된 신을 "사유할" 수 있는가 하고 묻는다.[38] 니체의 사유 개념에 따르면 오직 "비논리적인 것"으로서의 "비유"만이 논리적 사유가 관계를 맺어야 하는 구성물들을 넘어선다.[39] 니체에게는 현실과의 결합이 구성된 것으로서 또 그 자체 일관성 있는 의미체계들의 비유적 파괴를 통해서만, 그것도 직선적 시간 개념의 의미에서 보면 무시간적 순간에만 있을 수 있다. 왜냐하면 현실과의 결합은 그 기능상 동일한 사물들에 대한 새로운 표상들, 다시 말하면 우리가 주어진 의미들 속에서 다시금 의지할 수 있다고 생각하는 새로운 개념들로 직접 이어지기 때문이다. 간단히 말해서, 그것은 단지 그 전에는 그에 대한 어떤 개념도 존재하지 않았던 새로운 가상에 이르게 되는 것이다.

니체에 의하면 논리 없이는 어떤 사유도 존재하지 않는다. 그럼에도 니체는 도식화된 모든 표상 능력과 사유의 토대를 넘어서기 때문에 사유의 대상이 될 수 없는 어떤 현실을 알고 있다. 니체는 전통과는 달리 이러한 현실을 '신'이라고 명명하지 않는다. 그는 표상 방식들 사이의 이행을 통해서만, 즉 오직 비유 속에서만 존재하는 현실의 총괄 개념으로서 '자연'을 말한다. 이 자연 개념은 의미상 단지 부정적이다. 그것은 '신'에 대한 "반대개념"으로 창안되었다.[40] 다시 말해 그것은 스스로를 절대화하는 모든 가치평가로부터 자유로우며, 그렇기 때문에 '이성적 사유'라는 가능한 긍정적 개념으로 이해될 수 없다. "사유한다"는 것이 니체에게는 그 자체 선과 악의 구별과 마찬가지로 무엇인가에 사로잡혀 있는 것, 즉 뒤집어 말하면 반자연적인 것이다.

그렇다고 해서 그것이 물론 나쁜 것을 의미하지는 않는다. 그와는 정반대로, 바로 그렇기 때문에 그것은 선의 총괄 개념이다. 왜냐하면 사유는 안정적인 방향설정의 가능성이라는 의미에서 하나의 세계상을 보증하기 때문이다. 사유가 적어도 자기 자신의 전제조건들을 철저하게 규명하려 하지 않는 한, 다시 말해서 근본적으로 비합리적으로 머물고자 하는 한, 그것은 행복과 쾌락을 보장한다. 반면 사유가 자신의 규칙성을 통해 서술하는 한계의 철두철미한 '인식'은 고통스럽다. 그것은 탈출구 없는 "비극적" 철학의 "운명"으로 이끌려 들어간다.

인간은 오직 이러한 비극을 견뎌냄으로써 의식을 잃지 않고 한계를 지킬 수 있을 것이다. 이러한 짐에 고통을 당하는 대신 또 정치적 자유 체계를 포함한 확정된 존재의 새로운 (이데올로기적) 방식들에 걸려드는 대신에 이러한 짐을 유희적으로 쉽게 받아들이는 것이 비로소 해방일 것이다('선'과 국가는 플라톤에게서와 마찬가지로 니체에게서도 '이성적 사유'의 본질로부터 함께 사유되어야 할 것으로 파악된다).

바로 "초인에 대한 사랑"은 특정한 '덕성들'과 특정한 당위에 끊임없이 반복적으로 정착하는 대신 인간의 본질 속에 있는 '디오니소스적' 무한성을 견디고 긍정하는 방향을 가리키고 있다.[41] '초인'은 스스로를 더 이상 논리적 존재로서 정의하지 않는 인간, 개방된 "시도"[42]로서 긍정할 수 있는 인간일 것이다. 초인에 다다르는 과정에서 "선인들"이 끼치는 "해"는 "가장 해로운 해"[43]임에 틀림없다. 그들은 항상 악과 분명하게 경계지어지는 특정한 덕을 바란다. 그들은 "자기 자신의 고유한 덕을 창안하는 사람을 십자가에 못박아야"[44] 한다. 이런 점에서 그들은 "스스로에게 미래를 희생시키는" 것이다.[45] 왜냐하면 그들은 과거에 존재하였던 것으로부터 '미래'로 연장된 직선적 시간에 따른 논리적 사유를 통해 자신의 지속적인 자기동일성을 확인하기 위하여 미래의 개방성을 끊임없이 부정하기 때문이다.

학설의 운명

『차라투스트라는 이렇게 말했다』(1883~1885)는 니체의 주저로 여겨진다. 이 저서는 양식상 가장 성숙한 작품은 아니라 하더라도 적어도 가장 대중적인 작품이다. 그러나 상징으로 풍부한 차라투스트라의 "학설"이 니체의 학설로 너무나 쉽게 받아들여지기 때문에 그것은 아마 가장 어려운 작품일 것이다. 그런데 니체의 자기이해에 의하면 니체의 학설이란 있을 수 없다. 니체에게 궁극적으로 중요한 것은 "학설"이 아니라 교사로서 차라투스트라의 "운명"⁴⁶⁾이다. 차라투스트라는 여기서 "삶의 대변인", "원환의 대변인",⁴⁷⁾ 그리고 끝으로 "영원 회귀의 교사"⁴⁸⁾로 그려진다.

그의 학설은 다음과 같다. "만물은 가고, 만물은 다시 돌아온다. 존재의 바퀴는 영원히 굴러간다. 만물은 사멸하고, 만물은 다시 꽃을 활짝 피운다. 만물은 꺾이고, 만물은 새롭게 접합된다. 존재의 동일한 집은 영원히 지어진다. 만물은 이별하고, 만물은 다시 만나 인사한다. 존재의 반지는 자기 자신에게 영원히 충실하다."⁴⁹⁾

이것은 차라투스트라의 "신비스러운" 사상으로 서술된다. 그것은 가장 심오하고 기초적인 사상일 뿐만 아니라 무엇보다도 논리의 전제조건에 따르거나 내면적 일관성의 척도에 의하면 '가능하지' 않는 사상이라는 것을 의미한다. 그것은 지배되거나 의식적으로 반성된 사상이 아니라 "지배하는" 사상이다. "내가 듣고 싶은 것은 너의 지배적 사상이지, 네가 어떤 멍에로부터 벗어났다는 말이 아니다."⁵⁰⁾

그것은 니체의 "강력한 반대개념들" 중의 하나로서 단지 논리적 사유에만 일치하는 직선적 시간개념에 대한 반대개념으로서 개념 이전의 삶, 즉 본질적으로 개인적인 삶 자체의 표현이다. 그것을 표현하기 위해 일반적으로 구속력 있는 어떤 가벼운 개념도 사용할 수 없는 "무거운" 사상이 바로 그것이다. 그것은 이 사상이 통상적 언어를 도구적으로 사용하지 않고 그것을 오히려 "가치전도"를 통해 변화시키는 까닭에 오직 비유적으로만 표현될 수 있다는 것을 의미한다. 그러므로 이 "학설"은 우선 니체 자신의 '시적인' 낱말들로 서술되어야만 한다. 그러고 나서 우리는 그것이 우리에게도 역시 해명의 의미를 가질 수 있는가를 살펴보아야 한다.

모든 것은 소멸하고 또 모든 것은 회귀한다는 것은 분명 동일한 사상이다. 만물은 회귀함으로써 소멸하고, 또 반대로 소멸함으로써 회귀한다. 우리는 물론 이해를 위해 헤라클레이토스나 스토아처럼 친숙한 사상을 언급할 수 있다. 그러나 또 이런 말이 있다. "만물은 이별하고, 만물은 다시 만나 인사를 한다." 그러므로 이 사상은 전통적 '자연철학'의 의미에서 존재론적으로 이해될 수 있을 뿐만 아니라 특히 개인들의 운명에 관한 사상으로 이해될 수 있다. 무한히 진행하고 또 무한 속에서 '소멸하는' 직선적 시간의 상징을 따르는 생애의 관념은 서로 구분되는 분명한 시점들에 관한 관념에 기반을 두고 있다. 이 시점들 각각은 자신의 동일성에서 다른 시점들과 시간을 통해 분리되어 있다는 것이다.[51]

이렇게 상상된 시간 개념은 따라서 동일한 사물들의 개념에 의존한다. 따라서 이러한 시간 관념은 작은 인간의 시간 관념이다. 즉 그때그때 타당한 "도덕적 존재론"에 따라 자기 자신에 선행한다고 생각되는 동일성을 지향하는 "작은 인간"의 시간 관념이다. 그는 '의식적 존재'로서 오직 그렇게만 "살 수" 있기 때문에 스스로 "미래를 희생시킨다." 차라투스트라는 이러한 인간상에 대해 "싫증"[52]을 나타낸다. 그렇지만 그는 이 "작은 인간"이 디오니소스적 도취에서 벗어난 실제의 인간이라는 점을 잘 알고 있다. 이 인간은 자신의 편협한 의식 속에서 확실한 사물들의 동일성과 일치하는 시간 관념, 그리고 이 사물들을 분리시키는 시간 관념에 가치를 부여해야 한다. 실제의 인간으로서 "작은 인간"은 "영원히 회귀한다." "가장 위대한 인간"도 그와 "너무나 유사하다." 그도 역시 여전히 "너무나 인간적이다."[53] 만약 시인들이 "말로써" 삶을 비난하고 또 대상화한다면, 그들 역시 "작은 인간들"이다.[54]

클림트의 「키스」. 이 작품에서 느껴지는
감각적이고 에로틱한 분위기는 선정적인 것으로 여겨지기도 하지만,
당시의 도덕과 가치, 위선에 대한 니체의 생각을 완벽하게 표현한 것이었다.

시인들은 삶을 확고한 표상들의 '아폴론적' 형태로 변화시킨다. 그들은 거듭해서 "노래해야" 하기 때문에, 영원회귀를 운명으로 견뎌내는 대신 관조하는 이론가에게 거리를 두고 대상화하는 일종의 실증적 학설로서 영원회귀를 제시한다. "그런데 너희들은 모든 것을 관조하였는가?"[55]

라고 차라투스트라는 비난한다. 인간의 반성 능력에 의해 차라투스트라는 반성을 실증적으로 전달할 수 있는 특정한 "학설"의——우리는 이것을 다시 특정한 세계관의 내용으로 분류할 수 있다——교사로 대상화된다. 그의 정체성은 일반적으로 다음과 같이 확인된다. '너는 영원한 회귀의 교사이다——그리고 그것은 너의 운명이다!"[56)

"동일자의 영원한 회귀"는 사실 '동일한' 사물들이 특정한 간격으로 항상 회귀하는 객관적 법칙성에 관한 이론적 "학설"이 아니다. 예를 들어 『차라투스트라는 이렇게 말했다』에서 그렇게 서술되고 있고 또 특정한 사물들이 다시 회귀한다는 말이 있다면, 니체의 "지배적 사상"의 관점에서 보면 그것은 단지 사물을 '객관적인' 무엇으로서, 예컨대 영원회귀로서 확인할 수 있는 사건 관찰의 초월적 기준점은 있을 수 없다는 것을 의미할 뿐이다. "영원회귀" 학설은 "초인"의 예고에 관한 학설과 마찬가지로 그 자체 "학설"로서 과정 속에 포함되어 있다. 초인 역시 인간과 함께 "영원히 다시" 돌아온다.[57)

그런 학설들은 근본적으로 아무런 영향도 미치지 않으며 아무 것도 변화시키지 않는다. 우리는 이러한 학설로써 결코 '더 높은' 차원의 관점을 획득하지 못하고 그 밖의 다른 믿음과 원칙적으로 구별되는 진리도 얻지 못한다. "예고자로서" 차라투스트라는 "몰락한다."[58) "영원회귀"는 만물이 똑같이 "자신의 시간"을 가지고 있으며 몰락해간다는 것을 의미하기도 한다. 회귀하는 것은 '초월적' 관점에서 객관적으로 동일한 것으로 확인될 수 있는 어떤 것이 아니라 "최고의 개념들"을 최대한 평준화시키는 개념적 동일화의 사유 도식이 불가피하다는 영원한 사실이다.[59)

언어적 구속력의 문제에 관하여

중요한 것은 이러한 이론적 실증화의 강제성을 통찰하는 일이다. 따라서 이 실증화를 도덕적으로 판단하고자 하는 것은 아무런 의미가 없다. 이론적 실증화는 불가피할 뿐만 아니라 '이론적'으로 극복된 것처럼 보일 때 다시 돌아온다. 새로운 모든 것이 옛것보다 더 '낫지' 않다. 니체에 의하면 우리는 다른 세계상으로 들어가야만 어떤 세계상으로부터, 즉 어떤 언어로부터 나올 수 있다(훔볼트). 어떤 언어체계를 넘어서는 모든 비유는 곧 다시 대상화하는 개념으로 굳어진다. 그래서 차라투스트라는 여전히 비극적 인물로 남는다.

그는 "시인들이 거짓말을 너무 많이 한다"는 것을 알고 있지만, 그 자신 역시 이에 포함시킨다. "그런데 차라투스트라 역시 시인이다."[60] "우리는 거짓말을 너무 많이 한다"[61]는 반성의 일반적인 운명이 차라투스트라에게서 표현될 때에만 니체는 스스로를 그의 운명과 동일시할 수 있다. 차라투스트라는 니체에게도 이미 그런 인물이 되었던 것이다. 이것은 반성을 통해 지양될 수 없는 필연성, 즉 자신의 고유한 자기의식의 동일성을 위해 "미래"를 희생시켜야 하는 필연성에 대한 '비도덕적' 통찰이다.

가상은 있어야 한다. 가상이 분리된 사물들을 자기이해의 일반적 타당성 속에서 다시 결합시키는 것처럼 보이는 한, 그것은 의식 있는 생명체의 삶을 안정시킴으로써 이 생명체들을 존재하도록 하는 아름다운 가상이다. 물론 "모든 영혼에는……다른 세계가"[62] 속해 있다. 모든 영혼은 자신의 개인적 편견, 사물들의 동일성에 관한 자신의 믿음, 자신의 언어 등을 가지고 있다. 니체는 이것을 "배후 세계"라는 비유로 요약한다. 현대의 해석학자들은 다양한 이해의 지평들에 관해 말한다. 공통의 개념으로 응고되는 성공적 비유들에서는 이러한 차이가 극복된 것처럼 보인다. 그러나 이렇게 형성된 개념들로 표현될 수 없는 모든 것과 연관해서는, 즉 개별자로서의 개별자들간의 상호 관계에서는 어떤 일반적 구속력도 없는 것처럼 보인다. "비유의 응고와 경직화", 즉 비유가 하나의 개념으로 일반화되는 것은 "이 비유의 필연성과 배타적 정당성을 전혀 보증하지 않는다."[63] 마찬가지로 개념에 관해서도 어떤 보장된 구속력도 산출되지 않는다. 단자들은 창문이 없는 채로 있는 것이다(라이프니츠).

그런데 "가장 유사한 것들 사이에서", 즉 오직 전(前)개념적으로나 또는 '미학적'으로만 확인될 수 있는 관점의 차이들 사이에서 "가상은 가장 아름답게 거짓말한다."[64] 왜냐하면 가상은 여기서 가장 생산적이기 때문이다. 일반적으로 가상은 제도적·언어적으로 실행된 매개와 일치로서 이미 존립하고 있다. 이런 관점에서 보면 구속력은 쉽게 산출될 수 있는 것처럼 보인다. 이에 반해 아직 또는 더 이상 제도적으로 매개되지 않은 모든 것 사이의 "가장 작은 간격"이나 또는 개념적으로 규정될 수 있는 차이의 저편에 있는 차이는 "거의 극복될 수 없다."[65]

오성에 따른 사유의 평이함에 비해, 그것은 오직 개인적으로만, 즉 미리 정해진 확실성의 가상 없이 이루어진다. 그렇지만 서로 다른 "세계들"에서 살고 있는 "영혼"과 "영혼" 간에 이루어지는 언어의 성공적 실행 역시 가상에 불과한 것이다. 그러므로 우리는 니체가 시작(詩作)이나 생산적 상상력을 찬미했다고 말할 수 없다. 적어도 시작이 작품들을 통해서 미리 주어진 개념들을 통한 사유보다 훨씬 현실에 근접한다는 의미에서는 아니다. 확고한 개념들의 보통 언어가 이런 측면에서 실패하는 곳에서, 시작은 오히려 일치의 가상을 '비유적'으로 산출하는 것이다. 시작은 미리 주어진 개념의 인도 없이 이루어지기 때문에 비록 "훨씬 멋지게" 거짓말하기는 하지만, 시작이 산출하는 새로운 것은 오직 실증적 개념으로만 파악된다.

주요한 주제들

니체 철학의 근본문제는 모든 영역에서 (그리고 근본적으로 그의 생애 전반에 걸쳐서) '비극적' 제한성이라는 동일한 문제이다. 철학적으로 보면, 그것은 필연적으로 도식적이고 편견에 사로잡힌 사유의 문제이며, 따라서 이 편협성에 대한 철학적 반성 가능성의 문제이다. 핑크(Eugen Fink)에 의하면 형이상학적 철학 전통에 대한 니체의 관계는

"포로와 해방"[66]의 관계이다. 하이데거 역시 니체에게서 형이상학의 완성뿐만 아니라 마지막 형이상학자를 발견한다. 그런데 여기서 (비트겐슈타인이 말하는) "파리를 잡는 병으로부터의" 탈출구로서 그와 같은 해방이 과연 니체에게서 분명하게 사유될 수 있는가 하는 질문이 제기된다.

니체는 사유도식에 대한 예속상태를——그것이 "도덕적 존재론"에의 구속을 표현한다는 점을 반성하지 않고서는——부정적으로 평가할 수 없다. 이 도덕적 존재론에서는 '해방'이 항상 가치로서, 그리고 마침내 플라톤적 선의 이데아에 관한 근대적 해석에서는 최고의 가치로서 나타났다. 그래서 니체는 일반적으로 "이성적 사유"가 "우리가 던져버릴 수 없는 도식"[67]이라고 말한다. 니체에 의하면 "허무주의"는 사람들이 놀림을 받지만 놀림당하지 않을 힘도 없다는 "가장 마비시키는 사상" 속에 들어 있는 것이다. 니체는 인간의 유한성을 철저하게 끝까지, 즉 사유의 아포리아에 이를 때까지 사유한다. 사유는 그에게 유한한 인간의 운명이지, 신적인 순수 사유에의 참여는 아니다.

여기서 니체 철학의 유명하고 악명 높은 '주요 주제들'이 무엇을 의미할 수 있으며 또 그것들이 서로 어떻게 연관되어 있는가를 묻는 것은 의미있는 일이다. 이미 일찍이(1881) 발견된 주요 사상인 "영원회귀"에 관한 학설 외에도 "권력에의 의지", "가치들의 가치전도"(도덕비판), "신의 죽음"(종교비판), "초인"에 관한 학설이 있다. 이 모든 주제들은 "비극적 철학"이라는 근본주제의 변주들로 이해될 수 있다. "권력에의 의지"에 관한 학설은 항상 앞서 언급된 사유의 무능과 연관된다. 그것은 결코 모순이 아니다. 무제약적 진리에 이르는 길로서의 탈출구를 발견하는 것이 불가능하다는 통찰로부터 의지의 무목표성이라는 결과가 나온다. 의지는 어떤 목표에서도 '이성적' 한계를 발견하지 못한다. 이런 점에서 의지는 아무런 제한 없이 의지로 머물게 된다. 사유를 통해 확인할 수 있는 특정한 존재가 존재여야 한다면, 의지는 자신이 정지할 수 있는 무(無)를 의욕한다. 의지가 의식의 가상 속에서 목표라고 생각하는 모든 것에서 의지는 근본적으로 자기 자신만을 원한다.

이런 점에서 의지는 "과거와 미래의 울타리 사이에서 행복하게 맹목적으로 놀고 있는" 어린아이의 목표 없는 "유희"와 같은 것일지도 모른다.[68] 그러니 이 "유희"의 사상 역시 한계 사상으로 머문다. 유희의 비유에 이어서 곧 목적으로부터 자유로운 "유희가 방해되어야" 한다는 "비극적" 통찰이 뒤따른다. "그러했다"는 낱말의 문법적 의미를 이해하는 방법이 학습됨으로써, 이러한 형식의 시간은 자아의 필연적 동일성의 관념으로 굳어진다. 실존은 미래를 희생시키는 가운데 "결코 완성될 수 없는 과거"로 대상화된다.

이 과정에서 실존은 한편으로는 "하나의 사물,"[69] 즉 동일한 어떤 것이고, 다른 한편으로는 완성되지 않은 것으로서 "아직" 확정되지 않은 것이다.[70] 다시 말해 그것은 자기반성의 의식적 표상의 내용과는 다른 어떤 것이다. 실존을 "과거"로 파악하는 관점에서, "권력에의 의지"는 미리 주어진 이해의 표본에 따라 하나의 목표에 도달해야 하지만 도달할 수 없는 완벽한 자기동일화에의 의지로 나타난다. 이런 점에서 "권력에의 의지"는, 하이데거가 해석하는 바와 같이, "전체 속의 존재자"나 또는 과거의 관점에서 극복되어야 하는 세계의 이념을 대변한다.

"모든 가치들의 가치전도"에 관한 '도덕비판적' 명제 역시 마찬가지이다. 가치전도라는 무시간적 계기 속에서만 시간의 표상은 제거되어 있다. 이 표상에 의하면 가치전도는 주어진 가치평가의 어떤 상태로부터 다른 상태로 이행해 간다. 표상된 어떤 과거와, 이와는 다른 미래 "사이의" 이 무시간적 "정오"는 규정될 수 없다. 미래는 다시 특정한 가치표상들을 가진 시간일 것이다. 절대 가치에 대한 "믿음"은 "동일한 사물들"에 대한 믿음과 마찬가지로 삶에 필연적이기 때문에 우리는 "심적 부담을 덜면서" 이 가치표상들을 따를 수 있을 것이다. 모든 가치체계들의 등가성에 관한 사상은 "권력에의 의지"와 마찬가지로 한계 사상일 뿐이다. 이 사상 역시 "심각한 경우"에는 유지될 수 없다. 니체가 거듭해서 언급할 뿐만 아니라 그것으로 인해 "학문"이 "즐거울" 수도 있는 위대한 디오니소스적 웃음은 항상 곧바로 다시 새로운 "믿음의 진지함"[71]으로 변한다. 우리는 의지를 통해 이 심각함에 묶여 있다는 것을 알고 있다.

『즐거운 학문』에는 이렇게 씌어 있다. "위대한 진지함"은 아마 새로운 인간이 "정신의 이상"으로 인정받을 때 비로소 시작될 것이다. 이 정신은 "천진난만하게, 즉 아무런 의지도 없이 흘러 넘치는 충만함과 힘을 가지고 이제까지 신성하고, 선하고, 접촉할 수 없고, 신적인 것이라고 여겨진 모든 것과 유희한다." 이 새로운 이상을 통해 아마 "본래의 물음표가 비로소 찍힐 것"이고, 또 "비극"은 비로소 정말 "진지"하게 시작할 것이다.[72]

"신의 죽음"에 관한 학설 역시 "우리는 여전히 문법을 믿기 때문에 신으로부터 벗어날 수 없을 것"[73]이 두렵다는, 상대화하는 반대명제의 영향을 받고 있다. 이 믿음은 여기서 "언어 속의 '이성'"[74]이나 또는 "최고" 개념의 실재에 대한 믿음을 대변한다. 논리의 전제조건 없이는, 즉 "동일한 사물들"에 대한 믿음과 사유와 행위를 통한 방향설정이라는 절대적 가치에 대한 믿음 없이는 사유조차 할 수 없으며, 다시 말해서 의식을 가진 생명체는 존재조차 할 수 없을 것이다. 그것은 설명들의 진리, 무엇에 관한 진술의 진리, 특히 의문스러운 것을 의문의 여지가 없는 것으로, 또 문제점 있는 것을 쉬운 것으로 환원시킨다는 의미에서 보면 X는 실제로 Y라고 말해지는 주어-술어 결합의 형식으로 이루어지는 진술들의 진리에 대한 믿음이다. 그의 논리에 따르면 이러한 환원적 방법은 절대적인 회의 불가능성이라는 확고하고도 지고한 지점을 필요로 한다. 니체는 삶에 기여하는 실용적인 설명들의 의미, 그리고 이로써 방향이 결정된 세계상들의 다양성을 이러한 의미와 대립시킨다.

차라투스트라는 "복수의 신들이 존재하지 하나뿐인 신은 존재하지 않는다"[75]는 것이 "신적인 성격"이 아닌가 하고 묻는다. 하나의 신에 관한 학설은 "가장 무신론적인 낱말"[76]로 특징지어진다. 그것은 자기 자신을 절대적이라고 간주하는 관점, 즉 스스로가 관점이라는 사실을 이해하지 못하는 관점으로 이해된다. 자기 자신의 고유한 자기이해와 세계이해를 상대화하고 또 타자를 인정하는 초인의 유희적 관점 또는 "가장 먼 것에 대한 사랑"은 니체에 의하면 심각한 경우 유지될 수 없는 까닭에, 자기 자신과 관계를 맺고 있는 "작은 인간"은 "영원히 다시" 돌아온다.[77] 이 작은 인간은 자신의 사유도식을 절대화해야 하기 때문에 하나의 신을 필요로 한다.

니체에게는 자기 자신을 확신하는 특정한 도덕성의 정신이라고 할 수 있는 일신론은 계속해서 모든 것에 내재하는 이성적 성격으로서 나타날 수밖에 없다. 니체는 이러한 아포리아적 시각 때문에 많은 친화관계에도 불구하고 헤겔의 변증법과 구별된다. 그는 변증법이 "'도덕적' 신을 극복하고자"[78] 하지만 이성적 사유의 진리를 동시에 전제하는 시도라고 이해한다.

"작은 인간"과 그의 신 관념은 극복될 수 없다. 작은 인간은 "초인"과 분리되지 않는다. 그렇기 때문에 니체에 의하면 이해되지 않은 타자성을 지닌 타자에 대한 사랑으로서의 "가장 먼 것에 대한 사랑"을 도덕적 명령으로 만드는 것은——이러한 오해를 피할 수 없다고 할지라도——그의 의도와는 거리가 멀다. "초인"을 진지하게 추구할 만한 '이상'으로 생각하는 것은 이미 "작은 인간"의 (불가피한) 사고방식일지도 모른다. 따라서 초인은 신의 자리를 대신할 수 없다. 이 자리가 빈 채로 남아 있는다면, 즉 자신의 가치평가들과 자신이 진리로 간주한 것을 절대화하지 않은 채로 있을 수 있다면, 초인은 실현될 수 있을 것이다.

"가장 먼 것"과 그에 의해 규정될 수 없는 미래를 헌신적으로 사랑할 수 있는 "초인에 대한 사랑"[79]이 "가장 가까운 것에 대한 사랑"으로 변하면서 그것은 본질적으로 실패한다. 이러한 이웃 사랑은 자기와 가까이 있는 것에 대한 사랑을 의미한다. 왜냐하면 그것은 자신의 가치체계에서 보아 어느 정도 가치 있으며 또 가치 있어야 하기 때문이다. 그가 그렇게 이해된 이웃 사랑에다 "가장 먼 것에 대한 사랑"이라는 자신의 반대개념을 대립시킬 때, 니체는 오히려 신에 관한 크리스트교적 담론에 근접하지 않는가 하는 물음이 제기될 수 있다.

"모든 사람은 자기 자신에게 가장 먼 존재이다"라고 말한다면, 이 말 속에는 우리가 "우리 자신에게는……결코 인식하는 자가 아니라는" 점과 특정한 세계상과 인간상의 테두리 안에서 우리가 다른 사람들과 공유하고 있는 우리 자신에 관한 관념들로부터 스스로를 차별화한다는 점이 표현되고 있는 것이다.

끝으로, 니체의 진리 개념에 관한 물음이 다시 제기된다. 니체에게 일반적 개념들로 진술할 수 있는 "진리"는, 그것 없이는 인간의 삶이 불가능해지는 특정한 "종류의 오류"[80]를 의미한다. 전통 철학은 이러한 종류의 명제들에 대해 그들 자신의 진리에 관한 물음을 제기한다. 이 명제들은 그 단호함에도 불구하고 스스로 진리를 주장하고 있는 것은 아닌가? 이러한 맥락에서 니체의 주요 명제는 다음과 같다.

"개별적 판단은 존재하지 않는다."[81] 모든 판단과 또 판단들로 이루어진 모든 (학문적) 체계들은 가치평가적 세계관과 더 이상 대상화될 수 없는 연관관계 속에 있다. 그리고 이러한 점은 판단의 본질에 대한 반성에도 타당하다. 니체는 물론 이러한 사실에서도 통찰하면 긍정할 수밖에 없는 모순과 부조리를 발견한다. 따라서 그가 논리적 일관성의 조건들을 지적한 후에도 진리에 대해 그 자체 일관성 있으며 무제약적인 정의를 내릴 수 없다는 사실을 우리는 건드리지 않고 그대로 두어야 할 것이다. 니체는 전통적 진리 개념들에 대한 모든 비판이 이러한 개념들이 서술되었던 도식에 필연적으로 참여하고 있으며 또 그렇기 때문에 하나의 조건적인 "학설"로 쇠락한다는 것을 간파하고 있다. 진리비판은 비판된 "오류"를 원칙적으로 단지 반복할 수 있으며, "심각한 경우"에는 비판의 대상보다 더 낫지 않을 수 있다.

니체는 자신의 비판이 가지고 있는 비논리성, 사악함과 악의를 알고 있다. 철학이 그에게는 본질적으로 아무런 출구를 가지고 있지 않은 것이다. 그렇기 때문에 그의 철학은 "모든 사람"을 대상으로 하기도 하고 "아무도" 대상으로 하지 않기도 한다.[82) 그것은 자신의 내재적 비극을 무대 위에 서 있는 주인공처럼 또는 문학적으로 표현할 수 있을 뿐이다. 철학자로서 니체의 운명은 아마 이렇게 설명될 수 있을 것이다. 그런데 우리는 주로 그를 문장가요 작가로서 찬탄하였다.

영향의 문제

니체는 그가 살아 있을 동안 이미 동시대의 문학에 상당한 영향을 미쳤다. 철학에 대한 그의 영향을 개별적으로 규정하기는 쉽지 않다. 그의 사유의 자극으로부터 철학적 학파가 생겨날 수는 없었는데, 그것은 그가 하나의 학설을 제시하기보다는 절대적 주장을 하면서 체계적으로 서술된 학설들이 지닌 허무주의직 가상의 성격을 보여줌으로써 동시대의 철학적 자기이해를 문제삼았기 때문이다. 그는 작가로서의 자신에게 모순적인 이 길을 의식적으로 들어선다. 그 자체 철저하게 서술된 학설의 건축물이라기보다는 정념의 "악의적" 표현으로 이해되는 잠언적 형태와 비유적 언어는 이러한 의식과 일치한다. 여기서는 실제로 논리적 논증이 이루어지지 않는다. 절대적 진리는 개념을 통해 결코 파악될 수 없다는 "지배적 사상"은 일관성 있는 모든 사유 속의 유일한 일관성으로서, 변화하는 여러 관점들을 통해 항상 새롭게 변형된다.

철학은 질문 제기의 정신적 힘으로서 표현된다. 물론 그렇다고 해서 세계관적 학설들, 특히 더 나은 것을 위해 이제까지의 역사를 극복하고자 하였던 학설들이 역사 속에서 자신들의 선구자를 발견하였다는 사실은 바뀌지는 않는다. 그와 같은 오해들도 나름의 영향력을 가지고 있다. 니체가 과연 형이상학의 "종말"에 서 있는가 하는 물음에 대해서도, 그는 정반대로 자신이 "사상을 통해" 파악하고 의식화한 시대와 더불어 비로소 "위대한 진지함"과 본래의 "비극"이 시작한다고 추측하였다는 사실로 대답해야만 한다. 그렇다면 그가 비판한 이론적 인간의 역사는 이 연극 무대 위에서 단지 비극의 서막에 불과했을 것이다.

| 요제프 지몬 · 이진우 옮김 |

요제프 지몬(Josef Simon)
1930년 출생. 쾰른에서 철학, 독문학, 지리학과 역사학을 공부했다. 1955년 교사자격 국가시험에 합격하고 1957년 박사학위를 취득했다. 1957~1960년 바트 고데스부르크에 소재한 독일민족진흥재단(Studienstiftung des deutschen Volkes)의 담당관으로, 1960년부터 프랑크푸르트 대학 철학부의 학술조교로 있었다. 1967년 교수자격을 취득하고 1971년부터 튀빙겐 대학 정교수로 있다. 주요 저서 : *Das Problem der Sprache bei Hegel*(1966), *Sprache und Raum*(1969), *Sprachphilosophische Aspekte der Kategorienlehre*(1971), *Philosophie und linguistische Theorie*(1971), *Wahrheit als Freiheit*(1978). 편찬서 : *J.G. Hamann. Schriften zur Sprache*(1967), *Aspekte und Probleme der Sprachphilosophie*(1974), *Freiheit*(1977).

이진우
연세대학교 독문과를 졸업하고 독일 아우크스부르크 대학에서 철학으로 석·박사 학위를 받았다. 계명대학교 철학과 교수, 계명대학교 총장, 한국 니체학회 회장 등을 지냈다. 포스텍 인문사회학부 학부장을 거쳐 지금은 포스텍 인문기술융합연구소 소장으로 있다. 저서로는 『이성정치와 문화민주주의』『프라이버시의 철학』『지상으로 내려온 철학』『이성은 죽었는가』『도덕의 담론』『탈현대의 사회철학』『니체, 실험적 사유와 극단의 사상』 등이 있다. 역서로는 한길사에서 펴낸 『인간의 조건』『전체주의의 기원 1·2』를 비롯하여 『인간농장을 위한 규칙』『글로벌 위험사회』『책임의 원칙』『현대성의 철학적 담론』『탈형이상학적 사유』『공산당 선언』『덕의 상실』『냉소적 이성 비판』『비극의 탄생·반시대적 고찰』 등이 있다.

주

1) 칸트, *Akademie Ausgabe*, Bd. VIII, 35.

2) 칸트, 『순수이성비판』, 제2판, 775.

3) 니체, 『전집』 III. 1, 94. 니체 원전의 인용문 출처는 콜리(Colli)와 몬티나리 (Montinari) 판에 토대를 두고 있다. 로마 숫자는 니체 저작을 분류한 부수를 표시하고, 쉼표 앞의 아라비아 숫자는 권수를, 그리고 쉼표 뒤의 아라비아 숫자는 쪽수를 가리킨다.

4) 같은 책, 같은 곳.

5) 같은 책, 95.

6) 같은 책, 96.

7) 같은 책, 97.

8) 같은 책, 같은 곳.

9) 『인간적인, 너무나 인간적인』(1878), 『여명』(1881), 『즐거운 학문』(1882).

10) 니체, 『전집』 III 3, 226.

11) 니체, 『전집』 V 2, 43.

12) 같은 책, 같은 곳.

13) 같은 책, 43 이하.

14) 같은 책, 44.

15) 같은 책, 45.

16) 같은 책, 46.

17) 같은 책, 같은 곳.

18) 같은 책, 50.

19) 같은 책, 51.

20) 같은 책, 53.

21) 같은 책, 같은 곳.

22) 같은 책, 57.

23) 니체, 『전집』 VIII 3, 413.

24) 니체, 『전집』 VI 1, 77.

25) 니체, 『전집』 V 2, 58.

26) 같은 책, 182.

27) 니체, 『전집』 VIII 1, 272.

28) 니체, 『전집』 V 2, 195.

29) 같은 책, 183.

30) 같은 책, 201.

31) 같은 책, 196.

32) 같은 책, 275 이하.

33) 니체, 『전집』 VI 3, 5 이하

34) 니체, 『전집』 VI 2, 27.

35) 니체, 『전집』 VIII 1, 322.

36) 같은 책, 325.

37) 니체, 『전집』 VIII 2, 55.

38) 니체, 『전집』 VI 1, 105.

39) 니체, 『전집』 III 2, 341.

40) 니체, 『전집』 VI 3, 179.

41) 니체, 『전집』 VI 1, 260.

42) 같은 책, 261.

43) 같은 책, 262.

44) 같은 책, 같은 곳.

45) 같은 책, 같은 곳.

46) 같은 책, 271.

47) 같은 책, 267.

48) 같은 책, 271.

49) 같은 책, 268 이하.

50) 같은 책, 77.

51) 칸트에 의하면 객관적 연속은 오직 인과적 연관성의 개념에 의해 사유될 수 있다. 『순수이성비판』, 제2판, 232 이하.

52) 니체, 『전집』 VI 1, 270.

53) 같은 책, 같은 곳.

54) 같은 책, 269.

55) 같은 책, 269.

56) 같은 책, 271.

57) 니체, 『전집』 281.

58) 니체, 『전집』 273.

59) 니체, 『전집』 70.

60) 니체, 『전집』 159.

61) 같은 책, 160.

62) 같은 책, 268.

63) 니체, 『전집』 III 2, 378.

64) 니체,『전집』VI 1, 268.

65) 같은 책, 같은 곳.

66) E. Fink, *Nietzsches Philosophie*, Stuttgart 1973, 179.

67) 니체,『전집』VIII 1, 198.

68) 니체,『전집』III 1, 245. VIII 1, 127 이하도 참조할 것.

69) 니체,『전집』III 1, 245.

70) 니체,『전집』VI 2, 79.

71) 같은 책, 65.

72) 니체,『전집』V 2, 319.

73) 니체,『전집』VI 3, 72.

74) 같은 책, 같은 곳.

75) 니체,『전집』VI 1, 226.

76) 같은 책, 같은 곳.

77) 같은 책, 270.

78) 니체,『전집』VIII 1, 124.

79) 니체,『전집』VI 1, 260.

80) 니체,『전집』VII 3, 226.

81) 니체,『전집』VIII 1, 273.

82) 니체,『전집』VI 1, 1.

참고문헌

전집

●Friedrich Nietzsche : *Werke. Kritische Gesamtausgabe*, hrsg. v. G. Colli und M. Montinari, Berlin/New York 1967ff.(15권으로 된 보급판은 München 1980).
●Friedrich Nietzsche : *Werke in 3 Bänden und ein ausführlicher Index-Band*, hrsg. v. K. Schlechta, München [8]1977.

2차 문헌

보조 자료와 연보

●Reichert, H.W., Schlechta, K.(Hrsg.) : *International Nietzsche Bibliography*, Chapel Hill, N. C., [2]1968(『니체 연구』[*Nietzsche-Studien*]에서 계속되고 있으며, 나라별로 분류되고 종종 영어로 간단하게 요약되어 있음).
●*Nietzsche-Studien. Internationales Jahrbuch für die Nietzsche-Forschung*, hrsg. v. E. Behler, M. Montinari(1988년까지), W. Müller-Lauter, H. Wenzel und E. Heftricht(1990년부터), Berlin/New York 1972ff.(국제적 니체 연구 논단으로 독일어, 영어 및 프랑스어로 된 논문들이 실린다. 라이헤르트와 슐레히타에 의해 시작된 문헌 목록은 여기서 계속되고 있다).

총서

●Monographien und Texte zur Nietzsche-Forschung(MTNF), hrsg. v. E. Behler, M. Montinari(1988년까지), W. Müller-Lauter und H. Wenzel, Berlin/New York 1972ff.(니체의 철학, 그 출처와 수용에 관한 커다란 연구서들은 이 총서에 출판되고 있다).
●Nietzsche in der Diskussion, hrsg. v. M. Djurić u. J. Simon, Würzburg 1984ff.(Inter-University Centre Dubrovnik에서 편집자들이 개최하는 니체 콜로키움에서 발표된 논문들의 출판. 지금까지 『니체의 현실성에 대하여』(*Zur Aktualität Nietzsches*, 1984), 『니체와 헤겔』(*Nietzsche und Hegel*, 1992)에 이

르기까지 5권이 출판되었다).

인물과 생애

●Janz, C. P. : *Friedrich Nietzsche Biographie*, 3 Bde., München 1978(니체 누이동생의 편파적이고 부분적으로는 왜곡된 서술에 대한 수정, 잘 알려지지 않은 증거들을 제시하고 있음).

●Ross, W. : *Der ängstliche Adler. Friedrich Nietzsches Leben*, Stuttgart 1980(니체 전집 KGW를 통해 해명된 자료를 토대로 "철학자의 산물로서의 삶"을 서술하고자 한 시도로서 이야기 형식으로 표현하는 데 노고를 기울였음).

단행본

●Löwith, K. : *Nietzsches Philosophie der ewigen Wiederkehr des Gleichen*, Hamburg ²1978(동일자의 영원회귀설의 관점에서 서술한 니체 철학의 전체해석. 니체는 "신의 죽음" 이후의 자기 시대의 위기를 극복하려고 시도하였다는 것이다. "현대성의 정점"에서 소크라테스 이전의 세계관이 다시 획득되어야 한다는 것인데, 뢰비트는 이것을 헛된 시도로 본다).

●Jaspers, K. : *Nietzsche. Eine Einführung in das Verständnis seines Philosophierens*, Berlin ²1947(야스퍼스는 민족사회주의자들[나치]에 의한 오용에 반대하여 니체를 방어하려고 한다. 니체의 사상은 모든 가치와 진리들의 "한계 초월"이지만, 본질적인 세계의 다의성은 지양할 수 없다고 해석된다).

●Fink, E. : *Nietzsches Philosophie*, Stuttgart 1973(핑크는 하이데거에 의존하여 전통 형이상학과의 대결이라는 관점에서 니체의 철학을 고찰한다. 존재와 가치의 동일시, 권력에의 의지에 관한 학설, 영원회귀설, 신의 죽음에 관한 학설, 초인설과 같은 니체의 근본주제들은 형이상학의 근본문제들과 일치한다. 그러나 '유희'에 관한 근본사상에서 핑크는 형이상학적 근원을 가지고 있지 않은 철학의 가능성을 발견하고 헤라클레이토스로 돌아간다).

●Heidegger, M. : *Nietzsche*, 3 Bde., Pfullingen 1961(1936년부터 1940년까지의 하이데거의 강의와 1946년까지의 논문들로 이루어진 고전).

●Ulmer, K. : *Nietzsche. Einheit und Sinn seines Werkes*, Bern 1962(울머는 니체 사상에서의 다양성을 "위대한 인류와 고도의 문화를 지향하는 의지"로 환원시킨다).

●Deuleze, G. : *Nietzsche et la philosophie*, Paris, P. U. F., 1962(헤겔에 대한 반대입장으로서의 니체. 부정의 힘, 고통의 평가절상, 변증법적 실증성에 대항하여 니체는 의미를 창조하는 힘과 가치를 개척한다. "해석과 가치평가의 예술"과

"긍정의 긍정"으로서의 철학).

●Danto, A.C. : *Nietzsche as Philosopher*, New York, Macmillan, 1965(서로 연관되어 있는 니체의 사유구조와 진리 일치설에 대한 그의 비판을 언어분석 철학의 시각에서 명료화하고 있음).

●Granier, J. : *Le problème de la vérité dans la philosophie de Nietzsche*, Paris, Edit. du Seuil, 1966(하이데거에 의존하고 텍스트에 방향을 맞춘 해석. 니체는 형이상학 완성의 사상가가 아니라, 설정하는 표상의 사유를 권력의지 사상을 통해 마침내 극복한다는 것이다).

●Volkmann-Schluck, K.-H. : *Leben und Denken. Interpretationen zur Philosophie Nietzsches*, Frankfurt/M. 1968(하이데거로부터 출발하여 "자기자신에 대한 형이상학의 반동"으로서의 허무주의가 현재를 파악하는 데 가지는 의미를 강조한다).

●Müller-Lauter, W. : *Nietzsche. Seine Philosophie der Gegensätze und die Gegensätze seiner Philosophie*, Berlin 1971("내재적 서술과 비판". 이 책은 니체 작품에 있는 실제의 또는 추정적인 대립들의 문제점으로부터 출발한다).

●Röttges, H. : *Nietzsche und die Dialektik der Aufklärung*, Berlin/New York 1972(자신의 제약성에 관한 반성이 이루어지지 않을 때 계몽주의의 주장이 어떻게 허무주의로 변화하는가를, 칸트와 니체를 대립시키고 헤겔에 의존함으로써, 니체의 발전과정에서 보여준다).

●Grimm, R. H. : *Nietzsche's Theory of Knowledge*, Belrin/New York 1977(이 책은 니체의 후기 저작들에서 "'진리'에 대한 전적으로 새롭고 완전히 유동적인 척도"를 작업해 내고 있으며 또 니체의 "권력의지의 유동-존재론"은 단지 이 척도를 강화해 주고 있다고 본다).

●Magnus, B. : *Nietzsche's Existential Imperative*, Bloomington/London 1978(동일자의 영원회귀에 관한 사상에 대한 이중적 연구사를 논의하고, 그것을 "시간혐오적 동물"인 인간에 대한 반대신화로 해석한다).

●Kaulbach, F. : *Nietzsches Idee einer Experimentalphilosophie*, Köln/Wien 1980(데카르트부터 헤겔에 이르는 근대철학의 방법론적 반성의 급진적 결과로서 니체에 의해 실행된 "실험의 방법"에 관한 서술. "실험적 사상"의 틀에서는 철학적 "세계관점들"의 진리 기준은 "존재와 행위에 대한 동기화의 힘"에 있다).

●Kaufmann, W. : *Nietzsche. Philosoph—Psychologe—Antichrist*. Aus dem Amerikanischen übersetzt von J. Salaquarda, Darmstadt, Wiss. Buchgesellschaft, 1982(관심 있는 일반 독자에게도 이해 가능한 니체 철학의 소개. 심리학적으로 접근한 니체 철학의 이해).

●Figl, J. : *Interpreatation als philosophisches Prinzip. Friedrich Nietzsches Theorie der Auslegung im späten Nachlaß*, Berlin/New York, 1982(유고작에

들어 있는 "해석 이론에 대한 관점들"을 "현재의 해석학적 논의"로 끌어들이려는 시도. "내면적 일관성"과 "해석"으로서의 니체 철학의 보편성에 대한 논증들).

- Abel, G. : *Nietzsche. Die Dynamik des Willen zur Macht und die ewige Wiederkehr*, Berlin/New York 1984(아벨의 해석에 의하면 "현실"은 "역동적-활력적 권력의지와 해석과정들"의 복합체로서 파악될 수 있다. "영원회귀" 사상은 포스트-허무주의적 실존해석에 적합한 세계 및 자기이해로서 파악된다. "사건-논리적 해석의 순환"에 관한 아벨의 개념은 Figl의 해석학적 니체 해석과 분명하게 대립한다).
- Löw, R. : *Nietzsche. Sophist und Erzieher. Philosophische Untersuchungen zum systematischen Ort von Friedrich Nietzsches Denken*, Weinheim 1984(뢰브는——통상 '모순적'인 것으로 보이는——니체 사상에서 니체의 "교육의 지"를 통일성의 계기로 파악한다).
- Nehamas, A. : *Nietzsche. Life as Literature*, Harvard University Press, 1985('관점주의'의 필연적 귀결로서의 니체의 '심미주의', "자기자신을 하나의 예술작품으로 만들고 또 철학자로서 존재하는 문학적 인물로 만들고자 하는" 성공적 "시도"로서의 니체의 작품과 삶. 이 작업은 니체의 80년대 저서들과 유고들을 참고로 하고 있다).
- Nolte, E. : *Nietzsche und der Nietzscheanismus*, Frankfurt/M. 1990(니체를 역사적 시각에서 비스마르크 시대와 유럽 '세기말'의 동시대인으로 보고자 하는 시도. 니체의 삶, "유럽 역사의 단계 및 요소들과의 대결"의 "전투장"으로서의 니체, 니체주의의 3부로 되어 있다).
- Gerhardt, V. : *Friedrich Nietzsche*, München 1992(쉽게 읽을 수 있는 세분화된 전체 서술로서 니체를 다시 철학 전통과 결합시키고 있다. 니체 수용은 "20세기의 니체"에 관한 마지막 장에서 다루어지고 있다).

편찬서

- Hillebrand, B.(Hrsg.) : *Nietzsche und die deutsche Literatur*, 2 Bde., München/Tübingen 1979(20세기 중반까지의 독일문학에 미친 니체의 영향에 관한 200편 이상의 텍스트들을 포함하고 있음).
- Guzzoni, A.(Hrsg.) : *90 Jahre philosophische Nietzsche-Rezeption*, Meisenheim 1979(야스퍼스, 뢰비트, 하이데거, 핑크와 단토의 텍스트들 외에도 사르트르, 푸코, 레이[Rey], 포트라[Pautrat]와 같은 프랑스에서의 니체 수용의 예들과 20세기 초반부 니체 수용의 주요 대변인들의 텍스트들을 포함하고 있다).
- Salaquarda, J.(Hrsg.) : *Nietzsche*, Darmstadt 1980(1948년 이후 니체 연구에서 대표적 논문들의 선집).

●Montinari, M. : *Nietzsche lesen*, Berlin/New York 1982(니체 문헌학의 개별 문제들에 관한 논문들. "가능한 니체 독서의 관점에서" 서술되고 편찬되었다).

●Lutz-Bachmann, M.(Hrsg.) : *Über Friedrich Nietzsche. Eine Einführung in seine Philosophie*, Frankfurt/Main 1985(초월철학 비판[J. Salaquarda], 언어 비판[J. Simon], 크리스트교적 종교비판[J. Splett]에 대한 시각을 통해 니체 사상에 접근할 수 있는 통로를 열어 놓으려는 시도).

●Hamacher, W.(Hrsg.) : *Nietzsche aus Frankreich. Essays von Marice Blanchot, Jacques Derrida, Pierre Klossowski, Philippe Lacoue-Labarthe, Jean-Luc Nancy u. Bernard Pautrat*, Frankfurt/M. 1986(프랑스에서 이루어진 니체 철학과의 대결에 관한 개관. 1959년부터 1980년까지의 텍스트들).

●Gerhardt, V. : *Pathos und Distanz. Studien zur Philosophie Friedrich Nietzsches*, Stuttgart 1988("예술가 형이상학", "실험철학", "권력" 등과 같은 핵심적 주제 및 개념들에 관한 7편의 개별연구들).

2 | 미국의 프래그머티스트들

퍼스(1839~1914) · **제임스**(1842~1910) · **듀이**(1859~1952)

"프래그머티즘은 어떤 실제 문제의 해답도 주지 않는다.
프래그머티즘은 단지 문제라고 여긴 것이 실제 문제가 아님을 보여줄 뿐이다."
● 퍼스

프래그머티즘[1] 철학의 중심을 이루는 것은 과학적 연구의 분석, 과학적 연구의 방법과 그 인식론적 · 규범적 전제조건에 대한 분석, 그리고 과학적 연구가 우리의 생활세계에 미치는 행위실천적인 영향의 분석이다. 프래그머티즘의 내용을 이루는 과학적 연구는 동시에 프래그머티즘의 방법에도 규정적 영향을 미치고 있다. 프래그머티즘적 사유는, 처음에 주어진 정신적 혹은 감각적 소여(所與)들로부터 출발하여 부동의 확실성을 주장하는 불명확하고 해명 불가능한 사변들과 구분하여 스스로를 과학적 사유로 이해한다.

프래그머티즘의 내용과 방법은 또한 프래그머티즘의 주도적 관심 혹은 실천적 목표를 규정한다. 프래그머티즘은 명확하고 도덕적으로 책임질 수 있는 언어사용과 사유를 통해서 과학적 연구의 실천에서나 개인적, 사회 · 정치적 행위에서나 이성에 의해 이끌어지는 행위를 진작시키고자 한다.

그 내용과 방법 그리고 목표설정에 따라 프래그머티즘은 이론과 실천의 긴장과 매개 속에서 스스로의 문제제기와 해결책을 발전시켰다. 프래그머티즘에서 실천은 근대과학에 의해 형성된 생활세계를, 이론은 이 생활세계와 함께 주어진 문제들의 사유를 통한 극복을 의미한다. 실천은 시간을 초월하여 영원히 타당한 행위구조가 아니라, 지난 세기 이래 근대과학에 의해 결과된 구체적이고 역사적으로 정확히 제시 가능한 문제상황을 그 내용으로 한다. 이러한 문제영역의 서술로부터 알 수 있듯이 이론개념 또한 시간을 초월한 구조나 원칙의 포착이 아니라 구체적인 문제 해결의 과정으로 이해된다. 그러나 최초의 소여들을 거부한다고 해서 프래그머티즘이 이론을 각각의 개별적 현재상황들이 갖는 문제의 비체계적 반영에 국한하는 것은 결코 아니다. 오히려 프래그머티즘의 철학은 하나의 특정한 역사적 시기에서 행위의 지도기준이 되는 일반적 신념들의 문제에 대한 반성(Problem*reflexion*)이다.

프래그머티즘은 자신의 방향을 근대과학의 문제상황에 맞춤으로써, 이론과 실천을 매개하는 비교 가능한 다른 두 가지 사유형태인 마르크스주의 및 실존주의와는 뚜렷이 구별된다. 이 둘 역시 지난 세기 이래 점차 확대되어 가는 문제상황에 대해 해결책을 찾으려는 시도이기는 하였다. 그러나 프래그머티즘이 과학을 사유의 출발점으로 삼은 반면, 마르크스주의와 실존주의는 과학으로부터 귀결된 실천적 문제들에 관심을 가졌다. 마르크스주의는 명시적으로 과학기술적 생산력과 생산방식의 분석에 관심을 쏟았고, 실존주의는 항상 명시적이지는 않았지만 그 문제의식에 비추어 볼 때 과학적 합리성에 의해 밀려난 개인적인 삶의 문제의 분석에 관심을 기울였다.

그런 까닭에 프래그머티즘은 이론과 실천의 매개에서 과학비판적 사유형태로, 마르크스주의는 사회비판적 사유형태로, 실존주의는 개인 인격중심적(personalistisch) 사유형태로 이름 붙일 수 있겠다. 어쨌든 이 세 가지 사유형태는 모두 근본적이고 역사적으로 소건지어진 동일한 실천문제에 대한 서로 다른 사유형태들이었다.

또한 이 세 철학 모두는 역사적으로 조건지어진 하나의 문제상황으로

퍼스는 당시의 철학적 주류였던 사변적 사유방식에 대항하여
철학에서도 개념해명의 과학적 방법을 도입했다.

부터 출발하기는 하였지만, 이를 넘어서서 옛날부터 철학적 전통 안에서 중요한 구실을 하였으며 오늘날까지 그 폭발력을 잃기는커녕 오히려 증대시켜 온 문제제기들도 포함하고 있다. 과학과 사회 그리고 개인에 대해 철학자들은 옛날부터 깊이 사색해 왔다. 물론 그것이 지난 세기 이래 비로소 가능해졌고 또 필요해진 특수한 시각에서 이루어진 것은 아니지만 말이다. 오늘날 마르크스주의와 실존주의가 갖는 의미는 비록 그 크기에 대해서는 논란이 있지만 어쨌든 잘 알려져 있다. 반면 프래그머티즘의 역사적 · 체계적 의미는 오늘날에야 비로소 점차 가시화되고 있고, 프래그머티즘을 '테크노크라트들'의 효용성 위주의 천박한 실용주의(Nützlichkeitsdenken)와 혼동하는 일도 점차 드물어지고 있다.

퍼스가 자신의 보다 엄격하고 엄밀한 형태의 프래그머티즘에 대한 명칭으로 '프래그머티시즘'(pragmaticism)이라는 용어를 도입함으로써 헛되이 벗어나고자 하였던 이 유명론(唯名論)적이라 할 수 있는 허위문제들과는 무관하게, 프래그머티즘은 많은 문제제기들, 특히 과학이론적 논의와 관련된 많은 문제들을 선취하였을 뿐만 아니라, 나아가 과학이론을 종종 일면적으로 과학주의적으로 협소화하는 것을 광범위하게 예방할 수 있었다.

프래그머티즘은 과학적 연구방법을 그것이 실천적 · 규범적 전제조건 및 결과들과 갖는 내적 연관 속에서 연구함으로써 과학이론의 과학주의적 협소화를 피할 수 있었다. 그런 까닭에 프래그머티즘은 광범위하게 현대 과학이론적 논의의 선구일 뿐만 아니라 동시에 현대 과학이론의 과학주의적 오류들을 극복한 철학이라고 할 수 있다.

특정한 과학이론적 입장들의 선취와 극복, 이 두 가지는 아래에 제시될 첫번째 문제의 개괄에서도 이미 그 윤곽을 드러낸다. 프래그머티스트들은 그들의 공동 테마인 과학적 연구와 이것을 구체적 실생활에 연결시키는 문제를 서로 다른 견지에서 강조하였는데, 이 견지들은 이론과 실천을 연결하는 문제의 연속선상에서의 문제설정으로 파악될 수 있다. 물론 모든 프래그머티스트들은 과학적 방법을 모범으로 삼은 개념해명의 방법(1)으로부터 출발한다. 이에 따르면 개념들은 행위의 맥락 속에 들어 있다. 개별 단어나 개념들의 의미를 해명하고자 한다면, 그것들의 가능한 실제적 결과들을 검사해야만 한다. 그러고 나서 두번째 단계에서야 비로소 의미문제에 이어 진리문제가 나오게 된다. 어떻게 개념들 속에 담겨 있는 혹은 개념들로 이루어진 명제들의 진리내용을 인식하고 검증할 수 있는가?

프래그머티스트들은 행위이론(2)과 합의이론적 진리론(3)으로 이에 대한 답을 주고자 한다. 개념과 명제들로 주장된 가능한 실제적 결과들은 실험행위 속에서 외부적 실재와의 대결을 통해 그 기술적(記述的) 계기가 검증되어야 하고, 그 규범적 계기는 의사소통행위 속에서 사회적 실재와의 대결을 통해 검증되어야 한다. 외부적 실재 및 사회적 실재와의 대결을 통해 얻어진 결과들은 다시금 공동 행위자들의 상호 확신과정 속에서 올바른 것으로 입증되어야 한다.

행위 및 내화공동체 안에서의 "입증으로서의 진리"는 프래그머티스트들 사이에서, 그리고 특히 그 반대자들로부터 그것과 연관될 수 있는 주관주의적 공리주의(功利主義)와 인식론적 상대주의와 관련하여 격렬한 논란을 불러일으켰다. 무엇보다 이 지점에서 속류 프래그머티즘(실용주의)과의 세밀한 구분이 이루어져야만 한다. 그 다음의 구별점으로서는 과학적 방법의 행위실천적 · 인식론적 전제들만이 아니라, 그것들이 우리 실생활에 미칠 수 있는 영향들에 대해 논의되어야 한다. 이 문제점은 보다 정확하게는 과학적인 사고 및 태도 형식이 다른 형식들, 예를 들어 일상적 · 종교적 혹은 예술적 사고 및 태도 형식들과 어떤 관계를 갖는가 하는 물음과 나아가 과학적 연구방법이 사회적 · 정치적 행위에 적용될 수 있는가 하는 물음으로 나뉜다.

첫번째 물음은 실존주의적 문제제기들과 함께 생철학(4)의 입장으로 나아가고, 두번째 물음은 민주주의 정치이론(5)의 입장으로 나아간다. 동

"지식은 행동이다." 퍼스에 따르면 우리가 직접 운전을 해봄으로써 운전을 배울 수 있듯이,
'방관' 하지 않고 '참여' 함으로써 지식을 습득할 수 있다고 주장한다.

시에 이론과 실천의 매개의 다른 두 형태인 마르크스주의와 실존주의와
의 교차점들도 나온다. 물론 접근시각과 제안된 해결책들이 서로 다르
기는 하지만 말이다.

위에서 개괄해본 프래그머티즘의 5개 문제들은 프래그머티즘의 거장
들이자 가장 위대한 미국 철학자들인 퍼스(Charles Sanders Peirce)와
제임스(William James), 그리고 듀이(John Dewey)를 다루면서 보다
자세히 서술될 것이다. 프래그머티즘이 그 자체 하나의 완결된 이론은
아니지만——이 점에서 마르크스주의 및 실존주의와 견줄 수 있다——그
럼에도 '이론과 실천의 연결' 을 통해서 내적 통일성을 찾아낼 수 있다.
세 거장들이 모든 문제들을 모두 똑같은 정도의 관심을 가지고 다루었
던 것은 아니다.

그런 까닭에 프래그머티즘의 철학적 폭은 주요 주창자들이 역점을 두었던 상이한 문제들을 훑어봄으로써 비로소 이해될 수 있다. 또한 이렇게 함으로써만 보다 이론적인 문제제기에서 보다 실천적인 문제제기로의 강세변화가 프래그머티즘 내의 단절을 의미하는 것이 아니라 사태의 내재적 논리의 역사적 전개를 반영한다는 사실이 명확해진다.

퍼스의 공적은 그가 활동했던 시대의 철학에서 주류였던 사변적 사유방식에 대항하여 철학에서도 개념해명의 과학적 방법을 유용하게 만들었을 뿐만 아니라, 반대로 바로 이 방법의 행위실천적·인식론적 전제들의 연구를 통하여 과학 자체가 보다 나은 자기이해를 성취하는 데 도움을 주었다는 것이다.

두번째 관점을 계속 발전시킨 제임스의 관심사는 무엇보다 개인의 실생활 영역을 위하여 과학주의적 사유의 독점을 깨부수는 것이었는데, 이것은 과학이론적 문제들에서 종종 엄밀성의 결핍이라는 대가를 요구하였다.

반대로 듀이는 가장 정열적으로 프래그머티즘의 이론적 측면과 실천적 측면을 결합시키려고 시도하였다. 물론 행위실천적 문제들에 보다 역점을 두기는 하였지만 말이다. 한편으로 듀이는 퍼스의 대화에 관한 생각에 이미 들어 있던, 연구과정의 민주적 성격을 부각시켰다. 다른 한편 그는 무엇보다 그의 교육사상에서 개진한 바와 같이 과학적 방법을 통해 민주주의 과정을 개선하고자 하였다.

찰스 샌더스 퍼스

퍼스는 자전적인 글에서 프래그머티즘적 사유방식을 "대부분 책에서" 익힌 사람들이 아니라 실험실에서의 삶을 통해서 "모든 것에 대해 마치 실험실에서 하듯이 그렇게, 즉 실험상의 문제로 생각하는" 데 익숙해진 사람의 행동방식을 들어 설명한다.[2] 퍼스 자신은 이미 집안 내력을 통해서 자연과학과 수학을 접했다. 퍼스는 1839년 미국 매사추세츠 주 케임브리지에서 태어났는데, 그의 아버지는 보스턴 소재 하버드 대학의 명망 있는 천문학 및 수학교수였다. 그의 형도 나중에 역시 하버드의 수학교수가 되었다. 그는 자연과학을 공부하였는데, 이와 연결하여 특히 칸트 철학을 열심히 공부하였다. 퍼스는 1863년 하버드 대학 화학과를 우수한 성적으로 졸업하였으나, 대학교수로서 학자의 길을 가리라고 사람들이 그에게 걸었던 기대를 이루지는 못하였다.

1861년부터 퍼스는 30년 동안 미국의 연안(沿岸) 및 측지(測地) 연구소에서 일하였고, 이따금씩 논리학과 철학에 관한 강의 위촉을 받았다. 프래그머티즘의 창시자일 뿐만 아니라 뛰어난 논리학자——특히 관계논리학(Logic of Relatives) 분야——이기도 하였던 퍼스는 수많은 논문과 서평을 발표하였으나 책은 단지 천문학 관련서 한 권만을 출판하였다 (*Photometric Researches*, 1878).

1862년 그는 제임스와 알게 되었고, 듀이는 그가 볼티모어 소재 존스홉킨스 대학교 전임강사 시절 가르쳤던 학생 중의 하나였다. 퍼스는 작은 유산을 받아 1887년 그의 두번째 부인과 함께 펜실베이니아 주 밀퍼드에 은둔하여, 말년에는 아주 고립된 가운데 빈곤한 삶을 살다가 죽었다. 그는 대개는 단편적인 형식의 수많은 원고를 남겼고, 이것들은 1931년부터 아주 불완전한 형태이긴 하지만 8권의 선집으로 출판되었다.[3]

프래그머티즘의 기원과 원천

퍼스가 맨 처음 자신의 프래그머티즘을 개진한 것은 1860년대 초 케임브리지의 토론모임인 '형이상학 클럽'(Metaphysical Club)에서였는데, 모임의 불가지론적인 기본 태도에서 반어적으로 이름을 이렇게 붙인 것이다. 퍼스와 제임스 외에 이 모임에 속한 사람들은 무엇보다 비(非)철학자들이었는데, 그 중에는 입법이 갖는 사회적 결과에 관심을 가졌던 연방판사 홈스(Holmes)와 변호사 그린(Green), 진화론과 자연주의를 표방하였던 역사학자 피스크(Fiske)와 수학자 라이트(Wright) 등이었다.

이 사람들의 생각과 중세의 실재론 논쟁, 칸트를 비롯한 독일 관념론 철학, 그리고 또한 "좋음의 관념"을 정향점으로 하여 모든 지식과 행위를 고찰한 플라톤 철학으로부터 받은 영향들이 퍼스가 받은 가장 중요한 자극들이었다. 여기에 더하여 퍼스 스스로가 프래그머티즘의 원천들로 소크라테스, 아리스토텔레스, 스피노자, 버클리 그리고 콩트를 들었고, 끝으로 직접적인 자극을 준 사람으로서 영국의 심리학자 베인(Alexander Bain, 1818~1903)을 들었다. 베인은 신념을 "사람으로 하여금 그것을 근거로 일정한 방식으로 행위하도록 하는 것"이라고 정의하였다.[4]

'프래그머티즘'이라는 명칭은 퍼스의 1865년 노트에서 이미 발견된다. 퍼스는 이 명칭을 나중에 '형이상학 클럽'에서 다시 사용하였다. 이 명칭은 퍼스가 이 클럽에서 발표했던 논문에도 들어 있었으나, 이 논문이 나중에 「신념의 확정」(The Fixation of Belief)과 「우리의 관념을 명확하게 하는 법」(How to Make Our Ideas Clear, 1878~1879)이라는 제목으로 출판될 때 퍼스 자신이 지었다. 퍼스가 이 명칭을 처음 공개적으로 사용한 것은 1902년 그가 사전(辭典)에 쓴 글 「프래그머틱과 프래그머티즘」(Pragmatic and Pragmatism)에서였다.

이같은 명칭이 최초로 인쇄, 출판된 것은 퍼스에 앞서 제임스의 강연 논문 「철학적 개념과 실제적 결과」(Philosophical Conceptions and Practical Results, 1898)에서였는데, 이 글로 제임스는 최초로 보다 많은 사람들에게 프래그머티즘을 알렸다. 그래서 제임스는 그 이후, 특히 그의 1906년의 프래그머티즘 강연 이후 프래그머티즘의 창시자로 여겨졌다. 그러나 제임스 자신은 언제나 퍼스가 프래그머티즘의 진정한 창시자임을 밝혔다.

퍼스는 '프래그머틱'(pragmatic, 어원은 그리스어 praxis : 실천, 행위, 행동, 사물, 사태)이라는 표현을 칸트에게서 차용하였는데, 칸트의 가능한 경험과 관련된 실험적 사유방식의 표현으로서[5] 받아들인 것이었다. 퍼스의 "철학상의 모유(母乳)"[6]였던 『순수이성비판』에는 "실천적"(praktisch)이라는 개념과 "프래그머틱"(pragmatisch)이라는 개념이 절대적 목적과 경험적 수단의 관계에서 마치 서로 반대되는 것처럼 대립되어 있다.

> 실천적인 것은 자유에 의해 가능한 모든 것이다. 그러나 우리의 자유로운 자의(Willkür)의 행사조건이 경험적이라면, 이성은……다름 아닌 감관들이 우리에게 권하는 목적을 달성하기 위한 자유로운 행태의 실용적(pragmatisch) 법칙들만을 줄 뿐, 전적으로 전험적(前驗的, a priori)으로 규정된 순수한 법칙들은 하나도 줄 수 없다.[7]

그러나 칸트나 퍼스가 '실험적 사유방식'을 경험적인 수단의 차원이라 말한 것으로 고정시켜서는 안 된다. 퍼스는 프래그머티즘을 개별적인 경우들에서 유용한 행위의 처방으로 파악하는 데 반대하였지만, 칸트와 함께 수단과 실천적 목적의 긴밀한 결합을 강조하였다. 최고의 목적은 퍼스에게서도 "구체적 합리성의 발전"[8]이지, 결코 경험적으로 제시 가능한 개별행위가 아니다.

퍼스가 강조한 '프래그머틱'과 '실천적'의 결합은 칸트도 자신의 책 『프래그머틱한 견지에서의 인간학』(Anthropologie in pragmatischer Hinsicht)에서 제목으로 도입함으로써 행하는데, 이것은 '프래그머틱'을 '실천적'에 긴밀히 근접시킴으로써 이루어진 것이다. "생리학적" 자연인식은 "자연이 인간을 가지고 만드는 것"에 관심을 기울이는 반면, "프래그머틱한" 자연인식은 "자유롭게 행위하는 존재로서의 인간이 자기 스스로를 가지고 만들거나 만들 수 있고 만들어야 하는 것"에 관심을 기울인다.[9] 퍼스와 마찬가지로 칸트에서도 경험적 행위수단의 차원은 실천이성의 차원을 향하고 있다. 반면 실천이성은 언제나 경험적 행위의 제한적 조건 아래 놓여 있다. 이와는 반대로 그 자체로 분리된 상태의 실천이성은 퍼스에게는 "실험자적인 유형의 정신이 설 수 있는 확고한 발판을 결코 마련할 수 없는 사유영역"이다. 그런 이유로 또한 퍼스는 자신의 이론의 명칭으로 "실천주의"(practicism 또는 practicalism)라는 표현을 택하지 않았다.[10]

또는 그럼에도 나중에 퍼스의 이론은 그 수용자들에게서 누차 "확고한 발판"이 없는 행위이론에 가까운 것이 되었다. 그래서 퍼스는 자신의 이론을 "프래그머티시즘"이라고 칭하고자 하였는데, 그것은 이 명칭이 "유괴범들의 마수를 피하기에 충분할 만큼 추하기"[11] 때문이다. 이 명칭은 일반화되지는 못하였지만, 미국 텍사스 주 러복(Lubbock)에 있는 '프래그머티시즘 연구소'(Institute for Studies in Pragmaticism)에 의해 엄격히 준수되고 있기도 하다.

과학적 개념해명 방법

퍼스는 자신의 철학에 대하여 체계적인 서술을 남기지 않았다. 그러나 그는 몇몇 논문과 강연에서 그의 견해를 항상 보다 더 명확하게 제시하려고 시도하였는데, 예를 들어 후기 저작들인 「프래그머티즘 강연」(1903), 「프래그머티즘이란 무엇인가?」(1905), 「프래그머티시즘의 핵심문제들」(1905) 그리고 「프래그머티시즘 개관」(1907) 등이 그것이다. 기호학 및 논리학의 문제들에 대한 그의 수많은 글들을 하나의 전체적인 프래그머티즘 구상안으로 통합하는 것은 지극히 어려운 일이다.

그럼에도 퍼스 사상의 기본 줄기는 두 개의 "프래그머티즘 출생증명서"인 논문 「신념의 확정」과 「우리 관념을 명확하게 하는 법」에서 꽤 명확하게 찾아볼 수 있다. 이 두 논문은 「과학논리학 해설」(Illustrations of the Logic of Science, 1878~1879)이라는 제목 아래 쓴 6편으로 된 논문 시리즈에 속하는 것들이다.

두번째 논문 「우리 관념을 명확하게 하는 법」에는 과학적 개념해명 방법으로서 유명하게 된 '프래그머티즘적 준칙'(pragmatic maxim)에 관한 다음과 같은 최초의 서술이 포함되어 있다.

우리 개념의 대상이 가질 것이라 생각되는, 생각하건대 실제적 뒷받침을 가질 결과들이 어떤 것일지를 생각해 보라. 이 결과들에 대한 우리의 생각이 바로 그 대상에 대한 우리의 개념(내용)의 전부이다.[12]

개념들은 그것들의 가능한 실험적·행위실천적 결과들과 관련하여 탐구되어야 한다. 개념들은 데카르트적 의미에서의 정신적 직관으로부터 출발해서는 다른 개념들과 구분될 수도(판명, distincte) 없고, 그 내용을 검증할 수도(명석, claire) 없다.

퍼스는 직관주의적이고 독아론(獨我論)적인 인식원칙에 대한 자신의 비판을 1868~1871년간의 초기 논문 시리즈에서 이미 논증하였다. 인간에게서 신적인 명증성을 거부하면서 퍼스는 「인간이 가지고 있다고 주장되는 일정 능력들에 관한 물음들」(Questions Concerning Certain Faculties Claimed for Man, 1868)에서 다음과 같이 쓰고 있다. "우리는 한 인식이 직관적이라는 것을 직관적으로 알 수 없다.[13] 오히려 우리는 추론적 사유, 하나의 공동체적 사유과정에 의지하고 있다."[14]

처음에 주어진 정신적 혹은 감각적 "소여"의 직접적 포착을 통한 절대적 지식에 대한 거부는 퍼스가 이미 일찍부터 발전시킨 기호이론 또는 기호학으로부터 귀결한다.[15] 기호학적 도식은 기호의 삼항(三項)관계로 이루어져 있다. 기호는 3중적 차원에서 이해되어야 한다. 무엇이든 기호가 될 수 있는데, 일단은 좁은 의미에서의 기호로서(수단), 가령 언어, 상징, 몸짓 혹은 그림이 그것이다.

둘째로 그것이 다른 무엇을 대표함으로써, 즉 기표임으로써(대상) 기호일 수 있고, 끝으로 그것이 의미를 갖고, 어떤 이에 의해서 해석되거나 해석될 수 있음으로써(해석체[解釋體], interpretant) 기호일 수 있다. 가령 낱말기호인 '말'(馬)은 하나의 대상이나 대상집합을 자신의 대상으로서 대표하며 이 대상과 해석하는 의식 사이를 매개한다. '말'로 지칭되는 것, 즉 대상은 다른 두 개의 관계항 사이를 매개하며, 이와 같은 것은 해석 주체의 경우에도 마찬가지이다. 각각의 모든 대상은 해석하는 의식에게 언제나 하나의 '주어진 것'이며, 다른 한편 해석하는 의식은 해석 혹은 추론의 연쇄고리의 결과이자 가능한 출발점이다. 이로부터 모든 명제가 원칙적으로 수정 가능하다는 결론이 나온다. 모든 인식은 새로운 논증을 통해 낡은 것으로 될 수 있지만, 이때 새로운 논증은 대상 차원에서의 새로운 사실이나 사실해석에 의거하지 않고서는 가능하지 않다.

낱말기호로 이해된 개념이나 '관념'은 다른 두 개의 관계차원에 의거하지 않고는 그 내용이 이해될 수 없으며 검증될 수도 없다. 그러나 기호학적 도식 혹은 기호학적 삼각형은 합리적 '실증주의' 뿐만 아니라 경험적 '실증주의'도 배세한다. 우리의 인식은 플라톤수의적 '이데아'나 데카르트주의적 '명석판명'이라는 의미에서의 최초의 정신적 직관에 의존할 수도 없고, 나중에 신실증주의자들이 토대명제 혹은 프로토콜 명제에 관한 토론을 통해 헛되이 추구하였던 직접적으로 경험·가능한 감각자료들에도 의존할 수 없다.

기호이론적 배경은 '프래그머티즘적 준칙'을 신실증주의적인 의미판단기준의 의미로 이해하는 것도 허용하지 않는다. 신실증주의적 의미판단기준에 따르자면 오직 논리적으로 정확하고 경험적으로 내용 있는, 즉 실험적으로 검증 가능한 명제들만이 의미 있는 것이 된다. 그러나 퍼스에 의하면 과학적 개념 혹은 명제는 조작주의(Operationalismus)나 행태주의적 의미에서의 개별적인, 실험적으로 포착 가능한 행위들과 같은 것은 아니다. 개념들은 실험적 행위들과 연관을 갖지만, 그렇다고 해서 곧 실험적 행위들로 이루어져 있는 것은 아니다.

그런데 기호의 관계차원들의 동일화는 해석 차원을 생략하고 인식을 주어진 것의 직접적 모사(模寫)로 이해할 것이다. 그러나 이것은 단지 객관주의적 허상에 불과하다. 이와는 반대로 '프래그머티즘적 준칙'에 대한 여러 서로 다른 서술들에서는 개념적 혹은 해석적 계기가 명백히 강조되고 있음을 찾아볼 수 있다. 이 준칙은 개념을 행위의 규칙으로 해석하고 있으며, 개념을 개별적인 사실적 행태나 행위의 모사로 축소하지 않는다.

일면적 형식의 경험주의에서도 여전히 그 토대가 되고 있는 고전적 존재론과는 달리 개념들은 더 이상 성질들의 모사로 이해되거나 또한 유명론적으로 단순한 '단어의 소리'로 이해되는 것이 아니라, 연구과정을 위한 지시로서 기능적으로 이해된다. 개념들은 현대적인 전문용어로 표현하자면 성향개념(Dispositionsbegriff)이다. 이것은 물론 신실증주의적 의미에서의 성향개념은 아니다. 개념이나 명제는 퍼스에 의하면 조건적 명령문으로 바꿀 수 있다.

프래그머티즘은 다음과 같은 원칙이다. 즉, 서술문으로 표현 가능한 모든 이론적 판단은 혼동된 형태의 생각인데, 이 생각이 의미를 갖고 있다면, 이 생각의 유일한 의미는 후행절이 명령법으로 된 조건문으로 표현될 수 있는, 상응하는 실천적 준칙을 타당하게 만드는 경향에 있다는 것이다.[16]

그래서 가령 "다이아몬드는 단단하다"라는 명제가 의미하는 것은 한 화자(話者)가 일정한 상황(조건문)에서 특정한 행위를 하라는 요구(명령문)에 기꺼이 따를 준비가 되어 있음을 보증하는 것이다. 즉 유리나 이와 유사한 소재를 다이아몬드로 파거나 자르는 실험을 할 준비가 되어 있음을 보증하는 것이다.[17] '단단한 다이아몬드'라는 개념이나 이에 관한 명제는 이렇게 직접적으로 포착 가능한 다이아몬드 '의' 관념을 포함하고 있는 것이 아니다. 그 의미는 행위의 규칙에 있다.

퍼스는 꽤 자주 다음과 같이 강조한다.

프래그머티즘은 그 자체 어떠한 형이상학적 이론도 아니며, 사물의 진리를 규정하려는 시도도 아니다. 그것은 단지 어려운 단어와 추상적 개념의 의미를 알아내는 방법으로서 …… '너희는 그것들의 열매로 그것들을 알리라' 라는 오래된 논리적 규칙의 특별한 적용이다.[18]

그러나 이로써 퍼스가 의도하는 바는 이어서 나올 이론과 실천의 연속선상에서의 네 문제들을 비(非)프래그머티즘적인 사변이라고 모두 하찮게 취급하려는 것이 아니라, 오히려 이 문제들을 과학적 개념해명 방법이라는 출발점과 다시 결합시키려는 것이다. 이 방법을 사용한다면, 우리는 몇몇 광범위한 조건들을 언제나 이미 활용하고 있는 것이다. 그러나 우리가 왜 우리의 신념을 확정하기 위해 바로 이 과학적 방법을 택해야만 하며, 이때 무슨 전제조건들로부터 우리가 출발하는가에 대해서는 이제 논문 시리즈 「과학논리학 해설」의 첫번째 논문에 의거하여 재구성하고자 한다.

행위이론과 합의이론적 진리론

개념과 명제의 의미는 이미 서술한 대로 공동의 행위와 해석의 맥락 속에 들어 있다. 개념과 신념의 진리 문제는 이 맥락에 대한 보다 자세한 해명을 요구한다. 먼저, 도대체 왜 우리는 과학적 방법을 택하는가? 이 물음에 대해 퍼스는 「신념의 확정」에서 하나의 답을 주고자 시도하였다. 아주 넓은 의미에서의 모든 연구과정(inquiry) 혹은 모든 생각은 퍼스에 의하면 회의(doubt)와 신념(belief) 사이의 긴장 속에서 행해진다. 연구과정은 그 자체가 목적이 아니라, 행위규칙(rule of action)과 이에 상응하는 행위습성(habit)의 형태로 문제해결을 그 목적으로 한다. 이로써 퍼스는 베인의 영향 아래 심리주의적 인식관을 지지하는 것처럼 보인다. 그러면 인식은 개인 혹은 집단의 주관주의적 행위 가능성의 실현에 대한 관심으로 축소될 것이다. 그리고 진리기준은 다름 아닌 "안정되고 만족스러운 상태"가 될 것이다.[19]

그런데 퍼스에 따르면 비록 모든 인식과정이 (각기 잠정적으로) 그와 같은 상태로 마감되지만, 그렇다고 해서 인식과정의 본질이 그러한 상태인 것은 아니다. 퍼스 스스로가 나중에 한 해석에 따르면, 그가 보여준 것은 "어떻게 경험활동을 토대로 (주관주의적 만족이라는) 저 원칙으로부터 점차 진리개념이 발전되어 나오는가" 또는 "어떻게 경험활동이 그 결과로서 실재적 진리의 개념을 창출해내어야 하는가" 하는 것이다.[20] 퍼스가 자신의 진리개념을 발생적으로(genetisch) 발전시키기는 하였지만, 그의 진리개념 자체는 발생적인 성격이 아니라 체계적인 성격의 것이다.

과학적 방법의 적용이 다른 모든 방법보다도 선호되는 이유는 객관적 사태가 그렇게 강요하기 때문이기도 하지만, 또한 그것이 현실을 대하는 최상의 형식이라는 우리의 해석이 없이는 결코 그럴 수 없다. 이것을 퍼스는 '신념의 확정'을 위한 여러 방법들의 역사적·체계적 발전순서를 가지고 서술한다.

회의와 신념의 연속과정 속에서 우선적으로 떠오르는 첫번째 신념 확정 방법은 각자가 우연히 마주치게 되는 신념에 따르는 것이다. 퍼스는 이 고집의 방법(method of tenacity)을 그것이 갖는 비합리주의적이고 이기주의적인 성격 때문에 반박하지는 않는다. 왜냐하면 이 첫번째 방법의 추종자는 바로 합의 또는 주관초월의 요구를 받아들이지 않기 때문이다. 오히려 퍼스는 함께 하는 삶이라는 사실과 이로부터 나오는 공동의 신념의 필요성을 지적한다. 하지만 공동체에 끼칠 해로운 결과를 지적함으로써 이기주의자를 반박할 수는 없다. 그러려면 이기주의자는 이미 도덕적 입장을 견지해야만 하는데, 여기서 문제가 되는 것은 바로 이 도덕적 입장이기 때문이다. 그리고 공동체의 생존조차 당분간은 어떠한 도덕적 공동규칙도 확보해주지 못한다.

공동체의 생존은 권위의 방법(method of authority)을 통해 일단 아주 효과적으로 보장된다. 이 방법에서는 특별한 이해관계의 강요가 주관의 초월이라는 허상을 둘러쓰고 나타난다. 그러나 이 허상은——다소 낙관적으로 보이는——퍼스의 생각으로는 그리 오래 가지 못하며, 실재의 강제에 의해서, 즉 역시 특별한 다른 권위적 이해관계들과의 불가피한 비교를 통해서 제거된다. 세번째 방법인 공동의 협의과정 방법도 여전히 주관적인데, 그 이유는 퍼스가 형이상학적 철학체계들을 예로 들어 보여준 바와 같이 경험지향적이 아니기 때문이다. 이 방법은 경험 이전에 그리고 경험에 의거하지 않고서 신념에 도달하고자 하기 때문에, 퍼스는 이 방법을 전험적(前驗的) 방법(a priori method)이라고 명명하였다. 네번째 방법인 과학적 방법(method of science)에 의해서야 비로소 앞의 세 방법들의 자의성이 극복된다.

퍼스에 의하면 이 과학적 방법만이 우리에게 행위의 확실성을 세공하는 "신념의 확정"을 보장한다. 왜냐하면 이 방법에 의해 확정된 신념들이야말로 비로소 주관적인 견해와 선호가 아니라 인간의 견해와는 독립된 실재에 근거하기 때문이다. 이로써 인식론상으로 퍼스는 그가 이미 1871년의 「버클리 서평」에서 중세 보편논쟁을 예로 내세워 강조하였던 단호한 실재론적 입장을 취한다. 퍼스에 의하면 우리의 견해와는 독립된 실재는 모든 연구와 우리의 전체 개념체계의 필수적인 전제일 뿐만 아니라, 동시에 우리의 행위에서 경험 가능한 저항(Widerstand)의 계기이다. 그런데 행위의 성공 여부에 대한 판단은, 실재에 대한 우리의 접근 전체가 우리의 개념체계에 의존하고 있듯이 우리의 해석에 종속되어 있다. 우리 신념의 진리성은 이중의 일치를 통해서 입증된다. 즉 한번은 공동의 연구자이자 행위자들인 사람들의 합의를 통해서, 그리고 그 다음에는 인간의 모든 견해와는 독립된 실재와의 일치를 통해서 입증된다.

　그러나 이미 기호학적 단초에 의해 요구되었던 이 이중적 일치는 퍼스에 의하면 단지 "장기적인"(in the long run) 연구과정 안에서의 규제적 이념일 뿐이다.[21] 그러나 이 이중적 일치는 어떠한 귀결도 갖지 못하는 것이 아니라, 독단화에 대한 비판이라는 의미에서 진일보하는 계기이며, 어쨌든 신념을 최선의 지식과 양심에 따라 안정화시키는 건설적 수단이다. 이 규제적 이념은 단순한 견해 및 절대적 지식과는 구분되는 참된 견해를 가능하게 한다.

　퍼스는 과학적 방법을 가설법 또는 가추법(假推法, abduction)[22]과 연역법, 그리고 귀납법의 공동작용으로 묘사한다. 연구과정은 이전의 신념에 따른 기대에 비추어 볼 때 의외의 놀라운 현상을 관찰함으로써 시작된다. 그 다음 이 관찰은 이 경우가 하나의 규칙과 그 부수조건들의 논리적 결과라는 수긍이 가는 설명으로 이어진다. 오직 이 첫번째 단계, 즉 가추법만이 혁신적이다. 다른 두 단계는 단지 가추법을 통해 얻은 가설의 논리적·실험적 귀결 또는 예측의 검사(연역법)와 실험의 반복을 통한 이 가설의 (가능한) 확증(퍼스에서의 귀납법)에만 이용된다.

　요약하자면, "연역법은 어떤 것이 반드시 그래야만 한다는 것을 증명한다. 귀납법은 어떤 것이 실제 그렇게 작동한다는 것을 보여준다. 가추법은 어떤 것이 그럴지도 모른다고 단지 추정한다."[23] 퍼스에 따르면 "프래그머티즘의 물음은……다름 아닌 가추법의 논리에 대한 물음이다."[24] 왜냐하면 '프래그머티즘적 준칙'은 연역적으로 탐지되고 귀납적으로 검증된 가능한 실제적 귀결들을 제시할 것을 요청함으로써, 개념 속에 포함되어 있는 가설의 타당성을 규정하기 때문이다.

　퍼스에 의해 해석된 과학적 방법은 행위이론과 이중적 연관을 갖는다. 우선 이 방법 자체가 특정한 도덕적 규칙에 종속되어 있고 원칙적인 도덕적 선택에 의존하고 있는 행위로 이해된다. 그 다음 자기통제적·합리적 행위는 퍼스에게 그리고 나중에 특히 듀이에게 전적으로 사회적 행위의 모델이었다.

그런데 공동의 연구과정으로서의 과학적 방법은 자극-반응 도식 내에서의 개별행위가 아니라 규칙에 의해 이끌어지는 공동의 행위이다. 행위규칙은 가추법과 연역법을 통해 얻어진다. 퍼스가 1878~79년간의 논문 시리즈에서 상술하고 있다시피, 행위규칙은 확률이론에 따라 개별적 경우에는 어떠한 확실성도 제공하지 않으며, 무수한 추론들에서야 비로소 확실성을 제공한다. 그래서 이로부터 다음과 같은 생각이 나온다.

논리성(logicality)의 결코 양보할 수 없는 요구는 우리의 관심(이해관계)이 제한되어서는 안 된다는 것이다. 우리의 관심은 우리 자신의 운명에만 머물러서는 안 되며, 공동체 전체를 포용해야 한다. ……논리(학)은 사회적 원칙에 뿌리박고 있다.[25]

과학의 논리(학)은 그 실행에서 도덕과 분리될 수 없다. 퍼스는 도덕적·비(非)이기주의적 행태는 인간의 본성에 반한다는 통상적인 인간학적 견해를 여러 예를 들어 반박하고 있다. "수백 년 후 석탄 저장량의 고갈 가능성이나 수백만 년 후 태양의 냉각"[26]을 둘러싼 논쟁에 대한 언급이나 "누구든 당신의 눈에 맨 처음 들어오는 한 가정의 좋은 어머니"[27]에 대한 언급이 그런 예들이다. 물론 과학적 방법은 자기 자신의 행위에도 유용하다. 그러나 과학적 방법의 신뢰성에 대한 통찰은 귀납적이고 확률적인 경험의 토대 덕분이다. 그런 까닭에 정확히 생각해 보면 주관적이고 공리주의적인 이유에서가 아니라 오로지 도덕적인 이유에서만, 자신의 이익이 아니라 논리(학)에 포함되어 있는 '사회적 원칙'을 택함으로써만 과학적 방법을 택하는 결정을 할 수 있다.

자신의 개인적 안락을 궁극적 목적으로 삼는 것에 완전히 만족하는 것이 인간의 본성에 속한다면, 돼지가 똑같은 방식으로 행동하는 데 대해 돼지에게 퍼부을 수 있는 비난 이상의 비난을 인간에게 그렇게 행위한다고 퍼부을 수는 없을 것이다. 논리적으로 생각하는 자는 그의 지적인 작업에서 크나큰 자기통제를 행하는 사람이다. 그래서 논리적으로 좋은 것은 그저 도덕적으로 좋은 것의 한 특별한 종류이다.[28]

그리하여 퍼스에 따르면 과학적 방법의 논리 자체가 주관주의적 공리주의의 지향을 허용하지 않는다. 개인적 이익은 공동의 이익에 기반하고 있고, 공동의 이익은 궁극에는 "구체적 합리성의 발전"에 기반하고 있다. 퍼스는 자신이 고대철학의 전통에 따라 명명한 "최고로 좋은 것"(summum bonum)[29]을 칸트 철학의 미학적 범주들을 사용하여 "그 이상 가는 어떠한 고려도 차치하고 그 자체로 권유되는" "미적(美的)으로 좋은" "경탄할 만한 이상(理想)"[30]이라고 묘사한다. 퍼스에 의하면 논리학은 규범적 과학이며, 윤리학과 미학을 전제한다. 나중에 퍼스는 "연속주의"(連續主義, synechism)라는 명칭 아래 진화하는 규범적 이성의 고도로 사변적인 체계를 세우는 작업을 하였는데, 이것은 완성되지는 못하였다.

윌리엄 제임스

실존주의적으로 채색된 생철학적 의미에서의 인간 개인의 행위는 제임스의 사상의 중심에 서 있었다. 우아한 스타일과 세계를 향한 개방성, 내용적 다양성과 구체성으로 사람을 매료시키는 깊은 인상을 주는 제임스의 저작은 퍼스의 경우보다도 더 밀접하게 그의 삶과 연결되어 있다. 제임스는 1842년 뉴욕의 부유한 가정에서 태어났고, 자유롭고 개방적인 부모 밑에서 유년기와 소년기의 대부분을 영국과 프랑스 그리고 스위스에서 보냈다. 그의 아버지 헨리(Henry, Sr.)는 신학과 철학에 관한 방대한 양의 저작을 썼으며, 전통에 얽매이지 않고 자주적이며 도발적인 삶

제임스의 공적은 무엇보다도 과학주의의 독점에 저항하는
생철학적 프로그래머티즘을 제기하고 사유했다는 데 있다.

을 살았다. 그의 동생 헨리(Henry, Jr.)는 당대의 가장 유명한 소설가 중의 하나였다. 이 형제에 대해서는 다음과 같이 말해지곤 했다. "헨리는 철학자처럼 소설을 쓴 반면 그의 형은 소설가처럼 철학을 썼다."[31]

한동안 제임스는 파리에서 화가가 되려고 하였으나, 그뒤 화학을 공부하다가 결국 의학으로 바꿔 1868년 보스턴 소재 하버드 대학에서 박사학위를 받았다. 제임스는 평생 동안 건강이 아주 허약하였고, 특히 소년기에는 심한 우울증에 시달렸다. 그는 도덕적·지적 노력을 통해 우울증을 극복하려고 시도하였는데, 이 점에서 실존철학적 기본입장을 가졌던 정신과 의사이자 철학자인 야스퍼스와 비교할 만하다.

제임스의 학자로서의 화려한 경력은 1872년 하버드 대학의 해부학 및 생리학 담당 강사직으로부터 시작된다. 1880년 그는 생리학 및 철학 담당 교수가 되고, 1887년에는 심리학 및 철학 담당 교수가 된다. 제임스는 특히 유럽에 있는 그의 동료들, 예를 들어 마흐(E. Mach), 슈툼프(C. Stumpf), 시지윅(H. Sidgwick) 등과 항상 긴밀한 교제를 하였다. 제임스의 가장 유명한 제자는 행태주의 심리학의 창시자인 윗슨(J. B. Watson)이다. 퍼스와는 1870년대 초 '형이상학 클럽'에서의 토론 이래 친구로서 교분을 나누었다. 제임스는 퍼스의 업적을 최초로 세상에 알렸고, 나중에는 재정적으로도 도움을 주었고 퍼스의 다른 저작들에도 관심을 기울였다. 제임스는 그의 생존시에 이미 철학자이자 심리학자로서 세상의 인정을 받은 유명한 학자였다. 그는 1910년 뉴햄프셔 주 셔코러와(Chocorua)에 있는 자신의 별장에서 세상을 떠났다.

생철학

퍼스에게서나 제임스에게서나 사유는 구체적 실생활과 밀접한 연관을 맺고 있는데, 이것은 제임스의 심리학적 주저(主著)인 『심리학』(*Psychology*, 1890 ; 독일어판 1900)에서도 이미 나타난다. 당시 주류를 이루었던 연상심리학을 거부하였던 제임스에 따르면 사유(탐구,

inquiry)는 외부의 자극에 대한 단순한 반응이 아니라, 행위를 이끄는 의식적 목표를 지향하고 있다. 그러나 퍼스와는 달리—제임스는 퍼스의 프래그머티즘적인 생각을 이미 '형이상학 클럽'에서의 토론을 통해 알고 있었다—제임스는 이 목적 혹은 행위규칙을 무엇보다도 주관주의적인 의미로 이해하였다.

생철학적으로 변형된 프래그머티즘을 제임스는 그의 강연 「믿음에의 의지」(The Will to Believe, 1897)에서 최초로 개진하였다. 「대중적 철학 에세이」(Essays in Popular Philosophy)라는 부제가 붙어 있는, 앞의 강연과 같은 제목을 붙인 책의 서문에서 제임스는 그가 의도하는 것은 원칙적 비합리주의에 대한 호소가 아니라, 과학적 사유의 깊은 영향을 받은 아카데믹한 공중(公衆)에게 "타고난 믿음에 대한 능력의 마비상태"로부터 그리고 다른 한편 "종교 영역에서의 소심한 우유부단함"으로부터 벗어날 것을 호소하는 것이라고 강조하였다.

이 에세이 모음집의 서문에서 제임스는 과학적 명증성의 부당한 독점에 대항하여 "자신의 책임 아래 사신의 개인적인 믿음에 헌신할 수 있는 개인의 권리"를 내세운다. 정확히 따져보면 과학적 방법의 선택조차도—과학적 방법의 결과는 그렇지 않다 하더라도—믿음의 문제라는 것이다. '단순한' 이론과 과학적 합리성의 상호주관적 구속성에 대하여 개인적 삶과 주관적 결정을 강조함으로써 제임스는 실존주의적으로 채색된 생철학에 속한다고 할 수 있다. 퍼스 또한 "실천이성의 우위성"을 주장하였지만, 그것은 언제나 논리(학)의, 추론적 사유의 "사회적 원칙"과의 결합 속에서였다. 사실 이 결합이 없다면 퍼스의 "신념의 확정"은 쉽게 제임스의 "믿음에의 의지"로 변화될 수 있는 것이다.

제임스는 그의 강연에서 먼저 퍼스와 같이 모든 신념은 그것이 행위연관에 대해 갖는 의미의 측면에서 고찰되어야만 한다는 것에서 출발한다. 우리는 우리의 관심(이해관계)을 토대로 특정한 신념을 선택하기로 결정한다. 우리의 지식은 결코 무오류의 명증성을 주장할 수 없으며, 언제나 앞서의 '믿음'에 의존한다. 이 믿음은 종교영역에만 국한되지 않는다. 그래서 여러 신념들(가설들) 사이에서의 선택은 제임스에 의하면 어차피 모두가 각각 다르게 정하는 진리판단기준에 따르는 것이 아니라, 다음과 같은 '진정성'의 세 판단기준에 따라 이루어진다.

첫째, 하나의 가설은 그것으로부터 믿는 자에게로 "불꽃이 튀면", 그것이 "진정 가능성으로 느껴지면" "생생하다"(예를 들어 "마흐디[회교의 구세주—옮긴이]를 믿는 것"은 기독교들에게는 생생한 가설이 아니다). 둘째, 하나의 가설은 결정이 불가피한 경우 "절대적으로 필요하다." 셋째, 하나의 가설은 그것이 반복 불가능한 기회를 나타낼 때 "의미심장하다."

'믿음에의 의지'는 제임스에 따르면 특히 첫번째 판단기준에서 한계에 부딪힌다. '믿음에의 의지'는 '죽은' 가설을 수용 가능하게 만들 수 없기 때문이다. 진정으로 신을 믿지 않는 이에게는 '파스칼의 내기'——즉, 신이 존재한다면 영원한 지복(至福)을 얻은 것이요, 신이 존재하지 않는다 해도 잃은 것은 없다. 따라서 이 내기는 언제나 유리한 내기이다——도 설득력 있는 동기가 될 수 없다. 또한 과학적 가설들(예를 들어, '분자'나 '에너지 보존법칙')이나 정치적 이상의 진리성에 대한 우리의 믿음이나 진리 가능성 일반에 대한 우리의 믿음을 우리는 절대적인 회의주의자에게는 납득할 수 있게 논증할 수 없다.

제임스는 궁극적으로 확실한 진리판단기준은 없다는 경험을 증거로 댄다. '믿음에의 의지'의 또 다른 한계를 그으면서 제임스는 "있는 그대로의 사실들이 우리와는 완전히 독립적이고" 해당 가설들이 (과학자 자신 이외에는) 절대적으로 필요하지도 않고 의미심장하지도 않은 "물리적 자연의 영역"과 도덕 및 종교의 문제들을 구분한다. 오직 이 두번째 영역에서만 "사실에 대한 믿음이 이 사실을 산출하는 데 함께 작용할 수 있다."

지식의 영역에 대해서 제임스는 파스칼과 함께 '마음'(heart)을 들이 댄다. 과학 자체도 그 근본가정에서는 믿음에 의존하고 있기 때문에 지식은 제임스에게 궁극적으로 믿음의 문제이다. 그런데 이때 제임스는 특히 러셀이 그의 강연을 비판했던 바와 같이 "믿는다는 것과 가설을 세운다는 것 사이의 결정적 차이"를 혼동하였다.[32] 이와 달리 퍼스는 과학적 방법의 선택을 경험에 의해 확보된 토대 위에 근거지으려고 노력하였고, 개별적인 (과학적) 신념의 선택과 마찬가지로 추론적 사유에 의해 반드시 검사되어야 한다고 하였다. 그러나 퍼스 역시 결과의 절대적 확실성을 주장하지는 않았다.

과학적 방법과 진리론

제임스의 생철학의 주관주의적 입장은 과학적 방법과 그 속에 포함된 진리이론에 대한 그의 주관주의적 해석에서 결과된 것이다. 제임스는 그의 강의 시리즈인 『프래그머티즘』(1907)에서 퍼스에 기대어 '프래그머티즘적 준칙'을 다음과 같이 정의한다. 하나의 대상에 대한 사유에서 우리는 "어떤 실제적 결과들을 이 대상이 포함하고 있고, 어떤 지각(知覺)을 우리가 기대해야 하며, 어떤 반응을 우리가 준비해야 하는지를 따져 생각해야 한다. 그 결과들이 직접적이든 간접적이든 간에 이 결과들에 대한 우리의 개념이 긍정적 의미를 갖고 있는 한, 그 개념은 우리에게서 이 대상의 개념 전체를 이룬다."[33]

제임스에 의하면 이러한 개념해명 방법과 함께 프래그머티즘은 유명론과 공리주의 그리고 실증주의와 가까운 관계에 있다.

그래서 프래그머티즘은 언제나 개별자(das Einzelne)를 고수한다는 점에서 유명론과 일치하며, 언제나 실천적 입장을 강조한다는 점에서 공리주의와 일치하며, 단순한 언어상의 문제해결이나 쓸데없는 문제제기, 형이상학적 추상화를 경멸한다는 점에서 실증주의와 일치한다.[34]

방법으로서의 프래그머티즘은 언어분석적 방법이나 비판적 합리주의의 방법과 같이 내용적 해석에 대해서는 중립적이다. 그러나 동시에 퍼스와 마찬가지로 제임스에게도 프래그머티즘은 그 해석은 다를지라도 진리론을 포함하고 있다. 퍼스에 따르면 '신념의 확정'은 원칙상 무한한 연구자 공동체의 실재와 일치한 합의를 통해 입증되어야만 하며 "구체적 합리성"의 발전에 기여해야 하는 과학적 방법의 논리에 의존한다. 그래서 퍼스에게 논리학은 윤리학의 한 분과였다.

이와 또 달리 제임스가 진리를 "좋음의 한 종류"(one species of the good)[35]로 정의할 때, 그는 구체적인 개별 경우와 개개인에게 유용하고 삶을 촉진하는 것을 진리판단기준으로 제시하고 있는 것이다. 물론 많이 인용되고 비판되었던 "현금가격"(cash-value)[36] 개념을 그가 이 윤극대화의 의미로 말한 것은 아니지만 말이다.

제임스도 진리가 주어진 현실과의 대결 속에서 입증되어야 한다고 말한다. 그러나 이것은 주관적 유용성의 판단기준에 의해야 한다. 그에게 우리 사유의 진리성은 "어느 하나의 삶의 욕구를 충족시키기 위한 수단"으로서 "스스로를 진리화하는 과성"(veri-fication)이다.[37] 일치(Korrespondenz)는 더 이상 퍼스에게서와 같이 무한한 행위 및 해석 공동체의 합의에 있는 것이 아니라, 개별 경우에서의 유용성에 있다. 제임스는 자신의 강의 시리즈 초두에 예고한 종교적 세계관의 물음에 대한 마지막 강의에서의 답변에서도 전적으로 유용성이라는 판단기준에 따르고 있다. "프래그머티즘적 원칙에 의하면 신에 대한 가설은 그것이—그 말이 갖는 가장 넓은 의미에서의—만족을 줄 때 참되다."[38]

『진리의 의미』(The Meaning of Truth, 1909)에서 제임스가 실재와의 관련 없이 진리를 규정하고 이윤극대화를 도덕의 근거로 만든다는 자신에 대한 비난을 반박하는 것은 정당기기는 하다. 프래그머티즘은 진정한 철학을 할 시간도 없고 그럴 지적 능력도 없는 행위하는 인간들에게 그에 적절한 세계관을 제공하는 전형적인 미국적 운동이 결코 아니라는 것이다. 실제로 이것은 제임스의 철학에 해당되는 말은 아니다. 그러나 제임스는 어떻게 신념들이 기능하고 어떤 목적을 위해 우리가 신념들을 선택하는가에 대한 기술적(記述的) 분석과 어떻게 이 신념들의 진리내용을 검증해야 하는가 하는 문제를 충분히 뚜렷하게 구분하지 않는 결정적 실수를 하였다. 이로써 그는 명제들의 기원과 타당성을 부당하게 혼합시켰다.

다른 한편 제임스가 과학주의의 독점에 저항하는 생철학적 프래그머티즘으로서 제기하고 사유한 테마는 퍼스의 민주주의적 과학 이상(理想)에서나 듀이의 과학적 민주주의 이상에서 모두 소홀히 취급되었고 오늘날에도 여전히 해결되지 않고 있다.

존 듀이

듀이는 민주주의 및 교육 사상에서나 다양한 정치적 · 교육학적 활동에서 프래그머티즘을 실천적으로도 유력하게 만들려는 강력한 시도를 행하였다. 또한 그의 삶을 보더라도 이론과 실천의 매개는 단순한 이론만이 아니었다. 듀이는 1859년 버몬트 주 벌링턴(Burlington)에서 태어났다. 대학 졸업 후 2년 동안 고등학교 교사를 한 뒤, 볼티모어 소재 존스 홉킨스 대학에서 철학을 공부하였는데, 여기서 그는 퍼스에게서도 배웠다. 1884년 『칸트의 심리학』(The Psychology of Kant)이라는 논문으로 박사학위를 취득하였고, 짧은 강사 생활 뒤 1889년부터 미시간 대학 철학교수가 되었다. 1894년부터 1904년까지 시카고 대학 교수로 있으면서 듀이는 이곳에 미국의 초등학교 제도의 개혁에 커다란 영향을 미쳤던, 통상 듀이 학교(Dewey School)로 불려진 실험학교(Laboratory School)를 설립하였다. 미드(George H. Mead)와 깊은 교분을 맺게 된 것도 바로 이 시기의 일이다.

1904년부터 1930년까지 듀이는 뉴욕 소재 컬럼비아 대학에서 가르쳤고, 사이사이 북경과 도쿄 그리고 남경에서 초빙강의를 하였다. 그는 1924년 터키 정부의 초청으로 새로운 학교 제도의 보고자로서 터키를 방문하였다. 소련 정부의 공식초청을 받아 소련을 방문했을 때 그는 소련의 교육제도에 깊은 인상을 받았고, 그 때문만은 아니겠지만 많은 이들에게 그는 "볼셰비키"로 통했다. 나중에 그가 뚜렷하게 스탈린주의를 멀리하고 트로츠키 편을 들었을 때 그는 다시금 "수정주의자"로 여겨졌다.

듀이는 철학, 심리학, 교육학, 그리고 구체적인 정치문제에 대한 수많은 책과 글들을 통해서만이 아니라 교육실험과 조언자로서의 활동 그리고 직접적인 정치참여를 통해서도 미국의 사상과 사회 활동, 특히 교육 분야에 강력한 영향을 미쳤다. 1952년 고령의 나이로 숨졌을 때, 그는 엄청난 양의 저작을 유산으로 남겼다.

도구주의적 과학이론

넓은 의미에서 사유 또는 연구과정(inquiry)은 실제적 행위연관 속에서 회의(懷疑)와 신념의 연속이라는 퍼스와 제임스의 기본견해를 듀이는 도구주의(instrumentalism)라는 일반적 과학이론으로 발전시켰고, 실제 적용을 통해 이를 유용하게 만들려고 시도하였다. 그러나 듀이는 프래그머티스트로 출발한 것이 아니라, 처음에는 헤겔의 관념론과 신칸트주의의 영향 아래 있었다. 그러나 그는 퍼스와 제임스처럼 처음부터 사유과정을 심리학적 차원에서도 파악하려고 노력하였다.[39] 또한 구체적 문제해결 과정에서의 부분 내지는 도구로서의 사유라는 생각은 그의 저작을 관통하고 있는 계기이며, 무엇보다도 교육학 분야에 적용되었다. 자신의 프래그머티즘을 '도구주의'라고 명명한 듀이는 이로써 구체적 행위연관 속에서의 이론, 개념, 가설 및 도덕적 가치의 실천적 전제조건과 기능들을 분석하였다.

듀이에 따르면 사고력(intelligence)이 무엇인가는 전험적(前驗的)인 추상적 형식들의 분석을 통해서가 아니라 그것이 구체적으로 어떻게

가장 정열적으로 프로그래머티즘의 이론과 실천을 결합시키고자 했던 듀이.

'기능하는가'에 대한 분석을 통해서만 확정될 수 있다. 도구주의적 토대 이론은 여러 상이한 구체적 영역에서의 적용을 통해서 입증되어야 한다. 그런 까닭에 듀이의 업적의 다양성과 넓이는 그의 도구주의적 입장의 일관된 표현이다. 그의 저작은 교육학과 정치학 및 도덕의 적용영역만이 아니라 사회철학, 법철학, 종교철학, 미학 및 인간학 같은 철학의 분과학들을 망라하고 있다.

듀이는 자신의 도구주의의 논리적·인식론적 토대를 『논리학 이론 연구』(*Studies in Logical Theory*, 1903), 『우리는 어떻게 사유하는가』(*How We Think*, 1910), 『실험논리학 에세이』(*Essays in Experimental Logic*, 1916) 그리고 특히 『논리학 : 탐구의 이론』(*Logic : The Theory of Inquiry*, 1938) 등과 같은 저작에서 발전시켰다. 1938년의 저서에서 그는 자신의 도구주의를 가장 성숙한 형태로 제시하였다. 듀이에게 논리(학)는 일차적으로 각각 구체적 상황(situations) 속에서 행위하는 개인의 욕구 및 관심과 연관된 광의의 탐구논리(학)이다. 그래서 탐구논리와 상황논리는 하나의 통일체를 형성한다.

그러나 보다 정확하게 말하자면 개별적 상황들은 각기 그 상황들의 보다 더 큰 생물학적·진화론적·사회적 그리고 역사적 맥락 속에서, 즉 '둘러싸고 있는 경험세계'(environing experience world) 속에서 고찰되어야 한다. 주체·객체 이원론과 개별 행위 혹은 사건의 고립적 고찰방식의 극복과 함께 듀이는 자신의 철학함의 출발점인 헤겔의 사변적 변증법을 실험적·기능주의적 사유방식을 통해 재정립한다.

듀이에게 연속(continuity)이라는 이념은 핵심적인 이념이다. 이 이념은 모든 개별적 사건과 행위에서 가능한 연관과 발전경향 그리고 균형조정 가능성을 찾으라는 요청을 담고 있으며, 이원론적이고 최종적 '소여들'로부터 출발하는 사유에 대한 거부일 뿐만 아니라 동시에 모든 독단론에 대한 거부이기도 하다.

이때 퍼스가 합의론적 입장을 계승 발전시켰음이 뚜렷이 드러난다.

퍼스와 마찬가지로 듀이는 각각의 합의에 머물지 않고, 그것을 무한한 과정의 구성부분으로 파악한다. 그러나 그는 관찰과 가설 그리고 실험으로 구성된 과학적 방법을 각각의 새로운 상황에서의 개별적 문제들의 해결가능성에 국한시킨다. 인식은 단지 도구이며, 시행착오의 연속 속에서 실험적 방법의 도움을 받아(실험주의) 특정한 목적의 실현을 위한 수단을 마련해야(도구주의) 한다. 이를 통해 목적 문제는 개별목적의 실제적 실현의 차원으로 축소된다.

듀이에 의하면 수단과 목적은 근거리 또는 원거리 시각에서 본 상대적 개념이다. 지향된 목적으로서의 모든 성취된 해결은 새로운 문제상황에서 새로운 목적을 성취하기 위한 수단으로서 가능한 출발점이 된다. 각각의 목적과 그 실현의 자동제어계(自動制御系) 안에는 어떠한 외재적 목적도, 어떠한 '최고로 좋은 것'(summum bonum)도 없다. 이러한 개방성에서 듀이는 독단론의 정반대를 본다.

이와는 달리 퍼스는 듀이에게 규범적 기초가 부재하다는 점에서 논리학의 결핍을 보는데, 이를 듀이에게 보낸 한 편지(1905)에서 다음과 같이 질책하고 있다. "당신은 내 판단으로는 우리 시대가 가장 필요로 하는 '규범적 과학'(Normative Science)을 사유 혹은 경험의 '자연사'(自然史, Natural History)로 대체하자고 제안하고 있습니다." 그로부터 나올 결과는 틀림없이 "추론의 규칙을 느슨하게 방치하는 것일 것입니다. 그리고 실제로 당신과 당신의 학생들은 내게 느슨한 사유(추론)의 방탕함처럼 보이는 것에 대단한 정도로 빠져 있습니다. 시카고는 도덕적인 도시라는 명성을 갖고 있지 않습니다."[40]

교육사상과 민주주의사상

듀이는 교육학적 실천과 정치적 실천도 도구주의적인 탐구 및 문제해결 과정으로 이해하였다. 그의 책『우리는 어떻게 사유하는가. 성찰적 사유와 교육과정과의 관계에 대한 재입론』(1910)은 우리에게 가장 잘 알려진 교육학적 주저인 『민주주의와 교육. 철학적 교육학 입문』(1916) 과 함께 미국의 대학교와 교육대학에서 수십 년 동안 가장 영향력 있고 가장 많이 읽힌 교재였다. 이 책은 듀이의 프래그머티즘적인 탐구논리 와 인간학의 주요내용을 그에게 가장 중요한 적용영역이었던 교육학과 관련하여 함축적으로 요약하고 있다.

물론 개방된 사회에서의 무한한 진보라는 듀이의 교육사상이 그동안 사회적 · 경제적 갈등상황의 강화 추세 앞에서 점차 더 많은 문제점을 노출시킨 것은 사실이다. 그럼에도 아직도 교육 현장에서는 지식인주의 적이고 순전히 전문지식만을 강조하며 너무도 학생 중심적이지 못한 경 향이 우세하다는 점을 볼 때 듀이의 프래그머티즘적 교육철학은 많은 점에서 여전히 현실성을 가지고 있으며 아직 이행되지 못한 채로 있다. 평생학습, 그룹활동, 통합학교, 프로젝트 방법, 교양교육과 직업교육 또 는 "머리"와 "손"의 통합, 체험교육, 사회학습, 자기실현 과정으로서의 교육 등이 그것들이다.

듀이의 교육사상은 인간의 삶 전체를 교육 또는 학습 과정으로 이해 한다. 각각의 새로운 개별문제들은 미리 주어진 모범답안 없이 오직 공 동작업을 통해서만 해결될 수 있다. 이때 교과 과정에는 대상 그 자체로 서 학습되어야 할 것의 불변적인 '자료'란 것이 확정되어 있을 수 없으 며, 학습자료는 학습자들에 의해 문제로 경험되고 프로젝트로서 해결되 어야 한다. 실재적 현실은 회의하거나 놀라는 상황에서 문제의 형태로 체험되고, 그 해답은 공동으로 찾아서 검증해야 한다. 그래서 도구주의 적 과학방법에 따른 교육은 동시에 민주적 성격을 갖는다. 그러나 자신 의 도구주의적 교육학에서 듀이는 또한 너무나 협소한 실제와의 연관에 대해서는 반대한다. 바로 실천(실제)을 위해서도 이론적 호기심은 협소 화되어서는 안 된다.

수업은 어린이의 호기심으로부터 출발해야 하며, 이 호기심은 비록 사회적 환경과 부모, 그리고 다른 아이들과 선생들에 의해서 형성되기는 하지만, 스스로 경험자료를 마련하도록 만든다. 사유는 단순히 똑바로 처다보는 것이 아니라 구체적 의미에서의 행위이다. 그래서 학교수업은 수동적이고 텍스트 중심적인 사고훈련에서 벗어나 행위 중심적인 형태로 바뀌어야 한다. 이것은 실업학교에서의 프로젝트 방법과 그룹별 수업을 통해 이루어지는데, 이같은 기본사상을 케르셴슈타이너(G. Kerschensteiner)는 듀이로부터 차용하였다. 구체적인 수공업적 활동을 통해 교양교육과 직업교육의 분리, "머리"와 "손"의 분리가 극복되어야 한다.

듀이는 오늘날에도 실천가들과 이론가들 사이에 여전히 존재하는 몇몇 오해들을 거부한다. 양자는 상대적 입장이며 교육에서 똑같이 고려되어야 한다. 오로지 이전의 경험과 습관들에 의해서만 이끌려지는 순전히 경험적인 사유는 독단론에 치우치기 쉬우며, 새로운 상황의 요구에 적응하지 못한다. 이러한 순전히 경험적인 사유는 오래된 사실과 추론들을 새로운 것들과 결합시키는 과학적 사유에 의해 대체되어야 한다. 이 활동은 사유나 행위냐 혹은 일이냐 놀이냐 하는 양자택일에 고정될 수 없는 것이다. 즐거움과 노력의 분리, 상상력과 유용성 사고의 분리, "머리"와 "손"의 분리를 듀이는 『민주주의와 교육』에서——플라톤과 아리스토텔레스로 대표되는——고대(古代)로부터 비롯된 것이라고 보는데, 이 고대의 특수한 계급구조는 오늘날까지도 학과목의 조직과 선택에 반영되고 있다는 것이다.

듀이에 따르면 교육학적 행위와 마찬가지로 정치도 과학의 정신과 방법에 따라 행해져야 한다. 합의 및 일치의 요구로부터 타협, 모든 이해 당사자들을 포함시킨 가운데 현실에 의거한 결정(決定)의 통제, 그리고 원칙적 수정 가능성을 갖는 상호 설득이라는 민주주의 공준(公準)이 나온다. 개별 문제들은 이해 당사자들의 경험적 통제와 이해 조정을 통해 입증되어야만 하는 가설 형태의 사회적 프로그램에 의해서 해결되어야 한다. 이러한 사회적·정치적 실험주의의 근저에는 사회 전체적 이해

(利害) 합의에 도달할 수 있는 원칙적이고 자유로운 합의능력을 갖춘 화합적 사회모델이 놓여 있다. 이때 의견 차이는 오직 목적합리성의 차원에서만, 주어진 목적에 적합한 수단이 무엇인가 하는 문제에서만 나타난다.

정치적 가치결정의 문제에서는 듀이 자신도 테크노크라시적이고 관료주의적인 사회주의와(『자유주의와 사회적 행위』[*Liberalism and Social Action*], 1935) 개인들의 자유주의적 협동(『수정된 나의 신념』[*What I Believed, Revised*], 1939) 사이에서 동요하였다. 『가치판단 이론』(*Theory of Valuation*, 1939)에서 듀이는 목적 차원에서 몇몇 사회적 능력을 내용적으로 구체화하는 시도를 하였는데, 개인적으로 서로 다른 능력을 가진 개별인격에 대한 존중과 경제적·사회적 불평등 해소의 옹호 등이 그것이다.

영향사

퍼스가 1906년에 프래그머티즘이 "20세기의 지배적인 철학적 견해"로 발전하였다고 말했을 때,[41] 이것은 그가 거부했던 프래그머티즘의 주관주의적 변종(變種)을 두고 조소 섞인 체념에서 한 말이었다. 프래그머티즘이 세계적으로 유행하게 된 것은 20세기 초 무엇보다 제임스를 모범으로 한 것이었기 때문이다. 프래그머티즘의 잘못된 방향으로의 발전으로서 고전적인 예로는 극도의 주관주의적 공리주의와 인식론적 상대주의를 내용으로 하는 실러(Ferdinand Canning Scott Schiller, 1864~1937)의 "휴머니즘"을 들 수 있다. 실러는 자신의 학설을 인간은 만물의 척도라는 프로타고라스의 명제의 일관된 계승 발전으로 이해하였다. "휴머니즘"이라는 명칭을 통해 그는 구체적인 개별적 인간이 '프래그머티즘적 준칙'에 들어 있는 성과 위주 사고(思考)의 척도라는 것을 표현하고자 하였다.[42]

주관주의적 진리론으로서의 프래그머티즘에 비견할 수 있는 예를 들자면 프랑스에서는 베르그송의 모든 사유과정의 주도적 동기로서의 '생의 약동'(élan vital) 이론, 수학과 물리학이 유용성의 기준에 따른 정신의 자유로운 '규약'(Konvention)에 근거한다는 포앵카레(Henri Poincarés)의 '규약주의'가 있고, 독일에서는 니체가 말한 생존투쟁에서 권력도구로서의 진리 개념, 모든 가치와 인식원칙들은 단지 생존에 유용한 허구들일 뿐이라는 파이잉거(Hans Vaihinger)의 '가정(假定)의 철학'(Philosophie des Als-Ob), 그리고 끝으로 니체를 계승하는 짐멜(Georg Simmel)의 '생철학'이 있다.

주관주의적 프래그머티즘의 신랄한 비판자 가운데 한 사람은 러셀[43]이었는데, 그는 나중에 퍼스 철학을 보다 정확히 알고 나서는 프래그머티즘을 전체적으로 보다 정당하게 평가하였다.[44] 역시 퍼스에 대해서 알지 못한 채 셸러(Max Scheler)도 『지식형식과 사회』(Die Wissens-formen und die Gesellschaft, 1926)의 한 방대한 장(章)에서 프래그머티즘을——그렇게 절대화하지만 않았더라면 실상은 징덩한——자연지배 수단의 절대화라고 비판하였다.

이와 유사하게 호르크하이머도 테크노크라시에 대한 유죄판결의 고전인 그의 『도구적 이성 비판』(Kritik der instrumentellen Vernunft, 1947)에서 프래그머티즘을 목표에 대한 반성이 없는 목적합리화라고 비판하였다. 이와 달리 마르크스주의적 해석자들은 프래그머티즘의 배후에는 미국 자본가 계급의 특별한 이해관계가 너무나도 명백한 목적으로서 숨어 있다고 추정한다.[45]

프래그머티즘의 주관주의적 진리론의 계승이 거의 결실을 맺지 못했던 반면, 프래그머티스트들인 미드와 루이스에 의한 과학적 개념해명 방법의 계승 발전은 수많은 이론적·실천적 문제제기에서 많은 결실을 맺었다. 제임스의 제자이자 시카고에서 듀이의 친한 친구이자 동료였던 미드(George Herbert Mead, 1863~1931)는 '상징적 상호작용주의'

(symbolischer Interaktionismus)를 창시하였다. 윗슨의 행태주의 심리학에 반대하는 미드에 따르면 인간은 동물과 달리 유전된 자극-반응 행태를 통해 특징지어지는 것이 아니라, 언어적 상징을 수단으로 한 공동의 자기의식적 행위를 통해 특징지어진다. 미드는 언어를 다른 사람의 행위방식을 머릿속으로 미리 예측하고(역할선취), 자신의 행위를 거기에 맞출 줄 아는 능력으로 해석한다. 언어는 그에 의해 프래그머티즘적으로 공동의 목표지향적인 행위의 수단이자 매개체로 이해된다.

미드의 주저인 『마음, 자아 그리고 사회』(*Mind, Self and Society*, 1934 ; 독일어판 *Geist, Identität und Gesellschaft*, 1973)는 그의 제자인 모리스(Charles W. Morris, 1901~1979)에 의해 편집, 출간되었다. 오늘날 언어철학과 언어학에서 일반적으로 통용되는 의미론과 통사론 그리고 화용론의 구분은 모리스의 기호이론 혹은 기호학(Semiotik)에서 연원하는데, 모리스 자신은 이 구분이 퍼스로부터 비롯된 것이라고 명백하게 밝히고 있다(『기호이론의 기초』[*Foundations of the Theory of Signs*], 1938 ; 독일어판 *Grundlagen der Zeichentheorie*, 1972).

미드의 "상징적 상호작용주의"가 경험적으로 확인 가능한 행동표본들만의 제한을 극복하고 공동의 의도적 행위를 연구하려는 현대 사회학의 시도들(쉬츠[A. Schütz]의 민속방법론 등)에서 지도적이 된 반면, 모리스의 화용론은 언어학에서 "언어행위"의 연구와 프래그머티즘적인 언어철학의 계승발전의 동기가 되었다.

루이스(Clarence Irving Lewis, 1883~1964)는 특히 인식론과 과학이론 및 논리학의 영역에서 프래그머티즘을 계속 발전시켰다(『마음과 세계질서』[*Mind and the World Order*], 1929 ; 『지식과 가치판단의 분석』[*An Analysis of Knowledge and Valuation*], 1946). 칸트의 전통을 따라서 루이스는 우리가 우리의 감각적 경험을 해석하고 조직하는 데 사용하는 전험적 원칙과 범주에 대한 가정을 고수한다. 다른 한편 그는 각각 프래그머티즘적이고 유용성 중심적인 고려에 따른 전험적 원칙들과 범주들의 다양성과 변화 가능성을 강조하면서, 자신의 "프래그머티즘적 개념주의"(pragmatic conceptualism)로 "프래그머티즘적 전험"(pragmatic a priori)의 존재를 논증한다. 스스로 프래그머티즘에 속한다고 명시적으로 말하는 것은 아니지만, 카르나프(R. Carnap), 나겔(E. Nagel), 콰인(Willard V. O. Quine) 등의 과학이론도 경험과학적 영역에서의 이론구성은 특정한 관심의 고려가 갖는 효율성과 유용성이라는 준칙에 의해 이끌어진다는 입장으로부터 출발한다.[46)]

포퍼의 『탐구의 논리』(*Logik der Forschung*, 1934)는 보다 뚜렷하게 프래그머티즘적 특징들을 보인다. 포퍼가 프래그머티즘을 주관주의적 진리론으로 이해하여 명백히 반대하기는 하지만, 그럼에도 그는 많은 점에서 이미 퍼스에게서 찾아볼 수 있는 과학사상을 주장하고 있다. 이 것은 가령 포퍼가 과학적 탐구를 '시행착오'(trial and error)의 방법에 따른 구체적이고 민주적인 문제해결 과정으로 이해한다거나, 인간의 모든 귀납적 지식의 오류 가능성을 강조한다거나, 토대명제나 프로토콜 명제에서의 최초의 '소여'에 대한 신실증주의적 탐색에 대해 모든 경험적 개념과 명제는 언제나 이미 '이론에 적셔져'(theoriegetränkt) 있다고 반론하는 데서 찾아볼 수 있다.[47)] 이와 달리 포퍼가 문제를 '점진적으로' 그리하여 수정 가능하게 해결하기 위한 사회적·정치적 행위의 모델로 과학적 탐구방법을 추천할 때 그는 듀이를 따르고 있는 것이다.

포퍼의 비판적 합리주의와 마찬가지로 로렌첸(Lorenzen)이나 캄바르텔(Kambartel) 또는 미텔슈트라스(Mittelstraß) 같은 이들의 구성주의(Konstruktivismus)도 암묵적인 프래그머티즘으로, 특히 프래그머티즘적인 이론-실천 문제 스펙트럼의 보다 단호한 계승발전으로 이해할 수 있다. 구성주의도 대화적(對話的)인 기초논리학에서부터 출발하여 대화적인 도덕적 논증방법에 이르기까지 모든 개념과 명제들을 행위 및 대화 공동체와 연관시킨다.

프래그머티즘적 입장은 오늘날의 인류학과 사회이론, 교육학과 발화행위이론(speech act theory)에서도 찾아볼 수 있다.[48] 비트겐슈타인이 이상(理想)언어를 추구하는 신실증주의적 입장에서 후기철학으로 전환하는 데 램지(F. P. Ramsey)를 통해 알게 되었을 퍼스의 프래그머티즘으로부터 어떤 자극을 받았는지는 이제야 비로소 점차 드러나고 있다.[49] 구체적 '생활형식'의 표현으로서의 '언어 게임'(Sprachspiel) 이론과 개념, 정의 및 과학적 정확성 주장이 행위실천적·규범적 맥락 속으로 편입되는 것은 퍼스의 프래그머티즘과 명백한 유사성을 보인다.

오늘날 독일의 전문적인 철학논의에서 제기되고 있는 많은 문제들과 관련하여 프래그머티즘, 특히 퍼스의 프래그머티즘은 뚜렷하게 많은 성과를 낳고 있다. 처음에 하버마스는 『인식과 관심』(*Erkenntnis und Interesse*, 1968)에서 '비판이론'의 시각에서 프래그머티즘을 "실증주의"라고 거부하였다. 그러나 아펠(Karl-Otto Apel)[50]은 퍼스의 행위이론과 합의이론을 이데올로기 비판적인 사회 및 의사소통 이론으로 변형시켰고, 이것을 하버마스도 자신의 '의사소통능력 이론'에서 대체적으로 받아들였다. 퍼스의 기호학을 미학에 적용한 것은 특히 벤제(M. Bense, 1967)였다. 나아가 욀러(K. Oehler)는 퍼스의 기호학을 철학적 문제제기의 토대이론으로 재구성하였고,[51] 이것을 프래그머티즘 철학의 전체연관 속에 자리매김하였다.[52]

프래그머티즘 철학이 비교적 늦게서야, 그리고 종종 묵시적이고 부분적으로만 영향을 미치게 된 이유는 퍼스 저작의 불완전하고 뒤늦은 출간과 같은 외적인 출판상의 장애 외에도 다음과 같은 점이 결정적이었을 것이다. 즉, 프래그머티즘이 의도했던, 과학과 실생활의 넓은 스펙트럼에서의 합리주의적·경험주의적 최종근거증명 주장의 극복은 분명 힘든 과정을 통해서야 비로소 사회적 의식 속에 파고들어 연구자 공동체의 명시적 프로그램으로 수용될 수 있다는 점이 바로 그것이다. 앞으로도 프래그머티즘의 계속적인 영향의 역사와 발전에 큰 기대를 거는 데는 바로 그럴 만한 이유가 있는 것이다.[53]

| 에케하르트 마르텐스 · 윤형식 옮김 |

에케하르트 마르텐스(Ekkehard Martens)

1943년 출생. 프랑크푸르트, 튀빙겐, 함부르크에서 철학, 고전문헌학, 교육학을 공부하였다. 1969년 국가시험(석사학위에 해당), 1972년 박사학위, 교직, 뮌스터 소재 교육대학(Pädagogischen Hochschule)의 철학과 연구조수, 1977년 함부르크 대학교 교육학부에서 철학 교수법(敎授法)에 관한 주제로 교수자격을 취득했다. 1978년 이래 함부르크 대학교에서 철학 및 고전어 교수법 담당 교수로 있다. 주요 저서 : *Das selbstbezügliche Wissen in Platons "Charmides"*(1973), *Dialogisch-pragmatische Philosophiedidaktik*(1979), *Einführung in die Didaktik der Philosophie*(1983), *Der Faden der Ariadne*(1991), *Die Sache des Sokrates*(1992). 편저 : *Texte der Philosophie des Pragmatismus*(1975), Platon : *Charmides*. Griech. u. Dt.(1977), Platon : *Theätet*, Griech. u. Dt. (1981), Platon : *Parmenides*. Griech. u. Dt.(1987), H. Schnädelbach와 함께 편집한 *Philosophie—Ein Grundkurs*(1984). 공동편집서 : *Zeitschrift für Didaktik der Philosophie*.

윤형식

성균관대학교 법학과를 졸업하고 독일 트리어 대학, 베를린 자유대학, 브레멘 대학에서 철학, 정치학, 역사학, 그리스고전학을 공부했다. 1994년 브레멘 대학에서 철학 박사학위를 받았다. 경희대학교 인류사회재건연구원 연구교수, 대통령비서실 행정관, 한국정책방송원(KTV) 원장 등을 지냈으며 지금은 서울과학기술대 등에 출강하고 있다. 저서로는 『*Semiotische Tätigkeitsphilosophie. Interner Realismus in neuer Begründung*』이 있고, 역서로는 『진리와 정당화』『아, 유럽』 등이 있다. 논문으로는 「퍼스 기호철학의 기본사상과 얼개」「토의민주주의와 시민사회」「하버마스의 공론장 개념과 유교적 공론」 등이 있다.

주

1) Pragmatism은 통상 우리말로 '실용주의'(實用主義)로 번역되어 왔다. 그러나 이 번역어는 지식의 실용성 내지는 유용성만을 진리 기준으로 삼는 입장을 지칭하는 말로 우리의 일상언어 속에 자리잡으면서, 프래그머티즘의 창시자인 퍼스가 본래 의도하였던—지적(知的) 개념의 의미확정에서의 방법론적 원칙으로서—철학적, 특히 과학철학적 입장을 지칭하는 용어로는 부적절하게 되었다. 이런 이유에서인지는 몰라도 듀이의 제자였던 중국의 철학자 후스(胡適)는 프래그머티즘을 중국어로 '실험주의'(實驗主義)로 번역하고 있다고 하는데, 이것은 experimentalism의 번역어로 더 적절하다. 따라서 보다 적절한 우리말 표현을 찾지 못한 옮긴이로서는 좀 번거롭기는 하지만 잠정적으로 '프래그머티즘'으로 번역하기로 하였다. 이에 상응하게 형용사 'pragmatic'도 문맥에 따라 '프래그머틱' 또는 '프래그머티즘적'으로 번역하였다. 하지만 문맥과 역사적 맥락에 따라 '실용적'이란 표현이 더 적절하다고 판단된 경우에는 '실용적'이라고 번역한 부분도 있음을 밝혀둔다. 사실 프래그머티즘의 역사를 보면 제임스 이후 프래그머티즘을 진리 확정의 형이상학적 이론으로, 즉 '실용주의'로 볼 수 있는 경향이 나타나는데, 퍼스 자신은 이러한 프래그머티즘의 속류화에 결연히 반대하여 자신의 입장을 '프래그머티시즘'(pragmaticism)이라고 달리 명명하기도 하였다. 이 명칭은 비록 (오늘날까지는) 관철되지 못하였지만, 프래그머티즘의 창시자인 퍼스의 의도는 (특히) 존중되어야 한다고 생각한다. 또한 최근 미국 철학계를 중심으로 세를 얻어가고 있는 신(新)프래그머티즘(neopragmatism) 역시 '실용주의적'이지 않다는 것도 프래그머티즘을 실용주의로 번역하지 않는 데 대한 하나의 이유가 될 것이다(옮긴이).

2) 퍼스, Collected Papers(=CP), 제5권, §411 ; 아펠(Apel)판(=A), 제II권, 389쪽.

3) 퍼스가 남긴 유고의 양은 타이프 용지로 약 10만 장이나 되는 분량이라고 한다. 1931년부터 1958년까지 8권으로 간행된 선집 *Collected Papers of Ch. S. Peirce*(CP)는 편집상 많은 결함을 안고 있지만, 1982년부터 문헌학적 고증을 거쳐 출간되고 있는 총 30권 예정의 연대기적 저작집 *Writings of Charles S. Peirce*가 완간될 때까지 퍼스 연구는 거의 전적으로 이 선집에 의존할 수밖에 없는 상황이다. 현재 *Writings*는 제5권까지 출간되었다(옮긴이).

4) 퍼스, CP, 제5권, §12 ; A, 제II권, 461쪽.

5) 퍼스, CP, 제5권, §412 ; A, 제II권, 392쪽.

6) 퍼스, A, 제I권, 287쪽.

7) 칸트, 『순수이성비판』, A 800/B 828 ; A 824/B 852 참조.

8) 퍼스, CP, 제5권, §3 ; A, 제II권, 278쪽.

9) 칸트, 『인간학』 서문.

10) 퍼스, 제CP, 제5권, §412 ; A, 제II권, 391쪽.

11) 퍼스, 제CP, 제5권, §414 ; A, 제II권, 394쪽.

12) 퍼스, 제CP, 제5권, §402, A, 제I권, 339쪽.

13) 퍼스, CP, 제5권, §240 ; A, 제I권, 171쪽.

14) 「네 가지 무능력의 몇몇 귀결들」(Some Consequences of Four Incapacities), 1868.

15) Oehler 1979 참조.

16) 퍼스, CP, 제5권, §18 ; A, 제II권, 301쪽.

17) 퍼스, CP, 제5권, §403 ; A, 제I권, 339쪽 참조.

18) 퍼스, CP, 제5권, §464 이하 ; A, 제II권, 463쪽 이하.

19) 퍼스, CP, 제5권, §372 ; A, 제I권, 300쪽.

20) 퍼스, CP, 제5권, §563 이하 ; A, 제II권, 458쪽.

21) 퍼스, CP, 5권, §311 ; A, I권, 220쪽 ; CP, 8권, §12 ; A, I권, 259쪽 이하.

22) 퍼스는 연역법과 귀납법이라는 종래의 과학적 추론방법에 가추법이라는 방법을 추가하였다. 그가 가설법(hypothesis) 혹은 retroduction이라고도 칭했던 가추법은 규칙과 결과로부터 사례에 도달하는 추론방법인데, 퍼스가 든 예를 들어 설명하자면 다음과 같다. 우리가 탁자 위에 놓인 주머니 속에 흰 콩들이 가득 들어 있다는 것을 알고 있고, 그 옆에 흰 콩 몇 개가 놓여 있는 것을 관찰하게 되었다고 가정하자. 이때 우리가 "이 주머니 속의 모든 콩은 희다"라는 이미 알고 있는 규칙명제와 "(그 옆에 놓여 있는) 이 콩들은 희다"라는 관찰된 결과명제로부터 "이 콩들은 이 주머니 속에서 꺼낸 것이다"라는 새로운 인식을 주는 사례 명제를 이끌어낸다고 할 때, 이 경우 우리는 가추법을 동원하여 추리한 것이다. 이처럼 가추법은 과학적 추론방법상 새로운 것을 찾아내는 발견의 추리법으로, 그것은 본질상 추측이다. 따라서 가추법은 오류 가능성이 높지만, 과학상 새로운 것의 발견은 모두 가추법의 덕분이라는 것이 퍼스의 생각이다. 흔히 과학자들이 과학자적 영감이라고 말하는, 갑자기 머릿속에 환히 떠오르는 사태의 본질적 연관에 대한 추측적 지식이 바로 가추법에 의존하는 것이겠는데, 퍼스는 이와 같은 추측이 들어맞는 근거를 인간의 논리적 사유, 즉 기호구조와 자연, 즉 세계구조간의 친화성으로 설명하고자 하였다. 이 친화성에 인간의 인식론적 낙관이 근거하고 있다는 것이다(옮긴이).

23) 퍼스, CP, 제5권, §171 ; A, 제II권, 362쪽.

24) 퍼스, CP, 제5권, §196 ; A, 제II권, 369쪽.

25) 퍼스, CP, 제2권, §654 ; A, 제I권, 362쪽.

26) 퍼스, CP, 제2권, §654 ; A, 제I권, 363쪽 ; 1878년.

27) 퍼스, CP, 제1권, §673.

28) 퍼스, CP, 제5권, §130 ; A, 제II권, 348쪽.

29) 퍼스, CP, 제5권, §433.

30) 퍼스, CP, 제5권, §130 ; A, 제II권, 349쪽.

31) Thayer 1973, 13쪽.

32) Russell 1971(1909), 70쪽.

33) 제임스, Oehler 판 1977, 29쪽.

34) 같은 책, 33쪽.

35) 같은 책, 48쪽.

36) 같은 책, 125쪽.

37) 같은 책, 126쪽 이하.

38) 같은 책, 192쪽.

39) 듀이, 『심리학』, 1887.

40) 퍼스, CP, 제8권, §239 이하 ; A, 제II권, 532쪽 이하.

41) CP, 제6권, §501.

42) 『플라톤이냐 프로타고라스냐?』(*Plato or Protagoras?*), 1908 ; 『휴머니즘』
(*Humanism*), 1903 ;『실용 논리학』(*Logic for Use*), 1929 ;『휴머니즘. 프래
그머티즘 철학 논고』, 1911.

43) B. Russell, 1971「1909」.

44) Feibleman, 1946의 서문.

45) Wells 1954.

46) Rorty 1966 참조.

47) 또한 Lenk 1979, 34~50쪽 참조.

48) Martens 1975, 4~10쪽 ; Martens 1979 참조.

49) Hardwick 1979 참조.

50) K. -O. Apel, 1967~70 ; 1975.

51) K. Oehler, 1976, 1979.

52) K. Oehler, 1968, 1977.

53) H. Stachowiak 1986ff. 참조.

참고문헌

프래그머티즘 일반

●Bernstein, R. J. : *Praxis und Handeln*, Frankfurt/M. 1975(*Praxis and Action*, Philadelphia 1971의 일부의 독일어 번역. 특히 퍼스와 듀이에 관한 서술이 자세하며 현대의 주요 사상 조류로서 프래그머티즘과 실존주의, 마르크스주의 및 분석철학을 비교하고 있다).

●Martens, E.(Hrsg.) : *Texte der Philosophie des Pragmatismus*, *Ch. S. Peirce*, *W. James*, *F. C. S. Schiller*, *J. Dewey*, Stuttgart 1975(상세한 소개글 수록. 1992년 신판 : Pragmatismus).

●Thayer, H. S. : *Meaning and Action. A Study of American Pragmatism*, New York 1973(퍼스, 제임스, 듀이, 루이스 그리고 미드에 대한 탁월한 입문서. 1968년판의 축약본).

퍼스

원전

●*Collected Papers of Ch. S. Peirce*, Vols. I~VI ed. by C. Hartshorne and P. Weiss, Cambridge/Mass. 1931~35 ; Vols. VII~VIII ed. by A. W. Burks, Cambridge/Mass. 1958(지금까지 표준이 되는 퍼스 저작집이나 불완전함).

●퍼스의 모든 저작을 담은 저작집이 피시(M. H. Fisch)와 무어(E. C. Moore)의 주도 아래 준비되고 있다(Indianapolis, Indiana). 이 저작집이 나올 때까지는 마이크로 필름판을 대용할 수 있다(Greenwich/Conn. : Johnson Associates, 1977).

* 옮긴이 : 마르텐스의 위의 서술은 지금은 맞지 않는 것이 되어버렸다. 퍼스의 저작 전체를 담은 저작집을 내려던 계획은 일단 포기되고, 1982년부터 피시의 주도 아래 30권 예정으로 퍼스의 저작들을 연대기적으로 모아 편집한 저작집 *Writings of Charles S. Peirce. A Chronological Edition*(Bloomington/Indiana : Indiana University Press)이 출간되고 있는데, 현재 다섯 권이 출간된 상태다. 이 저작집 외에도 주요한 퍼스 저작집은 다음과 같다.

●Charles Sanders Peirce : *Contributions to the Nation*, Part One : 1869~1893. Compiled and Annotated by Kenneth L. Ketner and James E. Cook. Lubbock/Texas : Texas Tech University Press, 1975 ; Part Two : 1894~1900, 1978 ; Part Three : 1901~1908, 1979 ; Part Four : Index, 1987.

●*The New Elements of Mathematics by Charles S. Peirce*, Ed. by Carolyn Eisele. Vols. I~VI. The Hague ; Paris : Mouton ; Atlantic Highlands/N. J. : Humanities Press, 1976.

●*Historical Perspectives on Peirce's Logic of Science. A History of Science.* Ed. by Carolyn Eisele. Part I+II. Berlin ; New York ; Amsterdam : Mouton, 1985.

●*Semiotic and Significs. The Correspondence between Charles S. Peirce and Victoria Lady Welby*, Ed. by Charles S. Hardwick. Bloomington ; London : Indiana University Press, 1977.

●*The Essential Peirce. Selected Philosophical Writings*, Vol. I(1867~1893). Ed. by Nathan Houser and Christian J. W. Kloesel. Bloomington ; Indianapolis : Indiana University Press, 1992.

〈독일어 번역본〉

●*Schriften I. Zur Entstehung des Pragmatismus*, mit einer Einführung hrsg. v. K.-O. Apel, übersetzt v. G. Wartenberg, Frankfurt 1967 ; *Schriften II. Vom Pragmatismus zum Pragmatizismus*, mit einer Einführung hrsg. v. K.-O. Apel, übersetzt v. G. Wartenberg, Frankfurt 1970(지금까지 가장 완벽한 독일어판 선집).

●*Die Festigung der Überzeugung und andere Schriften*, hrsg. u. eingeleitet von E. Walther, Baden-Baden 1967.

●*Über die Klarheit unserer Gedanken. How to Make Our Ideas Clear*, Kommentar, Einleitung und übersetzt v. K. Oehler, Frankfurt 1968.

●*Lectures on Pragmatism. Vorlesungen über Pragmatismus*, mit Einleitung und Anmerkungen hrsg. v. E. Walther, Hamburg 1973.

＊옮긴이 : Apel 판에 대한 마르텐스의 위의 평가도 지금은 낡은 것이 되었다. 아래에 따로 주요한 독일어판 퍼스 선집들도 소개한다.

●Charles S. Peirce : *Phänomen und Logik der Zeichen*, Hrsg. u. übers. v. H. Pape. Frankfurt a. M. : Suhrkamp, 1983.

●Charles S. Peirce : *Semiotische Schriften*. Band 1, Hrsg. u. übers. v. Ch. Kloesel u. H. Pape. Frankfurt a. M. : Suhrkamp, 1986 ; Band 2 : 1903~

1906, 1990 ; Band 3 : 1906~1913, 1993(퍼스의 기호학 관련 글들의 선집으로
서 아직 영어로도 출간되지 않은 퍼스의 글들이 독일어로 번역되어 실려 있다).
●Charles S. Peirce : *Naturordnung und Zeichenprozeß. Schriften über
Semiotik und Naturphilosophie*, Mit e. Vorwort v. I. Prigogine. Hrsg. u.
eingeleitet v. H. Pape. übers. v. B. Kienzle. Frankfurt a. M. : Suhrkamp,
1991.

2차 문헌

●Apel, K.-O. : *Der Denkweg von Charles S. Peirce. Eine Einführung in den
amerikanischen Pragmatismus*, Frankfurt a. M. 1975.
●Feibleman, J. K. : *An Introduction to the Philosophy of Ch. S. Peirce.
Interpreted as a System*. With a Foreword by B. Russell, Cambridge/Mass. ;
London 1969(초판 1946).
●v. Kempski, J. : *Ch. S. Peirce und der Pragmatismus*, Stuttgart ; Köln,
1952(독일어권에서 나온 퍼스에 대한 최초의 자세한 입문서).
●Ketner, K. L., Kloesel, C. J. W., Ransdell, J. M., Fisch, H. H., Hardwick,
C. S.(Eds.) : *A Comprehensive Bibliography and Index of the Published
Works of Charles Sanders Peirce with a Bibliography of Secondary Studies*,
Greenwich/Conn. : Johnson Associates, 1977.
●Oehler, K. : "Idee und Grundriß der Peirceschen Semiotik", in : *Zeit-
schrift f. Semiotik* 1(1979) 9~22.
●Scholz, H. : "Rezension der Collected Papers", in : *Deutsche Litera-
turzeitung*, 1934, Sp. 392~395 ; 1936, Sp. 137~144(숄츠는 독일의 퍼스 수용
사에서 최초로 퍼스를 논리학자이자 과학철학자로서 높이 평가하였다).
●Wartenberg, G. : *Logischer Sozialismus. Die Transformation der Kant-
schen Transzendentalphilosophie durch Ch. S. Peirce*, Frankfurt a. M., 1971.

〈최근의 퍼스 연구에 대한 정보에 관해서는 다음과 정기간행물들을 보라〉
●*Transactions of the Ch. S. Peirce Society*, University of Massachusetts
Press, 1965ff.
●*The Charles S. Peirce Newsletter*, 1973ff.
●*Peirce Studies*, ab 1979(이 두 정기간행물은 Institute for Studies in Prag-
maticism, Lubbock/Texas에 의해 편찬되고 있다).

제임스

원전

● 저작집 *The Works of William James*가 나오고 있는 중이다. Ed. by Burk-hardt, F. H., Bowers, F., Skrupskelis, J. K., Cambridge/Mass.; London, Harvard University Press, Vol. I : *Pragmatism*, 1975 ; Vol. II : *The Meaning of Truth*, 1975(이 저작집은 1988년까지 총 19권으로 간행되었다—옮긴이).

● *The Will to Believe and other Essays in Popular Philosophy*, London ; New York ; Toronto 1897 ; 독일어판 : *Der Wille zum Glauben und andere popularphilosophische Essays*, übers. v. T. Lorenz, Stuttgart 1899(또한 Martens 1975도 보라).

● *Pragmatism : A New Name for some Old Ways of Thinking* ; 독일어판 : *Der Pragmatismus. Ein neuer Name für alte Denkmethoden. Volkstümliche philosophische Vorlesungen*, übers. v. W. Jerusalem, Leipzig 1908(mit einer Einleitung hrsg. v. K. Oehler, Hamburg 1977).

● *The Meaning of Truth. A Sequel to "Pragmatism"*, New York ; London 1909.

● *A Pluralistic Universe*, New York 1909 ; 독일어판 : *Das pluralistische Universum*, Leipzig 1914.

● *Essays in Radical Empiricism and Pluralistic Universe*, ed. by R. B. Perry, London ; New York ; Toronto, 1912.

2차 문헌

● Flournoy, T. : *Die Philosophie von W. James*, Tübingen 1930.

● Jacoby, G. : *Der Pragmatismus. Neue Bahnen in der Wissenschaftslehre des Auslands*, Leipzig 1909(제임스의 프래그머티즘에 대한 최초의 객관적인 서술로서 지금까지도 읽을 가치가 있다).

● Perry, R. B. : *The Thought and Character of W. James*, 2 vols., London 1935.

● Seigfried, C. H. : "Bibliography of Writings by and about William James", in : Corti, W. R.(Ed.) : *The Philosophy of William James*, Hamburg 1979, 385~393쪽.

듀이

원전

〈완벽한 전집이 나오고 있는 중으로 지금까지 나온 것은 다음과 같다〉

● *The Early Works, 1882~1898*, 5 Vols., Southern Illinois University Press, 1969~1972 ; *The Middle Works, 1899~1924*, 15 Vols., 1976ff(지금까지 Vols. 1~8이 나왔다).

● *The Child and the Curriculum*(1902) and *The School and Society*(1900), Chicago ; London, 1956 ; 독일어판 : *Schule und Gesellschaft*, Leipzig 1905.

● *How We Think. A Restatement of the Relation of Reflective Thinking to the Educative Process*, Boston 1933 ; 독일어판 : *Wie wir denken. Eine Untersuchung über die Beziehung des reflektiven Denkens zum Prozeß der Erziehung*, mit Einführung von L. Deuel, übersetzt von A. Burgeni, Zürich 1951(Martens 1975에 일부 발췌되어 있음).

● *Essays in Experimental Logic*, Chicago 1916.

● *Democracy and Education. An Introduction to the Philosophy of Education*, New York 1916 ; 독일어판 : *Demokratie und Erziehung. Eine Einleitung in die philosophische Pädagogik*, Braunschweig 1930.

● *Reconstruction in Philosophy*, New York 1920.

● *Human Nature and Conduct. An Introduction to Social Psychology*, New York 1922 ; 독일어판 in : *John Dewey : Psychologische Grundfragen der Erziehung. Der Mensch und sein Verhalten. Erfahrung und Erziehung*, eingeleitet und hrsg. v. W. Correll, München ; Basel 1974.

● *The Quest of Certainty*, New York 1929.

● *Experience and Education*, New York 1938 ; 독일어판 in : John Dewey 1974.

● *Logic. The Theory of Inquiry*, New York 1938.

2차 문헌

● Boydston, J. A., Poulos, K. : *Checklist of Writings About John Dewey 1887~1977*, Southern Illinois University Press, ²1978(연구문헌에 대한 정리. 증보판).

● Childs, J. L. : *American Pragmatism and Education. An Interpretation and Criticism*, New York 1956.

●Schilpp, P. A.(Ed.) : *The Philosophy of John Dewey*, New York ²1951
(¹1939).

●Thomas, M. H. : *John Dewey : A Centennial Bibliography*, University of
Chicago Press, 1962(연대순 구성).

●Boydston, J. A.(Ed.) : *Guide to the Works of John Dewey*, Southern Illinois
University Press, 1970(주제분야별 정리).

영향사

●Bense, M. : *Semiotik. Allgemeine Theorie der Zeichen*, Baden-Baden
1967.

●Eco, U./Sebeok, Th. A.(Hrsg.) : *Der Zirkel oder im Zeichen der Drei.
Dupin, Holmes*, Peirce, München 1985(탐정 방법, 가추법 등에 관해).

●Hardwick, C. S. : "Peirce's Influence on some Philosophers : A Guess at
the Riddle", in : *Peirce Studies*, 1979, 25~30.

●Lenk, H. : *Pragmatische Vernunft*, Stuttgart 1979(칸트의 사후 저작에 기대
어 레셔[N. Rescher]와 함께 '방법론적 프래그머티즘'의 윤곽을 그리고 있다).

●Martens, E. : *Dialogisch-pragmatische Philosophiedidaktik*, Hannover
1979.

●Oehler, K. : "Zur Logik einer Universalpragmatik", in : *Semiosis* 1(1976)
14~23.

●Rorty, A.(Ed.) : *Pragmatic Philosophy*, New York 1966(원본 발췌와 소개논
문 그리고 참고문헌이 다음과 같이 3부로 나뉘어 구성되어 있다. 초기 프래그머티
스트들 ; 초창기 비판자들 ; 최근의 비판과 발전들).

●Russell, B. : "Der Pragmatismus", in : Russell, B. : *Philosophische und
politische Aufsätze*, hrsg. v. U. Steinvorth, Stuttgart 1971, 61~98(1909년 최
초로 출판됨. 제임스와 실러에 대한 날카로운 비판).

●Stachowiak, H. (Hrsg.) : *Pragmatik. Handbuch pragmatischen Denkens*,
Bd. 1ff., Hamburg 1986ff(고대에서 현대까지의 프래그머티즘적 사유의 역사에
관하여. 인간학, 실천철학, 언어철학 및 과학이론과 같은 철학적 개별 분과학들의
프래그머티즘적 차원에 대해).

●*The Monist* 3(1980) : *The Relevance of Charles Sanders Peirce*.

●Wells, H. K. : *Pragmatism. Philosophy of Imperialism*, New York 1954(독
일어판 : Berlin-Ost, 1957).

3 현대 논리학의 선구자

고틀로프 프레게(1848~1925)

"철학은 개념관계들에 대한 언어사용에서 불가피하게 발생하는 기만을
발견하고, 언어적 표현수단의 속성에 의해 오염되는 것으로부터
사상을 벗어나게 함으로써, 인간정신에 대해 가해지는 언어의 지배를
깨뜨리는 것을 자신의 과제로 삼는다."

●프레게

프레게가 철학의 대가로서 인정받고자 하는 요구는 수학과 논리철학의 한정된 영역에서 이룬 그의 획기적인 업적에 근거한다. 프레게는 이른바 '수학적 논리학'(Mathematischen Logik, 형식논리의 현대적 형태)[1]의 실질적 창시자로서, 근대 의미론의 주창자로서 아울러 대수학에서, '논리주의'(Logizismus)[2]의 선구자로서 여겨진다. 철학적 논쟁에서 그의 생존시에는 산발적이었던 영향은(후설, 러셀, 비트겐슈타인 그리고 카르나프에게 그랬듯이) 20세기 중반 이후부터 특히 분석철학의 분야에서 현저하게 증가하였다. 대체로 프레게는 앵글로색슨 언어권에서 칸트 이후로 가장 많이 읽힌 독일 철학자로 평가된다.

생애

프레게(Friedrich Ludwig Gottlob Frege)는 1848년 11월 8일 비스마르(Wismar)에서 여학교 교장이면서 목사인 카를 알렉산더 프레게(Carl Alexander Frege)와 그의 부인 아우구스테 비알로블로츠키

(Auguste Bialloblotzky)의 아들로 태어났다. 본가 쪽으로 조부와 증조부는 함부르크와 라이프치히에서 성공적인 상인과 금융인이었다. 프레게는 1869년 부활절에 비스마르 고등학교에서 졸업시험을 치렀고 1869년부터 1870년까지 예나 대학에서 수학, 화학과 철학을(철학은 특히 쿠노 피셔[Kuno Fischer]에게서) 공부하였다. 예나에서의 스승들 중 한 사람인 에른스트 아베(Ernst Abbe)는 카를 차이스(Carl-Zeiss) 작품 연구의 책임자와 대학교수를 겸직하면서, 늦깎이 강사활동 중의 프레게를 힘 닿는 대로 격려하였다. 아베는 프레게의 비상한 재능과 업적의 가치를 제대로 평가했던 몇 안 되는 동시대인 중의 한 사람이었다.

1871년에서 1873년까지 프레게는 괴팅겐에서 5학기 동안 수학, 물리학과 철학을 공부하였고 1873년 11월 12일에는 수학 논문으로 철학박사 학위를 받았다. 철학에서 그는 로체(H. Lotze)에게 종교철학을 수강하였는데, 로체의 논리적 견해들이 프레게의 통찰들에 영향을 미쳤는지 여부는 관련자료의 결여로 더 이상 확인할 수 없다. 어쨌든 어떤 공통점들, 즉 논리학과 수학 간의 연관성에 관한 주제와 반심리학주의적 견해는 인정하지 않을 수 없다.[3] 프레게는 자신의 작업을 의식적으로 발전시킬 제자를 갖지 못했듯이, 철학에서든 수학에서든 흔한 의미로의 학문적 스승도 모시지 못했던 것은 분명하다.

1874년 프레게는 예나로 돌아가 수학에서 교수자격논문을 썼다. 강사활동의 마지막인 1917년까지 그는 예나 대학에 머물면서, 1879년에 원외교수로, 1896년에 (카를 차이스 학술재단으로부터 연봉 3,000마르크를 받는) 정식 명예교수로 있었고 1903년에는 고문관의 칭호를 얻었다. 프레게는 학문적 경력으로서의 정상적인 직업목표, 대학 정교수가 되지 못했다. 교수직에서 은퇴한 후에 그는 1925년 7월 26일 비스마르 근처의 바트 클라이넨(Bad Kleinen)에서 죽을 때까지 살았다. 그의 부인 마가레테 리제베르크(Magarete Lieseberg)는 1905년에 죽었고, 프레게가 자신의 학문적 유고를 위임했던 양아들이자 공학석사였던 알프레드

철학에서 명료한 언술방식의 기초를 쌓은 프레게는
앵글로색슨 언어권에서 칸트 이후 가장 많이 읽힌 독일 철학자로 평가된다.

프레게(Alfred Frege)도 파리에서 1944년에 전사했다.[4]

프레게의 개인적 특성에 관해 우리는 그의 저서나 편지들에서 추측할 수 있는 것 이상의 정보는 거의 가지고 있지 않다. 그는 예나로 돌아와 살면서 연구에 몰두하였다. 대학도시의 사교적인 생활에는 참여하지 않았다. 당연히 획기적인 것이라고 여겼던 자신의 사상에 대해 반향이 전혀 없다는 사실에 직면해 그가 느꼈던 비통함 역시 이에 한몫했을 것이다. 논리학에서 심리학주의적(psychologische)[5] 상대주의와 수학에서의 형식주의는 매우 확고하게 서로 교착되어 있어 효과적으로 논의가 이루어질 가망이 없었다. "내가 심었던 나무가 빛과 공간을 얻기 위해 엄청난 무게의 돌을 들어올리는 것 같았다."[6] 유고로 남겨진 1924년에 쓴 일기의 한 부분에 담겨 있는 프레게의 정치적 진술들은 진부함, 정치적 소박함, 세상 물정에 어두움, 무엇보다도 비민주적이고 반유대적인 독설로 인해 답답한 인상을 불러일으킨다.

이런 글들을 평가할 때는 물론 다음과 같은 사실들이 정당하게 고려되어야 한다. 제1차 세계대전 이후 독일 교수사회에 이와 유사한 견해들이 어느 정도 확산되어 있었으며, 그런 종류의 진술들은 그 사이에 발생한 사건들 탓에 오늘날의 독자들에게 추가적으로 불쾌한 징후로 보인다는 것과, 끝으로 그런 진술들에서 고독한 노인의 흥분된 분위기가 보인다는 것이다.

저작

개념표기법

프레게는 몇 개의 수학논문들과 논평들의 발표 이후 1879년 자신의 첫 저작인 『개념표기법, 대수학적으로 모방된 순수사유의 형식언어의 하나』(*Begriffschrift, eine der arithmetischen nachgebildete Formelsprache des reinen Denkens*)를 출간하였다. 이 얇은 책은 논리의 전체역사에서 아리스토텔레스의 『분석론 전편』(*Ersten Analytiken*)[7]과 함께 가장 중요한 저서로서 알려졌다. 이 적은 지면의 책 안에 다수의 근본적인 개혁들이 포함되어 있다. 진리함수의 토대 위에서 최초의 명제논리적 계산(즉 부분명제들의 진리값들에 전적으로 의존하는 진리값을 지닌 복합명제와 부분명제간의 결합들), 함수와 독립변수로 이루어지는 서술문장(명제)들의 분석(쓸모없고 혼란스러운 주어와 술어로의 구별 대신), 양화이론, 즉 기초단계의 술어논리(빈사)의 토대, 또는 명제의 내용을 고려함 없이 전적으로 그 형식에 근거해 추론이 이루어질 수 있도록 돕는 완전히 새로운 논리적 기호화 등이 그것이다.

이 책에는 또한 순수논리적 방법에 의한 '연속추리'(Folgens in einer Reihe) 개념의 재구성이 포함되었는데, 이로 인해 한 기수와 그 후행수 간의 관계와 완전한 귀납의 원리가 논리의 영역으로 진입했다. 여기서 이미 프레게는 어떤 의미에서는 일생의 과제이자 자신의 운명을 결정하였던 논리학으로 대수학을 환원시키는 길을 제안하였다.

프레게는 자신의 논리적인 조작언어 요소들의 갯수를 최소화시켜 출발하려 하였다. 그는 명제 p의 부정을 위한 기호, 두 명제들 p, q 간의 '만약……그렇다면'(wenn-dann)인 가정관계를 위한 기호, 그리고 $F(x)$형식—'x'는 대상들에 대한 변수(논증[Argumente])이고 F는 술어에 대한 변수(함수[Funktion])인—의 표현의 일반적 타당성을 위한 기호로 논리어 사용을 제한하였다. '⊢ p'는 p의 긍정주장에 대한 프레게적 기호이다. 여기서 ⊢ 는 p를 주장하는 데 쓰이는 '내용선'(Inhaltsstrich)과—후에는 단지 '수평선'(der Waagerechte)으로 불렸는데[8]—수직의 '판단선'(Urteilsstrich)이 결합된 것으로 생각될 수 있다. ⊢ p는 p의 부정을 주장한 것이다. ⊢⌐q⌐p 는 "p이면 q이다"를 표현한 것인데, 이것은 프레게의 확증에 따르면 단 p가 참이고 q가 거짓일 경우에는 거짓이 된다. ⊢─ˣ─Fx는 모든 x는 임의의 무엇이든 간에 F라는 생각을 표현한 것이며, 그렇다면, ⊢─ˣ─Fx는 "모든 x가 F는 아니다"를 뜻한다. 이에 반해 $\vdash\!\!\!\!-\!\!\!\!\!\!\!\!^{x}\!\!-\!\!F$ 는 모든 x는 F 아닌 것이거나 또는 어떤 x도 F가 아니라는 것을 주장한다. 이에 상응해 $\vdash\!\!\!-\!\!\!\!^{x}\!\!\!-\!\!Fx$ 는 모든 x가 F 아닌 것은 아니며, 마찬가지로 약간, 혹은 적어도 하나의 F 인 것이 있음을 의미한다. "모든 F는 G다"라는 형식의 전통적인 전칭판 단은 프레게에서 $\vdash\!\!-\!\!\!\!^{x}\!\!\!\!\begin{smallmatrix}Gx\\Fx\end{smallmatrix}$ 로 표현된다.

명제변수 n에 대해 그때마다 2^{2n}의 논리적으로 다양한 명제결합들이, 따라서 n이 2일 경우에 대해 16인 두 자리 수의 명제연접——오늘날에는 '결합'(Junktoren)[9]이라고 불리게 된다——이 있다는 것은 쉽게 드러난 다. 이것들은 부정선(Negationsstrich)과 조건선(Bedingungsstrich)의 도움으로 간단하게 조합될 수 있다. "p 또는 q"는 "$\vdash\!\!\!\begin{smallmatrix}q\\p\end{smallmatrix}$"로, "p 그 리고 q"는 "$\vdash\!\!\!\!\begin{smallmatrix}q\\p\end{smallmatrix}$"로 표현될 것이며 그 밖의 경우도 마찬가지다. 이 런 기본원리가 n자리의 명제 혹은 결합항 논리에 대해 기능적으로 완전 하다는 사실은 프레게에 의해 주장되었으나, 1921년에 포스트(E. L. Post)에 의해 비로소 증명되었다. 이런 (조작)언어의 요소들은, 더욱 점 증적으로 복잡해진 논리적 명제형식들을 형성하기 위해 고유한 방식으 로 상호 결합될 수 있다. 이를 통해 논리영역의 급진적 확장이 가능해졌 다. '지성적인', '푸른', 또는 '사람'과 같이 한 자리의 술어항뿐만 아니 라, "누구보다 크다", "누구를 사랑하다", "누구의 제자다"와 같은 관계 가 'F'와 'G'에 대입될 수 있다. 이런 방식으로 "모든 소년들이 사랑하 는 한 소녀가 있다"(1)와 "소년들은 누구나 임의의 한 소녀를 사랑한다" (2)의 두 문장들 간의 논리적 차이가 분명하게 파악될 수 있다. 『개념표 기서』에서 "… 는 소녀이다"는 'M'으로, "… 는 소년이다"는 'J'로, "… 는 … 를 사랑한다"를 'L'로 표기하면,

문장 (1)은 다음과 같고,

$$\vdash\!\!\!-\!\!\!\!\begin{smallmatrix}y\end{smallmatrix}\!\!-\!\!\!\!\begin{smallmatrix}x\end{smallmatrix}\!\!-\!\!\!\begin{smallmatrix}Lx,y\\Jx\\My\end{smallmatrix}$$

이에 반해 (2)는 다음과 같다.

언어적으로 명료한 구분들의 도움으로 오류를 피할 수 있다. 예를 들어 누구나 인간은 최고의 인생목표를 추구한다는 사실로부터——이것이 사실이라면——모든 인간에게 단 하나의 공통적인 최고의 인생목표가 있을 것이라고 추론하는 오류를 피할 수 있다. 동시에, 칸트 역시 판단표 안에서 제시하려 했던, 판단들의 논리적 형식들의 체계에 대한 물음은 급진적으로 새로운 의미로서 대답을 얻게 된다. 논리적인 근본요소들이 문제될 경우, (칸트의 12개가 아니라) 단지 4개만이 필요하게 된다. 그렇다면 판단형식들에는 임의적으로 증가하는 복합성을 띤 무한한 다수의 형식들이 있게 된다. 그러나 우리는 기초원리와 계층화 규칙들을 알기 때문에, 판단형식들의 영역을 '사려 있게 우리의 통제 안에' 놓이게 한다.

프레게는 『개념표기법』(§13)에서 논리적 법칙들(Gesetzen)과 논리적 규칙들(Regeln)간의 구분[10]을 우선직으로 강조했다. 연역규칙으로서 그는 단지 '분리규칙'(Abtrennungsregel) 혹은 '전건긍정문'(Modus ponens)[11]을 사용하려 한다. "나는 '⊢$\begin{smallmatrix}q\\p\end{smallmatrix}$' 형식과 '⊢— p' 형식의 문장으로부터 항상 '⊢— q' 형식의 문장을 추론해야 한다." 이 추론규칙과 9개의 근본원칙들(『개념표기법』에서 공리 1, 2, 8, 28, 31, 41, 52, 54, 58)을 가지고서 프레게는 기초단계의 외연적 술어논리(Prädikatenlogik)와 명제논리(Aussagenlogik)에 관한 최초의 완전한 공리체계를 제시하였다. 이 공리들 중 앞서 언급된 6개는 순수히 명제논리적이며, 두 개는 내용등식에 해당하며, 하나는 보편명제에서 개별명제로의 이행을 규칙화한다.

프레게가 연역규칙 이외에도 사실 대치규칙(Substitutionsregel)을 사용한 점과, 공리 1과 2로부터 추론될 수 있기에 8개의 공리들은 불필요하다는 사실[12]은 사소한 외관상의 결점일 뿐이다. 어쨌든 프레게가

『개념표기법』에서 표시(Zeichen)와 표시된 것(Bezeichnetes)을 여전히 분명하게 구분하지 않았다는 점이 눈에 띈다. 그는 후반기에 명제의 의미와 지시체 간의 구분을 하지 않았듯이, '함수'를 함수표식뿐만 아니라 함수 자체로 이해했다.

『개념표기법』은 6명의 동료들에 의해 비판적으로 언급되었다. 비평들은 비록 프레게가 제시한 성과의 의의를 이해하지 못했으나, 철저히 비우호적이지는 않았다. 유감스럽게도 논리학자 슈뢰더(E. Schröder)와 벤(J. Venn)이란 두 명의 잘 알려진 비평가들은 프레게의 개념표기에 비해 불(Boole)의 논리적 상징계가 지닌 더 커다란 성취도를 이구동성으로 말하였고, 태너리(P. Tannery)는 "설명들이 불충분하고, 표기방식이 너무 복잡하고, 응용의 가능성에 대한 약속들은 공허하다"고 완전히 반대로 판단하였다.

대수학의 원리들

프레게는 1897년, 1882년 그리고 1883년에 내놓은 몇 개의 작은 논문들에서 자신의 『개념표기법』을 변론하였다. '순수사고의 형식언어'의 프로젝트가 완전히 비우호적으로 수용된 까닭에 그는 개념표기 장치가 없는 두번째 저서를 출간하기로 결심하였다. 『대수학의 원리들, 수개념에 대한 논리-수학적 논구』(*Die Grundlagen der Arithmetik. Eine logisch-mathematische Untersuchung über den Begriff der Zahl*)는 약 140쪽의 분량으로 1884년에 출판되었다. 고유한 구상을 설명하는 명료성, 논박의 우수성, 결함을 지닌 통념들을 반박하는 철저성, 그리고 생동감 있는 입장 제시로 완성된 역작이라는 것이 일반적 견해다.

수의 개념과 더불어 대수학의 근본개념이 단지 논리적 수단을 통해 이의 없이 정의될 수 있다는 것을 증명하거나 적어도 개연성 있게 하려는 것이 책의 목적이다. 그것은 프레게에 의해 주목받게 된 대수학의 순수논리학으로의 소급이란 방향을 띤 것이며, 이로써 대수학의 명제들은 칸트의 생각과 달리 선천적으로 종합적이지 않고 분석적이라는 사실을 증명하려 했던 것이다. 그런 후에 두번째 조치는 "수의 단순한 규칙들을 추론하는 데 단지 논리적 수단들로써만"[13] 구성하려 했던 것이다. 후일에 프레게는 이 조치를 개념표기적으로, 모든 가능한 반대를 안전하게 차단한 후 보강하려 했다.

서론에서 독자들에게 몇몇 근본전제들이 설명되었는데, 프레게는 이 전제들을 가지고 자신의 과제에 접근하였다. 수학자는 실제로 수가 무엇인지를 만족스럽게 설명할 수 없다. 수 표상의 발생에 관한 관찰도 더 이상 도움이 되지 못한다.

> 사람들은 표상이 어떻게 유래하는지에 관한 기록을 정의로서, 한 명제가 우리에게 의식되는 심리적이고 육체적인 조건에 대한 진술을 증명으로서 여기지 않으며, 명제의 사상과 명제의 진리를 혼동하지 않는다.[14]

프레게는 책의 거의 절반을 수를 정의하고자 했던 철학자들과 수학자들의 다양한 시도들에 대한 비판에 할애한 후에, 수를 사물의 속성이나 혹은 집합, 다량 또는 다수적 사물들의 속성으로 파악하는 것이 가능하지 않다고 결론내린다. 그는 대신에 수의 명제를 개념에 관한 진술로 보자고 제안한다. 이를 통해 동일한 것에 상이한 숫자들이 속해 보이는 기이한 현상이 설명된다. 동일한 대상들은 한번은 8그루의 나무들로, 또는 3그루의 떡갈나무와 5그루의 너도밤나무로, 또는 하나(eine)의 나무군(群)으로서, 내가 대상들을 포섭할 수 있는 개념에 따라 생각될 수 있게 된다. 수의 명제들은 표지들(Merkmale)이 아니라 개념들의 속성들(Eigenschaften)에 관련된다.

프레게는 자신의 분석을 요약하면서, 표지와 속성의 구분, 1차적 단계의 개념과 2차적 단계의 개념의 구분, 한 대상의 개념 아래로의 포섭

(Fallen), 한 개념의 다른 개념 아래로의 종속(Unterordnung), 한 개념의 2차적 단계의 개념 안으로의 포섭 간의 구분을 처음으로 완전히 방법적으로 의식하게 되었다.

예를 들어 '가시적임'은 '가시적 대상'(sicht-barer Gegenstand)의 개념 아래 속하는 모든 사물들의 속성을 특징짓는다. '가시적임'은 역시 개념의 속성이 아니라, 그것의 표지이다. 왜냐하면 개념들은 볼 수 없기 때문이다. 개념들의 표지는 대상들, 즉 이 개념 아래 속하는 대상들의 가능한 속성들이다. 대상들의 속성들은 가능한 개념들의 표지들이다.

그러나 속성들은 대상들에게만, 표지들은 개념들에게만 있다는 것은 아니다. 대상들이 속성만을 가지고 있다는 것은 옳다. 그러나 개념들은 표지들 그리고(und) 속성들을 가지고 있는데, 예를 들어 자신이 하나의 개념이라는 그런 속성을 말하는 것이다. 개념의 개념은, 그 아래에 혹은―프레게가 그 구별을 위해 흔히 말하듯이― '그 안으로'(in den) 개념들만이 속할 수 있는 2차적 단계의 개념이다. 2차적 단계의 개념에 한 개념이 포섭된다는 것은 개념들 간의 종속관계와는 완전히 다르다. '고래'의 개념은 '포유동물'의 개념 아래 종속된다. 모든 고래는 포유동물이다. '고래' 개념의 표지라는 속성들을 지닌 동물 각각은 '포유동물' 개념의 표지들에 속하는 속성들을 역시 갖는다. 그러나 고래란 개념은 물론 포유동물이 아니다.

상위개념의 표지들은 하위개념에게가 아니라, 그 개념에 포섭되는 대상들에게 속성으로 속한다. 수들은 1차적 단계의 개념들의 속성들이며, 2차적 단계의 개념들의 표지들이다. 목성에 4개의 커다란 위성들이 있다는 사실은 커다란 목성 위성의 개념에 4번이나 실재했다는 속성을 부여한다. 금성의 위성이라는 개념에 0의 수를 배당하는 것은 객관적 실재의 속성을 그 개념에게서 박탈하고, 빈 개념이라고 부르는 것을 뜻한다. 실존이라는 속성은 대상들이 아니라 개념들에게만 속한다. "실존의 긍정은 바로 0이라는 수의 부정이다. 실존은 개념의 속성이기 때문에 신

존재의 존재론적 증명은 성공하지 못한다."[15]

우리의 달은 '자연적인 지구의 위성'의 개념에 속하는데, 이 개념은 예를 들어 '비발광 천구'(nicht selbstleuchtender Himmelskörper) 개념에 종속하며, '유일성'(지구에 정확하게 단 하나의 자연적인 위성이 있다), '실존'(그것은 비지 않은 개념이기 때문이다), 비가시성과 개념이라는 개념 안에 포섭된다. 일반적으로 표지들은 동시에 소속개념의 속성들이 아니다. 개념의 개념은 예를 들어 '개념이다'를 표지로 그리고 속성으로 갖는다. 이런 관계는, '1음절'(einsilbig) 단어와는 달리 한 단어를 표현한 속성이 다시 스스로 속하게 되는 '3음절'(dreisilbig) 단어의 속성에 비교될 수 있는 예외적 경우이다.

플라톤의 이데아론은, 이제껏 이에 관해 어떤 생각이 있어 왔든 간에, 어쨌든 플라톤이 개념 아래로의 대상의 포섭 즉 개념들 간의 종속과 2차적 단계의 개념 아래로의 개념의 포섭 간의 구분을 분명히 보지 못했다는 사실을 통해 성격지을 수 있다. 플라톤의 이데아들은 자기를 표현하는 표지들을 전적으로 소유하면서 동시에 최대로 속성들로서 소유한다. 이로부터 플라톤의 이데아가 개념이 아니라거나, 여기서 그가 혼란에 빠졌다거나, 또는 둘 다 사실이거나 어떤 결론이 나올지는 미해결인 채로 놓아두어야 한다.

프레게는 수의 명제가 개념에 관해 이루어진다고 확정한 후에, 수란 무엇인가에 대해 계속해 분석하기를 원했다. 흔히들 생각할 수 있듯이, 수는 그 자체로 개념의 속성은 아닌데, 그것은 개념들이, 수 n은 개념들에 속한다는(daß ihnen die Zahl n kommt) 속성을 갖기 때문이다. 그렇다면 수 자체란 무엇인가?

여기서 프레게는 '추상을 통한 정의'로서 유명해진 우회로를 제시한다.[16] 그는 우리가 동일성 기준을 소유할 경우 무엇인가를 대상으로서 인식하게 된다는 주장으로부터 출발한다. 그는 이 근본원칙을 기하학에서의 한 사례에 우선 적용한다. 두 직선의 평행성은 그 방향들의 일치성이다. 내가 직선방향의 개념을 정의하려면 평행성에서 출발할 수 있다. 왜냐하면 직선의 방향을 앞서 확정함 없이 이런 평행이 확립될 수 있기 때문이다. 따라서 직선방향 a는 직선 a와 b가 상호 평행인 경우에, 바로 그와 같은 것으로서 정의될 수 있다. 어쨌든 이 경우에 'a에 평행인 직선' 개념의 외연은 'b와 평행인 직선' 개념의 외연과 동치이다. 또한 직선 a의 방향을 'a에 평행인 직선' 개념의 외연으로서 정의할 수 있다.

그렇다면 기수(Anzahl)에 대해서도 마찬가지다. (한 개념의) 기수는 두 개념이 서로 동수인 경우와 동일한 것이다. 방향에 관한 선행적 확정 없는 직선들의 평행성에서처럼, 기수의 확정 없이 이것을 발견할 수 있다. 그런데 두 개념 F, G의 총체적인 사례들 사이에 명백한 병렬을 산출하는 어떤 관계만은 있어야 한다. '사도'와 '개월'의 개념은 이런 의미에서 동수이다. 그와 동시에 나는 매번마다 12사도와 12달이 있다는 것을 알 필요는 없다. 예를 들어 사도의 이름들과 달들의 이름들을 병렬적으로 쓰면서 두 열의 길이가 같다는 것을 보는 것으로 충분하다. 개념 F에 속하는 기수는 따라서 '개념 F에 동수인 개념'인 개념의 외연으로서 정의될 수 있다.

기수들이란 특별한 종류의 개념외연들이다. 개념외연들이 논리의 도입영역에 속한다면 기수는 논리에 속한다. 수열의 구성은 다음과 같이 이루어진다. 0은 '자기와 같지 않은' 개념에 속하는 기수, 즉 빈 개념인 개념의 외연이다. 1이란 수는 그렇다면 "'0과 같은' 개념과 동수인 개념"인 개념의 외연일 것이다. 왜냐하면 0 자체, 유일한 대상은 바로 0과 같기 때문이다.

수 n은 자연스런 수열에서 즉각적으로 수 m을 뒤따른다. 이것은 프레게에 의해 다음과 같이 설명된다. "개념 F에 속하는 기수는 n이며, 'F에 포섭되면서도 x와 같지 않은' 개념에 속하는 기수가 m이라는 식으로, 개념 F와 그것에 포섭되는 대상이 있다."[17] 계속해 프레게는 0과 더불어 시작하는 수열의 모든 자연수 각각은 자기와 구별되는 자연수를 후

속수로 갖는다는 사실에 대한 순수논리적 증명을 개괄적으로 제시한다. 이로써 대수학의 토대들이 논리의 명제들로서 증명된 것이다.

프레게 자신도 자신의 저서 '결론' 부분[18]에서 말하고 있다.

> 나는 이 저서에서 대수학적 법칙들은 분석적 판단이며 따라서 선천적(a priori)이라는 점을 개연적으로 만들었기를 기대한다. 이에 따라 대수학은 계속해 형성될 논리일 뿐이며, 모든 대수학적 문장은 논리적이며 그렇지만 추론된 법칙이 될 것이다. 자연의 설명에 대한 대수의 적용은 관찰된 사실들에 관한 논리적 작업일 것이다. 계산이란 추론인 것이다.

이 논증에서 흠을 잡자면 물론 개념외연들을 단지 직관적으로 전제한 것이며, 프레게도 충분히 자기비판적으로 이것을 분명하게 강조하고 있다.

> 여기서 우리는 '개념의 외연'이란 표현의 의미를 익히 알려진 것이라고 전제한다. 어려움을 극복하는 이런 방식은 도처에서 환영받지 못하게 되며, 많은 이들은 그런 우려를 다른 방식으로 제거하는 것을 더 선호할 것이다. 나는 개념의 외연의 도입에 역시 결정적인 비중을 두지 않는다.[19]

이 마지막 진술은, 틸(C. Thiel)이 정당하게 강조했듯이 물론 의아스러운 것인데, 그것은 프레게가 기수의 개념을 논리주의적 기획 범위 안에서 다른 식으로 얻으려 했다는 것을 사람들이 올바로 보지 않기 때문이다. 우리는 프레게 프로그램의 대상으로서 개념외연들과 그것의 무제한적 허용이 원치 않은 결과를 가져왔을 것이라는 사실을 다시금 화제로 삼으려 한다.

의미론적 원리들

1879년의 『개념표기법』에서 프레게는 표시와 표시가 표현하거나 의미하는 것 사이의 구분에 관련된 애매함들을 제시하였다. 프레게는 이 불명료함을 1893년에 출판된 『대수학의 근본법칙들』(*Grundgesetze der Arithmetik*)의 첫 권이 완료될 때까지 계속되는 숙고를 통해 만족할 정도로 해명하였다. 표시의 의미와 지시체에 관한 새로운 학설의 중요한 통찰들을 그는 두 개의 논문으로 발표했다. 고전적이라 할 만한 「함수와 개념」(Funktion und Begriff, 1891)과 「의미와 지시체에 관하여」(Über Sinn und Bedeutung, 1892)이다.

「함수와 개념」에서 프레게는 개념이 함수들의 특수한 종류로서 어떻게 정의될 수 있는지를 보여줌으로써, 논리학과 대수학 간의 연결을 더욱 긴밀하게 만들려고 시도했다. 그 외에 그는 다음과 같은 시도를 했다. 그는 우선 함수가 대상들의 (대수학에서는 대체적으로 수들의) 고유명사들로 대치될 수 있는 빈 자리를 포함하는 표현의 의미라는 사실을 분명히 하였다. 프레게는 빈 자리를 습관적으로 지시하는 표현들에 대해 '변수'(Variable)라는 용어를 사용하는 것을 거부했는데, 이는 변수라는 용어가 혼란스런 표상들을 야기한다고 보았기 때문이었다.[20]

x가 잡아둔 빈 자리에 다양한(verschiedene) 수들이 들어올 수 있다고 할 경우에, x가 가변적인(veränderliche) 수를 특징짓는다고 말하는 것은 불합리하다. 가변적인 혹은 무규정적인 수들은 존재하지 않는다. 그것은 가변적인 나이와 성별을 지닌 인간이란 존재하지 않는 것과 마찬가지다. 영국 군주가 1950년에는 남자였고 1960년에는 매우 젊은 여자였던 것을 보자면, 군주의 자리란 가변적인 인간에 의해서가 아니라, 상이한 시대에 상이한 개체들에 의해 채워진다.

대수적 함수의 '채워지지 않은'(ungesättigte) 표현은 수 명칭의 개입을 통해 그 자체가 수 명칭이 된다. 함수는 충족을 통해 스스로 수가 된다. 즉 증명 x를 위한 함수값이 된다. 지붕 없는 집이 불완전한 집이듯이, 함수는 여전히 함수-존재를 위해 무엇인가 결여하고 있다는 의미에서 완전하지 않다. 함수는 그 자체로 불완전하다. 그 충족은 함수를 다른 것으로 만든다. 이 점에서 함수는 토르소나 단편과 비교된다. 단편도 보충되면 한 편의 글이 되고, 토르소가 보충되면 조각상이 되며, 함수는 보충되어 수가 된다(단지 대수적 함수들을 고찰할 경우에 그렇다).

프레게는 이제 함수표현들의 형성을 위해 허용되는 영역을 확장한다. 즉 우선 동치 표시를 '='로, '보다 크다'는 표시를 '$>$'로, '보다 작다'를 '$<$' 등으로 표현하는 것이다. '$x > 3$'는 x에 자연수의 명칭을 대입함으로써 더 이상 수의 명칭이 아니라, 3, 2, 1, 그리고 0 이외의 모든 증명값에서 참인 거짓명제 또는 참된 명제를 결과로 낳는다.

여기에 프레게는 '진리값'으로 '참됨'과 '거짓됨'을 도입한다. 모든 증명에 대해 진리값을 갖는 함수들은 프레게에게는 개념들이다. 그런 함수들의 증명들로서 임의적인 대상들이 수들 대신에 선택되는데, "x는 9의 제곱근이다", "x는 갈리아를 정복했다", "x는 스웨덴의 수도이다" 등등이 그것이다. 우리는 우선 함수값과 증명으로서 수들만을, 그 다음에 증명으로서는 수들을 그리고 함수값으로서는 진리값을 얻은 후에, 대상들 일반을 증명으로서, 진리값을 함수값으로서 여길 수 있게 되며, 대상들을 역시 '나라 x의 수도', 'x의 아버지'에서처럼 함수값으로서 여기게 된다.

우리는 이미 『개념표기법』의 서평에서 함수값과 증명값이 진리값이어야 하는 진리함수들에 대해 알게 되었다. 이런 숙고들을 통해 프레게는 수들, 진리값 그리고 (일상적 의미에서의) 대상들을 '대상'이란 전문용어적 개념 아래 포괄하게 되도록 자극받았다고 보인다. "대상은 빈 자리를 수반하지 않는 표현의 함수가 아닌 것 전부이다."[21]

그 빈 자리가 대상의 명칭을 통해 보충되는 개념표현은 다시금 고유명사, 즉 그렇게 형성된 문장의 의미를 이루는 진리값의 고유명사가 된다. 예를 들어 "$x^2 + y^2$"에서 증명값의 모든 짝에 대해 함수값이 수가 되는 두 자리의 함수들에서처럼, 대상들의 모든 짝에 대한 값이 진리값이 되는 두 자리 함수들이 있다. 그런 함수들을 프레게는 전통에 따라 '관계들'(Beziehungen)이라고 불렀다. "x는 y의 학생이다"와 같은 관계문장에서 빈 자리의 하나를 고유명사를 통해 보충할 경우 관계표현은 개념표현이 된다(예를 들어 "x는 소크라테스의 제자이다"). 남은 빈 자리에 상응하는 보충을 통해 명제, 즉 진리값을 지닌 고유명사가 생긴다. 퍼스(Ch. S. Pierce)의 언급[22]에 따라, 개념들은 역시 한 자리의 관계들로, 문장들은 0자리의 관계들로 부를 수 있다.

「의미와 지시체」에서 프레게는 우선은 고유명사, 그 다음은 서술문장, 그리고 이어서 부문장에 대해 언어적 표시의 의미와 지시체에 관한 이론을 발전시킨다.[23]

프레게는 다음과 같이 논증한다. "a=b"와 같은 형식의 문장들에 관한 분석에서 어려움이 생긴다. 여기서 무엇이 서로 등치될 수 있는가? 등호의 왼쪽과 오른쪽의 표시인가? 그러나 표시들은 완전히 상이하다. 이런 형태의 문장들은 표시를 통해 특징지어진 대상들을 동일시해야 한다는 사실로부터 출발하는 것이 옳을 것 같다. 그렇다면 "a=b"는 a와 b가 동일한 대상의 상이한 명칭인 경우 "a=a"와 같은 뜻이 된다. 그럼에도 "아리스토텔레스는 니코마코스 윤리학의 저자와 동일인이다"라는 문장은 "아리스토텔레스는 아리스토텔레스와 동일하다"는 문장과 다른 것을 표현한다. 하나는 사소한 논리적 진리를, 다른 하나는 철학사의 사실을 진술하는 것으로 보인다. 따라서 두 문장 간의 차이는 표시 차원과도 지시체 차원과도 일치하지 않는 차원에 있어야 한다. 이것은, 표시를 통해 대상의 '소여방식'(Art des Gegebenseins)과 결합되는 의미의 차원이다.

'아리스토텔레스'라는 이름을 통해 우리에게 '니코마코스 윤리학의 저자'라는 표시를 통해서와는 다른 방식으로 동일인이 주어진다. 표시는 이름이고, 대상은 지시체이며, 의미는 이름을 통해 확정된 대상의 소여방식들이다. "고유명사는 그 의미를 표현하며, 그 지시체(특징지어진 대상)를 의미하거나 특징짓는다. 우리는 표시를 가지고 그 의미를 표현하고, 이것을 가지고 그 지시체를 특징짓는다."[24]

고유명사의 의미와 지시체에 관한 논의에 따라, 프레게는 무엇이 일반적으로 그 어떤 것이든 명제의 지시체일 수 있는가라는 물음으로 넘어간다. 명백한 후보는 문장을 통해 표현된 사상, 혹은 문장이 형식화한 사태이다. 그런데 프레게는 한 문장의 지시체란 지시 가능한 문장부분들의 지시체들의 함수여야 한다는 전제를 세운다. 그렇다면 한 문장의 지시체는 문장의 한 부분이 동일한 지시체를 갖는 상이한 표현에 의해 대체될 경우에도 달라지지 않는다는 것이 타당해야 한다. 그렇지만 대체된 문장부분이 지니는 의미상이성의 경우에서 사상(der Gedanke)은 변화한다.

이 점에서 사상들의 상이성과 동일성의 기준으로서, 프레게는 누군가가 특정한 경우 한 사상을 참으로, 다른 사상을 거짓으로 여길 수 있다는 생각을 활용한다. 이것은 이러한 경우들에서 배제되지 않는다. 우리가 "아리스토텔레스는 플라톤의 제자였다"라는 문장에서 아리스토텔레스의 이름을 "니코마코스 윤리학의 저자"로 대체할 경우, "니코마코스의 저자는 플라톤의 제자였다"는 문장을 얻는다. 그러면 예를 들어 니코마코스 윤리학의 저자를 모르는 누군가는 한 문장은 참으로, 다른 문장은 거짓으로 여길지도 모른다는 것이 충분히 가능하다.[25]

미국의 논리학자인 처치(A. Church)는 『수리논리학 입문』(Introduction to Mathematical Logic)[26]에서 한 사례로, "스코트는 '웨이벌리'의 저자다"라는 문장으로부터, 지시체는 같으나 의미가 상이한 표현들을 점차적으로 대체함으로써, "유타 주의 군은 29개이다"는 문장을 얻을 수 있음을 보여주었다. 그렇지만 이 문장들이 지닌 유일한 공통점은 둘 다 참이라는 사실이다. 일반적으로 (외연적 연관들에서) 한 문장은 외연과 함께(salva denotatione)한 대체를 통해 그 진리값이 변하지 않는다는 것은 타당하다. 그렇다면 한 문장의 지시체는 그런 대체에 반해서도 불변적인 것이다.

프레게는 한 문장의 부분표현들의 지시체는 (그것의 의미들과 달리) 우리가 그 문장이 참인지 거짓인지를 알고자 할 때——그러나 예를 들어 그 문장을 허구적 글의 부분으로서 파악할 경우에는 아니지만——비로소 관심의 대상이 된다는 것을 여러 번 언급한 후에, "그래서 우리는 한 문장의 진리값을 그 지시체로서 인정해야 할 것이다"라고 명확히 표현하였다.[27]

프레게는 이런 예기치 못한 전회에 대해 독자가 어떤 생경함을 가지리라고 예상한 것 같다. 그 생경함을 그는, '사태의 본성에 의해 이끌리어'(그가 이외에도 예를 들어 『대수학의 근본법칙』 제1권 22쪽에서 즐겨 말하듯이) 설득되도록 하기 위해, 독자의 편이 되어 완화하려고 하였다. 그렇다면 사상에 대해서 의미의 역할이 지속된다는 사실은, 역시 상이하나 의미적으로 동일한 표현들의 교체가 한 문장 안에서 그 사상을 변경할 수 없다는 근본법칙처럼 자명하다. 이에 따라 모든 참된 명제들은 동일한 지시체, 즉 참됨을 가지며, 모든 거짓 명제들도 마찬가지로 동일한 지시체, 즉 거짓됨을 갖는다. 참된 것과 거짓된 것은 「함수와 개념」에서 우리가 이미 알았듯이, 두 개의 대상들, 물론 함수가 아닌 모든 것은 대상이라는 그런 전문용어적 의미에서 대상들이다.

여기서 프레게의 존재론과 관련하여 그의 의미론에 대한 소견이 첨부되어야 하는데, 나는 『프레게의 논리에서 의미와 지시체』라는 틸의 저서 146~161쪽에서 그의 분석을 끌어오려 한다. 틸에 따르면 프레게는 칸트적 이성객관성에서 시작하여 로체(H. Lotze)에 의해 영향을 받은 가치의 객관성을 넘어 세 '범위'(Reiche)의 존재론(주관적-현실적, 객관적-현실적, 객관적-비현실적)으로 이행하였다. 존재계의 존재론적 세 구분은 「의미와 지시체」에서 이미 전제되었는데, 1893년에 『대수학의 근본법칙들』 제1권 서문(18~24쪽)에 주제적으로 표현되었고, 1918년의 「사상」(Der Gedanke)이란 후기 논문에서 역시 전면에 등장하였다. 틸에 의하면 프레게는 주관적임(Subjektives)——객관적-비현실적임(Objektiv-Nichtwirkliches)——객관적-현실적임(Objektiv-Wirkliches)이라는 존재론적인(ontologische) 구별과 표기-의미-지시체(Zeichen-Sinn-Bedeutung)라는 의미론적(semantische) 구별을 혼합하는 위험에서 결코 벗어나지 못했다. 때에 따라서 그는 지시체를, 그것도 그것만을 객관적인 영역에, 의미를 주관적인 영역에 넣게 된다. 그래서 "모든 판단에서……이미 사상의 단계에서 지시체(객관적인 것)의 단계로의 진행이 이미 발생하였다"[28]는 주목할 만한 진술이 이해된다.

그렇지만 주관적인 것으로서 표상은 스스로 표현의 지시체일 수 있는데, 그것은 우리가 우리의 표상들에 대해 말할 수 있기 때문이다.[29] 그리고 사상들은 단지 그 자체로 객관적이다. "나는 사상을 사고의 주관적인 활동이 아니라, 다수들의 공통적인 소유물일 수 있는 객관적 내용으로 이해한다."[30] 의미는 고유명사에서 명칭이 특징짓는 바로 그 대상은 아니지만, 역시 하나의 대상이며 더욱이 객관적-비현실적인 것이다.

프레게는 다음의 연합관념에 희생된 것처럼 보인다. 한 표현의 지시체는 정상적인 경우에 대상이다(우리는 이것이 개념어들에 대해 타당하지 않다는 것을 보게 될 것이다!). 대상들은 정상적으로 객관적이며, 프레게에 의해 논의되는 사례들에서조차 대개는 객관적-현실적이다. '고려의 대상'(Gegenstand des Nachdenkens)은 일반적으로 명제들의 지시체이며, 또는 이 명제들에서 등장하는 고유명사인데, 그런 명제들 안에서 우리는 고려의 결과들을 말하게 되는 것이다. 따라서 대상들을 지시체로서, 지시체들을 대상들로서 간주하는 것은 명백하다. 그렇지만 이것은, 바로 존재론적 특성들(ontonlogische Charaktere)이 대상들 자체에 속하는 속성이기 때문에, 매우 전도된 것인지도 모른다. 이와 달리 표시, 의미와 지시체는 역할특성(Rollencharaktere)이다. 어떤 것은 특정한 표시에 의해 지시된 것으로서만 그 지시체이고, 한 표시에 의해 표현된 것으로서만 그 의미이다. 역시 참으로 형태소와 음소는, 의미와 지시체에 대해 표시들이 받아들였던 의미론적인 관계에 근거해서만 표시들인 것처럼 말이다.

프레게에 따르면 "의미와 지시체가 결여된 경우에는 실제로 표시도 정의도 언급될 수 없다."[31] 그의 존재적 영역확정에서 어떤 것도 빠져나갈 수 없으나, 그 의미적 역할은 교환될 수 있다. 어차피 사상들은 의미로서 작용하든 혹은 부적당한 언술에서처럼 지시체로서 작용하든 간에 객관적-비현실적으로 머물러 있다. 표상들은, 우리가 그것에 대해 언급할 수 있기 위해 표시의 지시체로 만들 수 있더라도, 주관적-현실적인 것으로 머물러 있다. 표시들은 객관적-현실적인데, 그것들은 모든 종류의 대상들을 지시할 수 있다. 그것들은 역시 지시체로서 작용할 수 있다. 한 단어는 우리가 그것을 인용부호 안에 놓음으로써 표시 역할로부터 지시체 역할로 전위된다.

프레게가 "태양이 그렇지 않듯이 마찬가지로 진리값은 의미가 아니기 때문에, 사상의 부분이 아니라 대상이다"[32]라고 말한 경우에, 이와 유사한 혼동이 그에게 생겨난다. 의미와 대상 사이에는 어떤 배타적 관계가 결코 성립하지 않는다. 대상과 함수는 서로 대립해 있고 서로를 배제한다. 의미와 지시체(역할로서[als Rolle])는 표시의 의미가 동시에 바로 그 표시의 지시체가 아니라는 뜻에서 서로 배제한다. 진리값이 의미의 부분일 수 없다는 사실은 그 진리값이 대상이라는 것에서 추론되지 않는다. 그런 사실은 어쨌든 진리값이 자신의 특수한 본성에 근거해 의미의 부분일 수 없을 것이라는 점에서 이끌어질 수 있을 것이다. 태양은 합치 사례로서 부적합한데, 왜냐하면 그것이 객관적-현실적인 대상으로서 객관적-비현실적인 의미영역에 등장할 수 없기 때문이다. 그러나 진리값들은 역시 사상들처럼 객관적-비현실적이다. 따라서 불가양립성의 프레게 논제[33]를 근거지으려면, 태양에 대한 것과는 다른 논증이 필요하다.

존재론적 특성과 의미적 역할은 일치하지도 않고 서로 혼동되어서도 안 된다면, 특정한 존재적 대상의 특성들은 특정한 의미론적 역할들과는 사태적 근거에 의해서 모순적이라는 것 역시 타당하다. 모든 것이 표시의 지시체이지만, 객관적-현실적인 것(즉 감각적으로 지각될 수 있는 것)만이 표시역할을 떠맡을 수 있다. 사상과 소여방식들은 표시의 의미일 수 있는데, 바로 그 표시의 의미는 여기서 한 문장이 표현한 사상 또는 대상의 소여방식이 다루어져야 한다는 식으로 정의되기 때문이다.

언어적 표시의 의미와 지시체에 관한 프레게의 파악은, 흔히 자연스런 파악이라고 부르게 되는 것과 두 가지 점에서 갈등을 일으킨다. 첫째로 '카를', '마리아' 그리고 '라이프치히'와 같은 고유명사가 의미를 가지면서 지시체는 갖지 않는다는 것은 부자연스러워 보인다. 물론 '니코마코스 윤리학의 저자'와 '지구의 최고봉'과 같은 이른바 '특징지음'(Kennzeichnungen)은 의미를 갖는데, '저녁별'과 '새벽별'과 같은 고유명사에 대해서도 마찬가지다. 명제들에서 그것들이 의미를 지닌다는 것은 역시 명백하다. 여기서 특히 서술문장들의 지시체로서 대상, 즉 진리값을 인정해야 한다는 주장은 설득력이 없다.

투겐트하트(E. Tugendhats)는 이 마지막에 언급된 우려를 기꺼이 받아들인다.[34] 투겐트하트는 표현에 의해 특징지어진 대상으로서 '지시체'를 '중요성'(Relevanz), '유의미성'(Bedeutsamkeit)의 의미에서의 '지시체'로 대치하기를 원했다. 이를 위해 투겐트하트는 '진리 가능성'(Wahrheitspotential)이란 표현을 사용한다. 더욱이 이것은 의미 탐구들의 여러 곳에서 보인 프레게의 표현과는 다르지만, 그의 실제적인 이론과는 일치한다.

그는 자신의 견해에 대한 근거로서, 문장의 부분표현들의 지시체들보다 문장 전체와 그 지시체의 처리에 우선성을 부여하려는 프레게의 명백한 경향을 제시한다. 그는 또한 프레게가 「의미와 지시체」에서의 상론들을 보완한 유고에서 개념어의 지시체로서 개념을 도입한 것, 프레게의 확신에 따르면 대상일 수 없는 어떤 것을 도입하게 된 것을 증거로 가져온다.

부분표현들의 지시체들보다 문장 전체의 지시체에 대한 선호가 「의미와 지시체」 33쪽 이외에도 1906년의 『논리학 입문』[35]에서, 그리고 1902년에서 1904년 사이에 러셀에게 보낸 프레게의 여러 편지들에서 강조된다. 문장의 부분들이 지시체를 갖는다는 것은 그 문장이 전체로서 지시체를 마땅히 가져야 할 경우, 즉 진리값을 소유해야 할 경우에는 필연적이다. 문장 전체의 지시체는 부분지시체들의 함수이기 때문이다.

이에 상응해, 문장 전체의 의미는 사상인데, 이는 문장의 부분표현들이 갖는 의미의 함수이다. "만약 어떤 이름이 진리값의 이름의 부분이라면, 그 어떤 이름의 의미는 이 이름이 표현한 사상의 부분이다."[36] 고유명사들과 특징지음들의 객관성은 프레게에게서 매우 중요한데, 그것은 그럼으로써만 사상의 객관성이 정당화될 수 있기 때문이다.[37]

프레게에게서 부분표현의 지시체는 그것이 부분표현으로서 작용하는 문장 전체의 지시체, 즉 문장의 진리값을 위한 기여물이라고 쉽게 말할 수 있다. 이로부터 투겐트하트는 프레게에게 '지시체'는 바로 표현을 통해 특징지어진 대상이 아니라, '중요성', '유의미성'의 뜻에서 이해되어야 한다는 견해를 이끌어낸다. 독일어에서 후자의 표현들은 "계약의 의의(Bedeutung)는 무엇보다도 안보정치적 범위에 달려 있다"와 같은 유형의 문구에서처럼 완전히 일상적이다. 고유명사들과 특징지음들에서 지시체는 사실상 특징지어진 대상들과 일치하지만, 프레게가 개념어에서, 그것의 지시체는 대상이 아니라고 명백히 말하면서도, 계속해서 그 지시체에 관해 언급하기 때문에, 그는 지시체를 '특징지어진 대상' (bezeichneter Gegenstand)으로 이해할 수 없었다. 무엇보다도 프레게가 여러 곳에서 그렇게 비슷하게 말하면서도, '진리 가능성' 혹은 그것과 유사한 것에 대해 언급하지 않았던 점을 투겐트하트는 프레게에게 여전히 작용했던 전통적 논리학의 영향에 돌렸는데, 그 전통적 견해들은 프레게가 자신의 이론들로써 깨뜨리려고 했었던 것이다.

이에 대한 반론으로 첫째, 어떤 저자에 대해 그는 말한 것을 생각하지 않고, 실제로 생각한 것을 말하지 않는다는 식으로 간주해야 한다면 곤란할 것이다. 이 점은 프레게와 같이 언어적 세심함과 신중함을 갖는 저자에 대해서는 특별히 고려해야 할 것이다. 둘째, 프레게가 언어사용에서 여전히 사로잡혀 있다는 이른바 '전통적 견해'(traditionelle Auffassung)가 실제로 무엇인지가 증거로 제시되지 않았다.

셋째, 나아가 '지시체'가 프레게에게서도 '과학적인 유효성, 중요성' (wissenschaftliche Tragweite, Wichtigkeit)이란 뜻으로 여겨져야 한다는 것은, 프레게가 어떤 제한 없이 지시체(그 자체의 의미 안에서), 즉 참인 것의 진리값을 부여했던, "2+3=7−2"와 같은 간단한 문장들을 살펴본다면 설득력을 갖지 못한다. 프레게에 따르면 "x+3=7−x"의 함수는 2라는 증명에 대해서 합수값, '참임'(das Wahre)을, "2+3"의 표현의 지시체는 5라는 것에서처럼 바로 그렇게 포함한다.

넷째, 한 표현의 부분표현들의 지시체는 그 진리 가능성이라는 주장은 서술문장들의 부분으로 작용하는 표현들에 대해서만 의미적일 수 있다는 투겐트하트 견해의 폭넓은 가정이 문제시된다. 그렇다면 이와 같은 표현들은 개념들과 관계들을 표현하지 않는 함수표현들의 범위 안에서 어떤 매우 상이한 지시체 유형을 가져야 할 것이다. '스웨덴의 수도'는 한 대상을 특징짓는데, 그것은 스톡홀름이다. 투겐트하트의 견해에 따르면 이런 연관에서의 '스웨덴'과 '수도'의 부분표현들은 "스톡홀름은 스웨덴의 수도이다"라는 문장에서와는 상이한 유형의 지시체를 가져야 할지도 모른다. 어떤 경우에 '진리 가능성'에 관해 말할 수는 있겠지만, 다른 경우에는 '대상 가능성'(Gegenstadnspotential)과 같은 어떤 것을 말해야 할 것이다.

투겐트하트의 견해에 기초해서는 또한 왜 프레게가 「의미와 지시체」의 논구에서 개념어(술어, Prädikatoren)의 의미와 지시체에 관한 상술들을 옆으로 밀어놓았는지가 올바로 이해되지 않을 것이다. 물론 유고로서 출간되어 그 사이에 유명해진 『의미와 지시체에 관한 상술들』[38]에서와 같은 견해를 그가 「의미와 지시체」와 「함수와 개념」을 초고했던 1891년에 후설에게 보낸 편지[39]에서 전개하긴 했지만 말이다.

프레게 자신이 실제로 표시의 지시체와 그 특징지어진 대상과의 동일시를 문제 있는 것으로 보았다면, 정말로 대상일 수 없는 개념어의 지시체에 대해 바로 이런 파악의 부적합성을 명료화할 수 있었던 것이 아닌가? 「의미와 지시체」에서 개념어의 지시체에 관한 탐구가 빠져 있는 것은 그가 고유명사와 문장들에서 지시체 관계의 단순이론을 심하게 방해했을지 모를 그런 탐구의 대상인 개념어를 어려운 예외적 경우로서 여겼으리라는 사실을 통해 훨씬 더 잘 설명될 것으로 보인다.

어쨌든 의미론의 범위를 분쇄할 듯 위협하는, "… 는 인간이다", "… 는 소수이다"라는 개념어의 의미와 지시체에 관한 프레게의 논제는 다음과 같다. 프레게에 따르면 개념어의 지시체는 개념이지, 스스로 드러나듯이 개념의 외연, 즉 개념 아래 귀속되는 대상들의 집합은 아니다. 한 문장의 맥락 안에서 의미적으로는 상이하나 동일한 것을 지시하는 고유명사로 다른 고유명사를 대체하는 것은 문장의 진리값을 변하게 할 수 없다. 이에 상응해 한 개념어의 다른 개념어에 의한 대체는, 두 개념어들을 통해 특징지어진 개념들이 동일한 외연을 갖는다면, 의미적으로 상이하나 진리값을 보전한다. 개념외연들은 대상들이다. 이에 반해 개념어들의 지시체에서 어떤 것은 개념어와 함수표현들의 비충족성과 일치한다.

프레게가 개념외연을 개념어의 지시체로 인정하지 않으려 한 두번째 근거는 빈 개념들을 고려하려는 바람에 있다. 개념의 외연이 비어 있을 때, 그 개념외연이 개념어라면 그 개념어는 지시체를 결여한다. 그러나 빈 고유명사(leere Eigennamen)는 학문에서 사용될 수 없으며 사용되어서도 안 되지만, 빈 개념들(leere Begriffe)은 어떤 상황에서든 학문에 중요하며 정당하게 사용될 수 있다. 예를 들어 학문적 논의에서 중력 파장들이 있는지, 정신적 외상의 체험을 통해 전적으로 야기된 정신분열증의 사례들이 있는지에 대해 논쟁될 수 있다. 가정과 반정립을 공식화하기 위해 개념어들을 사용해야 하는데, 이들과 관련해서는 그 개념외연이 비어 있는지 그렇지 않은지가 여전히 결정될 수 없는 것이다.[40]

프레게가 제시한 두 근거는 내게는 유효한 것으로 보이지 않는다. 함수표현들의 비충족성, 그리고 더불어 함수표현들의 특수한 경우인 개념어들의 비충족성은 표현과 의미의 차원에서 지시체 차원으로 이행되어야 한다는 것은 명증적이지 않다. 두번째 점에 관해서 공집합도 여전히 하나의 집합이고 그와 함께 하나의 개념외연이다. 그러므로 빈 개념도 지시체, 즉 공집합을 가질 것이다. 개념 F′에는 그것에 속하는 대상들이 있다고 확정하는 것이 학문적인 의미를 지니듯이, 개념 F의 지시체는 공집합이라고 확정하는 것도 학문적으로 중요할 수 있다.

이렇게 어떤 원칙적인 근거들도 표시-의미-지시체의 도식의 동질화에 대해 반대하지 않는 것으로 보이는데, 그래서 개념어의 의미는 '내포'(Intension)이며, 개념어의 지시체는 개념의 '외연'(Extension)인 것이다. 동일한 개념외연이 부가하게 될 두 개념어 F와 F′는 곧바로 지시체 동일적이다. 개념 F에 포섭되는 대상이 개념 F′에는 포섭되지 않는다고 믿는 것이 가능하지 않을 경우에, 그들은 의미동일적이다(문장들의 의미동일성에 대해서 동등하다).

투겐트하르트는 고유명사의 의미와 지시체를 개념어의 의미와 지시체에 근접시키기를 원하는 반면에, 나는 (물론 이것이 프레게의 실제적인 견해라는 추가적인 주장을 포함하는 것은 아니지만) 개념어의 취급을 고유명사와 특징지음에다 맞출 것을 주장한다. 어쨌든 일관된 해석에 이르기 위해 우리가 상이한 해석들 사이에서 선택을 결정해야 한다는 사실은, 프레게의 의미론이 내적 긴장으로 가득차 있다는 것을 보여준다.

대수학의 근본법칙과 후기의 저서들

프레게는 자신의 필생의 과제로서 여기며 이미 1884년에 예고했던 연구의 첫째 부분을 1893년 『대수학의 근본법칙』(*Grundgesetze der Arithmetik*)의 제1권(자비로 출판해야 했다)에서 제시하였다. 그것은 순수논리적 공리들로부터 대수학의 근본적인 명제들의 추론, 개념표기적으로 형식화된 비약 없는 추론이다. 『근본법칙』의 첫 권의 서문은 프레게 전집에서 가장 중요하고도 압축적인 글들 중의 하나이다.

논리주의적 프로그램의 설명과 『개념표기법』 이후 프레게 의미론의 발전적 전개에 대한 보고에 따르면, 그 서문은 논리학의 심리학주의적 오해에 대한 간략하고도 결정적인 논박을 포함하고 있는데, 오늘날도 여전히 반심리학주의 획기적인 원전으로서 여겨지는, 1900년 후설의 『순수논리학 서설』(*Prolegomena zu einer reinen Logik*)[41]에 7년 앞선다.

『개념표기법』에 제시되었던 논리학의 공리체계와 달리, 단지 프레게는 역시 6개의 공리들과, 개념표기의 분리규칙 대신 증명을 현저히 축소시키는 다수의 추론규칙을 사용하였다. 모든 개념 각각은 대상들의 집합을 명백하게 규정한다는 공리 V는, 이에 대해서 그 순수논리적인 본성뿐만 아니라, 아마도 그 명증성과 진리성조차 의심받을 수 있다는 것을 프레게가 인정한 유일한 공리이다.

여기서 내가 보기로는, 단지 가치변화의 근본법칙(V)을 둘러싼 논쟁이 발발할 수 있는데, 그것에 대해서는 어떤 논리학자들에 의해서도 아마도 아직까지 특별히 언급되지 않았다. 물론 개념외연들에 대해 말하는 경우처럼, 사람들이 이에 관해 생각은 하고 있지만 말이다. 나는 그것을 순수논리적인 것으로 여긴다. 어쨌든 이 점과 함께 결정을 내려야 하는 그런 자리가 지시되었다.[42]

프레게는 이런 의견을 당당하게 개진했던 것 같다.

이 저서가 회의주의자를 설득하고 자신의 견해를 관철하는 데 도움을 줄 것이라는 프레게의 희망에 반해서, 그 결과는 『개념표기법』과 『대수학의 원리들』에서보다 더욱 빈약하였다. 『개념표기법』이 3명의, 『대수학의 원리들』이 6명의 서평자들을 가졌다면, 『근본법칙』의 첫번째 권에 대해서는 겨우 2개의 서평만이 출간되었다. 그 두 서평도 외국에서 출간되었다. 게다가 그 가운데 하나는 페아노(Feder von Giuseppe Peano)인데, 그는 튜린(Turin, 1858~1932) 학파의 창시자이며, 수리논리에서 선도적인 이탈리아의 대표자이다. 그 서평을 통해 페아노는 프레게와 토론에 이르게 되는 학문적인 교류를 갖게 되고, 그 결과물은 양측에서 출간되었다.

자신의 고유한 기호언어는 보다 적은 기초기호들로 운영될 수 있기 때문에 프레게보다 더 깊은 분석에 근거한다는 페아노의 주장은 기초기호의 갯수의 축소와 분석의 깊이 사이에 명백한 관련이 논리언어에 존속하지 않는다는 확신에 찬 설명으로, 그리고 페아노가 사실상 자신보다 더 많은 기호를 사용한다는 증명으로 프레게에 의해 반박되었다. 그러나 페아노를 통한 그의 업적의 인정은 프레게에게 부여된 최초의 비중 있는 국제적인 반향이었다. 이것은, 러셀이 페아노의 저서들을 강독함으로써 프레게에게 주목하게 되었기 때문에 매우 중요한 일이었다.

프레게는 계속해서 저작에 몰두하였다. 두번째 권에서 그는 특히 자신이 '형식주의자'(Formalisten)라고 불렀던 수학자들(그 중에는 그의 직장동료인 토매[Thomae]도 있다)과 논쟁하고자 했는데, 이들에게 대수학은 내용 없는 기호나 숫자 등을 가지고 특정한 규칙에 따라 진행되는 게임일 뿐이라는 것이다. 심리학주의에 대항해 프레게는 1895년에 후설의 『대수철학』(*Philosophie der Arithmetik*)을 새롭게 서평하면서, 어조는 예의바르나 내용에서 혹독하게 비판하는 입장을 취했다.

페아노에 대해서는 1896년에 『페아노 씨와 나 자신의 개념표기에 대

프레게가 후설에게 보낸 편지.
여기서 프레게는 표현의 의미와 지시체에 대한 구분을 언급하고 있다.

해』(*Über die Begriffsschrift des Herrn Peano und meine eigene*)라
는 글에서 자신의 고유한 논리적인 단초의 가치와 독특함을 다시 한 번
분명하게 밝혔다. 1899년에는, 국제적 학술사업의 일환으로 수학학문의
백과사전에 『대수학의 원리들』에 대한 개론적인 기고를 요청받았던 슈

베르트(H. Schubert)에게 논쟁적인 풍자를 가했다. 그가 어렵지 않게 제시했듯이, 그런 임무는 슈베르트의 능력과 지식에 과분한 것이었다.

근본법칙의 두번째 권의 인쇄가 거의 다 진행되었을 때, 프레게가 자신의 V공리에 대해 보여주었던 불만이 얼마나 정당했는지가 드러났다. 1920년 6월 16일, 그 당시 30세이던 러셀이 프레게에게 편지를 썼다. 러셀의 통지에 따르면 프레게와는 별도로 자신이 수학과 논리학의 철학의 본질적인 점들에서 그가 이미 1879년과 1884년에 제시하였던 것과 동일한 결론들에 도달하였다는 것이다.

그는 『수학의 원리』(*The Principles of Mathematics*)라는 자신의 저서에서 프레게 이론에 관한 상세한 평가를 계획했다. 동시에 러셀은 자신이 발견했고 오늘날 그에 따라 명명된, 스스로를 포함하지 않는 모든 집합들의 집합이 지닌 모순——이 집합은 자신에게 스스로 포함되지 않을 경우에도 자신을 포함하며, 그 역도 마찬가지다——역시 프레게의 근본법칙들의 논리적 체계에서 이끌어 냈다는 사실(예를 들어 칸토어〔Cantor〕와 데데킨트〔Dedekind〕의 체계들에서처럼)을 프레게에게 알려주었다. 프레게는 즉시 1902년 6월 22일에 답장을 했다.

모순에 관한 당신의 발견은 최고로 나를 놀라게 하였고 심지어 나는 당황하지 않을 수 없었다고 말하고 싶은데, 그것은 이로써 대수학이 세워지게 되는 토대가 동요되기 때문이다. 이에 따르면 마치……내 법칙 V는 거짓인 것처럼 보인다……. 나는 계속해서 이 사태에 대해 더욱 숙고해야 한다. 내 법칙 V의 탈락과 함께 내 대수학의 근거뿐만 아니라, 대수학 일반의 유일한 가능한 근거들이 침몰해 보이는 것 이상으로 사태는 더욱 심각하다. ……어쨌든 당신의 발견은 매우 주목할 만하며 아마도 논리학에서 위대한 진전을 가져올지도 모르는데, 그만큼 그것은 첫눈에는 예기치 못한 것으로 나타난다.

『근본법칙』의 두번째 권에서 프레게는 성급히 집필된 후기를 덧붙임으로써 공리 V의 취약성으로 인해 자신의 구조물의 토대에 생긴 오류를 수정하려고 시도했다. 이 시도는 헛된 것이었다. 두 개의 대상들이 적어도 있다는 전제와 함께, 새로운 공리도 역시 이율배반에 빠진다. 그런데 이런 전제 없이는 무한히 많은 자연수가 있다는 사실을 필연적으로 증명하는 것이 결코 충분하지 않다.

그의 체계가 모순에서 자유롭지 않고 동시에 연역을 위한 목적으로 가치가 없었다는 발견의 충격에서 프레게는 더 이상 회복될 것처럼 보이지 않았다. 대수학의 원리들에 대해서 그는 1930년 이후로 더 이상 아무것도 출판하지 않았다. 1908년과 1918년 사이에는 프레게에 의해 집필된 어떤 텍스트도 나타나지 않았다. 케임브리지의 수학자 학술대회에서 강연을 해달라는 러셀의 초대에 응할 수 없다고("나는 벗어버리기 어려운 불편함을 느낀다") 통보하는 1912년 러셀에게 보낸 프레게의 편지는 매우 침울한 상태에서 쓰인 것처럼 들린다.

생애의 말년에 프레게는 논리주의적 프로그램이 일반적으로 오류였고, 대수학은 논리학에서가 아니라 선천적인 공간직관 위에서 근거지어져야 된다고 생각했다. 프레게에게 부족했던 국제적인 인정을 보여주려 한 러셀의 편지가 동시에 그에 의해 제시된 근본토대들이 생산적이지 않았다는 보고를 포함했다는 사실은 단지 비극적 흔적을 남긴 것 이상이었다.

이런 상황에도 프레게는 대가임을 보여주었다. 러셀은 분명하게 그것을 느꼈고 생애의 끝에 탁월하게 표현하였다.

내가 고결함과 품위의 예들에 대해 생각한다면, 분명히 나는 프레게의 확실한 진리 사랑과 비교될 수 있는 어떤 것도 알지 못한다. 그의 필생의 역작은 완성 앞에 놓여 있었다. 그의 작업의 대부분은 그에게 크게 패배하였던 자들에게 유리하게끔 주목받지 못한 채 머물러 있었다. 그의 주요 작품의 제2권이 곧바로 출판되었다. 그는 자신의 전제들이 잘못되었다는 것을 확인했을 때, 기꺼이 그에 대해 대응하였고, 그러면서 개인적인 실망의 모든 흔적을 분명하게 억눌렀다. 그것은 거의 초인적인 것이며, 사람은 조악한 관심이 아니라 창조적인 작업과 인식이 문제시될 경우 이를 관철하고 명성을 떨칠 수 있다는 것에 대한 중요한 암시였다.[43]

말년에 프레게는 다시 한 번 세 개로 엮은 논문 모음집을 출판하였는데, 『사상, 부정 그리고 사상조직』(*Der Gedanke, die Verneinung und Gedankengefüge*)이 그것이다. 이 논문들에서 그는 기초적 명제논리의 철학적·의미적인 근거지음에 관한 비형식적 설명을 제시하였다. 여기서 특히 표상들의 주관성과 구별되게 사상의 객관성의 학설을 명료하게 만들어냈다. 여기서 아직도 프레게가 한 자리의 기초적 술어논리를 제시하지 않았던 것은, 대수학의 논리적인 전제들에 관련해서 그를 사로잡았던 불확실함과 연관되어 있을지도 모른다.

영향

프레게가 일생 동안 자신에게 걸맞는 주목과 인정을 결코 받지 못했다는 사실은 이미 언급되었다. 러셀에 따르면 그 자신이 1901년에서야 1879년의 『개념표기법』을 읽은 최초의 독자라는 것이다. 우리가 알고 있듯이 말 그대로 그렇지는 않지만, 물론 러셀이 이 저서의 완전한 의미를 파악했던 최초의 독자라는 의미에서는 맞다. 프레게의 이론들을 널리 알린 사람 역시 그였다.

1903년 『수학의 원리』에서 「프레게의 논리적 수학적 공리들」이라는 부록을 통해서(거기서 물론 그는 많은 오해들에 빠져버렸다), 그리고 화이트헤드와 함께 집필한 『수학원리』(*Principica Mathematica*)의 첫번째 권 서문에서("논리적 분석의 모든 물음들에서 우리는 무엇보다도 프레게에게 빛을 지고 있다") 그는 프레게를 알렸다. 1911년 이후 여러 차례에 걸쳐 프레게를 방문하였던 비트겐슈타인은 자신의 『논리-철학 논고』(*Tractatus Logico-Philosophicus*, 1922)의 서문에서 쓰고 있다. "나는 프레게의 위대한 작품들과 내 친구인 러셀 씨의 업적에서 많은 부분 내 사상에 대한 자극을 받았다는 것만을 꼭 말하려 한다."

후설은 우리 세기의 세번째로 중요한 철학자인데, 그에게도 프레게는 공공연하게 영향력을 행사하였다. 이미 언급된 1895년의 서평이, 흔히 말하듯이, 심리학주의적 수면에서 후설을 일깨웠다. 그 다음 책인 1900년의 『순수논리학에 관한 서설』에서 후설은 논리학의 심리학주의적 파악에 결정적인 반대자로서 등장하였다. 비트겐슈타인이나 러셀과 달리 후설은 비록 쓴 약이지만 명백히 프레게로부터 얻었던 충격을 후일 결코 어떤 경우에도 공개적으로 인정하지 않았다. 후설과 프레게 사이에 오고갔던 서신[44)]을 읽었던 사람이라면 1936년 2월 19일에 숄츠(H. Scholz)에게 보낸 후설의 편지를 읽을 경우에, 심리학적 수수께끼 앞에 서게 된다.

나는 프레게를 개인적으로 알지 못했고 교류의 동기에 대해 더 이상 기억하지 못한다. 그 당시 그는 예리하지만 수학자로서도 철학자로서도 생산적이지 못한 기인이라 여겨졌다.

프레게가 특별히 영향을 행사하였던 20세기의 네번째 철학자는 카르나프이다. 카르나프는 예나에서 제1차 세계대전 전에 프레게의 강의를 (그를 제외하면 단지 두 명의 청강자와 함께) 들었다. 그 자신의 진술에 따르면, 그는 후일에서야 비로소 수학과 논리학의 철학에 대해 갖는 프레게 이론의 완전한 가치를 분명히 알게 되었다. 카르나프는 특별히 프레게에 의해 만들어진 논리적 의미론의 기초들을 계속 발전시키려고 시도했다. 독일에서 특히 뮌스터의 숄츠와 그의 제자 그룹이 논리적 수리적 기초연구를 위한 연구소에서 프레게의 저서의 출판과 그의 견해에 관한 지식확장에 노력하고 있다. 숄츠는 3권으로 된 저서 발간을 계획하였고 이런 목적으로 30년대에 학문적인 유고와 서신을 수집하였다. 수집된 기록 목록들의 대부분이 제2차 세계대전의 영향으로 사라지고 이 계획은 실현되지 못했다.

1950년 영국에서 오스틴(J. L. Austin)에 의해 2개 국어로 편집된『대수학의 근거들』과 기치(P. Geach)와 블랙(M. Black)에 의해 감수된 영어 발췌본을 통해 비로소 초기 영국의 분석철학에서 프레게의 저서들과 이론들에 대한 폭넓은 논쟁이 시작되는데, 이것은 프레게에 관한 출간이 처음에는 점차적으로, 후에는 폭발적으로 증가했다는 점에서 읽을 수 있다.

기수의 개념을 논리적 개념들로 소급하려 했던 프레게의 업적은, 순수(reinen)논리학으로부터 대수학의 공리들을 추론할 가능성이 좌절되었음에도 잃어버릴 수 없는 유산으로 인정되어야 한다. 대수학과 수학 일반의 근거들에 관한 메타 수학적 논의는 그 사이에 두드러지게 세련되어졌고 정교해졌다. 대수학을 논리학으로 환원할 수 있는가라는 물음은 인기를 잃게 되었는데, 논리학의 도입영역이 어디서 멈추고 대수학이 어디서 시작하는지를 말하는 것이 물론 어렵기 때문이다. 이에 대해 이제까지 일반적으로 수용된 대답은 없다.

프레게의 체계는 집합론의 추론가능성을 칸토어와 데데킨트의 체계와 공유하는데, 그 단순한 집합론의 모순은, 유력한 통찰에 따르면, 실제로 해결될 수 없다는 것이다. 오히려 대수학의 기초 연구자들은 그 목적을 위해 일반적으로 모순들의 등장을 회피할 수 있는 상이한 방법들을 제공하려고 시도하였다. 수학적 개념형성과 이론들의 형성에서 이율배반의 출현이 정확히 어디에 근거하는지를 이해하게 해줄 분석은 그 동안에도 여전히 제시되지 않고 있다.

60년대 이후로 독일에서 다시금 주목받게 된 프레게의 주된 영향은 무엇보다도 그가 철학에서 명료한 언술방식의 기초를 납득할 만하게 설정했다는 점, 동시에 그의 저작을 연구하는 과정에서 위축되지 않았으며 그의 논증에서 신선함, 예리함과 편견 없음에 깊은 인상을 받았던 이들에게, 철학에서 구속력 없는 견해들을 넘어서고 칸트에 의해 맹세된 '학문의 왕도'(Heerstraße der Wissenschaft)에 적어도 접근하게 하는 과업을 가능하게 보이도록 도와줄 개념적 수단들을 또한 제공했다는 점에 있을 것이다.

| 귄터 파치히 · 김희봉 옮김 |

귄터 파치히(Günther Patzig)

1926년 출생. 1946~1950년 괴팅겐과 함부르크에서 문헌학과 철학을 공부했다. 1951년 괴팅겐에서 박사학위를 받았고 1952년에 함부르크에서 국가시험에 합격했다. 1951~1952년에 유네스코 장학생으로 실론과 인도에 유학했고 1953년 괴팅겐 대학에서 철학과 조교로, 1958년 시간강사로 있었다. 1960년에 함부르크에서 철학과 원외교수로 있었고 1962년에는 정교수가 되었다. 1963년 이후로 괴팅겐 대학 철학과 정교수와 과장, 학술 아카데미의 회원으로 있다. 저술 : *Die aristotelische Syllogistik*(1951, ³1969, 영어로 1968, 루마니아어로 1971), *Sprache und Logik*(1970, ²1980, 이탈리아어로 1973), *Ethik ohne Metaphysik*(1971, 스페인어로 1976), *Tatsachen, Normen, Sätze*(1980), *Aristoteles' Metaphysik*, 번역과 설명을 단 본문(Frede와 공동), 2권(1988). 논문 : "Theologie und Ontologie in der Metaphysik des Aristoteles"(1960), "Satz und Tatsache"(1964), "Die logischen Formen praktischer Sätze in Kants Ethik"(1966), "Platons Ideenlehre, kritisch betrachter"(1970), "Erkären und Verstehen"(1973). 프레게(1962, ⁵1980, 그리고 1966, ²1976), 카르나프(1966, ²1971), 쾨니히(1978). 전집에 다수의 글들이 있다.

김희봉

연세대학교 철학과에서 학사와 석사학위를, 독일 부퍼탈 대학에서 박사학위를 받았다. 지금은 그리스도대학교 교양실용학부 교수로 있다. 저서로는 『철학적 시원과 의지적 행위로서의 현상학적 환원』 『현대문화와 환각』이 있고, 역서로는 『당신은 어떤 세계에 살고 있는가?』가 있다. 논문으로는 「이성개념과 선험적 가상의 문제」 「후설의 생활세계 개념에 대한 비판적 고찰」 「기억과 상상에 관한 현상학적 고찰」 「현상학적 미학의 특성과 의미」 등이 있다.

주

1) 수학과 논리학의 긴밀한 관계는 이미 로체(Lotze)에게서 주목되었으나, 프레게, 페아노(Peano), 슈뢰더(Schröder), 쿠튀라(Couturat) 등의 연구를 거쳐 특히 카르나프, 러셀 등에 이르러 수학적 논리학이 논리학에서 유력한 새 경향을 형성하게 된다. 이 논리학은 논리영역에 수학의 계산방식을 적용하여 논리계산을 일반화한 것이다. 숄츠(Scholz)는 논리계산을 형식논리학의 참된 발전으로 평가하였다(옮긴이).
2) 수학의 원리논쟁에서 두 개의 논제를 지지하는 입장으로, 그 논제란 첫째로 모든 수학적 개념들은 명시적 정의를 통해 논리적 개념으로 소급될 수 있다는 것이고, 둘째로 수학은 자신의 명제들을 공리로부터 논리적 추론의 도움으로 얻을 수 있다는 것이다. 이 입장에는 프레게, 러셀, 콰인 등이 속한다(옮긴이).
3) 슬루가(H. D. Sluga), 쉬른(Schirn) 제1권 27~47쪽, 특히 37~39쪽 참조.
4) 1935년 뮌스터 대학의 논리와 수학적 근거연구를 위한 학과에 알프레드 프레게가 양도한 학술적 유고가 1945년 그곳 대학 도서관에 가해진 공습으로 불타버렸다. 단지 필사본과 복사본으로 원고의 일부만이 보존되었다.
5) 심리학주의는 밀(J. S. Mill)에 의해 지지되었는데, 이 입장은 심리주의의 특수한 형태로 특히 논리적 법칙을 심리적 법칙과 동일시한다. 따라서 모든 이념적 대상들을 단지 의식 안에서 이루어진 심리적 작용들의 결과로 보려 하였다. 이 입장은 특별히 프레게와 후설에 의해 강력하게 비판되었다(옮긴이).
6) 프레게, 『대수학의 근본법칙』(*Grundgesetze der Arithmetik*), 1권 XXV쪽.
7) 분석론은 논리학의 가장 본질적 사상을 포함하고 있는 글이다. 아리스토텔레스의 논리학은 인간의 사고와 언어를 분석한다. 그는 정신이 일정한 구조와 여러 요소와 기능들로 이루어졌다는 사실을 밝혀냈으며, 그 요소로 오늘날에도 논리학의 주요 장을 이루고 있는 개념, 판단 및 추리를 제시했다(옮긴이).
8) 프레게, 『대수학의 근본법칙』(*Grundgesetze der Arithmetik*), 제1권, 9쪽.
9) 현대 논리학의 한 부분을 이루는 논리, 즉 명제결합논리로서 명제들과 문장들의 결합과 변형의 체계로 이루어진다. 이와 구별되는 주술논리가 있다(옮긴이).
10) logischen Regeln은 구체적 사례들을 다루는 데 사용되는 추론 규칙들을 말하는 것 같고, logischen Gesetzen은 논리학의 원리를 구성하는 '모순율', '배중률' 등과 같은 법칙이라 생각된다(옮긴이).
11) 인간은 추론을 할 때 임의적으로 하는 것이 아니라 어떤 규칙에 따라 한다. 전

건긍정식 "p이면 q이다. 그런데 p이다. 그러므로 q이다"는 다음과 같이 나타 낼 수 있다.

$p \supset q$

p

$\therefore q$ (옮긴이).

12) 루카치비치(Łukasiewicz)의 증명, 1936.

13) 프레게, 『대수학의 근본법칙들』, 제1권 1쪽.

14) 프레게, 『원리들』, 7쪽.

15) 같은 책, 65쪽.

16) 틸(Thiel)의 모범적인 설명(1972)을 참조.

17) 프레게, 『원리들』, 89쪽.

18) 같은 책, 99쪽.

19) 같은 책, 117쪽.

20) 프레게, NB I, 173쪽, NB II, 116쪽 참조.

21) 프레게, 「함수와 개념」, 18쪽.

22) C. Pierce, *Collected Papers*, 제3권, 1974, 294쪽 §465.

23) 프레게는 개념어들(Begriffswörtern)의 의미와 지시체에 관한 자신의 견해를 공개하지 않았고, 그 개념어들은 유고와 편지들에서 발췌될 수 있다.

24) 프레게, 「의미와 지시체」, 31쪽.

25) 프레게, 「의미와 지시체」, 32쪽, NB I, 213쪽 이하와 153쪽, NB II, 105쪽과 235쪽 참조.

26) A. Church, *Introduction to Mathematical Logic*, 제1권, 1956, 24쪽 이하.

27) 프레게, 「의미와 지시체」, 34쪽, NB II, 235쪽과 247쪽 참조.

28) 프레게, 「의미와 지시체」, 34쪽.

29) 프레게, 「사상」, 73쪽 참조.

30) 프레게, 「의미와 지시체」, 32쪽 각주.

31) 프레게, 「함수와 개념」, 4쪽 각주.

32) 프레게, 「의미와 지시체」, 35쪽.

33) 불가양립성의 논제란 두 명제 중 한 명제가 다른 명제의 부정(Negation)을 (필요한 경우에는 이미 인정된 제3의 명제와 공접으로) 함의할 때, 그 두 명 제는 서로 대립한다는 것을 뜻한다. 예를 들어, 명제 "x는 짝수이다"와 명제 "x는 홀수이다"는 서로 양립할 수 없다(옮긴이).

34) E. Tugendhats, 「프레게에게서 '지시체'의 의미」(The meaning of "Be-deutung" in Frege), 『분석』(*Analysis*) 30(1970), 177~189쪽 ; dt. 「추신 1975」(Postscript 1975), 쉬른(Schirn), 제3권 51~69쪽.

35) 프레게, NB I, 210쪽 이하.

36) 프레게, 『대수학의 근본법칙』, 제1권 51쪽.

37) 프레게, 1914년 1월에 주르댕(Jourdain)에게 보낸 편지, NB II, 128쪽.

38) 프레게, NB I, 128~136쪽.

39) 프레게, NB II, 94~98쪽.

40) 프레게, NB I, 128~136쪽(의미와 지시체에 대한 설명들).

41) 이 글은 후설이 자신의 철학적 능력을 주목받게 만든 최초의 저술이다. 이 글은 이어 유명해진 『논리 연구』로 전개된다. 여기서 그는 프레게와 마찬가지로 이념적 대상들의 객관성을 심리학주의로부터 구출하는 데 주력하였다(옮긴이).

42) 프레게, 『대수학의 근본법칙』, 제1권 VII쪽.

43) 『프레게에서 괴델까지』(*From Frege to Gödel*), Heijemoort 편집, Cambridge Mass., 1967, 127쪽.

44) 프레게, NB II, 91~107쪽.

참고문헌

원전

●*Begriffsschrift, eine der arithmetischen nachgebildete Formelsprache des reinen Denkens*, Halle a. 1897쪽(재판 : Angelelli, I.[Hrsg.] : *Begriffsschrift und andere Aufsätze*, Darmstadt 1964).

● *Die Grundlagen der Arithmetik. Eine logisch-mathematische Untersuchung über den Begriff der Zahl*, Breslau 1884(재판 : Breslau 1934, Darmstadt u. Hildesheim 1961).

●*Grundgesetze der Arithmetik*, begriffsschriftlich abgeleitet, 제1권은 Jena 1893, 제2권은 Jena 1903(Darmstadt와 Hildesheim에서 재인쇄).

●Angelelli, I.(Hrsg.) : *Kleine Schriften*, Darmstadt/Hildesheim 1967(앞서 언급된 책들을 제외한 프레게 출간물 전체를 포함).

●Hermes, H., Kambartel, F., Kaulbach, F.(Hrsg.) : *G. Frege, Nachgelassene Schriften*, Hamburg 1969(제2차 세계대전 이후 프레게의 학문적 유고 안에 보존된 저서들의 본문을 포함)＝NB I.

●Gabriel, G., Hermes, H., Kambartel, F., Thiel, Ch., Veraart, A.(Hrsg.) : *G. Frege, Wissenschaftlicher Briefwechsel*, Hamburg 1976＝NB II.

●위에 언급된 출간물들 안에 전체적으로 보전된 프레게의 작품이 완전하게 제시되어 있다.

〈개별적 본문의 발췌를 제공하는 글〉

●Patzig, G.(Hrsg.) : *G. Frege : Funktion, Begriff, Bedeutung. Fünf logische Studien*, Göttingen(1962), ⁶1983(의미론에 관한 프레게의 주요 글을 포함).

●_____(Hrsg.) : *G. Frege : Logische Untersuchungen*, Göttingen(1966), ²1976(특히 세 개의 후기 글을 포함하고 있다. "Der Gedanke", "Die Verneinung", "Gedankengefüge").

●Gabriel, G.(Hrsg.) : *G. Frege : Schriften Logik und Sprachphilosophie aus dem Nachlaß*, Hamburg 1971(*Nachgelassene Schriften*에서 발췌된 본문을 포함).

●Kreiser, L.(Hrsg.) : *G. Frege : Schriften zur Logik aus dem Nachlaß*, Berlin(Ost) 1973(바로 위의 책보다 더 포괄적인 발췌문을 싣고 있음).

●프레게의 저술들은 부분적으로 번역이 되어 있다. 거의 모든 중요한 저술들은 영어로, 그 중 두드러진 부분은 이탈리아어와 스페인어로, 몇몇은 프랑스어로 번역되었다.

2차 문헌

논문모음집

●Haaparanta, L., Hintikka, J.(Hrsg.) : *Frege Synthesized. Essays on the Philosophical and Foundational Work of Gottlob Frege*, Dordrecht/Boston/Lancaster/Tokyo, D. Riedel, 1986(13개의 기고문을 싣고 있음).

●Klemke, E. D.(Hrsg.) : *Essays on Frege*, Urbana, Chicago, und London, University of Illinois, 1968(1945년에서 1964년까지 영어로 쓰여진 26개의 중요한 논문들, 이 책을 위해 처음 쓰여진 2개의 에세이, 그리고 러셀, 안스콤[Anscombe], 기치[Geach]의 저술들에서의 발췌문들과 프레게의 세 논문의 영어 번역 「사상」,「부정」과 「사상체계」를 포함한다).

●Schirn, M.(Hrsg.) : *Studien zu Frege* I~III, Stuttgart-Bad Connstatt 1976(이 세 권은 프레게의 논리학과 수리철학[제1권], 논리학과 언어철학[제2권] 그리고 논리학과 의미론[제3권]에 대해 독일어와 영어로 된 36개의 글들을 포함한다).

●Thiel, Ch.(Hrsg.) : *Frege und die moderne Grundlagenforschung*. 1973년 12월에 바트 홈부르크에서 열렸던 심포지엄, Meisenheim am Glan 1975(이 심포지엄에 기고된 12개 글들을 포함).

●Wright, C.(Hrsg.) : *Tradition and Influence*, Oxford, Blackwell, 1984(14개의 기고문을 포함).

●Gabriel, 187~218쪽과 Schirn, 157~197쪽의 논문모음집은 포괄적인 참고문헌을 담고 있다(1975년까지의 저술들과 2차 문헌으로 493개의 글들을 소개하는 후자의 참고문헌은 내용과 그 범위에서 탁월하다).

그 외에도 Bynum, T. W.(Hrsg.) : *Gottlob Frege, Conceptual Notation and related articles*, Oxford, Clarendon, 1972, 239~287쪽(1966년까지).

단행본과 논문

●Bartlett, J. M. : *Funktion und Gegenstand. Eine Untersuchung in der Logik von Gottlob Frege*, München 1961.

●Bell, D. : *Frege's Theory of Judgement*, Oxford, Clarendon, 1979(프레게의 판단론에 대한 전문적이고 명확한 설명을 담은 입문서).

●Carl, W. : *Sinn und Bedeutung—Studien zu Frege und Wittgenstein*, Königstein 1982.

●Dummett, M. : "Gottlob Frege", in : Edwards, P.(Hrsg.) : *The Encyclopedia of Philosophy*, London und New York, Macmillan, 1957. 제3권 225~237쪽(적은 지면에서 프레게 철학의 중요한 측면을 고려했다).

● _____ : *Frege, Philosophy of Language*, London, Duckworth, (1973) ²1981(중요한 저서이나 독자들에게 정확한 지식보다는 프레게와의 대화를 전달하려고 하였다).

● _____ : *The Interpretation of Frege's Philosophy*, London, Duckworth, 1981.

● _____ : *Frege. Philosophy of Mathematics*, London, Duckworth, 1991.

●Egidi, R. : *Ontologia e conoscenza matematica. Un saggio su Gottlob Frege*, Florenz, Sansoni, 1963.

●Føllesdal, O. : *Husserl und Frege. Ein Beitrag zur Beleutung der Entstehung der phänomenologischen Philosophie*, Oslo 1958.

●Geach, P. : "Frege", in : Anscombe, G.E.M. und Geach, P.T. : *Three Philosophers*, Oxford, Blackwell(1961), ²1963, 127~162쪽(밀도 있고 부분적으로 특이한 설명).

●Kneale, W. : "Frege's General Logic", in : Kneale, W. und Kneale, M. : *The Development of Logic*, Oxford, Clarendon, 1962, 478~512쪽(간명하고도 쉬운 설명).

●Kutschera, F. von : *Gottlob Frege. Eine Einfuhrung in sein Werk*, Berlin/New York, De Gruyter, 1989.

●Largeault, J. : *Logique et Philosophie chez Frege*, Paris und Löwen, Edition Nauwelaerts, 1970.

●Patzig, G. : "Gottlob Frege und die logische Analyse der Sprache", in : Patzig, G. : *Sprach und Logik*, Göttingen, Vandenhoeck & Ruprecht(1970), ²1981, 77~100쪽.

●Scholz, H. : "Gottlob Frege", in : Scholz, H. : *Mathesis universalis. Abhandlungen zur Philosophie als strenger Wissenschaft*, Basel/Stuttgart, Schwabe(1961), ²1969(Darmstadt), 268~278쪽(특히 프레게의 존재론을 라이프니츠적 전통의 발전으로서 강조함).

●Sluga, H. : *Gottlob Frege*, London, Boston und Henley, Routledge & Kegan Paul, 1980(프레게 이론을 포괄적인 연관하에 놓으려는 시도).

●Thiel, Ch. : *Sinn und Bedeutung in der Logik Gottlob Freges*, Meisenheim am Glan 1965(영어로 1968년, 스페인어로 1972년. 프레게 이론에 관한 탁월한

설명과 그 약점에 대한 비판적 논의).

● _____ : "G. Frege. Die Abstraktion", in : Speck, J.(Hrsg.) : *Die Grund-probleme der großen Philosophen. Philosophie der Gegenwart*, 제1권, Göttingen 1972, ²1979, 9~44쪽(프레게의 「근거들」의 근본사상에 대한 대가적인 명료한 설명).

4 | 현상학의 창시자
에트문트 후설(1859~1938)

"현상학자는 자명한 것을 의심스러운 것으로 여겨야 하고
계속해 세계존재의 보편적 자명성을 이해 가능성으로 전환하는,
그런 학문적 주제를 다룰 수밖에 없는 모순 속에서 산다."
● 후설

1900년과 1901년『논리 연구』(*Logische Untersuchungen*)의 출판과 더불어 후설(Edmund Husserl)에 의해 정초된 현상학(Phänomenologie)은, 다양한 활동방식으로 20세기 전반기의 독일철학과 40년대 이후의 프랑스 사상에 대해 결정적인 의미를 지녔다.

셸러(Max Scheler)의『윤리학에서의 형식주의와 실질적 가치윤리학』(*Der Formalismus in der Ethik und die materiale Wertethik*, 1913~1916), 하이데거의『존재와 시간』(*Sein und Zeit*, 1927), 사르트르의『존재와 무』(*L'Etre et le néant*, 1943), 메를로-퐁티의『지각의 현상학』(*Phenomenologie de la perception*, 1945)과 같은 현대철학의 근본저술들은 현상학적 탐구들로서 이해되었다. 또한 현상학적으로 향하지 않은 철학들이나 일련의 학문들, 특히 심리학에서도 다양한 현상학적 동기가 작용하였다.

그후 현상학은 독일이나 프랑스 언어권 이외에서의 철학적 논의들에도 어느 정도 강력한 영향력을 발휘하였다. 예를 들면 유고슬라비아나 체코슬로바키아, 폴란드의 비정통 마르크스주의, 중남미나 일본, 이탈

리아 철학, 그리고 영국과 미국의 현대사상에 큰 영향을 주었다.

생애와 지향

　'현상학 운동'을 일으켰던 후설은 1859년 4월 8일에 메렌(Mähren) 주의 프로스니츠(Proßnitz)에서 태어났다. 그는 이목을 끌 만한 별다른 사건 없이 학창시절을 보냈다. 수학과 철학을 공부한 다음 그는 오랜 기간 사강사(1887년부터 1901년까지 잘레에 있는 할레[Halle] 대학에서)와 원외교수(1901년부터 1906년까지 괴팅겐 대학에서)로 남아 있었다. 47세에 비로소 그는 정교수(1906년 괴팅겐 대학에서)가 되었다. 그리고 1916년부터 1928년 은퇴할 때까지 프라이부르크 대학 철학과 교수직을 지냈다. 그는 1938년 4월 27일 프라이부르크에서 사망하였다.

　그의 가장 널리 알려진 저술들은 매우 긴 세월에 걸쳐 출간되었다. 그 가운데 그의 생존시에 발표된 『이념들』(*Ideen zu einer reinen Phäno-menologie*, 1913)과 『위기』(*Krisis der europäischen Wissenschaften*, 1936) 두 책은 미완성이며, 『성찰』(*Cartesianische Meditationen*, 1931)은 단지 프랑스어판으로만 나왔다. 이러한 저술들의 많은 부분들은 단지 계획상으로 현상학의 근본문제들을 소개한 것이기 때문에 구체적인 현상학적 분석들을 통해 보충할 필요가 있다.

　이 현상학적 분석들은 후설 자신이 출판하지는 않은, 1890년부터 1938년까지 대략 4만 5천 장에 달하는 가벨스베르거(Gabelsberger)식 속기법으로 작성된 엄청난 분량의 수고들 속에서 발견된다. 후설은 이러한 분석들에 열정을 바쳤다. 그는 지칠 줄 모르고 연구에 몰두하였다. 심지어 그가 나치 정권 아래서 감내해야 했던 탄압——후설은 복음주의파 기독교인이었으나, 유대 가문 출신이었다——에도 불구하고 일에 대한 그의 무조건적 몰입이나 저작 의지는 중단되지 않았다.

　후설이 1911년에 발표한 논문의 제목인 「엄밀한 학으로서의 철학」

20세기 전반기의 독일 철학과 1940년대 이후의 프랑스 사상은
후설에 의해 정초된 현상학의 강력한 영향을 받았다.

(Philosophie als strenge Wissenschaft)은 그가 최후까지 견지하였던 필생의 연구목표를 담고 있다. 이렇게 정식화된 계획은, 한편으로는 19세기 말경 널리 유포되었던 '세계관'(Weltsanschauung)[1]으로서의 철학이라는 관념에 대항하여 수립되었다.

다른 한편으로 후설은 철학에 그 자신의 역사를 기록한다는 과제만을 허용하려는 역사주의적 체념에 반대하였다. 그렇다고 아카데믹한 영역에서 그 당시 주도적인 방향들이 대표하였던 바와 같이, 학문이론(Wissenschaftsthorie)[2]으로 철학을 제한할 것을 의도하였던 것은 아니다. 마찬가지로 후설에게는 철학을 근대 자연과학의 방법들에 적용하도록 하는 것도 문제가 아니었다. '엄밀한 학문'(strenge Wissenschaft)의 계획은 이 모든 것에 대립해서 무엇보다도 새로운 종류의 노력, 즉 편견 없이(vorurteilslos) 처음부터 시작하는 것 외에 더 이상을 약속하지 않았다.

『논리 연구』이후 항상 보다 철저한 방식으로 바르게 형성되어간 자신의 사상 발전 속에서, 결국 생애 말년에 "이제야 비로소 참된 출발자가 될 수 있었다"라고 고백했을 때까지 후설은 이러한 요구를 준수하려고 하였다. 우리는 이러한 발전을 대략 네 단계로 구분할 수 있다. 아래에 서술할 네 개의 절들은 각각 비중 있게 그러나 서로 배타적이지 않게 어떤 한 국면에 대한 특징적인 문제들의 발전을 반영한다.

저작

상관관계의 분석으로서의 현상학

후설에게 근원적인 동기를 부여한 것은 진리에 관한 우리의 일상적이고도 학문적인 이해에서 근본적인 긴장, 19세기 초 철학이 놓인 상황을 통해 특히 감지할 수 있었던 긴장이었다. 참된 인식에 대해서 우리는 우선 서로 모순되는 것으로 보이는 다음의 두 요구들을 제기한다. 참된 인식은 한편으로 '객관적'이어야 한다. 즉 인식의 내용은 인식이 사실적으로 성립되는 주관적 상황에 의존적이지 않은 타당성을 소유해야 한다. 그러나 다른 한편으로 우리는 인식하는 자가 자신이 참이라고 주장하였던 것에 관해 어떤 방식으로든 확신했으며, 그가 구체적 상황 속에서 인식을 주관적으로 성취함으로써만 결국 그렇게 할 수 있었을 것으로 기대한다. 예를 들어 저기에 어떤 집이 '객관적으로', 나나 다른 어떤 사람이 즉시 지각하든 그렇지 않든 간에 상관없이 현존하고 있다는 사실도, 나는 내가 내 자신의 눈으로 그 집을 지각하거나 다른 사람의 지각에 의지하기 때문에만 확신할 수 있다.

진리이해에서 이러한 긴장이 어느 한 방향으로 해소될 경우, 그것은 무엇보다도 논리학과 수학의 근본토대에 관해 극단적으로 대립된 견해들이 될 것이다. 후설은 논리학 또는 수학에서 다루어지는 객관적으로 타당한 사고의 규칙들이나 내용들 역시 구체적인 주관적 수행들 속에서 의식된다는 사실이 매우 중시되었던 정신적 상황 아래 성장하였다. 그러므로 이러한 규칙들이나 내용들은 심리적 사실들로 간주되었고, 이에 대한 설명은 심리학에 떠맡겨졌다.

19세기 말경에는 이러한 '심리학주의'(Psychologismus)[3]가 철학을 지배하였고, 후설 역시 자신의 교수자격 청구논문 「수 개념에 관하여」(Über den Begriff der Zahl, 1887)에서 여전히 이 심리학주의에 기울어져 있었다. 그러나 무엇보다도 프레게의 비판은, 『논리 연구』서설(Prolegomena)에서 심리학주의에 대한 고전적인 반박에 이르게 되는 발전을 위한 자극을 후설에게 주었다.

비록 후설이 이렇게 근대수학적 논리학을 개척하는 데 기여하였다 하더라도, 어쨌든 그는 발전 과정에서 프레게와 견해를 함께 하지는 않았다. 왜냐하면 심리학주의와 결별한 다음에도 그의 주안점이 인식실행의 주관적 측면을 향하여 머물러 있었기 때문이다. 후설은 참으로 인식된 것이 '객관적으로' 혹은 '그 자체로' 타당하게 존재할 수 있는 의미, 즉 주관적 인식상황의 변화에 독립적인 존립요소를 가질 수 있는 의미를 지닌다는 것을 인식했다. 하지만 참으로 인식된 것은, 그것이 바로 이러한 독립성 안에서 소유하고 있는 실질을 주관적 실행들과의 고유한 관련을 통해서만 획득한다는 것이다. 즉 사람들은, 자신들이 참으로 인식하였다고 믿는 것을 단지 비규정적이고 비본래적인 방식으로 사념할 (meinen) 수 있을 뿐이다. 예를 들어 사람들은 '저기에 어떤 집이 있다'는, 먼 곳으로부터의 희미한 인상에도 만족할 수 있다. 혹은 사람들은 수학적 명제를, 그 정당성에 관한 증명을 추후에 수행함으로써 스스로 확인하지 않고서도 신뢰할 수 있다.

인식이 이와 같이 증명되지 않은 채 사태와는 멀리 떨어진 방식으로만 실행되는 한, 인식하는 자 역시 인식된 것의 객관적 타당성을 확신할 수 없다. 인식내용의 즉자적 존립함(An-sich-Bestehen)에 관한 확신은 자신의 뒷받침을 그 어떤 주관적 실행들 속에서 전적으로 획득하게 되는데, 그런 실행 안에서 우리가 구체적 인식상황들에서 우리에게 인식된 것을 직접적으로 주어지도록 하며, 그래서 그때까지 단순히 생각된—혹은 후설이 말하는 바와 같이 사념된—사태에 어느 정도는 실제적으로 도달하게 된다.

후설은 무엇보다도 이론적 판단작용의 영역 속에서 사태와는 멀리 떨어진 인식작용과 사태에 접근한 인식작용의 차이가 갖는 철학적 효력범위를 발견하였다. 왜냐하면 『논리 연구』에서 학문적 인식 일반을 위한 기초로서의 논리학의 근본토대가 그에게는 중요한 문제였기 때문이다. 그는 이러한 근본토대의 문제제기를 시야에서 놓쳐버린 적이 결코 없었으며, 1929년 『형식논리와 선험논리』(*Formale und transzendentale Logik*)에서 또다시 이 문제제기를 받아들였다.

그러나 『논리 연구』를 집필한 이후, 이미 그는 각각 체험하는 의식 일반에 관한 자신의 분석들을 확장하였다. 유의미하게 논의될 수 있는 모든 것은 사태에 접근해 있든 멀리 떨어져 있든 간에 그 어떤 형식으로 나에게 주어져야만 한다. 그 어떤 것에 관해 느끼고, 욕구하고, 믿고, 노력하며, 실천적으로 가치를 평가하는 경우에도, 나는 ─ 후설이 '원본적'(originär), '직관적'(anschaulich)이라고 표현하듯이 ─ 그와 같이 다양한 방식으로 체험된 것을 '스스로 주어짐'(Selbstgebung)의 방식으로 경험할 수 있다. 하지만 나는 그 해당된 체험들의 경우에도 사태에 접근하는 데 실패하였다는 의식을 가질 수도 있다.

이와 같은 경우 내 현재의 체험내용은 그때그때의 체험대상이 이른바 '생생하게' 나의 눈앞에 떠오르는 과거나 미래의 체험 혹은 단지 생각할 수만 있는 체험을 참조하도록 나에게 지시한다. '원본적으로 주어지는' 체험작용과 원본성을 향하도록 지시된 체험작용 사이의 이러한 긴장은 의식 전체를 관통한다. 비록 성질이 부여되었다고 하더라도 각각의 '무엇에 관한 체험'(Erlebnis-von-etwas)은 '충족' 혹은 '확증'을 지시하거나 가리킨다. 그것은 이러한 넓은 의미에서 명증성(Evidenz)[4]을 목표로 삼는다.

후설은 이런 맥락에서, 각가의 의식은 '지향적'(intentional) 구조를 갖는다 ─ 어떤 '대상'은 각각의 체험작용, 즉 지각된 것은 지각함, 사랑받은 것은 사랑함, 사고된 것은 사고함 등에 속한다 ─ 는 자신의 스승 브렌타노(Franz Brentano)[5]의 학설을 계승할 수 있었다. 그러나 후설의 의미에서 '지향성'(Intentionalität)은 이러한 정태적인 대상과의 연관 이상을 뜻한다. 의식은, 그것이 더구나 대상을 '그 자체로 가짐'(Selbsthabe) 속에서 직관적 충족을 추구하는 바로 그런 방식으로, 자신에 의해 '사념된' 대상에 향해 있다. 후설은 지향성을, 명증성을 지시하는 바로 그 무엇에 관한 의식(Bewußtsein-von-etwas)이라고 부른다.

이렇게 이해된 지향성을 발견함으로써 후설은 진리이해에서 긴장을 성공적으로 해소할 수 있었고, 그 결과 심리학주의의 일면성뿐만 아니라 ─ 자유롭게 유동하는 그 어떤 논리적·수학적·윤리적 혹은 그 밖의 '타당성들'이나 '진리들'을 가정하는 ─ 반(反)심리학주의적 객관주의의 극단을 피할 수 있었다. 그리고 이렇게 해서 편견에서 해방된 새로운 종류의 탐구로의 길이 열리게 되었다.

후설의 최초의 추종자들은 객관적인 것이 심리학주의적으로 해체되는 것을 저지하고 철학을 다시 대상으로 향하도록 한 것이 그의 위대한 작업이라고 간주하였다. 그들은 현상학을 '객관으로의 전회'(Wende zum Objekt), 대상의 본질내용에 대한 탐구로 이해하였고, '사태 자체로!'(Zu den Sachen selbst!)라는 원칙을 그들의 투쟁 구호로 삼았다. 후설 자신은 객관적인 것의 구출을 결코 주관적 수행들로부터 벗어나는 것으로 이해하지 않았다. 이러한 점은 이미 『논리 연구』 제5연구와 제6연구에서 부각되었으며, 1913년 『이념들 I』을 통해 결정적으로 명백해졌다. 대상의 본질내용은 원본적으로 스스로 주어지는 주관적 수행들 속에서만 출현할 수 있다. 그러므로 후설에 있어 '사태 자체로!'라는 원칙을 따르는 것은 '사태에 관한 의식'(Bewußtsein-von-den-Sachen)을 주제로 삼는 것을 뜻한다.

그러나 후설이 지향적 체험의 주관적 다양성에 주의를 기울인다고 해서 대상들의 세계를 시선에서 놓쳐버린 것은 아니다. 왜냐하면 분석된 체험들은 그 지향적 구조로 말미암아 체험들이 그것에 관한(wovon) 의식이 되게 하는 대상들 없이는 아무 것도 아니기 때문이다. 그러므로 후설의 의미에서 '주관적인 것'(Subjektives)은 대상과의 관계를 그 자체 속에 지닌다. 무엇보다도 세계를 갖고 있지 않은 의식이 어떻게 자신의 저편에 놓여 있는 '외부 세계'로의 관계를 받아들일 수 있는가 하는 근대 '인식론'의 고전적 문제가 지향성의 개념에 의해 원리적으로 해결되었다.

'사태 자체로!'라는 원칙에 관한 후설의 해석과 더불어, 명증성이라는 개념은 철학사적으로 새롭고 포괄적이고도 중요한 의미를 띠게 되었다. '명증성'은 이제부터 실로 현상학적 탐구의 인식목표가 된다. 즉 현상학적 탐구에서는, 사태근접성(Sachnähe)과 더불어 사태함유성

(Sachhaltigkeit)을 통해 분명해지는, 그리고 이러한 의미에서 오직 순수한 철학적 경험에 의거할 뿐 공허한 논증들이나 구조물들에 의거하지 않는 통찰들이 문제시된다. 후설은 '모든 철학은 원본적으로 부여하는 직관에 입각하여 길어내야만 하며, 이러한 근본토대 위에서 가능한 것보다 더 많거나 적은 것을 주장해서는 안 된다'는 것을 모든 철학에 대한 '원리들 가운데 원리'로서 정식화한다. 이처럼 근원적 경험으로 철학을 되돌리면서 후설은 경험된 모든 것을 궁극적으로 주어진 것으로 환원하려는 동시대 실증주의의 노력 속에서도 영향력을 발휘하였던 하나의 동기에 이끌리게 되었다.

그러나 '명증성'은 철학적 인식 자체의 본보기만을 형성하지는 않았다. 현상학은 사태에 접근하려는 노력과 더불어 자신의 탐구대상을 형성하는 지향적 체험작용의 근원적 경향을 추적하였다. 왜냐하면 각각의 의식은 사태에 접근하는 체험작용을 향해 지시됨으로써 지속되기 때문이다. 그러므로 인간의 의식은 모든 철학 이전에 일상생활에서도 명증성을 향해 있으며, 체험된 것을 그 자체로 소유하는 것 속에서 만족을 발견하려는 노력에 의해 지배된다. 이러한 의미에서 모든 의식의 삶은, 후설이 후기에 말하고자 한 바와 같이, '목적론'(Teleologie)의 법칙 아래 놓인다.

『논리 연구』 이후에 후설의 분석들은 한편으로는 지향적으로 마주치는 대상들과 객관적으로 존재하는 그 본질내용, 다른 한편으로는 이것들이 주관적으로 주어지는 방식들 사이의 긴장영역을 가로지른다. 대상들은 오직 '그것들의 소여 방식 속에서'(im Wie ihrer Gegebenheit)만 고찰된다는 점은 엄밀한 학문으로서 후설 철학의 주제이다. 그 근본논제는 다음과 같다. 각각의 대상은, 그것이 체험적 의식에 대해 지향적으로 그리고 원본적으로 주어질 수 있는 방식들의 특수한 다양성에 상응한다. 우리는 해당되는 '소여 방식들'의 다양성을 지나친 채로 대상으로 시선을 향할 수 없다. 그렇기 때문에 무편견성을 위해 철저히 노력하는 철학의 과제란 세계 속에서 마주치는 것과, 그것이 주관적으로 '나타나며' 또한 나타날 수밖에 없는 그 상응하는 소여 방식들 사이에 폐기될 수 없는 관련성을 분석하는 것 뿐이다.

이와 같이 이해된 '나타남' 속으로 깊이 파묻힘 안에 있는 대상이 '현상들'(Phänomene), '나타남들'(Erscheinungen)이다. 그러므로 '현상학'의 근본주제는 상호관계, 즉 대상들의 세계와 이것들이 주관적인 상황에서 주어지는 방식들 사이의 상관관계(Korrelation)이다. 이 상관관계의 서로 떨어질 수 없는 두 측면들은 의식대상(Noema), 즉 그때그때 주어지는 방식 속의 어떤 대상과 의식작용(Noesis), 즉 관련된 대상이 의식에 나타나는 다수의 '의식작용적' 실행들의 다양체이다. 후설은 『위기』의 한 구절[6]에서 진술하기를, 『논리 연구』를 완성한 1898년경 이러한 상관관계를 발견하였는데, 이것에 매우 깊은 충격을 받아 그후 전 생애에 걸쳐 이 상관관계의 탐구에 전념하였다는 것이다.

후설에 따르면 이러한 상관관계는 아프리오리(Apriori), 즉 경험에 선행하는 인식의 영역을 형성한다. 현상학은 이러저러한 사람들에게서 경험적으로 확정할 수 있는 지향적 체험작용의 개별적 경우들을 주제로 삼지 않는다. 현상학은 우연적이고 사실적인 의식의 경과를 사상하고, 이와 같은 경과들을 보편성과 필연성 속에서 지배하는 본질법칙으로 시선을 되돌리려 한다. 현상학의 관심은 본질, 즉 지향적 체험들과 그 대상들의 '형상'(Eidos)에 향해 있다. 지향적 체험의 사실적 특성들이 교환될 수 있는 사례가 되는 형상적 구조로 그것들을 소급하는 것을 후설은 형상적 환원(eidetische Reduktion)[7]이라고 부른다.

후설은 자신의 첫 제자들과 교우들의 집단인 괴팅겐 학파와 뮌헨 학파와 같이 현상학을 본질학(Wesenslehre)으로 파악하는 데 머무르다가 더욱 더 강렬하게 의식의 문제제기에 집중하게 됨에 따라 그들에게서 멀어지게 되었다. 이러한 현상학적 방향을 띤 면밀한 본질분석들은 초기 현상학을 무엇보다도 본질인식의 방법론으로서 알려지도록 만들었다. 후설 자신은 형상적 환원에 관한 학설을 결코 포기하지는 않았지만, 어쨌든 『이념들 I』이후 '형상적 환원'과 구별하여 현상학적 환원으로 특징지어진 현상학적 방법의 다른 측면에 비해서 이 학설은 더욱 더 후퇴했다. 현상학적 환원은 의식의 문제로부터 발생했다. 즉 '무엇에 관한 의식'을 편견 없이 분석할 수 있기 위해 현상학적 탐구자는 세계로 향한 철학 이전의 입장, 즉 자신의 '자연적 태도'(natürliche Einstellung)를 근본적으로 변경해야만 한다.

상관관계의 사상으로부터 시작하면서 후설은 자연적 태도를 다음과 같이 특징지었다. 즉 내 세계의 대상들은 주어지는 방식 속에서 나와 마주친다. 예를 들어 나는 어떤 책상과 같은 지각의 대상을, 그때그때마다 그것의 어느 한 측면을 나에게 향한 상태로 경험할 수밖에 없다. 즉 대상은 불가피하게 '관점적으로'(perspektivisch) 나에게 주어진다. 하지만 내가 그때그때마다 그 어떤 관점적인 모습들(그 '음영들'〔Ab-schattung〕)[8]을 소여 방식으로서 실행할 경우에, 책상의 존재가, 자신을 나에게 제시하는 바로 그 실행된 관점에서 충분히 해소되지 않는다는 사실도 동시에 의식된다.

말하자면 대상과 더불어 그때그때 주어지는 방식 속에서 나타나는 것 '이상'(mehr)이 사념된다. 따라서 나는 주어지는 방식 속에서 그때그때마다 나타남을 '초월하는' 존재를 책상에다 전가한다. 관점적인 모습들은 내 주관적 실행들과 연관되어 있다. 왜냐하면 그것들은 의식 적합한 현상에 '관계적'(relative)이기 때문이다.

이에 반해 대상의 초월적 존재에 관해, 나는 그 존재가 소여 방식-안에서의-각시(角時)적인 나타남(seinem jeweiligen Erscheinen-in-Gegebenheitsweisen)으로부터 독립적이며, 따라서 주관적-관계적이 아니라 '그 자체로' 혹은 '객관적으로' 발생한다는 점을 매우 자명하게 확신한다. 이렇게 이해된 '존재믿음'(Seinsglaube)이 자연적 태도를 특징짓는다.

현상학자는, 자연스럽게 태도를 취하는 의식이 확신하게 되는 대상들의 즉자적 존속은 원본적으로 주어지는 방식들 안에서 그것들의 나타남에 관련되어 머물러 있다는 사실을 통찰한다. 그는 대상의 존재를 철저하게 그것이 나타나는 방식 속에서 고찰한다. 하지만 이러한 방식의 관찰에 도달하여 그 관찰을 일관되게 유지할 수 있기 위해, 그는 존재신념에 동참해서는 안 된다. 자연적 의식은 그 대상들에게 즉자존재(An-sichsein)를 부여한다. 왜냐하면 그 의식은 '그 대상이 존재한다'라고 확신하면서 지속적으로 판단하기 때문이다. 현상학자는 이러한 근본적 판단을 억제해야 한다.

그러나 이러한 사실이, 현상학자가 그 판단의 타당성에 이의를 제기한다는 것을 뜻하지는 않는다. 만약 그가 그 판단의 타당성에 이의를 제기했다면, 주관적 실행들에 유리하도록 대상의 존재를 부정하게 되었을 것이다. 이것은 현상학자가 진리이해의 주관적 측면과 객관적 측면 사이의 긴장을 주관적 측면을 위해 일방적으로 해체하고 세계에 관해 더 이상 말할 수 있는 것이 없다고 믿는 회의주의로 몰락한다는 것을 의미한다. 이러한 오해에 대항해서 후설은 현상학자에게 주관적 나타남이란 무엇에 관한 나타남이라고 강조한다.

하지만 바로 이러한 나타남 자체를 분석할 수 있기 위해, 그는 나타나는 대상의 존재로 향한 모든 적극적이거나—위에서 지적한 바와 같이—소극적인 태도정립을 억제해야만 한다. 이러한 억제, 즉 존재신념에 대립된 완전한 중립성을 후설은 고대 회의주의의 개념을 받아들여 판단중지(Epoché)라고 부른다.

자연적 태도 안에서 우리의 삶은 대부분의 상이한 종류의 행동들 속에서 실행된다. 이 경우 관심들(Interessen)이 우리를 주도하며, 이 관심들은 우리가 존재신념에 근거하여 존재하는 것으로서 파악하는 대상들에 관련된다. 따라서 존재신념은 우리의 자연적 삶이 갖는 관심구속성과 밀접한 관계를 맺는다. 우리가 모든 존재적 태도정립을 억제하고 그렇게 하려는 한, 바로 그렇기 때문에 우리는 우리의 관심들에서 벗어나게 된다. 즉 우리는 '무관심한' 혹은 '관여하지 않는 관찰자'(unbeteiligten Beobachter)가 된다.

이러한 관찰자적 태도는 우리에게 특수한 현상학적 반성, 즉 우리의 정신적 주의를 의식에 대한 대상의 주관적인 나타남으로 반전시키는 것을 가능하게 만든다. 자연적 태도에서 우리는 우리의 대상들 속에 '흠뻑 빠져'(verschossen) 있다. 왜냐하면 우리는 '곧바로'(geradehin) 대상들에 몰두하여 살고 있기 때문이다. 우리가 대상들은 주어지는 방식 속에서만 우리에게 나타날 수 있다는 사실을 깨닫지만, 보통은 이러한 나타남을 특별히 주제로 삼지 않거나, 혹은 주제로 삼더라도 산발적으로 그럴 뿐이다. 주어지는 방식 속에서의 나타남은 비주제적으로 실행된다. 왜냐하면 그것은 우리가 존재하는 것으로서 사념된 대상과의 관계를 받아들이는 매개로서 '기능하기'(fungiert) 때문이다. 하지만 이러한 기능함에서 그 나타남은 대상이 제시되는 빛을 위해 주의력의 그늘 속에 머물러 있다. 현상학적 반성은 이러한 기능작용을 바로 나타남의 비주제적 매개로서 드러내 밝힌다.

판단중지는 대상들을 지향적 나타남과의 상관관계 속에서 순수하게 고찰할 수 있는 상태로 현상학자를 옮겨놓는다. 이렇게 함으로써 현상학자는 대상들의 즉자존재를 주어지는 방식들에서 그것들의 나타남으로 소급한다. 즉 그는 이와 같이 대상들의 존재를 나타남으로서의 존재(Sein-als-Erscheinen)로 '환원한다'. 그는 나타남으로서의 존재를 드러내기 위해, 자연적 태도에서 초월적인 것으로 간주하였던 존재를 '괄호 친다'. 이것이 '현상학적 환원'(Phänomenologische Reduktion)이다. '괄호침'(Einklammerung)과 '환원'을 통해 대상들의 풍부한 내용 가운데 어떤 것이 제거될 것이라는 생각은 오해일 뿐이다.

그 반대로 환원의 토대 위에서만 대상들은 원본적으로, 따라서 사태와는 멀리 떨어진 사념작용 때문에 축소되지 않고 드러나도록 분석될 수 있다. 환원을 통해 비로소 세계는 자신의 완전한 풍부함 속에서 스스로를 보여준다. 현상학자는 의식을 위해 세계를 도외시하는 것이 아니라, 그의 관심이 바로 세계에 향해진다.

구성에 관한 탐구로서의 현상학

그렇다면 상관관계의 분석에는 어떠한 구체적 과제들이 정립되는가? 그 답변은 환원이라는 개념에서 분명해진다. 대상의 존재를 그것의 나타남으로 '소급함'(Zurückführung)은 이러한 존재를 나타남으로부터 설명한다는 의미만을 가질 수 있다는 것이다. 즉 특정한 종류의 대상들이 존재하고 있는 것으로서 그리고 이러저러하게 존재하는 것으로서 우리의 의식에 의해 여겨진다는 사실은, 의식귀속적으로 주어지는 방식들속에 그 대상들이 나타난다는 것으로부터 이해되어야 한다.

자연적 의식은 대상들에 그때그때마다 주어지는 방식들을 초월하는 존재를 상정한다. 그렇기 때문에 후설은 현상학을 특히 선험철학 (Transzenden talphilosophie)⁹⁾──이 개념에 대해서는 다음에 상세하게 논의할 것이다──으로 묘사한다. 왜냐하면 현상학이 이러한 초월함 (Transzendieren)을 설명하기 때문이다. 현상학은 주어지는 방식의 비주제적 실행이 어떻게 특정한 종류의 대상성에 따라 자신을 넘어서고 그래서 자신의 존재신념에 도달하는 의식을 근거짓는가를 드러내 밝힌다.

하지만 그렇게 의식이 완성하게 된 '성취물'(Leistung)을 위한 동인 (動因)은 그 어떤 원본적으로 주어지는 방식들만이 형성할 수 있다. 의식의 대상붙잡음(Gegenstandshabe)을 설명해주는 이 원본적 '동기부여'(Motivation)를 후설은 『이념들 I』 이후로 신칸트학파에게서 이어받은 개념인 '구성'(Konstitution)이라 부른다. 구성에 대한 분석은 상이한 종류의 존재자가 어떻게 그에 상응하는 의식의 동기성취력 안에서 구성되는가, 즉 '건립되는가'(aufbaut)를 명백히 밝히는 것이다.

구성에 관한 탐구는 풍부한 과제들을 제시하는데, 이 과제들의 순서는 모든 종류의 체험이 명증성에 관련됨을 통해 차례차례 지시된다는 생각으로부터 발생한 것이다. 지향적 의식이 사태에 아직 근접하지 못한 경우에, 그 지향적 의식에는 미래의 혹은 가능한 원본성을 위한 앞선 지시(Vorverweisung)가 놓여 있다. 그뿐만 아니라 의식이 스스로 사태에 근접하고 더불어 사태함유에 도달했을 경우에는, 이미 획득된 명증성을 유지해 간다. 이러한 의식은 자신의 사태실질(Sachgehalt)로부터, 그것 없이 의식 자체가 가능하지 않을 그런 다른 지향적 체험을 지시한다. 그러므로 어느 한 체험은 다른 체험 속에서 '기능하고' 있다. 기초지음의 질서(Fundierungsordnung)에 대한 이러한 생각은 현상학적 운동 전체 속에서 근본적인 방법적 의미를 획득하였다.

기초지음의 이념은, 지각이 다른 모든 종류의 체험 속에 전제되어 있기 때문에 지향적 체험작용의 근원적 범례와 근본토대로서 간주될 수 있다는 가정으로 후설을 이끌어갔다. 어떤 식으로 내가 느끼거나 의욕하거나 실천적으로 활동하면서 나와 마주치는 것에 관계하더라도, 나는 언제나 그것의 실존을 전제한다. 가령 일용품의 사용, 또는 다른 사람에 대한 사랑은, 내게 사용할 수 있는 것으로서 혹은 사랑할 만한 가치가 있는 것으로서 나타나는 것이 적어도 현존한다는 경험 없이는 가능하지 않을 것이다. 그러나 이러한 확신을 나에게 기초적으로 제공하는 것은 감각적 지각이다. 따라서 지각과 그 밖의 지향적 체험들 사이에는 일방적인 종류의 '기초지음의 관계'가 존재한다. 왜냐하면 그 밖의 지향적 체험들은 지각이 없으면 가능하지 않지만, 그 역은 성립하지 않기 때문이다. 바로 이러한 논제를 후일에 하이데거는 『존재와 시간』에서 일상적인 인간의 실천을 설명함으로써, 그리고 셸러는 공감의 관계들과 사랑의 관계들을 분석함으로써 단호하게 반박하였다.

기초지음의 질서라는 이념으로부터 기초적인 체험과 '높은 단계의' 체험의 종류들의 계층에 관한 표상이 결과로 드러난다. 이 계층구분에 따라서 구성분석은 지각대상의 존재가 의식 안에서 어떻게 근거지어지는지를 일차적으로 설명해야 한다. 왜 대상은 주어지는 방식들의 실행을 초월하는 어떤 것, 객관적인 것으로서 나타나는가? 후설이 대답하기를, 우선은 확실히 우리가 그것을 어느 특정한 순간에 고정될 수 있게 존재하는 어떤 것으로 파악하기 때문이다. 이때 시간에 관한 의식이 가장 기초적인 구성문제로서 증명된다.

나는 한 대상이 어느 특정한 순간 또는 일련의 시간적 순간들을 벗어나 실재한다는 것에 관해 의식하며 그것을 "객관적 시간" 안에 위치시킨다. 그것의 존재가 과거나 미래에 놓여 있다면, 나는 기억 또는 기대를 통해 그 존재를 현전화(現前化, vergegenwärtigen)해야 한다. 그러나 내가 그것을 현전화할 수 있는 것은, 단지 나 또는 다른 누군가가 확실히 현재 체험하고 있거나 앞으로 체험할 것이기 때문이다. 객관적 시간의 의식은 또한 내 체험의 시간성에 관한 의식을 전제한다. 내 지향적 체험들 모두는 현재적으로 실행된 것 또는 내가 현전화할 수 있는 것으로서 내게 의식된다. 이런 의미에서 그것들은 모두 내 의식의 '흐름' (Strom) 안에 속한다. 이 흐름의 시간성은 '내적 시간의식' (inneren Zeitbewtseins) 안에서 내게 의식된다.

한 체험이 발생하면, 그 때로부터 그것은 내 의식흐름의 과거 안에 움직일 수 없는 위치를 점유한다. 그런 한에서 내적인 시간의식 안에서 경과된 시간위치들은 객관적 시간 안의 지각대상들의 모든 객관성에 앞서 최초의 객관성을 형성한다. 그렇다면 구성이론의 첫번째 질문은 다음과 같다. 의식의 어떤 성취능력을 통해 이런 가장 기초적인 '객관성'이 성립되는가? 즉 우리가 어떤 체험들과 내용들을 기억할 수 있게 하는 그런 의식이 어떻게 이루어지는가?

이 물음을 답함에서, 사태에 동떨어진 사념과 원본적 경험의 연관성에 대한 가장 확실한 사례가 시간의식이라는 사실은 후설에게 도움이 된다. 기억과 기대를 통한 과거와 미래의 현-전화는(Ver-gegenwärtigung) 그 고유한 의미에 따라 체험들을 지시하는데, 이 체험에서 지금 단지 현전화된 것은 즉각적으로 현재적인 것으로 주어졌던 것이거나 주어질 것이다. '어제'(Gestern)는 흘러가 버린 '오늘'(Heute)이며, '즉시'(Sogleich)는 앞에 있는 '현재'(Jetzt) 등등이다. 이에 따라 현재의식은 원본적인 시간의식이 된다. 그리고 여기에서 자연의식에 대해 그 어떤 비주제적인 주어짐의 방식을 알아내는 과제가 제시된다. 이 방식들은 지나간 체험들을 현전화하며 더불어 그것을 비가역적인 연속의 시간위치들에 정렬하는 것이 가능하다는 신념을 근거짓는 것이다.

현재의식이 과거와 미래 사이의 점과 같은 자국으로서 확장 없는 현재(Jetzt)에 관한 의식이 아니라, 그 자체가——체험적 상황에 따라 매번 변화하는——어떤 연장성을 갖는다는 사실을 주목할 경우에, 그 찾던 주어짐의 방식들이 나타난다. 나는 구체적으로 이런 현재를 멜로디의 청취나 편지의 작성 등에서 경험한다. 이런 확장된 현재 내에 현행성의 정점이 있다. 그러나 그 이외에도 방금 지나감과 바로 다가옴이 있다. 내게 이 바로 지나감은 빠져나감에서 즉각적으로 아직-현재적이다. 나는 그 사라짐에서(in) 그것을 붙잡는데, 더욱이 특이하게 그것에 대해 주목함 없이도 말이다. 마찬가지로 바로 들어옴은 현재 안에서 동현재적이다. 예를 들어 이야기 가운데 문장의 시작과 끝은 현행적으로 발화된 소리를 초월하여 현재적이며 우리는 그 시종의 일관성을 유지할 수 있다. 그래서 두 개의 비주제적으로 작용하는 주어짐의 방식, 과거지향과 미래지향[10]은 현재의식이 어떤 폭을 가지는 것을 가능케 한다.

그렇다면 과거지향에서는 지난 것을 현전화하는 능력이 형성된다. 나의 순간적인 과거지향은——이것은 시간의 연속적인 '경과'(Fluß)인데——더 멀어진 과거 속으로 가라앉고, 바로 여전히 현행적이던 현재가 새로운 과거지향이 된다. 이 새로운, 그리고 즉각적으로 현행적이게 실행된 과거지향에서도 앞서간 과거지향은 매개됨 없이 동현재적으로 머물러 있고, 그렇게 계속된다.

과거지향들의 이러한 잇닿은 포괄이 연속적으로 진행되며, 그래서

'과거지향의 유성꼬리'가 생기는 것이다. 이 과거지향들의 연쇄는 매순간의 현재의식의 한계를 넘어 가라앉음의 방식으로 유지되어 머물러 있으며, 그것은 나로 하여금 지난 것을 그 자체의 위치에서 현전화를 통해 다시금 발견하게 만든다. 내가 기억함으로써, 나는 가라앉은 현재들을 '깨우고' 과거 안에서 그것들을 위치시키는데, 현재까지의 과거지향의 연쇄 안에서 그것들을 따르는, 그런 휴면적이고(schlafendes), 비주제적으로 작용하는 의식을 내가 가지고 있기 때문이다. 그래서 내적 시간의식 안에서 '객관성'의 원형이 구성된다.

의식은 스스로 지각대상을 경험하는 입장에 놓이기 위해, 정상적으로 주목됨 없이 머물면서도 계속되는 전체적인 일련의 '성취물들', 예를 들어 공간과 인과관계의 구성을 필요로 한다. 그러나 이런 '객관성'을 가지고도 아직 의식은 무엇인가가 불특정 다수에게 그들의 이해상황과 독립해 동일한 방식으로 주어진다는 사실을 표현하게 하는 그런 엄밀한 의미의 객관성(원형)에 도달하지 못했다. 이것은 모든 이를 위한 타당성이란 의미에서 객관성이다. 그것은 다수의 주체들에게 공통적인 '상호주관적'(intersubjektiv) 의식을 전제로 한다. 그린 까닭에 이런 종류의 객관성에 관한 설명은 첫번째로 상호주관성, 공동적 세계의 의식의 구성에 관한 분석을 요구한다.

모든 대상들처럼 이런 공동적 세계에서 객관적인 것은 특수하게 주어지는 방식들의 매순간성을 초월한다. 그런 까닭에 후설은 협소하고 엄격한 의미의 객관적인 것이 구성되도록 하는 초월이 어떤 종류인지를 물어야 한다. 이 물음에 답하기 위해 그는 사고실험을 행한다. 나뿐만 아니라 많은 사람들에 의해 경험됨으로써 유지하고 있었던, 우리 공동의 세계의 모든 규정들로부터 나는 눈을 돌릴 수 있다. 이 실험을 통해 하나의 세계가 남게 되는데, 그 세계 안에서 모든 것은 내 고유한 체험 때문에 유지할 수 있었던 규정들과 함께만 내게 드러나게 되는 것이다. 후설은 이 추상적으로 환원된 세계를 '원초적'(primordial)이라고 특징짓는다.

이 원초적 세계에서 볼 때, 모든 자에-대한-객관적 세계는 어떤 부가적인 규정들을 지시하는데, 이 규정들은 그 원초성을 초월하며, 내 세계가 다른 이에 의해서도 경험된다는 사실로 소급되는 것들이다. 후설은 이 원초적 세계를 넘어서는 것을 생경한 것(das Fremde) 혹은 내게 낯선 것(Ichfremde)이라고 부른다. 생경함은 우선 타자들을 통해서 세계가 보유하는 특성들이다. 그러나 타자들 자신조차도 내 원초적인 세계를 초월한다. 그들 또한 낯선 어떤 것이며, 후설의 논제에 의하면 그들은 기초지음의 질서에 따라 최초의 내게 낯선 것인 것이다. 내 원초적 세계를 초월하는 주체들에 의해 내 세계가 함께 경험됨으로써, 그것은 누구에게나 객관적이라고 여겨지는 내용들로 이루어진 하나의 공동적 세계라는 특성을 획득한다.

그래서 후설에게 '타자경험'(Fremderfahrung)을 설명할 과제가 제시된다. 내 원초적 영역 내에서, 이를 넘어 최초의 낯섬, 즉 타자에게로 초월하도록 나를 동기부여하는 것은 무엇인가? 이런 구성의 문제를 해결하기 위해 후설은 새롭게 첫째로 원본적 의식과 비원본적 의식간의 근본구분을, 둘째로 지각이라는 근본체험을 되붙잡았다. 모든 지각에서 내게 일치하는 책상의 전면은 현재적이며, 나와 일치하지 않는 그 뒷면은 비현재적이다. 그러나 이 비현재적인 것도 현재적인 것의 의식 안에서 내게 동현재적(mitgegenwartigt)이다. 직접 제시됨(das Präsente)은 내게, 그것이 내게서 정상적인 경우에 주제적으로 의식됨 없이도 동현재적인 것, '간접 제시됨'(Appräsentierte)을 지시하며, 이것들을 함께 표상하도록 동기유발한다.

내가 내 원초적 세계에서 이 세계를 초월하도록 동기유발되는 것이 가능하려면, 이것은 내가 원초적으로 현재적인 어떤 것에서 비현재적인 어떤 것을 함께 현재화하는 데서만 가능하다. 이 현재적인 것은 타자의 육체인데, 그러나 원초성 안에서 나는 그것이 타자의 몸인지 알지 못한다. 그 육체, 그 속에서 무매개적으로 나타나는 타자는 그것의 초월성 안에서 함께 지금 있도록 나를 동기부여한다.

후설의 상호주관성론의 근본적 과제는 이러한 현재화와 정상적인 지각의 영역 내에서의 현재화를 구분하고, 전자의 고유성을 제시하는 것이다. 매우 정교하면서도 최고로 문제시되는 이 분석을 여기서 더 이상 다루지는 않겠다.

내적 시간의식과 상호주관성의 이론은 후설의 가장 유명한 구성분석들이다. 그의 생존시 이 두 가지는 그 주지만이 알려졌다. 1905년 강의록으로부터 하이데거가 1928년에 편집한 발췌록에 실린 시간분석과 1929년 『데카르트 성찰』의 제5장에서 다루어진 상호주관성 분석이다. 그러나 이 두 주제를 후설은 10년이 넘게 연구하였다.

이 모든 구성분석의 근본의도가 객관성의 형성에 관한 설명에 있다는 사실이 오해되어서는 안 된다. 따라서 후설에게서 시간문제는 『존재와 시간』에서의 하이데거와는 완전히 다르게 정립된다. 우선적으로 사회적 관계 자체가 후설이 상호주관성의 문제에 관심을 갖도록 하지 않았다. 물론 자신의 단초가 그런 방향으로 문제를 제기하도록 활기차게 영향을 주었음에도 말이다. 무엇보다 이에 관해서는 쉬츠(A. Schütz)의 저작(『사회세계의 형성』[Der Aufbau der sozialen Welt], 1932)이 잘 알려져 있다.

상관성 연구가 앞의 "상관관계의 분석으로서의 현상학"에서 설명된 사상들에 의해 본질적으로 특징지어지는 한, 그것은 여전히 편견에서 자유로운 분석의 단순한 방법으로서 파악될 수 있다. 그러나 철학은 그 이상이려 한다. 아리스토텔레스 이래로 철학은 명확하게 모든 존재자의 존재에 대해 묻는다. 후설의 현상학도 구성탐구를 위한 훈련을 한 후에, 존재에 관한 하나의 논제를 포함하게 된다. 우리는 존재자 일반에게서, 자연적 태도 안에서 그것에 자명하게 인정하게 된 자립적 존속을 배제하며, 그것은 의식의 진행 안에서 스스로 형성되는 의미로서 해석된다.

그래서 존재는 지향적으로 표상된 것으로 환원된다. 후설은 늦어도 『이념들 I』이후로 현상학을 이런 의미에서 '관념주의'로 이해한다.

존재에 관한 관념주의적 주장과 함께 현상학은 그 의도에서 볼 때 철학을 위한 방법이려 한다. 그러나 이때 구성탐구가 존재자의 보편적 인식에 대한 철학의 요구를 준수할지는 분명치 않다. 구성분석들은 그때마다의 어떤 특정한 대상범위에 관계한다. 어떤 특정한 종적 혹은 유적인 존재자라는 대상들의 존재가 의식성취력 안에서 어떻게 형성되는지가 보여지게 될 것이다. 형상적 환원을 통해 다음의 대상영역들의 인식될 수 있는 본질구조들, 즉 지각대상들, 수들, 언어적 의미체, 법률규범들, 윤리적 가치들 또는 그 밖의 가치 등이 그런 분석을 위한 '실마리'를 만든다.

개별분석들의 수집에 더 머물지 않기 위해, 후설은 『이념들 II』에서 비로소 존재자 일반을 포괄적인 영역들로 나눈다. 물리적(공간적 사물들의) 자연, 생물적(영혼적인, 생명력 있는) 자연과 정신적-인격적인 세계가 그것이다. 그는 영역적 존재론들 안에서 그것들의 근본규정들을 전개하는데, 그것들은 동시에 학문분야를 한계짓게 되는 선천적 전제들을 포함하는 것이다. 그렇지만 그런 존재론들의 총합은 현실적으로 보편적 인식의 완전성을 여전히 보장하지 못한다.

선험적 철학으로서의 현상학

전체의 인식으로서의 철학은 모든 종적 · 유적인 규정성들을 '넘어선다'(übersteigt)는 것은 이미 '초월론성들'(Transzendentalien),[11] 즉 존재자 일반에 관련된 규정성이라는 스콜라적 개념이 잘 표현하였다. 칸트는 초월성의 개념을 다시금 수용하고, 그것으로 우리의 대상경험의 가능성에 관한 선천적(apriorisch) 조건들을 묻는 그런 종류의 인식을 특징지었다. 철학은 그 이후로 존재자 일반을 그 의식과의 연관 속에서 주제로 삼기 때문에 보편적 앎이다.

후설도 구성탐구에 대해 '선험적 철학'(Transzendental philosophie)
이란 표지를 받아들일 수 있게 된다. 그것은 첫째로 현상학적 환원을 통
해 존재자는 의식에 대해 그것이 현상되는 방식에서만 엄격하게 관찰되
며, 둘째로 형상적 환원의 결과로 그런 현상의 가능성의 선천적 조건들이
문제시되기 때문이다.

그럼에도 현상학은 현상학적 환원이 개별적 존재범위에 대한 부분적
구성분석으로 향하게 되는 한, '선험적'(transzendental)이란 개념이 표
현하려는 보편성의 요구에는 충분치 않다는 의심이 남는다. 환원이 참
된 선험적·현상학적 환원이 되려면, 후설은 환원을 통해 성취되는, 자
연적 의식에 대립적인 태도변경이 애초부터 존재자의 전체, 즉 세계에
대한 자각을 가능케 한다는 것을 증명해야 한다.

이를 보여주기 위해, 그는 『이념들 I』에서 선험적 현상학으로 인도하
는 '근본고찰'(강의록에서는 그 이전이다), 계속해서 1929년의 『성찰』
에 이르기까지 『제일철학에 관한 성찰』(*Meditationen über die erste
Philosophie*)에서의 데카르트의 사상에 의존하였다. 데카르트에게서 보
편적인 방법적 회의를 취함으로써 내 의식은 의심될 수 없는 실체로서,
그리고 모든 인식의 근거로서 형성되는 것과 마찬가지로, 판단중지의
현상학적 태도변경은 나의 내면으로 시선을 되돌리면서 의식을 향하게
하며, 그것을 철학에서 추구된 보편적 탐구의 장으로서 발견하는 것을
내게 가능케 한다.

나의 의식은 서로 뒤섞인 지향적인 체험들로 짜여진다. 그것들은 의
식 안에서 그것의 실제적이고 '내실적'(reelle)[12]인 구성부분으로 포함
된다. 나의 내면, 의식흐름은 모든 이런 체험들을 감싼다. 그것들은 그
내면성에서 '내재적'(immanent)이다. 판단중지를 통해서 내 반성의 시
선 앞에 내적 세계 전체, 나의 의식내재적 체험들의 영역이 나타난다. 그
러나 이제 이 내적 세계는 결코 세계 일반의 한 부분을 이루지 않는다. 왜
냐하면 대상들의 지향적 연관성을 통해 나의 체험은 그 의식내재성에도

불구하고 의식수행물들을 초월한 세계를 포함하기 때문이다. 이런 세계의 초재도 '내재적' 또는 '지향적 초재성'(intentionale Transzendenz)으로서 나의 내적 세계에 의해 포괄된다. 그래서 현상학적 태도변경이 열어놓은 탐구의 장은 애초부터 전체 포괄적인 것으로 증명된다.

자기비판에 대한 비상하고도 세심한 준비성으로 후설은 데카르트에 대한 의존이 현상학에 관한 근본적인 오해로 미혹될 수도 있고 심지어는 미혹되지 않을 수 없으리라는 것을 깨닫게 되었다. 여기서 내실적 그리고 지향적, 또는 내재적 그리고 초월적 의식내용들 사이의 구분은 주체와 객체 간의 데카르트적 이원론이 부활된다는 인상을 부추긴다. 그러나 그런 인상은 철저하게 상호주관성 탐구의 정신과 모순된다. 진리이해에서 주-객-긴장의 비일방적인 해소를 가지고 후설은 이런 이원론을 극복했고 더불어 20세기 철학에 최초로 완전히 새로운 가능성들을 열어 놓았다.

후설적 의미에서의 현상, 즉 비주제적으로 기능하는 소여방식들 안에서 존재자의 지향적 나타남은 ──이른바 초월적 외적 세계로부터 분리된──, 의식의 내재성 범위에도 그런 '외적 세계'에도 귀속될 수 없는 '사이'(Zwischen)의 차원을 형성한다. 후설은 이것을 자각하였기 때문에, 후기에 선험적·현상학적 환원으로의 확신적이며 비데카르트적인 길을 위해 노력하였다.

이러한 길은 존재믿음의 개념을 통해 묘사된다. 이 믿음은 우선 하나의 개별적인 지향적 체험 안에서 개별적 대상의 존재와 관계맺는다. 그러나 그것은 더 세심한 관찰에서 볼 때, 이런 모든 대상들의 전체, '세계'를 포괄한다. 중단되지 않는 자연적 태도에서 우리는 물론 개별적 체험대상에게──우선적이지는 않지만──그 소여 방식의 매순간성에 사라지지 않는 존재성을 부여할 뿐만 아니라, 그렇게 이해된 '존재정립'(Seinssetzung)은 우선적으로 세계와 관련된다. 이것은 다음과 같은 이유에서 그렇다.

지향적 의식은, 불가피하게 존재하며 그리고 이러저러한 상태로 있는 것으로 여겨진 개별적 대상들이, 존재하지 않거나 혹은 다른 상태에 있는 것으로 증명되는 경험을 한다. 그 의식은 언제나 다시금 이러저러한 '존재타당성'(Seinsgeltung)을 '제거해야'(durch-streichen) 한다. 어떤 불특정한 예견, 즉 애매한 또는 '빈' 지향의 원본적 소여 방식으로의 이행을 통해 우리는 충족이나 확증뿐만 아니라, 마찬가지로 '기만들'(Enttäuschungen)에도 이르게 된다.

그러나 이를 통해서도 근본신념은 훼손되지 않은 채 머물러 있다. 즉 우리가 거의 모든 대상들을 정립하게 되는 토대로서 세계가 지속한다는 믿음이다. 모든 기만은 결국 항상 '이렇지 않고 다르게'로 이르게 되지만, 결코 완전한 무에 이르지 않는다. 그래서 우리가 이러저러한 대상의 존재와 양태에서 우리에 대한 타당성을 박탈한다 할지라도, 세계의 존재는 '최종타당성'(Endgeltung) 안에 머물러 있다.

후설은 이런 세계연관적 존재믿음을 자연적 태도의 일반정립(General-thesis)이라고 부른다. 이 발견은 판단중지라는 포괄적인 개념을 가능케 만든다. 이 존재믿음에 반하는 중립성은 이제 '세계믿음'의 비동참으로서 규정될 수 있다. 그러나 이로써 판단중지 위에 근거한 현상학적 환원은 동시에 세계 전체로 확대되어 희구된 선험적인 성격을 얻는다. 이런 사상을 구체화하기 위해, 후설은 물론 모든 개별적인 대상의식에는 세계존재에 관한 비명시적 신념이 속한다는 것을 증명해야 했다.

대상은 지향적 체험 안에서, 자신이 나타나게 되는 그런 소여 방식들의 비주제적인 기능함과 달리 의식의 주제를 형성한다. 어차피 모든 체험에는 바로 주어진 대상에서 다른 대상으로 집중하게 될 가능성이 속한다. 예를 들어 나는 책상 전면의 지각에서 다음의 의식을 갖는다. 즉 나는 그것을 한 바퀴 돌아 그 뒷면을 볼 수 있다. 나는 그것이 서 있는 공간에 시선을 던질 수 있다. 나는 이 공간의 창문에서 바라보며 그로부터 계속된 대상들을 발견할 수 있다 등등.

내 구체적인 지향적 체험은, 점차적으로 계속되는 대상들을 주제로 삼을 수 있는 가능성의 특정한 활동공간을 내게 미리 지시해 놓는다. 내가 이 활동공간을 자유로이 사용할 수 있지만, 완전한 임의성에서 그렇지 않다. 어떻게 내가 계속해 주제화할 수 있는 그 방식(Wie)은, 내가 비명시적인 방식으로 신뢰하고 있는 규칙 아래 놓인다. 그래서 나는 하나의 체험대상으로부터 항상 계속되는 대상들로의 지시성의 의식을 갖는다.

그 안에서 내가 내 구체적인 경험을 추진할 수 있는 규칙적인 지시연관에 대한 신뢰를 후설은 지평의식(Horizontbewußtsein)으로, 그리고 이를 통해 열리는 가능적 경험의 활동공간을 지평(Horizont)[13]이라 부른다. 후설은 '지평'이란 어휘의 일상적 의미를 받아들여 확장하였다. 지평은 포괄적인 의미에서 중심인 나를 둘러 향하게 된 주위 세계, 시야이다. 그것도 내 자신의 위치변화에 따라 변화된다. 내 경험 가능성들의 활동공간으로서 그것은 주관적인 어떤 것이다. 내가 이런 '가능성들'을 발견한다고 하지만, 그러나 그것들을 처리할 수 있는 내가(ICH) 있다는 사실에서 그렇다. 내가 원하는 방향으로 지시연관을 따라가는 것도 내 '능력'(Vermögen), 내 권한에 있다. 그래서 지평의식이란――후설이 형식화하듯이――나의 '가능화'(Vermöglichkeiten)의 의식이다.

나의 잠재력에는 새로운 대상의 주제화를 항상 계속해 추진할 수 있는 의식, 즉 무한히 그 밖에도(Undsoweiter)의 의식이 속한다. 이 의식 덕분에 우리는, 개별적 기만체험이 개별적 대상들의 존재타당성을 지양한다 하더라도 우리의 지향적 체험이 결코 완전한 공허에 부딪히지 않는다는, 방금 언급했던 신뢰를 갖는다. 그래서 우리는 지평의식의 무한성 안에서 삭제될 수 없는 최종적 지평을 갖는데, 모든 지평들의 지평인 세계(die *Welt*)가 열린다.

세계의 발견과 더불어 후설은 일반정립의 이론을 구체화하였다. 개별적 대상에 보통의 경우 비주제적으로 기능하는 그 소여방식들이 속하듯이, 개별적 대상의식은 비주제적으로 기능하는 세계믿음 속에 깊이 박혀 있다. 주제적인 대상, 내 주목함의 객체란 동일적인 어떤 것으로서, 그것은 소여 방식의 다양성, 즉 그 대상이 내게 스스로를 드러낼 수 있는 변화하는 측면에 대해서 동일하게 머물러 있다. 마찬가지로 세계란 개별적인 대상체험들에 대해서 동일하게 유지되는 어떤 것이다. 대상들의 존재타당성은 원본적 소여성 안에서 확증되거나 무효화될 수 있지만 그 유일한 세계는 최종타당성 안에 머물러 있다.

현상학적 환원의 범위 안에서 대상의 이른바 즉자적-존속은 나타나는 방식에서의 그 존재로 환원되듯이, 단적으로 포괄하는 판단중지의 태도에서 세계의 최종타당성은 지평의식 안에서 그 나타남의 방식으로 환원되어야 한다. 이것이 뜻하는 바란, 세계 전체는 즉자적으로 존재하는 대상들의 총합이 아니라, 나를 둘러 향하게 된 지시연관으로서 내 잠재력의 포괄적 활동공간이라는 것이다. 판단중지의 필연적 보편화와 더불어 순수하게 방법적인, 또는 적어도 단순히 특수한 사고조작에 머물러 있을 것으로 보였던 '현상학적 환원'은 '선험적·현상학적 환원'으로 심화된다. 현상학적인 사고의 단초는 선험철학으로 확장되어야 한다는 것이 제시되었다. 후설의 신념에 따르면, 이제 이것 안에서 칸트가 의도하였던 것이 비로소 구체적으로 완성된다.

물론 철학으로의 이러한 이행에서 여전히 후설은 무엇보다도 1920년대 후반에 씨름했던 마지막 방해물에 마주 서 있다. 세계의 최종타당성은, 그 존재특성을 말하자면 매순간 주제적인 대상에 영향을 미치는 식으로, 그렇게 개별적인 지향적 체험에 구체적으로 스스로를 알린다. 그 주제적 대상을 자연적 태도 안에서 존재하는 것으로 여김으로써, 우리는 그 대상을 정립하게 만든 토대인 세계의 취소할 수 없는 존재의 약간을 그것에다 부가한다. 그 까닭에 세계믿음에 대한 급진적인 선험적 판단중시는 개별적 체험대상의 존재타당성에 관련된 판단중지를 포함한다. 또한 하나의 대상의 존재타당성을 중단 없이 함께 수행하는 자는, 세계 역시 최종타당성 안에서 허용한다. 그는 세계믿음적이고 '현세적'

(mundanen)인 태도 안에 머물며, 여전히 항상 선험적 입장의 문턱 앞에 서 있게 된다.

그러나 이제 현상학적 분석 자체도 하나의 대상을 함께 지닌 지향적 체험이다. 그것의 주제는 내 지향적 체험들 일반의 영역으로서 내 의식, 그러나 지향적 현상의 수행자인 나(Ich) 자체를 형성한다. 이런 사려는 현상학을 자기비판적 물음으로 강제로 이끈다. 내 현상학적 반성의 대상, 나 자신의 나인 존재는 실제로 어떠한가? 내 태도가 현세적이지 않으려면, 나는 내 고유한 자아의 존재에 관한 자연적인 신념에 관련해 판단중지를 해야 한다. 그렇지 않을 경우 나는 최종타당성에 놓인 세계를 허용하게 된다. 내 자아의 존재와 더불어 '세계의 조그마한 한 부분'을 건져낼 수 있으리라 믿어서는 안 된다.

후설에 따르면 이것이 데카르트의 근본오류였다. 그는 자아를 의심될 수 없이 존재하는 것으로 여김으로써, 보편적인 방법적 회의를 통한 세계상실 속에서도 자아의 실존에 특별한 위상을 부여했다. 내 존재에 대한 긍정적 태도로 인해 그는 현세성에 사로잡혔다. 방법적 회의 대신 모든 태도정립에 대해 완전한 중립성인 판단중지가 등장해야 한다. 그러나 그것이 급진적이려면, 내 존재가 세계적인 것으로서가 아니라 선험적으로 파악되어야 한다. 즉 존재믿음이 자아의 존재와 관련해 동요되어야 한다. 후설은 이런 사상을 간략히 표현하여 언급하기를, 자아는 현상학적 선험철학의 범위 안에서 현세적으로가 아니라 선험적인 자아로서만 나타나야 한다는 것이다. 이것으로 그는 두 종류의 자아가 문제시된다는 것이 아니라, 단지 선험적 태도에서의 하나의 동일한 자아──자아 자체──는 자연적 태도에서와는 다른 관찰방식 속에 놓여야 한다는 사실을 말하려 한 것이다.

후설에 따르면 다음과 같은 형태의 현상학이 가능하다. 여기서 자아는 현세적으로, 즉 인간으로서, 영혼으로서 파악되며 또는 항상 세계-안의-존재자라는 타당성을 보유한다는 것이다. 대상세계 전체는 그것의 순수지향적인 나타남의 방식으로 환원되지만 여기서 현상학도 현세적이고 철학 이전의 학문으로 머문다. 이 현상학은 비경험적인 심리학, 즉 모든 체험이 판단중지의 토대 위의 반성 안에서 분석될 수 있듯이, 형상적 환원을 통해 인식될 수 있는 모든 체험들의 본질구조들에 관한 학문과 다른 것이 아니다. 이렇게 이해된 『현상학적 심리학』(*phäno-menologische Psychologie*)은 현상학의 내용 전체를 이미 포함하고 있지만, 여전히 현세성 내에서 그렇다. 후설에 따르면 이런 종류의 심리학을 선험철학으로 이행하기 위해서, 자아가 더 이상 현세적이지 않고 선험적으로 파악되게 하는 '지시변경'(Vorzeichenänderung)이 역시 필요하다는 것이다.

현세성의 최종적 보루는 자아를 이미 선험적인 것으로 파악하면서도, 계속 그것을 의식흐름으로서 해석하는 자아론이다. 그런 흐름의 표상은 앞 절에서 설명했듯이 가장 근원적인 '객관성의식', 즉 즉자적으로 지속하면서 현전화에 준비되어 있는 시간위치에 관한, 내적 시간의식 안에 놓인 신념을 전제로 한다. 그런 까닭에 선험철학으로서의 현상학의 실현은 환원의 극단적인 최후적인 급진화인데, 기기에서 선험적 자아의 시간의식이 자기 자신의 순수한 현재체험——모든 지향적 삶의 근원차원으로서의 '살아 있는 현재'——으로 환원된다. 이런 환원을 완결하기 위해서 후설은 30년대 초에 다시 한 번 시간분석을 수용했다. 그는 여기서 현상학의 가장 심오한 문제를 보았다. 그가 출판되지 않은 유고에서 그 문제를 풀려고 어떻게 시도했는지는 여기서 더 이상 설명될 수 없다.

생활세계의 발생적 이론으로서의 현상학

구성이론이 처음에 구상되었듯이, 특정한 대상영역들의 구성이 문제시되었다. 환원의 급진화와 함께 선험철학으로서의 현상학의 주제가 고립된 대상들이 아니라 지평 또는 세계라는 사실이 더욱 명료하게 알려질수록, 후설에게는 대상들이 그들의 지평 안에서 그리고 결국에는 세

르네 마그리트, 「생의 피로」(1927). 후설은 우리가 사물,
예컨대 테이블을 볼 때 그것이 테이블이라는 것은 알 수 있지만
테이블 자체는 알지 못한다는 흄의 견해를 받아들여 철학은 사물의 존재에
대하여 증명될 수 없는 가정을 하지 말아야 한다고 주장한다.

계 안에서(in) 어떻게 구성되는가라는 물음에 답해야 한다.

동시에 『이념들 I』에서 구성이론의 최초의 시도가 지닌 근본적인 결함
이 그가 이 물음에 답하도록 촉구했다. 앞서 설명했듯이 후설은 대상들
의 구성에서 의식이 가져오는 성취물에 관해 언급한다. 여기서 실제로
무엇이 '성취'되었는가?『이념들 I』에서 후설이 대답하기를, 의식이 자
신에게 이미 처리 가능한 어떠한 내용들을 지시하는데, 의식은 이것을
통해 그 내용들에게 하나의 객관적 대상을 고지한다는 신념에 도달하게
된다는 것이다. 그 수행능력, '노에시스'(Noësis) 안에서 의식은 앞서
주어진 내용들을 대상적인, '노에마적인' 소여성으로서 파악한다. 이 노
에시스적 수행력이란, 그 안에서 일차적 내용들이 제작되는 '통각들'
(Apperzeptionen),[14] 파악성취력이다.

통각적 형상화에 대해서 내용들은 재료, 또는 후설이 말하듯이 아리스토텔레스의 개념으로 질료(Hyle)를 이룬다. 여기서 후설은 다시금 지각의 근본적인 체험으로 향한다. 질료는 구체적으로 어떤 감각들, 즉 색상 또는 온도인상들을 우리에게 제공하는 '자료들', 소여성들로 이뤄진다. 그런 인상들을 통해 우리 안에 불러일으켜진 상태들은 그 자체로 아직 대상연관적이지 않고, 그것들의 실질이 이러한 혹은 저러한 것으로(als), 예를 들어 감각적인 붉음이 대상의 속성으로 파악될 경우에, 비로소 그렇게 된다. 노에시스는 질료의 감각자료들을, 대상적인 것이 자신을 나타내게 되는 노에마적 실질로 변화시킨다. 대상적인 것은 질료적 물질에 대해서 초월적이며, 역시 자신이 노에마적 의미를 획득할 때 거쳐야 하는 노에시스적 수행에 대해서도 마찬가지다. 이런 의미에서 후설은 『이념들 I』에서 노에시스 이외에도 질료를, 통각을 통해 초월적인 대상으로 넘어가게 하는 의식의 내실적 내용에 포함시킨다.

내실적 소여성과 초월적 소여성 간의 이런 구별에는, 그럼에도 원칙적으로 상관성 탐구의 근본원칙으로써 이미 극복되어진 의식내재와 외부세계 사이의 데카르트적 이원론과 다르지 않은 것이 숨겨져 있다. 따라서 후설은 무엇보다도 감각자료의 학설을 수정해야 하며, 의식은 체험의 기초지음의 질서 안의 가장 기초적인 영역에서조차 이미 세계연관적으로 준비되어 있으며, 단순히 내실적인 소여성들의 내재성 안에 포함되지 않는다는 것을 보여주어야 했다.

체험의 기초영역은 전통적으로 수동성, 감수성의 분야로 여겨졌다. 감각인상들은 우리의 개입 없이 우리를 덮친다. 순수히 수동적으로 수용된 것으로서 그것들은, 후설이 처음에 생각했듯이, 통각작용을 필요로 하는, 또한 세계함유성과 함께 비로소 준비될 그런 질료를 형성한다. 의식의 세계연관성은 통각작용의 능동성을 통해 정립되어야 한다. 데카르트적 이원론을 피해가기 위해, 후설은 순수 수동적인 선소여성들과 그 위에 증축되는 능동성들 간의 이분법을 해소해야 하고 두 가지 점을 증명해야 한다.

첫째로 감각작용은 원래부터 세계함유적인데, 그것은 그것이 이미 늘 활동적인 것으로서 기초적인 능동성을 포함하기 때문이다. 둘째로 모든 능동적이고 통각적인 성취물들은 그것들로서는 수동성에 복속되어 있다. 구성사상의 이중적인 전개는 그에게 동시에 대상구성의 이론을 지평 또는 세계구성의 이론으로 이행하는 것을 가능케 하였다.

첫번째 증명의 가장 중요한 부분은 운동에 연결되어 있는 지각, 운동감각(Kinästhesen)[15]의 학설이었다. 모든 감성적인 감각작용은 그 어떤 적절한 육체활동을 필요로 한다. 무엇인가 보려면 나는 눈이나 머리를 움직이며, 무엇인가 만지려면 내 손을 움직인다. 그 밖에도 마찬가지다. 이러한 모든 움직임들은 결코 순수히 수동적으로 경과되지 않는다. 그것들은 정상적인 경우에 주목받지 않고 습관적으로 수행되지만, 그런 움직임이 방해받거나 주저하게 될 경우에는 나는 그것들을 조정하는 내 자신의 가능화를 의식하게 된다. 이 이론은 정말로 후설이—부분적으로 데카르트적이라 생각되는 자신의 프로그램에 반해서—수동석 구성의 분석을 가지고 열었던, 몸의 분야에서 새로운 철학적·심리학적인 연구들의 영역 전체에 걸쳐 아마도 가장 중요한 사례일 것이다. 이 분야에서 가장 탁월한 관찰 업적을 메를로-퐁티가 그의 『지각의 현상학』에서 실증하였다.

두번째로 후설은 모든 능동적인 구성성취작용들이 수동성에 복속해 있다는 것을 증명하였다. 후설은 이런 성취력들을 후기에 근원정립(Urstiftungen)이라고 불렀다. 하나의 근원정립이 발생하는 것은, 의식—그 어떤 개별자가 아니라, 늘 동일하게 정의되어야 하는 언어 또는 문화적 공동체—이 자신의 기존적인 대상지평을 떠나 새로운 종류의 대상성으로 넘어가려 할 경우이다. 예를 들어 새로운 도구가 발명되었을 때가 그렇다. 인간 문화의 모든 대상들은 근원정립의 대상형성적인 성취를 통해 언젠가 구성되었다. 모든 이 근원정립과 함께 의식은 그것으로부터 늘 다시금 이 새로운 종류의 대상성으로 되돌아가는 능력을 획득하게 되었는데, 즉 이 해당된 대상들의 경험은 습관이 된다는 것이다. 이 '습득화'(Habitualisierung),[16] 또는 '침전화'(Sedimentierung)는 수동적 과정, 즉 수행자인 나에 의해 능동적으로 추진되지 않는 과정이다. 이와 더불어 근원정립의 창조적인 작용은 정상적인 경우에 망각 속에 빠진다. 습관은 관련된 종류의 대상들을 경험하는 능력에 대한 비주제적인 신뢰가 된다. 그러나 이것이 뜻하는 바는, 근원정립의 수동적 습관화를 통해 의식이 잇달아 일어나며, 더욱이 이 근원정립의 능동성 안에서 지평의 근원적인 발생을 다시금 새롭게 수행해야 하는 일 없이도 살아가는 그런 지평이 형성되어야 한다는 것이다.

이런 생각과 함께 구성이론은 완전히 새로운 차원을 얻게 된다. 그 안에서 지평의식이 형성되고 확장되어 가는 '발생'(Genesis), 역사가 그것의 근본주제가 된다. 이 새롭고 발생적인 구성이론은 두 분야로 나누어진다. 모든 지평이 근원정립들의 습관화에 근거할 수는 없다. 근원정립의 능동성은 기초적 지평들의 **수동적 발생**을 전제로 한다. 이 발생에서 무엇보다도 다음의 것들이 참여한다. 가장 아래에 '살아 있는 현재'에서의 근원적인 시간형성, 그 다음에 의식내용들, 특히 능동적으로 서로 연결시키기 전의 의식내용들의 연관이 지속적으로 만들어지도록 하는 '연상'의 근본생성, 그 이외에도 감각인상들이 최초의 형태적 복합체로 형상화해 가는 운동감각적 경과가 그것이다. 그러나 지속적으로 진행중인 모든 수동적인 과정들은 이미 능동성의 선형태에 의해 관철되어진 것이다. 그 까닭에 수동적 발생의 최초 분야는 미끄러지듯이 두번째 분야인 근원정립의 **능동적 발생**으로 이행한다. 이런 능동성은 그 자체로 수동성의 습관화인 '2차적 수동성'에 의해 둘러싸인 채 머물러 있다.

능동적 그리고 수동적 발생의 현상학과 함께 비로소 의식은 고립된 대상이 아니라, 지평들과 최종적으로 세계를 구성한다는 사상이 산출된다. 그래서 급진적인 선험적-현상학적 환원은 이렇게 하여 비로소 구체적으로 목표에 도달한다.

발생적 구성의 이론을 통한 의식형성사적 차원의 발견은 후설의 후기 시기에서 다시 한 번 새롭게, 철학에서 현재까지도 효과적인 방식으로 그를 현상학으로 안내하는 것을 가능케 해주었다. 1936년의 『위기』에서 그는 선험적 현상학을, 이 시대에서 우리의 삶과 세계의 과학화가 몰아가는 의미의 위기에 적절한 진단을 제시할 수 있는 유일한 재판정으로 천거한다. 그런 진단은 상응하는 근본적인 회상을 전제하고 있다. 후설은 총체적인 근대 학문을 일련의 과학사적이고 철학사적인 근원정립들의 결과로서 파악하는데, 그것들 중에서 최종적이고 우리에게 표준적인 것이 수학화된 근대적 자연과학의 정립이다.

모든 근원정립은 새로운 대상성의 능동적인 구성으로서 대상들에 관한 비주제적으로 신뢰된 지평을 넘어선다. 그런데도 이 주제적인 대상에 관련하여 이미 언급된 존재믿음이 발생한다. 그것은 즉자적으로 또는 객관적으로 지속하는 것으로 파악되는데, 비주제적인 소여성 수행들에, 그리고 첨부하자면 이런 수행들이 자리잡고 있는 비주제적 지평의식에 무관한 것으로 나타난다. 철학과 학문, 문화형성물의 근원정립과 함께 인류 역사 안에서 최초로 세계 전체가 이런 의미에서 객관적인 어떤 것으로서 대상화되며, 탐구의 주제가 되었다.

근대 자연과학의 수학화를 통해 새로운 근원정립 안에서 무조건적인 과학적 객관성이라는 근대적 이념이 발생했다. 과학적으로 타당한 것은 그때마다의 주관적인 소여성과의 모든 관계로부터 자유로워야 한다는 것이다. 과학적으로 인식될 수 있는 세계의 객관성, 즉자 존재는 주관적인 경험지평들과의 급진적인 비관련성으로서 이해된다. 이 객관성 이념은 자명한 것이 아니라, 근대과학의 근원정립과 더불어 등장하게 된 파악 능력의 산물인 것이다. 이런 성취력을 토대로 발생된 존재믿음을 통해서만 이후로 과학의 대상이 되어버린 세계는 절대적으로 즉자적이거나 객관적으로 지속하는 것으로 나타날 수 있다.

수동적 침전화의 토대 위에서 이러저러한 근원정립이 습관이 되기 때문에, 객관성 이념의 역사적 유래는 망각에 빠진다. 무조건적인 객관성은 자명성이 된다. '객관주의'의 인식태도가 발생한다. 그러나 그 태도는 근대과학과 그것과 함께 과학화된 세계에서 삶의 의미를 위기로 이끌었다. 이 세계는 소여 방식에서 구체적이고 주관적 · 지평연관적으로 수행된 경험에 대한 총체적인 비관련성 때문에 비인간적인 어떤 것으로 나타난다.

그러나 사람들은 동시에 주관적 근원정립으로부터 총체적인 비관련성의 표상의 유래가 망각되기 때문에 이 세계로부터 어떤 탈출구도 보지 못한다. 이 세계 역시도 단지 특수하고도 역사적으로 발생한 인식태도의 상관물이라는 사실을 간과하게 된다. 이런 망각을 후설은 『위기』에서 폭로하고, 이 과학적이고 이른바 절대적으로 즉자적이게 존속하는 세계가 단지 주체연관성의 비록 비주제적이나 포괄적인 지평의 초월함에서 근원정립될 수 있었다는 것을 기억한다.

후설은 과학적인 탐구대상 일반으로서의 세계, 그리고 근대의 과학화된 세계와 이 포괄적인 지평 사이에 한계를 그으며 이 지평을 특별히 생활세계(Lebenswelt)라고 부른다. 과학적 세계는, 자신의 근원정립에서 획득하였던 절대적으로 주체-비관련적 세계라는 의미를 통해 전과학적인 생활세계를 되돌아 지시한다. 과학적 객관성의 새로운 초월성은 이런 의미에서 주관적 실행능력과 관련되어 머물러 있다. 그것 역시도 보편적인 상관성에서 벗어나지 못한다. 그렇지만 생활세계적 지평의 주체관련성을 넘어서는 과학적 세계는 이처럼 전자에 의해 되찾아진다. 과학의 대상들은 고유한 이론적 · 논리적 실천의 주관적 성취력에 자신의 존재를 감사해야 하는 의미형성물이며, 이 실천 자체는 생활세계의 삶에 속한다. 후설에 따르면 발생적 지평구성의 분석을 통해 생활세계의 망각이 지양된 것으로 여겨진다. 이것만이 우리에게 과학화된 세계에서 삶의 의미위기를 극복할 기회를 제공한다는 것이다.

근대과학의 생활세계 망각의 지양은 후설에게서 과학적 인식 일반을 향한 노력의 포기를 의미하지는 않는다. 오히려, 현상학적인 '생활세계의 학문'과 더불어 철학과 과학의 발생과 함께 근원정립되었던 편견에서 자유로운 세계인식에 대한 요구가 구체적으로 충족되어야 한다. 물론 이런 요구의 변형은 근대과학의 객관주의를 통해 역사적으로 상대화되었다. 모든 지평들의 주관적 발생의 망각으로서, 즉 일방적으로 객관성에 유리하게 되어버린 진리인식으로서 객관주의는 무편견성의 근원적인 학문이념을 위반하였다. 편견에 자유로운 세계인식 위에서 학문적인 의도의 근원정립과 더불어, 후설에 따르면 전인류를 위해 타당한 인식규범이 제시되었다. 선험현상학적으로 사유하는 철학자들은 '인류의 직무자'로서 철학적·과학적인 사고가 어느 정도까지 그 근원정립 안에서 구상된 의도를 지금까지 준수했는지에 대해 고려해야 한다. 의도와 충족 사이의 이런 역사적-현상학적인 비교에서 인간의 합리적인 자기 책임이 실현된다.

영향

생활세계, 즉 결국에는 인간이 거주할 수 있는 세계에 대한 후설의 자각은 줄어들지 않는 현행성을 지닌다. 그 각성은 오늘날 우리 세계가 비거주화됨에 대해서 점점 더 확실하게 외쳐지는 비판을 철학적으로 심화하고 정초하는 데 기여할 수 있으며, 학문과 문화의 불만을 동시에 과학 이전 그리고 기술 이전의 성스러운 세계로의 회귀라는 청년운동적 낭만주의로부터 방지할 수 있었다. 이런 불만 안에 새로이 나타난 근대의 '두 문화'의 긴장, 즉 여러 조직체들을 수반하는 과학·기술적, 합리적으로 각인된 세계 안에서의 분별 있는 삶과 문화적인 기록들을 아우르며 역사적·인격적으로 성장한 세계 안에서의 충만한 실존 간의 긴장은 두 전통적 궤도의 유산 사이에서 오늘날의 철학의 동요에 반영되어 있다. 경험적·실증적 유래를 지니며 분석적·과학적 방향을 띤 사고는 선험철학적·변증법적·실존철학적, 또는 해석학적 단초들을 회복하려는 시도들에 대립해 있다.

후설의 사고는 양편 모두와의 유사성을 지니고 있고 이로써 '두 문화' 간의 매개역할로 예정되었다. 그의 정신적 출발점에서 볼 때, 그의 사유는 첫번째로 언급된 전통들에 가깝다. 『논리 연구』로부터 『이념들 II』, 『형식논리와 선험논리』를 넘어 『위기』에 이르는 그의 전 작품에서 근원적 경험과 이에 상응하는 '자연적 세계 개념' ──이 후자는 동시대의 실증주의에서 문제시된 개념인데──에 관한 탐구는 학문정초의 시도와 짝을 이룬다. 그러한 까닭에 영미권에서 주도적인 분석적 사고와 후설의 현상학 간의 교량을 놓으려는 시도들이 증가하는 것이 우연은 아니다.

그러나 다른 쪽에서──바로 『위기』에서 보여지듯이──선험적 현상학의 발생적인 각성은, 과학이론적·분석적으로 방향을 갖는 철학에서 눈에 띄게 되는 역사의 상실과 위대한 선험철학적 전통과의 적어도 경박한 교류를 피하려 한다. 동시에 바로 생활세계의 문제성은 후설과의 지속적인 논쟁 안의 하이데거, 가다머 그리고 그밖의 다른 이들에게서 발전했던 실존철학적·해석학적 사유와의 내적 연관에 서 있다. 끝으로 오늘의 사회변증법적인 사고에 대해서 유의미한 가능성들은──이것들은 생활세계의 상호주관적 차원을 묻는 현상학이 준비한 것들인데── 아직도 여전히 해소되지 않았다.

| 클라우스 헬트·김희봉 옮김 |

클라우스 헬트(Klaus Held)

1936년 출생. 뮌헨, 프라이부르크, 본과 쾰른에서 철학과 문헌학을 공부했다. 1962년에 철학박사 학위를 취득하고 1963년에서 1970년까지 쾰른 대학 철학과 학술조교로 있었다. 1970년 교수자격논문이 통과되었고 1971년에서 1974년까지 아헨 대학에서 철학과 지도교수로 있었으며, 1974년 이후로 부퍼탈 대학에서 철학과 정교수로 있다. 저서 : *Lebendige Gegenwart. Die Frage nach der Seinsweise des transzendentalen Ich bei E. Husserl, entwickelt am Leitfaden der Zeitproblematik*(1966), *Heraklit, Parmenides und der Anfang von Philosophie und Wissenschaft. Eine phänomenologische Besinnung*(1980), *Stato, interessi e mondi vitali, Treffpunkt Platon. Philosophischer Reiseführer durch die Länder des Mittelmeers*(1991). 편집서 : *M. Heidegger : Metaphysische Anfangsgründe der Logik*(1978), *E. Husserl : Die phänomenologische Methode/Phänomenologie der Lebenswelt*(개론적 설명을 덧붙인 본문발췌, 2권. 1985~1986).

1) 이 개념은 19세기 말 역사주의에 근거해 딜타이가 근본적인 삶의 이해들을 특징짓는데 사용하였다. 세계관 체계들로는 철학, 종교 그리고 예술이 있다. 여기에 그는 3가지 근본유형을 나누어 제시하였다. 첫번째는 자연주의의 입장으로 인간이 생물학적 존재로 파악된다. 둘째로 자유의 관념론인데, 외부환경에 독립적인 의미에서 자유로운 인간정신이 강조된다. 끝으로 객관적 관념론을 말하는데, 이것은 개체와 세계 전체 간의 조화를 추구하는 입장이다(옮긴이).

2) 18세기 피히테나 볼차노의 학문론이라는 언급에서 그 출발을 볼 수 있고, 오늘날 새롭게 연구되는 철학의 분과이다. 특히 이 분야에서는 학문 일반의 방법, 구조, 전제들, 목적 그리고 영향 등을 문제로 삼는다(옮긴이).

3) 심리학주의는 밀(J. S. Mill)에 의해 지지되었는데, 이 입장은 심리주의의 특수한 형태로 특히 논리적 법칙을 심리적 법칙과 동일시한다. 따라서 모든 이념적 대상들을 단지 의식 안에서 이루어진 심리적 작용들의 결과로 보려 하였다. 이 입장은 특별히 프레게와 후설에 의해 강력하게 비판되었다(옮긴이).

4) 명증성은 후설에게서 '옳음(Richtigkeit)의 가장 완전한 징표', '사태나 대상에 대해 사고가 일치하는 상태', '대상 그 자체를 정신적으로 바라봄' 등으로 이해된다. 이것은 주어진 사태와 사고가 완전히 일치하는, 대상의 완전한 충족의 측면인 '충전적 명증성'(Ädequate Evidenz)과 주어진 사태의 비존재성을 절대로 의심할 수 없다는 측면에서의 '필증적 명증성'(Apodiktische)으로 크게 대별된다. 이외에도 후설은 명석함과 판명함에 따라 명증성의 여러 단계를 구분하였다(『논리학』 16, 84~86쪽, 『위기』, 131, 385쪽, 『제일철학』, 제2절 26~35쪽 참고)(옮긴이).

5) 브렌타노(1838~1917)는 독일 관념론과 신칸트 학파를 배격하고, 경험기술적 심리학으로 철학을 정초하려 하였다. 특히 그는 물리적 현상과 구별되는 심리적 현상으로서 의식의 지향성을 해명하려 했는데, 이 분석이 후설에 큰 영향을 주었다. 저서로는 『경험적 관점에서의 심리학』(1874), 『도덕적 인식의 근원』(1889) 등이 있다(옮긴이).

6) 후설, 『위기』, 168쪽 이하.

7) 형상적 환원이란 자연적 태도에서 정립된 타당성을 일단 유보한 후에, 드러난 순수의식의 영역 안에 놓인 개별적 사실들을 자유변경함으로써 순수 가능성 혹은 보편적 본질인 형상을 밝히는 반성적 행위이다(옮긴이).

8) 음영이란 후설이 고유하게 사용한 개념이다. 이 개념은 외적 지각에서 개별적 대상들이 항상 전체적으로 일시에 드러나지 않고 어떤 측면들의 연속선상에서 일면적으로 드러나는 방식을 가리킨다. 따라서 이 음영적 사태는 그 소여 방식에서 늘 비충전적이다(옮긴이).

9) 후설의 선험철학이란, "모든 인식형성의 궁극적 원천으로 되돌아가서 묻는 동기이며, 인식행위자가 자신에 대한 그리고 자신의 인식적 삶에 대한 자기성찰의 동기"에 기초해 이루어지는 철학활동을 뜻한다. 특히 후설의 '선험적' 개념은 대상인식의 가능적 조건만을 묻는 제한성에서 벗어나, 선험적 주관연관 아래서 존재 일반의 의미지평과 구조를 밝히려는 차원을 지시한다(옮긴이).

10) 과거지향(Retention)은 라틴어 'retentare'(굳건히 유지하여 보존하다)에서 유래한 것으로, 방금 전에 나타난 것이 사라지는 동안 오히려 생생하게 현재 안에 유지되는 작용을 뜻한다. 이에 반해 미래지향(Protention)은 이미 유형을 통해 친숙하게 알려져 있는 것을 근거로 미래의 계기를 현재에 직관적으로 예상하는 작용을 뜻한다(옮긴이).

11) 모든 존재자들을 규정해주는 존재적 원리에 관한 물음을 통해 토마스 아퀴나스가 이끌어낸 범주적 개념들이다. 여기에는 순수활동성과 관련해 모든 존재자들에게 귀속되는 존재(ens)가 있고, 본질의 관점 아래서 개물들의 내용을 특징짓는 실재성(res)이 있으며, 내적 비분리에 근거해 존재자가 지니는 하나됨(unum)과 다른 것과 구별된다는 의미에서 어떤 것(aliquid)이 있다. 이외에도 존재자들간의 관계를 규정하는 진리(verum)와 선(boum)이 초월론성에 속한다(옮긴이).

12) 대상에 관한 표상에서 표상작용뿐만 아니라 표상내용 또한 의식에 내재적이다. 그러나 작용 자체의 내재성은 그 대상의 내용과는 성격이 다르다. 이 체험작용은 후설에 따르면 내실적이라는 것이다. 이 규정을 그는 의식 안에서 실질적으로 발생하는 구성계기들, 즉 감각질료나 작용들에 적용하였다(옮긴이).

13) 지평은 그리스어 'horizein'(구분하다, 경계짓다, 구획을 정하다)에서 유래한다. 후설은 이 개념을 특히 모든 대상경험이 의식의 현재적 작용뿐만 아니라 기억이나 예상에 의해 가능하게 되는, 미리 지시되어 있는 토대를 나타내기 위해 사용한 것이다(옮긴이).

14) 통각은 라틴어 'appercipere'(추가적으로 지각하다)에서 온 것으로, 직접적 지각에 부가적으로 그 이상의 것을, 혹은 잠재적으로 함축되어 있는 감각들도 간접적으로 지각하는 것을 의미한다. 특히 칸트 이후로 이 개념은 새로운 지각이나 표상을 앞선 것에다 종합하고 통일하여 대상을 통일적으로 인식하는 종합적 작용을 뜻하는 것으로 사용된다(옮긴이).

15) 이 용어는 그리스어 'kinesis'(운동)와 'aisthesis'(감각)의 합성어이다. 운동감각은 자유롭게 움직일 수 있는 신체의 의지적 기관으로서, 감각적 질료가

주어지는 지각은 이 운동감각의 체계에 의해 '만약 ……하면, ……하다'
(Wenn~, so~)의 형식으로 동기부여된 결과이다(옮긴이).

16) 발생론적 현상학의 중심개념으로, 그리스어 'echein'(가지다)의 명사형인
Hexis(가짐)에서 유래했다. 후설은 이것의 라틴어 'Habitus'를 주로 사용하
였다. 이 개념은 어원적으로 자아가 지니는 '경험의 축적'을 의미한다. 그래
서 그는 선험적 자아가 바로 습득성의 기체(Substrat)라고 규정하였다(『성
찰』, 제32절). 선험적 자아는 이에 근거해 근원적으로 정립한 구성물들을 잠
재적 의식 속으로 흘러 들어가 침전되도록 하여, 후에 다시금 생생하게 복원
시켜 현재의 경험을 구성하게 된다(옮긴이).

참고문헌

원전

●벨기에 출신의 프란체스코회 수도사인 브레다(H. L. Breda) 교수는 나치로부터 후설의 유고를 구해내어 1939년 뢰벤(Löwen) 대학에 후설문서보관소(Husser-Archiv)를 설립하였다. 1950년 이래로 그 뒤에 세워진 쾰른(Köln)의 후설문서보관소와 공동으로 헤이그(den Haag)에 있는 네이호프(Nijhoff) 출판사에서 후설리아나(Husserliana, 이후로는 Hua로 약칭함)를 출간한다. 이 역사비판적 편집은 후설이 직접 출판했거나 혹은 출판 예정이었던 작품들, 출판되지 못한 중요한 강의록, 강연록과 논문들, 그리고 유고에서 주제적으로 구별된 발췌문——부록들이거나 또는 고유한 묶음으로서 여겨진 것——을 포함된다.

〈1913년, 1927년, 1936년에 계획적으로 소개된 주요 저작〉

●『이념들』(*Ideen zu einer reinen Phänomenologie und phänomenologischen Philosophie*). 제1권 : 순수현상학의 일반적 소개(Allgemeine Einführung in die reine Phänomenologie), 슈만(K. Schumann)에 의해 새로이 편집, 제1부(1. Halbbande). Hua III/1, 1976(최경호 옮김, 철학과 현실사, 1998).

●『성찰과 파리강연』(*Cartesianische Meditationen und Pariser Vorträge*)(Hua 1, ²1963). 연구출간(Studienausgabe)으로 슈트뢰커(E. Ströker)에 의해 편집, Hamburg 1976(이종훈 옮김, 『성찰』, 철학과 현실사, 1993).

●『위기』(*Die Krisis der europäischen Wissenschaften und die transzendentale Phänomenologie*. Eine Einleitung in die phänomenologische Philosophie, Hua 6, ²1962) (1과 2 부분이 연구출간으로 슈트뢰커에 의해 편집, Hamburg, 1977, 이종훈 옮김, 한길사, 1998).

〈1907년과 1925년 강의록은 마찬가지로 입문서로 적합하다〉

●『이념』(*Die Idee der Phänomenologie. Fünf Vorlesungen*, Hua 2, ²1958 : 연구출간으로 얀센(P. Jassen)에 의해 편집, Hamburg 1986(이영호 · 이종훈 옮김, 서광사, 1991).

●『현상학적 심리학』(*Phänomenologische Psychologie*). 1925년 여름학기 강의록, Hua 9, 1962(여기에는 특별히 브리태니커 대백과사전을 위해 1927~1928년에 집필된 '현상학' 이란 항목이 들어 있다)(신오현 옮김, 『현상학적 심리학강의』,

민음사, 1992).

〈1911년 논문의 연구출간물도 역시 입문서로서 기여할 수 있다〉
●『엄밀학으로서의 철학』(*Philosophie als strenge Wissenschaft*), 질라시(W. Szilasi) 편집, Frankfurt a. M. 1965(이영호 · 이종훈 옮김, 서광사, 1988).

〈시작과 정초의 문제를 더 깊이 천착하는 데 다음의 강의록은 필수적이다〉
●『제일철학』(*Erste Philosophie*) (1923~1924). 제1부 : 비판적 이념사(Kritische Ideengeschichte). Hua 7, 1956 ; 제2부 : 현상학적 환원이론(Theorie der phänomenologischen Reduktion). Hua 8, 1959.

〈구성의 문제에 전체적인 개관을 제공하는 글들〉
●『이념들』 제2권(Ideen······ 2. Buch) : 구성에 대한 현상학적 탐구(Phäno-menologische Untersuchungen zur Konstitution). Hua 4, 1952.

〈후설 생존시 이미 유명해진 분석들을 포함하고 있는 책들〉
●『내적 시간의식의 현상학』(*Zur Phänomenologie des inneren Zeitbewußtseins*) (1893~1917), Hua 10, 1966(이종훈 옮김, 『시간의식』, 한길사, 1998).
●『형식논리와 선험논리』(*Formale und transzendentale Logik. Versuch einer Kritik der logischen Vernunft*) Hua 17, 1974(역시 같은 출판사에서 연구출간으로 두 권의 책이 출판).

〈비교적 조망 가능한 주제들에 관한 다른 분석들을 포함한 작품들〉
●『사물과 공간』(*Ding und Raum*). 1907년 강의록, Hua 16, 1973 : 연구출간으로 하넨그레스와 라픽(K. H. Hahnengreß u. S. Rapic)에 의한 편집, Hamburg 1991.
●『수동적 종합분석들』(*Analysen zur passiven Synthesis*). 1918~1926년 강의록과 연구 수고들.

〈후설리아나 외의 저작들〉
●『경험과 판단』(*Erfahrung und Urteil*). 란트그레베(L. Landgrebe)에 의한 교정과 편집, Hamburg ⁴1972(이종훈 옮김, 민음사, 1998).

●구체적인 현상학적 분석들의 연구에서 항상 논리 연구들(Logischen Untersuchungen)은 없어서는 안 되는 것이다. 이제껏 그 제1권인 순수논리학의 서설(*Prolegomena zur reinen Logik*), 후설리아나 제18호(1975년)에 제1판과

제2판의 텍스트만이 출판되었다. 인식이론과 인식현상학에 관한 탐구들 (*Untersuchungen zur Theorie und Phänomenologie der Erkenntnis*)인 제2 권의 제1부와 제2부는 1913/1921년의 판을 부분적으로 철저하게 고친 수정판의 재인쇄로서 1968년 튀빙겐의 니마이어(Niemeyer) 출판사에서 출판했다.

2차 문헌

일반적 연구들

●후설에 대한 연구들의 대부분은 헤이그의 네이호프 출판사에서 페노메놀로기카 (Phaenomenologica, 아래에서는 Ph로 약칭함)의 시리즈물로 출간되었다. 더 많은 관계도서의 정보를 가지고 있으며 후설의 사유에 관한 세심하고 포괄적으로 이루어진 총체적 설명이 다음에서 제공된다.
●Bernet, R., Kern, I., Marbach, E. : *Edmund Husserl. Darstellung seines Denkens*, Hamburg 1989.

〈더욱 체계적인 입문은 두 권으로 된 발췌문의 소개들이 포함하고 있다〉
●Edmund Husserl : *Die phänomenologische Methode. Ausgewählte Texte I*. K. Held의 서문과 편집, Stuttgart 1985.
●Edmund Husserl : *Phänomenologie der Lebenswelt. Ausgewählte Texte II*, K. Held의 서문과 편집, Stuttgart 1986.

〈후설 현상학의 모든 주제들에 관한 조망을 주는 저서〉
●Janssen, P. : *Edmund Husserl*, Freiburg/Munchen 1976.

〈후설적 사상의 중심적 물음에 관해 고전이 된 입문서는 두 명의 마지막 조교들에서 나왔다〉
●Fink, E : *Studien zur Phänomenologie. 1930~1939. Ph 21, 1966(그 중에서 무엇보다도 제2판과 제4판).
●Landgrebe, L. : *Der Weg der Phänomenologie*, Gütersloh 1963(그 중에서 특히 제1, 2, 5, 6판).

〈1925년의 하이데거 강의록 가운데 현상학적 연구의 과제와 임무에 관한 개론서는 언제나 매우 학술적인 도움을 준다〉
●Heidegger, M. : *Prolegomena zu Geschichte des Zeitbegriffs*, 예거(P. Jaeger)에 의한 편집(전집 제20권), Frankfurt a. M. 1979, 13~182쪽.

〈후설 논의에서 중요한 논문들을 포함하는 저서들〉

- ●Boehm, R. : *Vom Gesichtspunkt der Phänomenologie*, Ph 26, 1968.
- ●Fink, E. : *Nähe und Distanz*, Freiburg/München 1976.
- ●Noack, H.(Hrsg.) : *Husserl*, Wege der Forschung 제40권, Darmstadt 1973.
- ●Orth, E. W.(Hrsg.) : *Profile der Phänomenologie. Zum 50. Todestag von Edmund Husserl*, Phänomenologische Forschungen 제22권, Freiburg/München 1989.

〈유용한 후설 현상학의 개념들에 관한 항목들〉

- ●*Historisches Wörterbuch der Philosophie*, J. Ritter 편집, Basel/Stuttgart 1971년 이후(이제까지 총 8권, A-Sc).

〈새로운 비판에 의해 왜곡된 상을 얻게 된 후설의 중심사상 몇 가지를 적확하게 보고한 글〉

- ●Aguirre, A. : *Die Phänomenologie Husserls im Licht ihrer gegenwärtigen Interpretation und Kritik*, Darmstadt 1982.

본문과 관련하여 중요한 주제에 관한 전문 탐구들

〈〈생애와 지향〉〉

- ●Biemel, W. : "Die entscheidenden Phasen der Entfaltung von Husserls Phänomenologie", in : *Zeitschr. f. philos. Forschg.* 13(1959) 187~213.
- ●Gadamer, H. G. : "Die phänomenologische Bewegung", in : *Kleine Schriften III*, Tübingen 1972, 150~189쪽.
- ●Lübbe, H. : *Bewußtsein in Geschichten*, Freiburg I. Br. 1972(현상학의 형성 상황에 대해서는 9~80).
- ●Schuhmann, K.(Hrsg.) : *Husserl-Chronik. Denk-und Lebensweg E. Husserls*, Den Haag, Nijhoff. 1977.
- ●Sokolowski, R. : *The formation of Husserl's concept of constitution*, Ph 18, 1964.
- ●Spiegelberg, H. : *The phänomenological movement*, Ph 5/6, ²1976.

〈〈상관관계의 분석으로서의 현상학〉〉

- ●Tugendhat, E. : *Der Wahrheitsbegriff bei Husserl und Heidegger*, Berlin. 1967.

〈후설의 목적론 개념〉

●Hoyos-Vasquez, G. : *Intentionalität als Verantwortung*, Ph 67, 1976.

〈후설의 본질론에 대한 비판에 관해〉

●Adorno, Th. W. : *Zur Metakritik der Erkenntnistheorie*, Frankfurt a. M. ²1972.

●Eley, L. : *Die Krise des Apriori*, Ph 10, 1961.

〈초기현상학의 본질론에 관한 고전적 소개서〉

●Reinach, A. : *Was ist Phänomenologie?*, München ²1951.

《《구성에 관한 탐구로서의 현상학》》

●Brand, G. : *Welt, Ich und Zeit*, Den Haag 1955.

●Claesges, U. : *E. Husserls Theorie der Raumkonstitution*, Ph 19, 1964.

●Held, K. : *Lebendige Gegenwart*, Ph 23, 1966.

●Rang, B. : *Kausalität und Motivation*, Ph 53, 1973.

●Held, K. : "Das Problem der Intersubjektivität und die Idee einer phäno-menologischen Transzendentalphilosophie", in : *Perspektiven transzenden-tal phänomenologischer Forschung*. hrsg. v. U. Claesges und K. Held(Ph49, 1972), 3~60쪽.

●Theunissen, M. : *Der Andere*, Berlin 1965.

●Waldenfels, B. : *Das Zwischenreich des Dialogs*, Ph 41, 1971.

《《선험적 철학으로서의 현상학》》

●Drüe, H. : *E. Husserls System der phänomenologischen Psychologie*, Berlin 1963.

●Funke, G. : *Phänomenologie—Metaphysik oder Method?*, Bonn 1966.

●Gurwitsch, A. : *Das Bewußtseinsfeld*, Berlin 1975.

●Kern, I. : *Husserl und Kant*, Ph 16, 1964.

●Landgrebe, L. : *Faktizität und Individuation*, Hamburg 1982.

●Schumann, K. : *Die Fundamentalbetrachtung der Phänomenologie*, Ph 42, 1971.

●Seebohm, Th. : *Die Bedingungen der Möglichkeit der Transzendental-philosophie*, Bonn 1962.

《〈생활세계의 발생적 이론으로서의 현상학〉》

●Aguirre, A. : *Genetische Phänomenologie und Reduktion*, Ph 38, 1970.

〈수동적 발생에 관해서〉

●de Almeida, G. A. : *Sinn und Inhalt in der genetischen Phänomenologie*, Ph 47, 1972.

●Holstein, E. : *Phänomenologie der Assoziation*, Ph 44, 1972.

〈생활세계의 문제성에 관해서〉

●Blumenberg, H. : "Lebenswelt und Technisierung unter Aspekten der Phänomenologie"(1963), in : *Wirklichkeiten in denen wir leben*, Stuttgart 1981.

●Gethmann, C. F.(Hrsg.) : *Lebenswelt und Wissenschaft. Studien zum Verhältnis von Phänomenologie und Wissenschaftstheorie*, Bonn 1990.

●Ströker, E.(Hrsg.) : *Lebenswelt und Wissenschaft in der Philosophie E. Husserls*, Frankfurt a. M. 1979.

●Welter, R. : *Der Begriff der Lebenswelt. Theorien vortheoretischer Erfahrungswelt*, München 1986.

〈현상학과 철학적 전통에 관해서〉

●Janssen, P. : *Geschichte und Lebenswelt*, Ph 35, 1970.

●Orth, E. W.(Hrsg.) : *Dialektik und Genesis in der Phänomenologie*, Phänomenologische Forschungen 제10권, Freiburg/München 1980.

5 | 약동하는 생의 탐구자

앙리 베르그송(1859~1941)

"우리는 본능적으로 우리의 인상을 고정시키고 그것을
언어로 표현하려고 노력하지만, 그렇게 함으로써 점점
근본적인 자아의 모습을 상실하게 된다."

● 베르그송

19세기에서 20세기로 넘어가는 전환기는 일반적인 자연과학적 발전에 대한 신앙의 시대였다. 베르그송(Henri Bergson)은 이 시기에 하나의 형이상학적 단초를 유지하고자 했던 몇몇 사상가들 중 하나이다. 더욱이 그는 자연과학들에 대해서 반대하거나 또는 자연과학들로부터 떨어진 하나의 단초를 찾으려고 했던 것이 아니라, 바로 자연과학적 탐구의 결과들로부터 하나의 새로운 형이상학을 이끌어내려고 했던 유일한 사람이었다.

여기서 그는 그에 의해서 계속 이어져서 다루어진 모든 철학적인 문제들을 하나의 고유한 경험적인 단초로부터 발전시키려고 시도하였고, 시간론을 경험적 심리학으로부터, 인간 정신의 문제를 생물학적 · 의학적인 인식들로부터, 우주 생성론과 우주론을 하나의 생물학적인 원천으로부터, 뿐만 아니라 궁극적으로 그의 윤리학과 종교철학을 사회학적 탐구의 결과들로부터 발전시키려고 시도하였다. 모든 문제에 대해서 특수한 상이한 출발점들을 가졌음에도 불구하고, 역사적으로 플로티노스, 버클리, 스피노자와 멘 드 비랑(Maine de Biran)의 체계들과 연결된 것으로 느껴지는 구상으로써 그는 하나의 통일적이고 형이상학적인 시도에 성공하였다.

생애

앙리 베르그송은 1859년 10월 18일 유대인 부모의 아들로 파리에서 태어났다. 그러나 그의 정신적인 계보는 유대인의 정신적인 삶에 기원을 두고 있을 뿐만 아니라, 아일랜드 출신의 어머니에 의해서 영국으로부터도 기인한다. 그는 영국의 실용주의와 자신의 시대가 연결되어 있는 것으로 느꼈다. 베르그송이 받은 고등학교 교육은 그의 사상, 즉 그의 분석적인 능력들뿐만 아니라 정치적 입장과 세계관에도 영향을 주었다. 1868년부터 1878년까지 10년 동안 그는 유명한 리세 콩도르세 (Lycée Condorcet) 중고등학교의 학생이었다. 여기서 그는 1875년에 수사학상을, 1877년에 수학에서 1등상을 받았는데, 이는 학생 시절 베르그송이 관심을 가졌던 주된 분야를 알려주는 것이다.

1878년부터 1881년까지 그는 학문후세대를 위해 프랑스 정부가 세운 엘리트 학교인 고등사범학교(Ecole Normale Supérieure)에서 공부하였다. 그는 학생 시절에 이미 두 개의 저술을 낼 정도로 수학에 관심을 가졌으며 그후에는 철학을 공부할 것을 결심하였다. 고등사범학교에서 그의 선생은 올레-라프륀(Léon Ollé-Laprune)이었는데, 그는 불과 몇 년 전에 은퇴한 라슐리에(Jules Lachelier)의 자리를 이어받은 것이었다. 그러나 고등사범학교에서는 라슐리에의 정신이 여전히 살아 있었다. 베르그송은 이 귀납법의 대이론가에게 자신의 박사학위논문을 바칠 정도로 그에게 학문적인 은혜를 입었다고 느꼈다.

올레-라프륀의 관심은 그 당시 본질적으로 윤리적인 영역에 놓여 있었다. 그는 베르그송이 자신의 밑에서 공부하기 바로 전에 도덕에서 확실성에 관한 그의 첫번째 대저를 출판하였고 이것을 통해서 몇 년 후에

베르그송은 자연과학의 급속한 발전이 이루어졌던 시기에
자연과학적 탐구의 결과들로부터 새로운 형이상학을 이끌어낸 사상가이다.

블롱델(Maurice Blondel)과 라베르토니에르(Lucien Laberthonnière)가 완성하게 될―가톨릭 교회의 강한 반발을 불러일으켰던―프랑스 모더니즘 운동을 일으켰다. 신학적인 문제들보다는 올레-라프륀에 의해서 갖게 된 실용주의가 베르그송에게 더 큰 영향을 주었다. 따라서 베르그송이 일찍이 존경한 스펜서(Herbert Spencer) 이외에 베르그송과 우정을 맺은 제임스(William James)가 나타난다. 베르그송에 대한 제임스의 영향은 몇 년 후 학문적 논쟁들의 대상이 되었다. 이 논쟁에서 베르그송은 하나의 보편적인 감정 이론의 영향을 부정하지 않으면서 하나의 새로운 시간 개념을 세우는 데서 자신의 고유한 부분을 분명히 방어하였다. 공부가 끝난 후 그의 첫번째 저서들 중 하나는 실용주의 경향인 설리(James Sully)의 『환상』(*Illusions*)을 번역한 것이었다. 이 책은 물론 번역자로서 그의 이름을 밝히지 않고 출판되었다.

일원론적 특징을 가진 유물론에까지 이르는, 스펜서와 그의 세계관에 대한 베르그송의 정신적인 감격과, 예수교 신부 드 통궤데크(Joseph de Tonquédec)가 1912년에 『창조적 진화』(*L'Evolution créatrice*)의 신(神)개념에 대해 표명한 비판에 대한 그의 태도에 대한 초기의 증언들은 고등사범학교에 같이 다닌 그의 친구 두믹(René Doumic)으로부터 얻어낸 것이다.

1912년의 베르그송을 그렇게 규정하는 것은 더 이상 정당하지 않지만, 설리의 번역 이후 두번째 저서의 발간은 유물론적인 세계관으로의 경향을 보여주고 있다. 이것은 19세기 말의 프랑스 고등학교들에서 수사학(Rhétorique)이라는 이름 아래 가르쳐진 고전문헌학에 대한 관심과 연결되어 있고 르낭(Ernest Renan)이 이미 반대했던 19세기 초 전통의 지속선상에서 이루어졌다. 1884년―이 당시 익명은 아니었다―루크레티우스 시, 철학, 물리학, 텍스트와 언어에 대한 그의 서문, 해제, 논문이 함께 실려 있는 루크레티우스 선집 『자연물에 대하여』(*De rerum natura*)가 출판되었다.

베르그송이 서문에서 자신의 철학적 발전에 대해 조망한 그의 마지막 저서인 논문 모음집『사유와 창조적 생성』(*La pensée et le mouvant*)에서 여전히 그는 스펜서의 철학이 자신의 사상에 갖는 의미에 대해서 보여주고 있다.

철학에 가장 많이 결여된 것은 엄밀성(Präzision)이다. ……이 점에서 하나의 철학이론이 일찍이 하나의 예외를 만들고 있는 듯하다. 그리고 우리들은 젊은 시절에 특히 이 철학에 의해서 거의 확실히 성장하게 된 것 같다. 스펜서의 철학은 사물들을 정확히 모사(Abdruck)하고 사실들에 상세하게 밀착하는 것을 목표로 한다. 의심할 여지 없이 그의 철학 역시 불특정한 보편개념들에 의지하고자 한다. 우리들은 제1원칙(First Principles)의 약점을 느낀다. 그러나 이런 약점은 충분히 준비하지 못한 프랑스어판 편집자가 기계론의 기초개념들을 깊이 이해하지 못했다는 점에 그 본질이 있는 것 같다. 우리들은 그의 저서의 이런 부분을 완벽하게 하고 더 깊이 정초하기 위해서 이 부분을 기꺼이 다시 받아들여야 했다. 우리들은 우리들의 능력들에 맞게 그것에 대해 논해야 한다. 그리하여 우리들은 시간의 문제에 부딪치게 된다. 여기서 하나의 놀라움이 예상된다.[1]

형이상학적인 문제들보다는 심리운동적(psychomotorisch) 문제들에 더 강하게 관심을 갖는 실증주의자로부터 새로운 프랑스 형이상학의 정초자로서의 베르그송의 발전은 그가 파리 밖에 있을 때 이루어졌다. 그것은 앙제(Angers, 1890~82)와 클레르몽-페랑(Clermont-Ferrand, 1883~88)의 고등학교에서 베르그송이 교사로 있을 때였다. 그 당시 베르그송은 파리 대학에서 교수자격을 취득한 후 시작한 박사학위논문에도 동시에 전념하고 있었다.

1888년 그는 리세 루이 르 그랑(Lycées Louis le Grand)과 롤랭

(Rollin), 그리고 마지막으로 리세 앙리 4세(Lycée Henri IV) 고등학교에서 강의하기 위해서—1890년에 그는 교수로 임명받았다—파리로 돌아왔다. 1889년에 그는 『의식에 직접적으로 주어진 것에 관한 시론』(*Essai sur les données immédidates de la conscience*)과 『아리스토텔레스에 있어서 장소론』(*Quid Aristoteles de loco senserit*)이라는 두 논문으로 박사학위를 받았다. 1981년에 그는 프루스트(Marcel Proust)의 사촌인 뇌부르주(Louise Neuburger)와 결혼했다. 이 결혼식에서 프루스트는 들러리로서 이들을 도와주었다. 베르그송 부부 사이에는 딸 하나가 있었고 그녀는 사촌인 들라트르(Floris Delattre)와 함께 베르그송의 유고를 정리하였다.

베르그송의 박사학위논문 이후 1895년에 발표된 그의 두번째 철학저서인 『물질과 기억』(*Matière et mémoire*)은 프랑스 철학에서 그의 위치를 확고하게 해주었다. 소르본 대학에서 자리를 잡으려는 두 번의 시도가 실패한 후 그는 1898년 고등사범학교의 조교수(*Maître de Conférence*)가 되었고 1900년에는 레베크(Ch. Lévèque)의 대리교수(Vertreter)[2]로서, 나중에는 그의 후임자로서 콜레주 드 프랑스에서 그리스 철학과 중세철학 담당교수가 되었다. 콜레주 드 프랑스는 설립자인 프랑수아 1세로부터 내려오는 자유 정신으로 인해 프랑스에서 가장 저명한 학교였다.

1904년에 베르그송은 타르드(Gabriel Tarde)의 후임자로서 현대철학 담당 교수로 옮겨가 1921년에 은퇴할 때까지 재직했다. 이때 그는 1914년부터 르 루아(Eduard Le Roy)로 하여금 대리교수직을 맡도록 했다(베르그송은 은퇴하면서 자신의 교수직을 르 루아에게 물려주었다—옮긴이).

20세기의 첫 10년간—클레르몽-페랑 시대에 이미 저술하기 시작한 웃음(*Le rire*)에 대한 연구서가 출판된 이외에—근간(根幹)이 되는 저서인 『형이상학 입문』(*Introduction la Métaphysique*)과 『창조적 진화』(*L' Évolution créatrice*)가 발간되었다. 그는 프랑스에서 이미 명예를 얻고 난 후였으며 『창조적 진화』는 그를 결정적으로 국제적으로 알려지게 만들었다. 따라서 그는 1902년에 기사가, 1907년에 명예장교가 되었다. 몇 년 후에 부대장(1919)이 되고 대장교(1923)가 되었으며 대십자훈장을 수여받았다(1930). 1901년에 그는 과학, 도덕 그리고 정치 학술원에 선출되었고 1914년에 프랑스 학술원에 선출되었다. 그 다음 20년간(1910~1930)은 상당한 명예들로 가득찼음에도 학문적인 저술가로서 결실은 적었다. 1911년 볼로냐의 제4회 국제철학대회에서 행한 철학적 직관에 관한 강연만이 유일하게 두드러진다.

1914년 이후 베르그송은 정치적 문제들에 우선적으로 전념하게 된다. 전쟁의 발발이 이에 대한 최초의 기회를 제공해 주었다. 베르그송은 1914년에 과학, 도덕 그리고 정치 학술원 원장으로 선출되어 일반적인 독일 공포증에 걸린 프랑스 정신을 분명히 강조하는 몇 가지 성명들을 발표했다. 그는 여러 연설들과 강연들을 1915년에 『전쟁의 의미』(*La sinification de la guerre*)라는 논문 모음집에 모았다.

제1차 세계대전 동안 그는 프랑스 정부를 대표해서 정치 사절로서 에스파냐와 미국을 여행하였다. 이 사절단에 대한 보고서는 베르그송이 죽은 후인 1947년에 출판되었다. 이 보고서는 그가 직접 쓴 마지막 출판물이었다. 1919년에는 『정신 에너지』(*L' Energie spirituelle*)라는 제목 아래 그의 논문 모음집이 발간되었다. 이어서 1934년에 두번째 논문 모음집인 『사유와 창조적 생성』(*La pensée et le mouvant*)이 발간되었다.

프랑스 물리학자들의 초청으로 아인슈타인은 1922년에 여전히 전쟁의 시대정신에 의해 강하게 영향을 받고 있는 파리를 방문하였다. 몇 명의 회원들의 반대에 부딪쳐서 과학 학술원의 초청강연이 좌절되었기 때문에, 아인슈타인은 프랑스 철학회(Société Française de Philosophie)에서 강연을 하였다. 이 강연에서 베르그송과 아인슈타인의 첫 만남이 이루어졌다.

비록 아인슈타인에 의해서 주제로 제기된 시간 문제가 시간의 심리적인 성격에 대한 베르그송적 테제에 분명히 접근했음에도 불구하고 베르그송은 토론에서 물러서 있는 입장이었다. 같은 해에 베르그송은 그의 저서『지속과 동시성』(Durée et simultanéité)에서 아인슈타인의 상대성 이론에 대해 반대입장을 종합하였다. 이 저서는 1922년에 초판이 나왔고 1923년에 두 개의 부록이 첨가된 개정판이 출간되었다.

1922년에 국제연맹은 지식인의 연대위원회(Commission de Co-opération Intellectuelle)를 결성하였다. 베르그송은 1922년부터 1925년까지 이 위원회의 위원장이 되었다. 이곳에서 그는 다시 아인슈타인을 만났지만 이 공동작업 중 서로간에 어떤 따뜻한 인간관계를 맺지는 못했다.

1928년에 베르그송은 오이켄(Rudolf Eucken) 이후로 철학자로서는 두번째로 노벨문학상을 받았다. 그의 저서가 이미 교황 피우스 10세에 의해서 금서 목록에 들어가 있었기 때문에 베르그송은 이로써 중요한 국제적 유명세를 얻게 되었다.

오랜 철학 저술의 침묵 후인 1932년에 베르그송은 그가 이미 1909년 쇠더블롬(Nathan Soederblom)에게 보낸 한 편지에서 약속했던 도덕과 종교에 대한 그의 이론을 출간했다. 그는 자신의 철학을 시작한 이후에—물론 그의 스승 올레-라프륀의 영향 아래서—항상 반복해서 도덕적 물음을 다루어오긴 했지만, 쇠더블롬에게 보낸 편지에서 개진했듯이 이 관심을 30년대 초에 처음으로 자신의 사유에 상응하는 고유 이론으로 결정(結晶)시켰던 것이다.

70살이 된 베르그송은 30년대의 혼란과 제2차 세계대전의 발발을 체험했다. 제2차 세계대전은 제1차 세계대전 동안의 베르그송의 정치적 입장을 뒷받침하는 듯했다. 그는 1914년의 한 논문을 한 줄도 바꾸지 않고 재출판했던 것이다. 설사 프랑스를 점령한 나치스가 베르그송에 대해 감히 엄격한 조치를 취할 수 없었다 하더라도, 독일군의 프랑스

점령은 그를 반유대주의의 위협에 내맡기게 했다. 내적으로 오랫동안 신비적인 크리스트교 경향 아래 있으면서도 베르그송은 모세적인 신앙을 거부하는 결정을 할 수 없었다. 비록 그가 자신의 유언에서 크리스트교적 장례의식을 요청했음에도 불구하고 말이다.

1941년 1월 4일, 그의 죽음은 프랑스인들에게 국가적 사건으로 받아들여졌다. 파리의 노트르담 사원에서 추기경 펠탱(Maurice Feltin)이 거행한 장례미사는 독일 점령에 반대하는 정치적 데모를 뜻했다.

저작

정신적인 출발점

베르그송은 자신의 철학을 세우기 위하여 19세기의 프랑스 정신에서 어떤 입장도 취하지 않았다. 그러나 독일뿐만 아니라 영국에서도 번역된 의식의 직접적인 소여성들에 대한 그의 박사학위논문인 『시간과 자유』(『의식에 직집직으로 주어진 것에 관한 시론』은 독일에서 이 제목으로 번역되었다—옮긴이)는 탐구의 결과를 미리 취하고 목표설정은 숨기면서 그 시대의 심리학적 논의를 분명하게 가리키고 있다. 독일에서와는 달리 프랑스에서는 철학과 심리학의 결합이 19세기 철학의 일반적인 특성이다. 이미 셸링은 프랑스와 독일 철학에 대한 쿠쟁(Victor Cousin)의 저서(1834) 번역 서문에서, 선험적인 단초가 아니라 심리학으로부터 형이상학을 얻으려 한다는 점에서 프랑스의 정신주의 경향을 비판했다. 이것은 쿠쟁과 19세기 말에 이르기까지 프랑스 대학들에서 철학교수직을 장악했던 쿠쟁 학파에 대해서 유일한 논의의 방향으로 남아 있게 되었다.

19세기 프랑스에서 두번째로 중요한 철학적 운동인 실증주의는 처음에는 심리학과 대단히 유보된 채로 관계를 맺게 되었다. 심리학이라는 학문은 콩트가 학문적인 사실들의 보편적인 재생산 가능성과 실증 가능성에 대해서 갖고 있었던 표상에 어떠한 방식으로도 상응하지 않았다. 심리학을 추방하는 것은 콩트와 그의 직접적인 제자들——예를 들면 라피트(Pierre Laffitte)와 리트레(Emile Littré)——에게는 관념론적 형이상학에 대한 분명한 거부의 가능성으로 보였다.

실증주의의 측면에서 심리학에 대한 입장의 변화는 다음의 두 가지 장으로 수행된다. 한 가지 측면은 텐(Hippolyte Taine)과 영국의 리보(Théodule Ribot)가 심리학에 대한 새로운 가치평가를 도입한 것이다. 콩디야크의 후계자들의 프랑스 이데올로기들과의 연결 속에서 밀과 베인(Alexander Bain)과 같은 사상가는 학문에 대한 실증주의적 이해에 상응하는 심리학을 만들 수 있는 가능성을 보았다. 이들 사상가들은 이들이 인과법칙들을 세우려고 노력했던 요소들에서 의식의 상태들이 무엇인지를 밝혔다. 이런 사유의 단초는 텐의 주저인 『지성에 관하여』(De l'Intelligence)뿐만 아니라 리보의 심리학적인 저서들에도 분명히 영향을 주었다.

한편 의학의 발견들은 콩트가 세운 심리학과 학문 사이의 장벽을 허물었다. 1825년에 부이요(Jean Bouillaud)는 뇌손상과 언어상실 사이의 연관성을 발견했다. 1879년 이후 샤르코(Jean Martin Charcot)는 최면술 이론을 발전시켰고 이것으로 실험심리학적 연구들을 위한 하나의 넓은 장을 열었다. 정신측정 연구들이 이들과 함께 어울리게 되었다. 19세기 중엽 이후에 독일에서 정신측정 연구들이 이루어졌고 폰 헬름홀츠(Hermann von Helmholtz)와 페히너(Gustav Theodor Fechner)가 그 대표자이다.

베르그송은 학창시절부터 시작하여 이후의 수십 년 동안 실험심리학적 개별적인 문제들에 대해 분명한 관심을 가졌다. 그는 1886년에 최면술에 대한 첫번째 저서를 출간했고, 이어서 박사학위를 받기 3년 전에 꿈에 대한 연구(1901)를 내고 심리학 일반 연구소(Institut Général Psychologique)에서 공동 연구원으로 일하게 되었다. 이런 실험적 개별연구들에 바탕을 두고 제1원칙이라는 스펜서식의 단초를 지속시키는 과정에서 그는 의식의 직접적인 소여성들을 자신의 박사학위 논문에서 정초하고자 했다.

시간과 자유

베르그송이 『시간과 자유』에서 거둔 결실로서 자극과 감각의 구분을 들 수 있다. 그는 심리적인 실험들과 의학적 현상들에 대한 분석을 이용하여 자극은 측정될 수 있고 따라서 그 크기를 규정할 수 있다는 것을 보여줄 수 있었다. 그러나 이것은 감각 역시 하나의 측정자에 속할 수 있다는 결론으로 나아가지는 않는다. 감각들은 범위(외연)의 관점에서가 아니라 그것의 강도(Intensität)에 따라서 구분될 수 있다. 그러나 이것으로부터 자극들과 감각들이 일반적으로 비교 불가능하다는 사실이 도출된다.

베르그송은 이런 인식으로부터 두 개의 결론을 이끌어낸다. 첫번째로 감각의 강도이론은 인과적인 구조들이 적용되는 요소들로 감각들을 분해할 수 있는 가능성과 일치한다. 그러나 두번째로 실험심리학에 의해서 조심스럽게 구성된 심리물리적 과정들의 통일성이 와해된다는 사실이다. 그것은 사실적으로 그럴 뿐만 아니라, 방법론적으로도 그렇다. 감각들은 더 이상 측정될 수 있는 것이 아니라, 한 번 이상 관찰될 수 없고 오로지 내성(內省, Introspektion)에 의해서만 경험될 수 있다.

밀이나 텐적 특징을 가진 연상이론에 대해 베르그송이 거리를 둔다는 것은 의식의 수동성 이론을 거부한다는 것을 말하고 있다. 의식은 더이상 백지가 아니다. 의식에는 쿠쟁의 후계자들이 대변한 프랑스의 정신주의적 형이상학과는 다른 종류인 직접적인 사실들이 있었다. 신, 자유, 불멸이 아닌 순수 심리 현상으로서 시간이 인간 의식의 근본적인 소여성이다. 여기서 베르그송은 외적 세계와의 관계를 가리키는 모든 요소들로부터 시간개념을 분리시켰다. 심리적 시간은 하나의 지속

(durée)이고 오로지 내적 통찰, 즉 의식의 분석에서 경험될 수 있다. 이에 반해서 물리적인 시간은 잡다한 공간표상(Raumvorstellung, 관념)[3]들로 성취될 수 있고, 도출되었으며, 세계지배라는 실천적인 필요성들에 의해서 정의된 하나의 개념이다. 이것을 베르그송은 무엇보다도 동시성의 현상에서, 또한 음율에서 밝히고 있다.

시간을 하나의 순수한 지속에 대한 심리적 경험으로 환원시키는 것은 동시에 심리학적 분석을 모든 인과적인 관찰들로부터 분리시키게 한다. 실증주의자들이 받아들이고 있는 것과는 달리 하나의 인과적 상호영향관계로 서로 들어가는 어떤 요소들도 없기 때문에, 형이상학적 자유는 의식 속에서 실현된다.

자유의 문제는 따라서 하나의 오해로부터 나온 것이다. 고대인들에게서 엘레아 학파[4]의 소피스트들이 갖고 있었던 것과 똑같은 것이 현대 인간들에게도 적용된다. 그리고 소피스트들과 마찬가지로 이 오해는 동일한 환상, 즉 계기와 동시성의 혼합, 지속과 연장의 혼합, 질과 양의 혼합이라는 환상 속에 그 기원을 갖는다.[5]

물질과 기억

베르그송은 인간의 내적 세계를 위해서 얻은 근본원칙들을 전체 인간의 행위에 확장시키려고 시도함으로써 자신의 두번째 철학 저서『물질과 기억』에서 인간의 자유에 대한 하나의 새로운 형이상학으로 그의 철학적 단초를 계속 발전시켰다. 따라서 베르그송은『시간과 자유』에서 감각이론을 정초한 뒤에 인간의 행위론을 다루었다. 여기서 행위론은 여전히 모든 도덕적 단초와 멀리 떨어져서 고찰되었다. 반복하자면 베르그송에게는 개별학문 탐구들로부터 유도된 결론들을 통해서 형이상학적 표현들에 도달하는 것이 문제가 된다.

시간과 자유에 대한 분석이 그에게 남겨 놓았던 어려움들은 자극과 감각의 상호작용에 그 본질이 있다. 이 두 가지가 상이한 존재의 영역에 속한다는 것을 베르그송은 보여줄 수 있었다. 하나는 관찰에 의해서, 다른 하나는 내적 통찰에 의해서 도달할 수 있다. 그러나 이런 엄밀한 방법론적 구분도 외적 세계가 내적 세계에 영향을 줄 것을 요청하는 자극과 감각의 상호작용이 감각기관들에 존재한다는 것을 거부할 수 없다. 이미 실증주의 철학이 관심을 가졌던 테마이지만 여기서도 다른 방식으로 제기된 문제가 있다. 텐은 그의 저서『지성에 관하여』에서 고유한 인과법칙들에 따라서 진행되는 심리적 기계론이 외적 세계에 의해서 어떻게 영향을 받는가 하는 문제에 부딪친다. 검증된 상상에 대한 그의 이론은 표상(Vorstellung)과 지각이라는 두 세계를 동화시키려는 첫번째 시도로 일컬어진다. 그러나 근본적으로 이 이론적 단초는 실증주의 철학이 의식 진행과정들에 앞서 인식 진행과정에 절대적인 우선권을 허용한다 해도 해결되지 않는다.

베르그송은『시간과 자유』에서의 연구결과들을 계속 진행시키면서 지각보다 표상에 인식론적으로 더 큰 비중을 두고자 했다. 이것은 그로 하여금 진행과정에 대한 근본적인 분석을 하도록 하였다. 이중적인 이론적 단초에서 베르그송은 외적 세계와 내적 세계의 관계가 하나의 상호적인 영향 속에 있다는 것을 보여 주었다. 한편으로 자극은 그것이 전이되는 중에 이미 감각기관의 구조에 의해서 제한되는, 감각기관마다 특징적인 변형(Deformation)에 속하게 된다. 하나의 감각기관은 그 기능에 본질적인 자극현상들만 수용하기 때문에, 이 감각기관에 본질적인 구성요소들이 상이한 정도로만 자극들은 감각기관과 구분된다. 예를 들어서 눈은 빛의 감각으로 압력의 자극에도 반응한다. 이 예는 지각과정이 종교적 신비직관의 기능이 아니라 생명의 기능을 충족시킨다는 것을 보여준다. 외적 세계는 결코 있는 그대로 경험되는 것이 아니라 인간이 자신의 삶의 기능들을 성취하기 위해 필요한 정도로 경험된다.

여기서 베르그송의 영미 실용주의에 대한 관심이 다시 나타나며 이는 내적 세계의 우위를 감각과 기술의 대결 속에서 규정한다. 이런 단초로 베르그송은 감각과 대상의 관계를 새롭게 정의할 수 있었다. 이 두 가지는 의식의 소여성들이고 베르그송의 언어로는 상(Bilder)들이다. 그러나 그는 이 두 개의 상들을 다음과 같이 구분한다. "나는 상들의 전체를 물질이라 부른다. 물질의 지각은 이러한 상들 자체를 하나의 특정한 상인 나의 신체의 가능한 활동과 관련시킨다."[6]

데카르트가 정신의 위치를 송과샘에 놓은 이래로 정신의 국소이론(局所理論, Lokalisationstheorie)은 내적인 것과 외적인 것의 관계에 대한 판단에서 결정적인 지점이 되었다. 19세기의 뇌해부학의 결과들에 의거한 심리물리학적인 의미의 문제는 결국 대뇌 생리학의 문제라는 것이 확인되었다. 그렇기 때문에 지각과 표상(관념)의 관계에 대한 문제가 표상(관념) 덕분에 결정적이 된 후에 베르그송에게서 내적인 세계와 외적인 세계의 연관성에 대한 문제는 특히 뇌 기능의 관점에서 제기된다. 동시에 베르그송은——『시간과 자유』에서 심리물리학에 대한 반박과 유사하게——의식의 상대들은 생리학적인 과정들의 수반 현상들에 불과하다는 일원론적인 수반주의에 대한 반박을 『물질과 기억』에서 다루고 있다.

베르그송은 이런 이론에서 주관/객관의 분열로부터 시작하는 관념론적인 인식론뿐만 아니라, 실재론적인 인식론에 대해 반대하고 있다. 베르그송에게 물질은 그것의 표상(관념)들과 동일하다. 이 점은 버클리와——베르그송은 『물질과 기억』의 마지막 장에서 버클리와 논쟁을 벌이고 있으며, 20세기의 처음 10년 동안 역시 그 당시 많은 주목을 받았던 자신의 강의들을 버클리에게 바쳤다. 『물질과 기억』의 제7판 서문에서도 분명하게 그를 재언급하고 있다——비슷하다.

그러나 의식은 인간이 작용과 반작용 사이의 균형의 상태에 놓여 있는 한 폐기되어 있었다. 작용과 반작용을 받아들이면서 많은 반작용이

베르그송의 매력에 빨려 들어가 열정적으로 그 아름다움을 탐닉한 사람이라면 누구나
시간이 조금 지나서 정신을 차릴 때쯤이면, 이번에는 어떻게 하면 베르그송을 넘어설 수 있을까,
아니면 적어도 벗어날 수 있을까를 꿈꾸게 된다. 베르그송 자신이 자기에게 머물지 말기를,
더 나아가기를, 새로운 것을 창조해내기를 강력히 권하기 때문이다.

인간에 의해서 선택될 때, 의식은 작용과 반작용의 균형을 잃어가면서
나타날 수밖에 없다. 따라서 의식은——이것은 이미 『시간과 자유』의 결
과였다——자유와 불가분하게 맺어져 있다. 이것으로 베르그송은 뇌를
운동신경의 반응 형태로 많은 가능한 길들을 의식에게 열어주는 기관
으로 규정할 수 있었다.

　가능한 행위의 상들을 운동신경적인 동기(추진력)로 바꾸어 놓는 이
런 뇌의 기능을 베르그송은 의학적인 관찰의 도움으로 확고하게 하려

고 시도하였다. 그는 부이요와 브로카(P. Broca) 이후로 심리물리학적 관계 규정이 선호했던 실어증 현상을 자신의 이론을 증명해주는 연구 대상으로 택하였다. 베르그송은 여러 형태의 실어증의 도움으로 뇌의 이른바 브로카 부위의·손상은 결코 기억의 손실이 아니라 다만 기억의 상들을 운동신경의 추진력으로 바꾸지 못하는 뇌의 무능력일 뿐이라는 것을 보여주고 있다. 베르그송이 실어증의 해석으로부터 보여주고자 하는 결론은 정신 현상이 갖는 육체적인 현상에 대한 독립이다. 정신의 의지를 운동으로 표현하기 위해서 뇌가 생각하는 것이 아니라 생각하는 정신이 뇌를 사용하는 것이다.

이런 결론은 베르그송이 자신의 저서 『시간과 자유』에서 규정한 내적인 것과 외적인 것의 엄밀한 분리를 포기하도록 하는 것이었다. 상들의 지속적인 연속으로서의 물질은 근본적으로 지속 자체, 즉 얇아진 지속이다. 이러한 지속은 순수한 형식 속에서 의식될 정도로 의식에서 처음으로 응집된다. 그러나 심리적인 것은 이 근원적인 단초의 연장에서 인식적인 것에서 의지적인 것으로 바뀔 정도로 그 모습이 달라진다. 이런 경향은 『물질과 기억』에서 처음으로 암시되었다. 이 경향은 『창조적 진화』의 생의 도약(élan vital) 이론에서 그것의 최종의 모습을 드러내게 된다.

웃음

1900년에 『웃음』이라는 작은 저서가 출간되었다. 이 이론의 철학적 정신은 기계론과 자유의 구분을 미학적인 문제에 적용하는 데 있다. 희극성은 베르그송에 의하면 인간의 기대된 생동적인 반응과 발생된 기계적 반응 사이의 모순이다. "희극성은 우리들에게 삶의 환상과 기계적 배열의 분명한 감정을 동시에 제공하는 행위들과 사건들의 모든 연결이다."[7]

인간의 가능한 두 행위방식들 사이의 이런 구분은 어떤 현상이 희극

이 되기 위해서는 외적 세계에 있는 관찰자가 서로 다른 두 진행을 알아낼 수 있다는 것을 전제한다. 『시간과 자유』에서 주장하는 것에 따르면 단지 기계론적 외적 세계경험만이 존재한다. 자유의 경험은 내성(內省)에 제한되어 있다. 『웃음』에서 처음으로 타자의 의식 속에서 직관으로 해석되는 내성의 가능성이 받아들여졌다. 따라서 이 저서는――우선적으로 타자 의식현상에 제한을 둔 채로――외적 세계를 인식할 두 가능성을 발전시키고 있다. 첫번째 가능성은 이 외부로부터 주어진 것들을 기계적 진행과정으로서 파악하는 것이고 두번째 가능성은 공감(Sympathie)을 통해서 개인의 자유의 과정으로서 파악하는 것이다.

형이상학 입문

베르그송은 이미 『물질과 기억』에서 시작한 고유한 형이상학적 인식론을 1903년에 『형이상학 입문』이라는 제목 아래 『형이상학과 도덕의 리뷰』에 실은 한 논문에서 심화시켰다. 기계적인 외적 경험과 형이상학적 내적 경험을 제공하는 이중의 인식 가능성이 이 저서에서 체계화되었다. 이것에 따르면 모든 과학적 인식은 전자에 속한다. 관심이 없어서가 아니라, 사물들을 가능한 반응들로서 기술하기 때문에 이것은 결코 사물의 본질에 도달하지 못한다. 그러나 이런 인식 이외에 의식이 대상의 내적인 것으로 들어갈 수 있도록 하는 직관이 있다.

이런 직관적인 인식의 모델은 소피스트적인 패러독스가 보여주는 것처럼 외적 세계의 시공간적 과정으로서 하나의 통일성으로는 절대 이해될 수 없는 운동경험을 형성한다. 운동의 이면에 있는 충격을 직접적으로 파악하는 직관에서 운동의 통일성은 다양한 종류의 체험으로 주어진다.

철학적 인식과 과학적 인식 사이의 근본적인 차이를 받아들임으로써 베르그송은 그의 첫 두 저서에서 중요하게 다루어졌던 전제를 포기한다. 그는 개별과학으로부터 형이상학에 직접적으로 도달하는 길을 단념한다. 이 길은 바로 귀납적인 방법을 말한다. 그러나 베르그송은 과학과 철학의 연결을 완전히 잘라버리지는 않았다. 직관은 힘든 노력(effort doulourex)에 의한 엄밀한 과학적 인식의 기초 위에서만 가능하다. 그렇기 때문에 이후의 저서들 역시 베르그송이 그의 첫 저서들에 부여한 고전적인 구상에 확고하게 뿌리를 내리고 있다. 형이상학적 해결은 경험적 개별과학에 대한 엄밀한 분석에 기초한다. 그러나 이런 과정에서 자연과학들에서 빌려온 개념들은 개조되었다. 『시간과 자유』에서의 지속의 개념은 경험심리학과 형이상학에서 동일한 반면에, 『창조적 진화』에서의 지속의 개념은 생물학으로부터 존재론으로 옮겨지면서 특징적인 의미의 전환을 갖는다.

이러한 발전의 입장에서 그의 철학은 무엇보다도 20세기에 수많은 아류들에 의해 옹호되었던 대표적인 감성적 반지성주의에 대해 그 기초를 제공하고 있다. 그러나 베르그송은 자신의 이론을 이렇게 해석하는 데 대해 아주 힘주어 반대했다.

창조적 진화

새로운 방법론에 대한 결과는 1907년에 출간된 그의 저서 『창조적 진화』에서 나타난다. 이 저서에서는 『시간과 자유』와 『물질과 기억』으로 시작한 문제의식이 계속된다. 철학에 대한 심리학적이고 인간학적인 해석에 존재론적 해석이 이어지게 된다. 여기서 생물학적 현상들이 존재론적 이론의 출발점을 이룬다는 사실은 철학에 대한 해석이 『물질과 기억』에 의해서 어떻게 기대되는가 하는 문제제기에 상응한다.

베르그송은 앞선 저서들의 전형에 근거해서 『창조적 진화』를 형식적으로 구성하였다. 계통 발생사의 본질에 대한 특별하고 엄밀한 과학적 물음을 우선 제기한다. 여기서 베르그송은 19세기의 주요한 두 생물학 이론인 라마르크와 다윈의 이론을 분석하고 이들을 목적론과 기계론의 철학적 모델로 환원시킨다. 그는 동시에 두 설명방식들이 불충분함을 보여준다.

베르그송이 두 기준이 되는 이론들에 반대하여 전개시킨 진화론은 『형이상학 입문』에서 그것을 발전시킨 것처럼 기계적이고 직관적인 인식론의 방법론적 분리를 다시 다룬다. 삶을 결정하는 원칙은 의지와 행위의 통일성으로서 직관적인 작용의 수단을 통해서만 방법론적인 고찰들에 상응해서 이해될 수 있다. 그렇기 때문에 삶의 본질과 근거로서 하나의 통일적이고 나누어질 수 없는 힘이 경험될 때에만 진화에 대한 생물학적인 현상들이 이해될 수 있다.

베르그송이 생의 도약이라고 부른 이 생물학적인 근본적 힘은 식물 영역, 동물 영역 그리고 인간으로 표시된 세 개의 큰 방향으로 발전된다. 그러나 이들 영역들 사이에는 어떤 예리한 구분도 없다. 왜냐하면 이들 영역들에서 다양한 힘의 생산이 아니라 하나의 또는 동일한 생의 도약의 노력이 다루어지기 때문이다. 그럼에도 이런 경향에서 전형적인 구분들은 확고하다. 식물은 모든 선택적 행위를 제외시킨 제한된 운동성을 지니고 무감각(torpeur)에 의해서, 동물은 본능에 의해서, 인간은 지성에 의해서 활동한다. 여기서 본능과 지성은 도구를 생산하는 능력으로 이해된다. 본능의 도구는 유기적인 본성이고 지성의 도구는 비유기적 본성이다. 생의 도약의 근원적인 힘에서 나온 지성과 함께 지성의 도구적 성격이 정초된다. 지성의 도구적 성격은 어떤 순수한 인식도 이루지 못하고 오로지 베르그송이 이것을 이미 『물질과 기억』에서의 인식 개념에서 발전시켰듯이 가능한 행위모델들만을 만들어낸다. 이로써 지성은 순수하게 공리주의적이다.

그렇기 때문에 현상들을 그 본질에서 파악하려는 철학적 인식은 지성에만 의지할 수는 없다. 이 철학적 인식은 본능의 직접성과 깊이를 필요로 하면서도 지성의 명확성에 연결되어 있다. 따라서 철학적 직관은 인식의 한 형식으로 자신을 드러낸다. 이 인식의 형식은 본능과 객관의 근원적인 구속을 사고의 의식과 연결시키려고 노력한다. 존재는 동시에 삶이기 때문에 철학은 존재의 지속적인 변화에 적응되어 있는 하나의 개념세계를 필요로 한다. 다른 한편 경직된 사유의 개념들은 단지 외적 세계의 대상들에만 적용된다. 그렇기 때문에 베르그송은 비유적인 언어를 유일하게 적절한 철학적 표현형식으로 간주한다. 삶을 파악하기 위해 필요한 구체성과의 관계와 개념적인 유연성은 오로지 이 언어에만 적합하다.

직관의 이러한 방법은 삶의 고찰에서 전체 존재는 오로지 하나의 거대하고 결코 찢어낼 수 없는 창조과정으로 이해될 수 있다는 인식을 제공한다. 그 안에서 진행되는 시간은 심리적인 체험 속에서 경험되었던 지속과 동일하다.『물질과 기억』에 이르기까지 삶의 반대개념으로 보였던 물질은 이런 거대한 창조과정의 결과로서 나타난다. 물질은 끊임없는 생의 도약의 화석화된 생산물이다.

창조주 대신에 세계와 동일시되는, 끊임없이 새롭게 자신을 창조하는 신을 설정하는 이 존재론의 종교철학적 결과들은 베르그송에 의해 내려진 최후 결론이 아니다. 그러나『창조적 진화』에 숨겨져 있는 경향 탓에 베르그송의 모든 저작들은 가톨릭 교회에 의해 금서로 지정되었다.

철학적 직관

다음 10년 동안의 철학적 직관에 대한 베르그송의 강연은 가장 중요한 철학적 저서로서 간주된다. 1911년 볼로냐에서 있었던 제4회 국제 철학대회에서 베르그송은 자신의 강연「철학적 직관」에서『물질과 기억』과『창조적 진화』이후로 가장 명확하게 형성된 자신의 방법론적인 입장을 공식화했다. 여기서 과학적인 개별결과들의 철학적인 종합으로서의 모든 형식의 귀납적 형이상학은 명확하게 거부된다.

진실로 철학은 개별과학의 어떤 종합도 아니다. 그리고 철학이 때때로 과학의 영역으로 간다면, 또 철학이 많은 경우 단순한 관점에서 과학이 다루는 대상들을 포괄한다면, 이것은 과학의 강화 때문도 아

니고 철학이 과학의 결과들을 보편화라는 더 높은 정도로 고양시키기 때문도 아니다.[8]

이미 『물질과 기억』과 『웃음』에서 예고되었고 『형이상학 입문』에서 우선적으로 명시되었듯이 그의 첫번째 저서의 입장과 거리를 둔다는 것은 그럼에도 철학적 주장의 개별과학적 출발점에 대한 어떤 거부를 뜻하는 것은 아니다. 이는 현상학자들 또는 후기 하이데거가 규정하고 있는 것과 같다. 철학은 이러한 새로운 시각에서도 개별적인 인식 없이는 가능하지 않다. 『형이상학 입문』에서 베르그송이 규정한 직관이라는 힘든 작용은 사실들에 의한 단계를 전제한다. 베르그송은 많은 개별 사실들을 수용한 다음에만, 이런 개별 사실들을 직관적으로 파악할 수 있게 된다. 이것은 그가 복합적인 표면을 돌파(극복)하여 핵심과 단순한 작용(복합적인 구조들은 이런 핵심이나 단순한 작용으로부터 나온 결과일 뿐이다)으로 나아감으로써 이루어진다. 이런 의미에서 철학은 개별과학들의 종합이 아니라 단순화이다.

우리들이 철학정신을 그 자체로서 또는 그것의 작품 안에서 주목하든지, 또는 철학을 과학과 비교하거나 하나의 철학을 다른 철학들과 비교하든지, 우리들은 어려운 문제들이 표면에 있고 구성은 하나의 부수적인 일이며, 종합은 하나의 현상형식이라는 사실을 항상 알게 된다. 철학함은 항상 하나의 단순한 작용이다.[9]

아인슈타인과의 논쟁

1907년과 1922년 사이에 베르그송은 어떤 더 큰 철학저서도 출간하지 못했다. 그는 1919년에 『정신 에너지』라는 제목의 논문 모음집만을 발간했다. 그렇기 때문에 오랫동안 『창조적 진화』는 그의 최종 저서로 간주되었다.

그러나 하나의 외적인 사건이 베르그송으로 하여금 1922년에 『지속과 동시성. 아인슈타인의 이론에 관하여』(Durée et simultanéité. A propos de la théorie d'Einstein)라는 제목의 저서를 출간하게 하였다. 이 저서는 아인슈타인이 프랑스 철학회에서 행한 강연에 대한 베르그송의 하나의 답변이며, 상대성 이론의 결론에 반대하는 베르그송적인 시간개념을 옹호하려고 한 르 루아의 토론이 관련되어 있다.

베르그송은 그의 초기의 저서들에서처럼 개별과학인 물리학 분야에서 새롭게 나온 책들에서 출발한다. 그는 마이컬슨(A. A. Michelson)과 몰리(E. W. Morley)의 시도와 여기에 기초를 둔 로렌츠(H. A. Lorenz)의 변형을 분석하였다. 여기서 그는 자신이 발전시킨 방법에 따라, 현실성에서 어떤 것도 상응하지 못하는 상대성 이론의 물리적 시간개념은 하나의 순수한 가공이라는 것을 보여주고자 노력하였다. 이것을 통해서 어떤 물리적 현상들이 편리하게 설명될 수 있다 하더라도 그것을 삶에 적용하는 일은 거부해야 했다는 것이다.

이것을 증명하기 위해서 베르그송은 랑주뱅(P. Langevin)이 1911년 볼로냐의 철학자 대회에서 상대성 이론의 설명을 위해 준비했던 하나의 예를 든다. 이 예는 우주여행에서 인간의 시간 지연을 다루고 있는 것이다. 이 저서에 대해 일련의 항변들이 제기되었고, 베르그송은 우선적으로 재판에서 두 개 장(章)을 첨가하여 결국 이 저서를 철회하였다.

베르그송의 시간개념의 의미에서 상대성 이론에 대한 문제의 해석은 베르그송의 체계에서 결정적인 점을 건드리고 있다. 외적 세계에서 시간의 모든 현상들이 지속의 심리적 경험에 분명히 기인될 수 있다고 시간을 해석하는 것에 베르그송은 명백하게 성공하지 못한다. 순수 지속에 대한 이론은 물리학의 현상들과는 어느 정도 모순에 빠지게 된다.

도덕과 종교의 두 원천

1932년에 베르그송은 자신의 마지막 저서를 출간했다. 그 저서는 그의 문제의식에서 『창조적 진화』를 직접적으로 지속시키는 작업임을 뜻했다. 우주 발전은 생의 도약의 유일한 현실화로서 하나의 고유한 역동성을 소유하고 있는 가장 높은 단계로서의 인간성으로 나아가게 되기 때문에 베르그송이 인간의 역동적인 힘들에 자신의 마지막 저서를 바치는 것은 올바른 귀결로 보인다.

이러한 구상에서 『도덕과 종교의 두 원천』(Les deux sources de la morale et de la religion) 역시 모든 베르그송의 저서들의 기본도식을 계속 발전시키고 있다. 여기서도 사회학적·인류학적 특성을 가진 개별과학 연구들이 그 출발점을 이루고 있다. 베르그송은 모든 인종적이고 종교적인 현상들은 두 개의 상이한 원천에 상응한다는 것을 뒤르켐(E. Durkheim)과 레비-브륄(L. Lévy-Bruhl)의 연구에 기초를 두어 증명하려고 했다. 이 두 원천의 분리는 학문과 직관의 대립을 방법론적으로 반영하고 있다. 그러나 그는 여기서 동일한 현상에 대한 상이한 고찰에 이르기보다는 사회적 만남에서 인간의 상이한 행동방식들을 밝히고 있다. 베르그송은 열림과 닫힘이라는 용어들로 두 행동방식을 표시하고 있다. 세계이해의 닫힌 형식은 여기서 사회적으로 조건지어진 것이다. 이 닫힌 형식은 인간이 사회적 존재라는 사실에 상응한다. 그렇기 때문에 도덕과 종교의 닫힌 형식들은 개별적인 인간을 규정한다. 인간은 규칙과 금기 아래에 있다. 이 구속에서 인간은 여전히 완전한 자연의 산물이며 여전히 거의 동물에 가깝다.

그와는 반대로 열린 도덕과 종교는 그로 하여금 사회적 구속의 한계들을 넘어서 인간성의 이념으로 나아가는 것을 가능하게 한다. 이런 열린 형식은 결코 닫힌 형식의 확장이 아니라 하나의 질적으로 다른 세계태도이다. 열린 형식은 짧은 순간이라 하더라도 인간으로 하여금 사회적이고 물리적인 모든 조건으로부터 자신을 해방시키고 창조적 세계과정의 가장 내적인 것으로 자신을 들어가게 하는 것, 즉 신과 하나가 되는 것을 가능하게 한다.

베르그송이 이러한 삶의 태도에서 보여주는 모델은 신비주의이다. 실제로 신비주의는 어느 한 종교에 국한되어 있는 것이 아니지만 베르그송은 이것을 크리스트교적 신비주의에서 가장 순수하게 실현된 것으로 본다. 그러나 신비주의는 사념적으로 이해되어서는 안 된다. 신은 창조의 순수한 원칙이기 때문에, 신비주의는 신에 대한 직관으로서 인간을 가장 큰 창조적 힘의 상태로 들어가게 함이 분명하다. 모든 예술가적인 창조에는 신비주의의 단초가 있지만 순수한 형식에서 신비주의는 단지 크리스트교적 신비주의의 위대한 인물들에서만 실현되어 있다. 베르그송 이론의 이런 결론에 따르면 세계이해와 존재이해의 방식으로서 철학은 과학적 인식의 판단기준인 추체험성과 반복가능성이 계속적으로 결여되어 있는, 보다 고차원적인 인식형식을 위해서 스스로를 포기한다.

영향사

베르그송 철학의 영향은 간단히 파악될 수 없다. 베르그송은 결코 하나의 고유한 철학 학파를 형성하지는 않았다. 그는 주요 교단 바깥의 콜레주 드 프랑스에서 강의를 하였다. 그의 강의들은 때때로 파리에서 사회적 사건이 될 정도였다. 베르그송은 자신의 강의들을 엄밀히 철학사적으로 결합시킴으로써 이러한 경향을 극복하려고 시도하였다. 그는 자신의 철학과 연결되어 있는 유행적 흐름들을 받아들이지 않았다. 그럼에도 그는 프랑스에서의 문학 발전에 강한 영향을 주었다.

그는 프루스트의 시간이해에 영향을 주었을 뿐만 아니라 1920년대에 뚜렷하게 감정적인(emotional) 색깔을 갖고 있는 베르그송주의를 일으킨 페기(C. Péguy)와 클로델(P. Claudel)을 중심으로 한 비합리주의 운동에도 증인으로 등장했다. 그의 영향은 마지막으로 전후 시대의 누보 로망(로브-그리예, 뷔토르, 모리악)에까지 이르렀다.

철학에서 몇몇 사상가들은 베르그송의 단초를 계속 진행해 나갔다.

르 루아는 체계적인 탐구로써, 슈발리에(J. Chevalier)나 얀켈레비치(V. Jankélévitch)는 저서들을 해석해 가면서 그의 단초를 계속 진행해 나갔다. 여기서——윌부아(J. Wilbois)처럼——르 루아는 베르그송의 과학비판에 자신의 철학을 연결시키고 과학적인 분석과 직관적인 방법의 이중성을 인식론적으로 계속 정초하고자 시도하고 있다. 이 두 철학자는 하나의 '새로운 실증주의'라는 새로운 단초에 대해서 말하고 있다.

베르그송은 20세기의 첫 20년 동안 프랑스의 사회주의 사상가인 소렐(G. Sorel)과 페기에게 상당한 영향을 주었다. 베르그송은 제1차 세계대전에서 페기가 일찍 죽기까지 그와 개인적인 우정을 맺고 있었다.

같은 방식으로 베르그송은 그의 시대에 프랑스에서 모더니즘이라는 이름으로 알려진 종교철학 발전에 영향을 주었다. 무엇보다도 먼저 블롱델은 베르그송의 반합리주의적 경향들을 신앙과 지식의 일치라는 철학·신학적 운동으로 전환시켰다. 나중에 바루지(J. Baruzi) 역시 신비에 관한 자신의 이론을 베르그송의 방법론에 근거해서 세웠다. 마지막으로 샤르댕(Pierre Teilhard de Chardin)의 자연철학 역시 베르그송의 신학적 이론 없이는 생각할 수 없다.

프랑스 밖에서의 베르그송의 영향은 대체로 덜 분명하게 나타난다. 영미에서 20세기의 첫 10년간 프래그머티즘 사상가들에 대한 베르그송의 영향은 확고하다. 무엇보다도 후기 제임스의 시간이론은 베르그송의 『시간과 자유』에 바탕을 둔다. 『창조적 진화』의 출간 이후에 처음으로 알려지게 된 독일에서의 베르그송의 철학은 생명주의적 생물학주의로 이해되었고 습관적으로 그 당시 지배적이었던 생철학과의 논쟁에 포함되었다.

생철학에 대한 두 큰 반대자인 리케르트와 미시(G. Misch)가 우선적으로 베르그송을 그와 같이 해석하였다. 셸러(M. Scheler)조차도 여전히 베르그송을 이와 같은 맥락으로 이해하였다. 나중에 베르그송은 우선적으로 그의 저서 『도덕과 종교의 두 원천』으로 실존주의 선구자들 중의 하나로서 받아들여졌다. 여기서 마르셀(G. Marcel)은 베르그송과 실존주의를 연결해주는 사람으로 이해되었다. 이런 영향은 포퍼(K. Popper)의 열린 사회와 닫힌 사회의 구분에까지 미쳤다. 독일에서는 라스커(E. Lasker)와 같은 비교적 작은 몇몇 사상가들만이 자신들의 철학 체계에 베르그송을 직접적으로 연결시켰다.

| 귄터 플루크 · 최재식 옮김 |

귄터 플루크(Günther Pflug)

1923년 출생. 쾰른, 본, 파리에서 철학, 수학, 독문학을 공부하고, 1950년 독일 본 대학에서 철학박사학위를 받았다. 1953년 첫번째 국가시험에, 1955년 고위 도서 관직 국가시험에 합격했다. 1955년 이후로 쾰른 대학과 보훔 대학에서 도서관장 직을 역임했고 1976년부터 1988년까지 프랑크푸르트의 독일 도서관 협회장을 역임했다. 현재 보훔 대학과 프랑크푸르트 대학의 명예교수로 있다. 저서 : *Der Aufbau des Bewußtseins bei W. Dilthey*(1950, 박사학위논문), *Henri Bergson*(1959), *Einstein als Publizist*(1981). 논문 : "J.O. Lamettrie und die biologischen Theorien des 18. Jhdts"(1953), "Die Kritik H. Taines an der spiritualistischen Philosophie"(1955), "Sprache und Informationstheorie" (1974), "Hermeneutik und Kritik"(1975), "Philosohiegeschichte als Geschichtstheorie"(1977), "Methodik und Hermeneutik bei K. O. Müller" (1979), "Descartes und das mechanistische Menschenbild"(1982), "Ernest Renan und die deutsche Philologie"(1983).

최재식

성균관대학교 학부와 같은 학교 대학원 철학과를 졸업하고, 독일 보훔 대학에서 철학 박사학위를 받았다. 한국현상학회장을 지냈고 지금은 강릉원주대학교 철학과 교수와 같은 대학 인문학연구소장으로 있다. 저서로는 독일 · 미국 · 프랑스에서 출간된 『*Der Phänomenologische Feldbegriff bei Aron Gurwitsch*』를 비롯하여,

『철학의 전환점』(공저)이 있다. 역서로는 『현상학의 지평』이 있다. 주요 논문으로는 「메를로-뽕띠의 현상학에 있어서 형태개념에 의거한 사회성이론」 「거비취와 하이데거ㆍ행위와 타자문제를 중심으로」 「삐아제의 발생적 인식론과 메를로-뽕띠의 현상학」 「영화에 대한 현상학적 이해」 「합리성과 사회성에 관하여」 「하버마스의 '생활세계'와 '체계'의 이론에 관한 사회 현상학적 비판」 「폭력에 관한 철학적 연구」 「상호문화성의 현상학」 「신체개념을 통한 메를로ㆍ퐁티 현상학과 후설 현상학 연구」 「문화시대의 도래와 오늘날 문화시대의 특징」 등이 있다.

1) 베르그송, 『사유와 창조적 생성』, 21~22쪽.
2) 대리교수란 정교수의 강의를 책임 있게 대리하는 교수로, 한국에는 없는 제도이다. 많은 경우 정교수 은퇴시에 그 자리를 물려받기 때문에 비교적 젊고 실력 있는 학자가 대리교수가 된다(옮긴이).
3) 프랑스어의 idée(영어의 idea)를 독일어에서 표상(Vorstellung)으로 번역하기도 한다. 여기서도 그렇게 했다(옮긴이).
4) 소크라테스보다 한 세대 앞선 학파로서 만물을 하나의 존재로 보고 있는 이들 학파의 대표자들로 파르메니데스와 제논 등을 꼽을 수 있다(옮긴이).
5) 베르그송, 『시간과 자유』, 197쪽.
6) 베르그송, 『물질과 기억』, 6쪽.
7) 베르그송, 『웃음』, 41쪽.
8) 베르그송, 『사유와 창조적 생성』, 143쪽.
9) 같은 책, 145쪽.

참고문헌

원전

전집

- *Œuvres*, Ed. A. Robinet, Paris, Presses Univ. de France, 1970.
- *Mélanges*, Ed. A. Robinet, Paris, Presses Univ. de France, 1972.
- *Ecrits et paroles*, Ed. R. M. Mossé-Bastide, Bd. 1~3, Paris, Univ. de France, 1957~1959.

개별저서

- *Essai sur les données immédiates de la conscience*, Paris, Alcan, 1889.
- *Matière et mémoire*, Paris, Alcan, 1896.
- *Le rire*, Paris, Alcan, 1900.
- *L'Evollution créatrice*, Paris, Alcan, 1907.
- *L'Energie spirituelle*, Paris, Alcan, 1919.
- *Durée et simultanéité*, Paris, Alcan, 1922.
- *Les deux sources de la morale er de la religion*, Paris, Alcan, 1932.
- *La pensée et le mouvant*, Paris, Alcan, 1934.
- *Fichte*, éd. F. Turiot, Strasbourg, Presses univ., 1988.
- *Cours*, éd. H. Hude, 2 vol. Paris, Presses univ. de France, 1990~1992.

독일어 번역서

- *Zeit und Freibeit*, Jena, Diederichs, 1911(최종 출판 : Meisenheim, Hain, 1989).
- *Materie und Gedächtnis*, Jena, Diederichs, 1908(최종 출판 : Hamburg, Meiner, 1991).
- *Das Lachen*, Jena, Diederichs, 1921(최종 출판 : Hamburg, Luchterhand, 1991).
- *Einführung in die Metaphysik*, Jena, Diederichs, 1909.

● *Schöpferische Entwicklung*, Jena, Diederichs, 1912(최종 출판 : Zürich, Coron, 1967).

● *Die seelische Energie*, Jena, Diederichs, 1928.

● *Die beiden Quellen der Moral und Religion*, Jena, Diederichs, 1933(최종 출판 : Frankfurt/M., Fischer, 1993).

● *Denken und schöpferisches Werden*, Meisenheim, Hain, 1948.

2차 문헌

학술 전기(傳記)

● Gunter, P. A. Y. : *Henri Bergson, Bowling Green*, Philosophy Doc. Center, 1974.

〈포괄적인 문헌목록〉
● Mossé-Bastide, R. M. : *Bergson éducateur*, Paris, Presses Univ. de France, 1955.
● Pflug, G. : *Henri Bergson*, Berlin, de Gruyter, 1959.

인물과 생애

● *Bergson, naissance d'une philosophie*, Paris, Presses univ. de France, 1990.
● Chevalier, J. : *Entretiens avec Bergson*, Paris, Plon, 1959.
● Delattre, F. : *Dernières années d'Henri Bergson*, Paris, Presses Univ. de France, 1943.
● Desaymard, J. : *Bergson à Clermont-Ferrand*, Clermont-Ferrand, Bellet, 1910.
● Maire, G. : *Bergson, mon maître*, Paris, Grasset, 1935.

베르그송 철학에 대한 전체적인 기술들

● Barlow, M. : *Bergson*, Paris, Ed. Universitaires, 1966.
● Barthélemy-Madaule, M. : *Bergson*, Paris, Presses Univ. de France, 1968.
● Chevalier, J. : *H. Bergson*, nouv. éd., Paris, Plon, 1942.
● Cresson, A. : *Bergson. Sa vie, son œuvre*, Paris, Presses Univ. de France,

1958.

●Deleuze, G. : *Le Bergsonisme*, Paris, Presses Univ. de France, ¹1991(독일 어판, Hamburg, Junius, 1989).

●De Lutte, H. : *Henri Bregson, une ontologie de perplexité*, Paris, Presses Univ. de France, 1990.

●Herman, D.J. : *The Philosophy of Henri Bergson*, Washington, Uni. Pr. of America 1980.

●Jankélévitch, V. : *Henri Bergson*, Paris, Presses Univ. de France, ²1975.

●Jurevičs, P. : *Henri Bergson*, Freiburg i. Br., Alber, 1949.

●Kolakowski, L. : *Bergson*, Oxford, Oxford Univ. Pr., 1985.

●Lindsay of Birker, A. D. : *The Philosophy of Bergson*, Port Washington, Kennikat Pr., ²1968.

●Mossé-Bastide, R. M. : *Bergson éducateur*, Paris, Presses Univ. de France, 1955.

●Pflug, G. : *Henri Bergson*, Berlin, de Gruyter, 1959.

●Pilkington, A. E. : *Bergson and his influence*, Cambridge, Cambridge Univ. Pr., 1976.

●Russell, B. A.W. R. : *The Philosophy of Bergson*, London, Norwood, 1978.

●Scharfstein, B. A. : *Roots of Bergson's philosophy*, New York, Columbia Univ. Pr., 1943.

●Vieillard-Baron, J. L. : *Bergson*, Presses univ. de France, 1991.

다른 사상가들과의 관계들

●Barthélemy-Madaule, M. : *Bergson adversaire de Kant*, Presses Univ. de France, 1966.

● _____ : *Bergson und Teilhard de Chardin*, Olten, Walter, 1970.

●Delattre, F. : *Ruskin et Bergson*, Oxford, Clarendon Pr., 1947.

●Douglass, P. : *Bergson, Eliot and the American literature*, Lexington, Univ. Pr. of Ky., 1986.

●Gouhier, H. : *Bergson dans l'histoire de la pensée occidentale*, Paris, Vrin, 1990.

●Henry, A. : *Bergson, maître de Péguy*, Paris, Elzévir, 1948.

●Jäckel, K. : *Bergson und Proust*, Breslau, Priebabsche, 1934.

●Jamil, K. M. : *Nietzsche and Bergson in the domain of evolutionary and moral philosophies*, Rajshahi, Internat. Print., 1959.

●Kallen, H. M. : *William James and Henri Bergson*, New York, AHS, 1980.
●Lehrmann, C. : *Bergsonisme et judaîsme*, Genf, Ed. Union, 1937.
●Loomba, R. M. : *Bradley and Bergson*, Licknow, Upper India Publ. House, 1937.
●Megay, H. N. : *Bergson et Proust*, Paris, Vrin, 1976.
●Moss-Bastide, R. M. : *Bergson et Plotin*, Paris, Presses Univ. de France, 1959.
●Pallière, A. : *Bergson et le judaîsme*, Paris, Alcan, 1933.
●Politzer, G. : *Freud et Bergson*, Florenz, La nuova Italia, 1970.
●Quick, T. : *Bergson and American culture*, Chapel Hill, Univ. of NC Pr., 1990.
●Vialatoux, J. : *De Durkheim à Bergson*, Paris, Bloud & Gay, 1939.

인식론

●Adolphe, L. : *La dialectique des images chez Bergson*, Paris, Presses Univ. de France, 1951.
●Fressin, A. : *La perception chez Bergson et chez Merleau-Ponty*, Paris, L.C.D.U. et S.E.D.E.S. réunis, 1967.
●Gilson, B. : *L'individualité dans la philosophie de Bergson*, Paris, Vrin, 1978.
●Husson, L. : *L'intellectualisme de Bergson*, Paris, Presses Univ. de France, 1947.
●Kumar, S. K. : *Bergson and the stream of consciousness novel*, Riverside, Grenwood, 1979.
●Mourélos, G. : *Bergson et les niveaux de réalité*, Paris, Presses Univ. de France, 1964.

물리학과 수학

●*Bergson and modern thought*, hrsg. v. A.C. Papsanicolaou und P.A.Y. Gunter, Chur, Haarwood Acad. Pr., 1987.
●Čapek, M. : *Bergson and modern physics*, Dordrecht, Reidel, 1971.
●Gunter, P. A. Y.(Hrsg.) : *Bergson and the evolution of physics*, Knoxville, Univ. of Tennessee Pr., 1969.
●Millet, J. : *Bergson et le calcul infinitésimal*, Paris, Presses Univ. de

France, 1974.

공간과 시간

●Bachelard, G. : *La dialectique de la durée*. Nouv. éd., Paris, Presses Univ. de France, 1972.

●Chahine, O. E. : *La durée chez Bergson*, Paris, Structures nouv., H. Boucher, 1970.

●Gorsen, P. : *Zur Phänomenologie des Bewußtseinsstroms*, Bonn, Bouvier, 1966.

●Heidsieck, F. : *Henri Bergson et la notion d'espace*, Paris, Presses Univ. de France, 1961.

●Robinet, A. : *Bergson et les métamorphoses de la durée*, Paris, Seghers, 1965.

생물학

●Léotard, G. : *En marge de Bergson ou essai sur la matérialité de la mémoire*, Dilbeek, Ed. Marguerite, 1938.

●Trotignon, P. : *L'idée de vie chez Bergson et la critique de la métaphysique*, Paris, Presses Univ. de France, 1968.

미학

●Baldino, P. : *L'arte nella concezione di Bergson*, Neapel, A. de Frede, 1974.

●Bayer, R. : *L'esthétique de Bergson*, Paris, Presses Univ. de France, 1943.

●Szathmary, A. : *The aesthetic theory of Bergson*, Cambridge, Harvard Univ. Press, 1937.

윤리학

●Austermann, M. : *Die Entwicklung der ethischen und religionsphilosophischen Gedanken bei Henri Bergson*, Frankfurt, R. G. Fischer, 1981.

●Bretonneau, G. : *Création et valeur éthiques chez Bergson*, Paris, Sedes, 1975.

●Rolland, E. : *La finalité morale dans le bergsonisme*, Paris, Beauchesne, 1937.

사회철학

●Ebacher, R. : *La Philosophie dans la cité technique*, Paris, Bloud et Gay, 1968.
●Fabris, M. : *La filosofia sociale di Henri Bergson*, Bari, Resta, 1966.
●Lafrance, G. : *La philosophie sociale de Bergson*, Ottawa, Ed. de l' Univ. d' Ottawa, 1974.

종교철학

●Adolphe, L. : *La Philosophie religieuse de Bergson*, Paris, Alcan, 1946
●Cariou, M. : *Bergson et le fait mystique*, Paris, Aubiere Montaigne, 1076.
●Gouhier, H. : *Bergson et le Christ des Evangiles*, Paris, Vrin, 1989.
●Kelley, J. J. : *Bergson's mysticism*, Freiburg(Schweiz), St. Paul's Pr., 1954.
●Lavelle, L. : *La pensée religieuse d' Henri Bergson*, Paris, Presses Univ. de France, 1943.
●Levesque, G. : *Bergson. Vie et mort de l' homme et de Dieu*, Paris, Les Ed. du Cerf, 1973.
●Phoba, M. : *Bergson et la théologie morale*, Paris, Champion, 1977.
●Sertillanges, A. G. : *Henri Bergson et le catholicisme*, Paris, Flammarion, 1941.
●Sundén, H. : *La théorie bergsonienne de la religion*, Uppsala, Almqvist & Wiksell, 1940.

전집

●*Les Etudes bergsoniennes*(베르그송 연구), Bd. 1~11, Paris, Presses Univ. de France, 1948~1976(지금까지 발간된 연구집에는 베르그송 철학에 관한 논문들뿐만 아니라 중요한 자료들이 있다).

6 | 논리적 원자론의 철학

버트런드 러셀(1872~1970)

"논리적으로 완전한 언어에서는 한 진술명제의 낱말들과
이 명제에 상응하는 사실의 구성요소들이 서로 일대일로 대응된다."
●러셀

러셀(Bertrand Arthur William Russel)은 긴 생애를 살면서 라이프니츠를 제외하고 그보다 앞선 어떤 철학자보다 학문, 문학 그리고 정치 세계에 광범한 영향을 남겼다. 그의 저술활동은 비상할 정도로 생산적이었다. 그는 연설과 저술을 통해 결코 오로지 철학자로서만 세상에 알려진 것은 아니었으며, 또한 주로 철학자로서 세상에 알려진 것도 아니었다. 광범한 독자들에게 그는 오히려 도덕가와 정치적 저술가로 알려져 있었다. 그 자신은 철학적 진리추구와 정치적 · 도덕적 추론——때로는 흥분——사이의 차이를 결코 망각하거나 오해하지 않았다.

그러나 그는 신뢰할 만한 진리와 확고한 개인적 신념을 양심적으로 구별하기 위해 철학적으로 노력하는 것을 공적인 활동에 사명을 가지고 있는 사람이 전적으로 매달려야 할 과제로 생각하지는 않았다. 활동을 하려 하는 사람은 그의 신념을 집중하여 목적을 달성하기 위해 종종 이유와 반대이유에 대하여 고려하는 것을 포기해야 한다. 그는 이것을 알고 있었으며 또한 그렇게 말했다.

그럼에도 러셀이 정치적인 목적과 도덕적인 의무에 관한 공개적 논쟁에서 의지했던 개인적인 권위의 근거는 일차적으로 탁월한 철학자이자 획기적인 논리학자로서 그의 명성이었다. 그가 그렇게 했다는 사실과 어떤 방식으로 그렇게 했는가 하는 문제는 그의 지적 개성의 본질적 특징을 이루고 있다. 계속 유지되고 있는 그의 철학자로서의 중요성은 이론논리학이 덕을 입고 있는 그의 통찰에 기인한다. 동시대의 철학에서 그의 철학이 획기적인 효과를 나타낼 수 있었던 데에는, 기술적으로 아주 어려운 문제들을 알기 쉽고 간단한 답변으로 서술할 수 있도록 한 뛰어난 문체도 한몫을 하였다.

전통적 형이상학의 근본문제들과의 대결은 그의 논리학적 문제들에 대한 경험과 그에 대한 해결책의 제안들로부터 발생하고 지속되었다. 이론논리학은 항상——명시적으로든 또는 단지 암시적으로든——그의 과학적인 철학의 토대였다.

생애

러셀은 그의 발언 때문만이 아니라 그의 인격으로 인해 내중들로부터 주목을 받았다. 따라서 우리는 자서전의 증거, 친구들의 서술과 기억, 그리고 당연히 언론의 보고들을 통해 그의 인생행로에 대해 사적인 부분에 이르기까지 상세하게 알고 있다. 역사가라면 백작 칭호와 상원의 의석을 가졌던 쟁쟁한 가문의 상속자에 대한 전기 속에서 대영제국의 몰락기에 영국 귀족계급을 변형시키고 해체했던 역사적 전개과정의 몇몇 전형적인 특징들이 특별히 현란하게 조명되어 보일 것이다. 그러나 우리는 여기서 그의 철학적 저작을 위해 중요한 사실에만 관심을 국한시킬 것이다.

러셀은 1872년 5월 18일 남부 웨일스의 틴턴(Tintern) 근처 레이븐즈크로프트(Ravenscroft)에서 태어났다. 그의 부모가 일찍 세상을 떠난 뒤 1876년에 그의 조부모인 존 러셀 경과 러셀 부인이 그와 그의 형에

도덕가이자 정치적 저술가로 널리 알려진 러셀의 철학적 중요성은
이론논리학에 대한 탁월한 통찰력에 있다.

대한 양육권을 떠맡았다. 버트런드는 1889년까지 조부모의 집에 머물렀는데, 거기서 그는 정치·사회적으로 수준 높은 빅토리아풍 영국 귀족 가문의 관대한 생활양식에 둘러싸여 가정교사 및 독일과 프랑스 출신 여가정교사들에 의해 교육되었다. 가정 전통으로서의 합리적 자유주의와 조모의 생활태도로서 개신교적 분위기가 그의 청소년기 교육의 원칙으로서 그에게 강한 영향을 미쳤다. 그는 1890년에서 1894년까지 케임브리지의 트리니티 칼리지에서 수학과 철학을 공부하였다. 이때 그의 스승들 중의 한 사람이 후에 그와 『수학의 원리』의 공동저자가 된 화이트헤드(A. N. Whitehead)였으며, 그의 학우들 중에서는 특별히 철학자 무어(G. E. Moore)를 들 수 있다.

학업을 끝내고 영국 대사관의 외교관 시보로서 3개월간의 파리 체류를 마친 뒤 1894년 러셀은 유복한 미국의 퀘이커 교도 집안 출신이며 5살 연상의 여인인 앨리스 피어솔 스미스(Alys Pearsall Smith)와 결혼하였다. 첫번째 부인과 이혼한 후 1921~1935년에는 도라 블랙(Dora Black)과, 1936~1952년에는 퍼트리샤 스펜서(Patricia Spencer)와, 그리고 1952~1970년에 이디스 핀치(Edith Finch)와의 결혼생활 등 세 번의 결혼관계가 이어졌다. 이들 결혼도 마지막 결혼을 제외하고는 모두 이혼으로 끝났다. 첫번째 결혼에서는 자녀가 없었고, 두번째에서는 네 명의 자녀가 출생하였는데, 러셀은 그 중에서 단지 아들 한 명과 딸 한 명만을 자신의 자녀로 인정하였다. 세번째 결혼에서도 그는 아들 하나를 얻었다.

성인이 되어서 상속받은 아버지의 유산 덕분에 러셀은 경제적인 문제에 구애받지 않고 자신의 미래 생활양식을 자유롭게 선택할 수 있었다. 그는 유럽과 해외여행 때문에 일시적으로 중단되긴 했지만 학문연구의 길을 선택하였다. 그가 외교관이나 영국 의회 하원의 자유당 의원으로서의 자리를 포기하기로 결정한 것은 개인적으로 독립성을 갖기를 원하였기 때문이었다. 그러나 이러한 결정이 그가 정치적인 문제로부터 돌아섰다는 것을 의미하는 것은 아니었다. 이것은 그의 첫번째로 출판된 저서가 독일의 사회민주주의에 관한 저술(1896)이었다는 것에 의해 입증되는데——이것은 그가 베를린에 6개월 체류한 뒤에 쓰었다——이 저술은 트리니티 칼리지에서 펠로십(영국 대학의 특별연구원 자격－옮긴이)을 얻기 위한 박사학위논문 「기하학의 기초에 관한 연구」(An Essay on the Foundations of Geometry, 1897)와 거의 동시에 나왔다.

1900년부터 제1차 세계대전 때까지 러셀은 학문적으로 가장 중요하고 그에게 지속적인 명성을 안겨준 저작들인 『수학의 원리』(The Principles of Mathematics, 1903), 『표시에 관하여』(On Denoting, 1905), 『계형이론에 기초한 수학적 논리』(Mathematical Logic as Based on the Theory of Types, 1908), 그리고 마지막으로 화이트헤드와 함께 저술한 『프린키피아 마테마티카』(Principia Mathematica I, II, III : 1910, 1912, 1913)를 출판하였다. 러셀은 한편으로 그 자체만으로도 놀라운 지적 활력에 대한 기념비로 간주될 수 있을 일련의 획기적인 저작들을 간행하면서, 같은 시기에 의회의 선거전과 여성 유권자를 위한 유세에 참여할 여력을 가지고 있었다.

1908년에 러셀은 왕립협회의 회원으로 선출되었다. 1910년부터 그는 케임브리지에서 논리학과 수학의 정초에 관한 5년간의 강의에 위촉을 받았다. 그의 학문적 영향이 이럴 즈음에, 철학사적으로 많은 영향을 미쳤던 비트겐슈타인과의 친분과 교제가 시작되었다. 러셀은 제1차 세계대전의 발발을 재앙으로 여겼다. 그는 영국에서 일반적인 병역의무의 도입을 반대하는 투쟁에 참여하였으며, 점차 확고한 평화주의로 기울었는데, 이로써 그는 국가권력과 충돌하게 되었고, 마침내는 반 년 동안 옥고(1918)를 치르기도 했다.

감옥에 있는 동안에 널리 읽히고 여러 나라 언어로 번역된 『수리철학 입문』(Introduction to Mathematical Philosophy, 1919년 출판)이 쓰어졌는데, 이것은 우아하고 평이한 서술방식에 의하여 그의 어떤 다른 저작보다도 학문세계에서 새로운 논리학의 근본사상을 보급시키는 데 기여하였다. 마찬가지로 1918년에 일련의 강의인 『논리적 원자주의의 철학』(*Philosophy of Logical Atomism*, 1918)이 나왔는데, 수학을 순전히 논리적으로 정당화하려는 러셀의 의도와 결합된 라이프니츠 스타일의 형이상학의 요점이 처음으로 상세히 서술되었다.

이후 제2차 세계대전에 이르기까지 러셀은 학문적 연구보다는 정치적 저술과 강연여행, 저널리스트와 에세이스트로서의 활동, 그리고 유아교육 및 성윤리에 대한 연구에 더 많은 시간을 할애했다. 1920년에 그는 노동당 사절단의 일원으로 소련에 체류하였고, 1920~21년에는 객원교수로 북경에 체류하였으며, 1927년에는 자신의 아이들과 다른 아이들을 위해 기숙사 학교를 설립하였으며(이 학교는 1931년까지는 러셀과 그의 부인이 공동으로, 그리고 이혼 후에는 그의 부인이 단독으로 운영하였다), 1938년에서 1944년까지는 미국에서 객원교수로 활동하였다.

러셀의 이름을 비학문적 세계에서조차 널리 알려지도록 한, 이 시기의 출판물 중 가장 유명한 것들은 다음과 같다. 『볼셰비즘의 실제와 이론』(*The Practice and Theory of Bolshevism*, 1920), 『특히 초기 유아기의 교육에 관하여』(*On Education, Especially in Early Childhood*, 1926), 『왜 나는 크리스트교인이 아닌가』(*Why I am not a Christian*, 1927), 『결혼과 도덕』(*Marriage and Morals*, 1929), 『행복의 정복』(*Conquest of Happiness*, 1930), 『자유와 조직』(*Freedom and Organization*, 1934), 『권력—새로운 사회적 분석』(*Power—A New Social Analysis*, 1938).

이 시기에 씌어진 저술들 중 논리학의 역사를 위해 중요한 것으로는 다음과 같은 것을 들 수 있다. 『프린키피아 마테마티카』 제1권 제2판에 대한 중요한 서론(1925), 램지(F. P. Ramsey)의 전집에 대한 서평(1931), 『수학의 원리』 제2판에 대한 서론(1937). 러셀은 그 후 더 이상 자신의 연구를 통하여 논리학의 발전에 관여하지 않았다. 그 이유는 아마 그가 불안정했던 사생활의 여건 때문에 그럴 수 있는 여유를 갖지 못했고, 파산한 이후로 돈벌이를 위해 글을 쓰지 않을 수 없을 만큼 경제적으로도 압박감을 느꼈기 때문일 것이다. 그러나 그것은 또한 점점 더 기술적으로 변모해가는 논리학이 전통적 형이상학과 인식론의 큰 주제들에 대한 회고보다 그에게 덜 매력적이었기 때문이었을 것이다. 『물질의 분석』(*The Analysis of Matter*, 1927), 『철학 강요』(*An Outline of Philosophy*, 1927), 『의미와 진리에 관한 연구』(*An Inquiry into Meaning and Truth*, 1940)와 같은 이 중간기의 세 광범위한 철학적 저작들이 이를 암시한다.

러셀은 1944년에 미국으로부터 영국으로 돌아왔고, 케임브리지의 트리니티 칼리지로부터 5년간의 강의 초빙을 받았다. 그는 여기서 그의 위대한 철학적 저술들 중의 마지막 저서인 『인간의 지식, 그 범위와 한계』(*Human Knowledge, Its Scope and Limits*, 1948)를 썼다. 그는 학계가 이 저서를 비교적 차갑게 받아들인 데 대하여 실망하였다. 이 실망으로부터 그가 이 책에 대한 비판적 이의에 대하여 특별히 날카로운 어조로 답변한 깃을 설명할 수 있을 것이다.

1950년에 영국의 메리트 훈장(The Order of Merit)과 노벨상의 수여를 통해 러셀의 탁월성이 공식적으로 인정되었을 때, 그는 이미 오래 전부터 공적 생활에서 국제적인 저명인사가 되어 있었다. 생애의 최후 20여년 동안 그는 자신의 비교할 수 없는 대중적 인기와 고령에 이르기까지 유지된 개인적인 정열을 주로 국제적인 군비축소, 서방세계의 일방적인 핵무기 포기, 그리고 미국의 베트남 전쟁의 종식을 위하여 서방세계의 여론을 형성하는 데 쏟았다. 이 시기에 철학사적으로 중요하게 취급되어야 할 자신의 철학적 연구에 대한 러셀의 결론적 회고인 『나의 철학적 발전』(*My Philosophical Development*, 1959)과 세 권으로 된 그의 『자서전』(1969)이 완성되었다.

러셀은 1970년 2월 2일 북웨일스의 펜린듀드래스(Penrhyndeud-raeth)에서 죽었다.

저작

논리학

오늘날 우리에게 친숙한 기초적 논리학의 이론은 그 특성상 프레게의 저작이다. 그러나 그것은 화이트헤드와 러셀의 『프린키피아 마테마티카』를 통하여 비로소 일반적으로 인정되고 광범한 영향력을 갖게 되었다. 여기서 신논리학은 수학의 기본개념과 증명과정을 분석하는 데 유용하다는 것이 밝혀졌다. 이후 거의 모든 논리학에 관한 이론적 연구들은 우선 이 기념비적 작품에서 출발한다. 이렇게 함으로써 그것은 아리스토텔레스의 『오르가논』이 이전 시대에 지녔던 것과 유사한 중요성을 갖게 되었다.

우리는 이 공동저작의 어느 부분이 러셀에 의해 쓰였고 어느 부분이 화이트헤드에 의해 쓰였는지 세세한 내용은 알지 못한다. 그러나 실제로 논리적인 부분은 분명히 러셀에 의하여, 그리고 좁은 의미에서 수학적인 부분은 화이트헤드에 의해 쓰인 것으로 보아야 할 것이다. 그리고 제1권의 재판 추가부분은 러셀이 단독으로 서술하였다. 역사적으로 돌이켜볼 때 이러한 한도 내에서 오늘날 일반화된 제1계의 술어논리학[1]은 주로 러셀의 저작에 의해 시작되었다고 말할 수 있다.

러셀 자신은 그가 얼마나 이전의 논리학자들로부터 도움을 받고 있는지, 그리고 어디서 그가 다른 연구자들로부터 배울 수 있었는지를 밝히는 데 조금도 소홀하지 않았다. 러셀이 『프린키피아 마테마티카』를 쓸 때, 그가 논리학과 수학에서 어떤 예비작업과 참고자료를 이용할 수 있었는지는 그 동안 학문사적인 연구에 의해 더욱 분명히 밝혀졌다. 일부 문헌에서는 때때로 논리학에서 위대한 개혁자의 명성을 러셀에게 돌리는 것이 전적으로 타당하지는 않은 것처럼 보여지기도 한다. 신논리학 이론은 대상의 범위에서는 새로 부가된 관계논리학에 의하여, 외적 형태에서는 기호적 서술에 의하여, 그리고 이론적 기초에서는 해석학(철학의 해석학이 아니라 고등수학에서 함수론의 한 분야임—옮긴이)으로부터 빌려온 함수 개념의 사용에 의하여 삼단논법이 핵심내용을 이루고 있던 아리스토텔레스의 구논리학과 구별된다.

실제로『프린키피아 마테마티카』는 이들 중 어떤 측면과 관련해서도 전적으로 독창적이라고 말할 수는 없다. 관계논리학적인 계산은 전에 슈뢰더(E. Schröder)가 이미 제시한 적이 있고, 기호적 서술은 페아노(G. Peano)에 의해 형성되었으며, 이미 전에 논리학 이론을 함수론 위에 정초시킴으로써 논리학적 구조의 새로운 요소로서 오늘날 이른바 '한량기호'를 도입하고 동시에 삼단논법에 기초가 되는 판단의 주어-술어 관계를 논리학에서 필수불가결한 것으로 만든 것은 프레게였다.

그런데 이렇게 이전 연구자들의 저작을 기념비적인『프린키피아 마테마티카』의 그늘에 가려 사라지도록 하지 않으려는 것은 단지 역사적 정의의 요청인 것만은 아니다. 왜냐하면 논리학의 몇몇 문제들은 러셀의 불명확한 진술들보다는 프레게의 날카로운 구별을 볼 때 더 잘 이해될 수 있기 때문이다. 그러나 이렇게 말할 때는 러셀의 논리학자로서의 탁월한 명성이 결코 역사적 우연에서 비롯된 것이 아님도 강조되어야 한다. 무엇보다도 그의 논리학 이론은 그의 선행자들의 생각을 단순히 편집한 것이 아니다. 그것은 하나의 고유한 구성이며, 그것도 고유한 능력에 의해 완성된 구성이다. 역사가의 비판적 시각에서 볼 때, 이 구성이 미완성으로 머문 프레게의 구성처럼 모든 부분에서 순수한 스타일로 서술된 것처럼 보이지 않는다는 사실은 별로 중요하지 않다.

러셀은 프레게가 중단한 것—즉 논리함수와 그의 변항에 대한 일반적 계형구별을 통해 그의 논리학 이론을 완성하는 것—을 이어받았다. 그가 처음으로 「계형이론에 기초한 수학적 논리학」(1908)에서 그리고 다음으로『프린키피아 마테마티카 I』(1910)에서 제시한 그의 계형이론[2]이 비로소 학문사회에 존재하는 새로운 논리연산의 사용 가능성에 대한 의심을 전적으로 제거하지는 못했다 하더라도, 하나의 본질적인 점에서는 무력화시킬 수 있었던 것이다.

논리학에 함수 개념을 도입함으로써 도달할 수 있었던, 문법적 형식들로부터 논리적 형식의 구별은——이것은 논리적 형식의 기호적 서술에서 외면적으로 명백히 드러난다——논리학의 정리와 규칙들에 대한 직접적인 이해 가능성의 상실을 의미한다. 이해 가능성은 달리 일상언어적 표현형식을 설명하는 예를 적절히 선택함으로서만 달성할 수 있는 것이다. 따라서 논리학이 일상언어적 명료성의 한계를 넘어감으로써 동시에 또한 그의 생산적인 응용 가능성의 영역을 떠난다는 지적은 문법과 논리학의 전통적 결합을 고려할 때 새로운 시도에 대한 쉽게 납득될 수 있는 반론이었다.

바로 이 사실, 즉 논리적으로 표준화된 표현형식의 서술을 위해서는 특별히 이를 위해 구성된 상징문자가 필요할 것이라는 사실은, 이른바 '만국어' 또는 '세계어'(볼라퓌크, 에스페란토, 이도) 발명자들의 동시대인들로 하여금, 기호문자로 서술된 논리학이 단지, 문학적 취향을 중요시하는 사람들은 그의 기호 때문에 사용을 기피하는 언어구조물의 최신 변형체일 뿐일 것이라고 추측하도록 하였다. 따라서 많은 사람들에게 기호문자는 신논리학——또는 그의 옹호자들에 의해 불리듯이, '기호논리학'——의 이론적인 기본 사상을 이해하는 데 도움이 되기보다는 걸림돌이 되었다.

그러나 신논리학이 학문적으로 무용하다고 하는, 내용상 심도 있는 비판적 이의에 대해서는 전통적 삼단논법이 수학적 증명을 분석하는 데 유용하지 못하다는 점을 지적함으로써 대응할 수는 없다. 왜냐하면 이른바 탁월한 유용성을 가지고 있다고 주장하는 신논리학에서도 모순 없이 구성된 그 자신의 공리체계를 분석하기 위한 유용성조차 아직 발견되지 않았기 때문이다. 그런데 러셀의 계형이론은 모순 없이 구성된 체계에 이르는, 전적으로 곧지는 않지만, 쓸모 있는 길을 제시한다. 그렇지만 러셀은 이러한 성과를 통해서 결코 그가 논리연산을 구축하고 삼단논법의 한계를 훨씬 능가하는 신논리학의 공리를 토대로 하여 전체의 순수수학을 입증하려는 기대에 도달하지는 못하였다. 이것은 프레게와 유사한 점이라고 할 수 있지만, 그는 프레게보다 훨씬 포괄적이었다. 그러나 원래의 계획이 수행 불가능하다는 통찰이 떠올랐을 때 그가 스스로 부과한 과제를 간단히 포기하지 않은 것, 그리고 본질적으로 보잘것 없는 성과이기는 하지만 어떤 성과를 가지고 그 과제를 종결한 것이 바로 놀라운 점이다. 그것이 어떠한 개인적 부담 아래서 이루어졌는가 하는 것은 러셀 자서전의 이 시기에 해당하는 부분으로부터 알 수 있다.

러셀의 원래 계획은 "전체의 순수수학이 순수논리학적인 전제로부터 도출되고 논리학적인 기본개념들을 통해 정의될 수 있는 개념들만 사용한다는 것을 보여주려는"[3] 것이었다. 러셀은 그것이 칸트의 학설에 대한 반정립이었다고 부언하며, 이로써 이 계획이 그에게 형식논리학의 한계를 훨씬 능가하는 가장 큰 관심사였다는 사실을 암시하고 있다. 그것의 수행 불가능성은 곧 드러났다.

그것을 수행하려는 첫번째 시도에서 이미 칸토르의 집합론에서 알려진 것과 유사한 모순이 나타났다. 그러나 칸토르의 집합론에서 그 모순들은 초한수(자연수나 실수의 집합 등과 같은 가능적 무한에 대하여 0과 1 사이에 있는 유리수의 집합처럼 그 자신 완결된 무한을 가리킨다. 실무한이라고도 한다─옮긴이)들을 부주의하게 다룸으로써 발생한 것처럼 보였다.

여기 논리학의 기본영역에서는 그것들이 아주 단순해 보이는 클라스(Klasse),[4] 한 클라스의 요소 또는 비요소, 그리고 대상의 개념들을 다루는 데서 발생하였다. 그것은, 이를 피하기 위해서는 논리학 및 내용상 이와 유사한 기본개념들을 위하여 허용될 수 있는 사용방법을 공리적으로 확정할 것을 요구하는, 논리학의 유명한 역리들이었다.

러셀은 곧 다수의 동등한 공리적 확정이 가능하며, 따라서 "전체적 순수수학을 순수논리학적 전제들로부터" 도출하려는 그의 과제에 대해서는 일의적인 특정한 해답이 있을 수 없음을 보았다. 따라서 순수논리학적인 전제들이 도대체 무엇을 통해 다른 종류의 전제들로부터 구별될 수 있는가 하는 문제는 더 이상 간단하고 자명한 대답으로 설명될 수 없다. 이로써 순수논리학적 전제들 위에 전체의 순수수학을 정초할 가능성과 논리학적 기초개념들을 통해 수학적 개념들을 정의할 가능성은 애초 러셀이 상정했던 만큼의 철학적 중요성을 갖지 못하게 되었다. 논리학적 계형이론의 불가피성에 대한 철학적 귀결들은 칸트에 대한 반정립의 방향과는 다른 방향을 지시하였다.

논리학적 계형이론

논리학 또는 수학의 잘못된 개념형성으로부터 집합론적 모순과 의미론적 모순[5]이 발생하지 않도록 하는 러셀의 논리학적 계형이론의 기본사상은 앙리 푸앵카레와의 토론에서 형성되었다. 따라서 러셀은 그것을 푸앵카레가 사용하던 표현에 따라 '순환논법의 원칙'이라고 불렀다. 여기서 의미하는 형태의 순환논법은 러셀의 설명에 의하면 "단지 전체로서의 다양성을 매개로 해서만 정의될 수 있는 구성원들[6]도 또한 대상의 다양성에 속할 수 있다고 하는 잘못된 가정"에 기인한다. 이러한 잘못된 가정은 모든 경우에 옛부터 알려진 저 '거짓말쟁이'의 역리와 같은 종류의 모순에 이르는 것은 아니다(어떤 사람이 말한다. "내가 말하는 모든 것은 진실이 아니다." 만일 이 인용된 문장이 진실이라면 그 문장은 거짓이어야만 한다. 그러나 그것이 진실이 아니고 또 말한 사람의 유일한 문장이라면 그것은 다시 진실이어야 한다).

그러나 가능한 모순을 근본적으로 제거하기 위해서는 하나의 일반적인 규칙이 요구된다. 이 기준이 되는 원칙이 바로 순환논법의 원칙이다. 그것은 "다양성의 전체를 포함하는 것, 그 자체는 이 다양성의 요소가 될 수 없다", 또는 거꾸로 "하나의 다양성은 그것이 전체성을 가지고 있을 것이라는 가정 아래 단지 이 전체성과의 관련에 의해서만 정의될 수

있는 구성원을 포함한다면, 그 다양성은 전체성을 갖지 않는다"[7]라고 표현된다.[8]

이 원칙에 따라 "전체성을 가질 수 없는", 즉 통상적인 의미에서 집합으로 간주될 수 없는 다양성들에 대한 전형적인 예는 그 자신이 자신의 원소로 정의되는 집합, 또는 그 자신의 원소가 아닌 모든 원소들의 다양성으로 정의되는 집합(이러한 집합들의 정의는 모순이다—옮긴이) 등이다. 이러한 형태의 부당한 다양성을 배제하는 방법은 여러 가지가 가능하므로, 이에 상응하여 여러 가지의 다양한 계형이론이 가능하게 된다. 이들은 대상 전체에 속하는 원소들의 한 속성이 그 전체 자체의 속성으로서는 결코 나타날 수 없도록 한 이론의 진술들을 한정하는 공통된 특성을 가지고 있다. 이것은 술어의 등급에 계층적 질서를 도입함으로써 이루어질 수 있다.

이러한 계층적 질서가 정해진 상태에서 특정한 단계의 술어에는 그보다 높은 단계의 술어들만이 부가되거나 배제될 수 있다. 이때 이 술어들은 그 함수값이 다양한 방법으로 결정될 수 있는, 한 특정한 변역에서의 함수라고 불린다. 즉 그 함수값들은 그 변역의 원소들에 대하여 참 또는 거짓인 진술들이거나 이 진술들의 진리치들이다. 프레게는 후자의 가능성을 더 선호하고 그의 논리학을 진리치 함수들로 구성하였다. 러셀 또한 후에 이 가능성을 상세히 검토하였는데, 이것이 제1계 술어계산의 현대적 형태 근저에 놓인 학문적 이론의 술어에 대한 해석이다. 그러나 러셀은 원래 첫번째 가능성을 추구하고, 술어를 명제함수라고 해석했었다.

『계형에 근거한 수학적 논리학』(1908)에서 러셀에 의하여, 그리고 『프린키피아 마테마티카 I』 제12장에서 러셀과 화이트헤드에 의해 약간 수정된 형태로 완성된 계형이론의 첫번째 형태는 문헌에서 '분기된 계형이론'(verzweigte Typentheorie)이란 이름으로 알려져 있다(이에 대해 후기의 계형이론을 '단순한 계형이론'이라고 한다—옮긴이). 여기서 술어단계의 질서에 대한 언명은, 대상의 다양성(집합, 클라스)에 관계되는 수학적 명제들은 모두 다양한 계형의 명제함수들 및 그들의 변항에만 관계하고 집합론적으로 설명되는 용어들은 하나도 포함하지 않는 전칭명제와 존재명제(All-und Existenz-Sätze)[9]에 의해 동등하게 대체될 수 있다는 가정에 기인한다. 등가의 대체를 위한 수단은 모든 잘 규정된 집합에는 그의 모든 원소에 그리고 단지 그 집합의 원소에만 해당되는 특성이 대응되어야 한다고 하는 가정이다(예를 들면, 사람의 집합에서 그 원소들의 공통적 특성은 사람이다—옮긴이).

과학적 진술들의 대상이 갖는 모든 성질은 그의 언명영역 안에 있는 대상들 중 이 성질이 해당되는 대상들에게는 참인 명제를, 그 언명영역 내의 그 밖의 대상들에게는 거짓인 명제를 함수치로 부가하는(그리고 언명영역 밖에 있는 대상들에 대해서는 어떠한 함수치도 제공하지 않는) 하나의 명제함수를 통해 서술될 수 있다. 따라서 모든 잘 규정된 집합에는 그의 모든 그리고 단지 그 집합의 원소에만 참인 명제를 귀속시키는 하나의 특징적인 명제함수가 대응될 것이다. 집합의 한 원소에 대해 그것이 이 집합에 속한다고 말하지 않고 특성함수를 해당원소에 적용함으로써 그것이 저 특징적 성질을 갖는다고 말하게 될 것이다. 또한 두 집합에 대하여 그들의 교집합이 공집합이 아니라고 말하는 대신 그 두 특성함수에 의해 참인 명제가 귀속되는 원소들이 존재한다고 말하게 될 것이다.

집합에 대해 언급하거나 집합론적으로 정의되는 용어를 사용하는 모든 수학적 명제들은 이러한 방법으로 단지 명제함수에 관한 기호와 그들의 변항, 전칭기호와 존재기호 및 명제들을 서로 연결하는 기호(부정, 접속사 등)만 사용하는 동치인 문장으로 대체될 수 있다. 계형이론은 따라서 이 기호들의 의미로 한정될 수 있다.

분기된 계형이론에서 명제, 이 명제를 함수치로 갖는 명제함수, 그리고 명제 또는 함수에 적용될 수 있는 명제연결사들은 다양한 단계(orders)로 나누어지며, 뿐만 아니라 명제함수도 변항의 종류와 수와 관련하여 상이한 계형(types)으로 구별된다(분기된 계형이론이란 명칭은 이와 같은 계형과 단계에 따른 이중의 구별에 기인한다). 그것을 표현하는 데 어떠한 조건도 필요로 하지 않거나 다만 원소적 대상들의 영역에 대한 양화만을 필요로 하는 종류의 명제들은, 이들을 함수치로 갖는 함수들이 동일한 원소적 대상들의 영역에 대하여 정의되어 있을 경우 제1계의 명제들로 간주된다. 그리고 그것을 표현하는 데 또한 특정한 제n계의 변항들의 영역에 관한 전칭양화사나 존재양화사를 필요로 하는 명제들은 그 다음으로 높은 단계인 제n+1계의 명제로 간주된다. 그리고 명제와 마찬가지로 이를 함수치로 갖는 명제함수들도 같은 단계에 귀속된다. 이러한 위계질서 상태에서 단계가 서로 상이한 명제들과 명제함수들은 한 쌍씩 원소가 서로 상이한 명제 내지는 명제함수들의 클라스를 형성한다(명제는 명제함수의 함수치이기 때문에 동일한 위계의 명제함수와 명제는 동일한 클라스에 해당한다—옮긴이).

함수들에 대한 가능한 변항들의 계형 구별은 명제함수와 그 함수치들의 위계질서에 기인한다. 계형은 전칭기호와 존재기호가 언명되어 있는 양화영역이다. 이 중에서 요소적 대상들의 계형이 근본적인 계형이다. 이 요소적 대상들은 학술용어상 '개체'라고 불리며, 따라서 그들의 계형은 (각각의 이론의) '개체영역'이라고 불린다. 또 다른 계형들은 각 개별적 변항들의 제1계 명제함수들, 변항들의 각 짝에 대한 제1계 명제함수들, 변항들의 세 짝에 대한 제1계 명제함수들 등등 및 보다 상위 단계의 상응하는 명제함수들이다.

일반적으로 한 함수의 계형은 그 함수 자신 및 그의 함수치가 속하는 단계, 그의 독립적인 변수의 수, 그리고 개별적 변수영역의 계형 등 세 가지 사항에 의해 규정된다. 자신의 변항들의 단계보다 바로 한 단계 높은 단계에 속하는 함수들은 전문용어로 '술어적 함수'라고 불린다.

분기된 계형이론은 계형과 단계를 구별함으로써 하나의 동일한 변항 영역에 대한 다양한 단계의 함수들과 관련하여 어떠한 전칭명제도 불가능하게 되는 결과를 낳았다. 예를 들어, 대상들은 그들의 모든 성질들이 서로 일치한다면 서로 동일하다는 명제는 참이거나 거짓인 명제의 형식으로 인정될 수 없을 것이다. 왜냐하면 분기된 계형이론의 테두리 안에서는 어떤 한 대상의 성질들(즉 그 대상에 참인 명제를 함수치로 귀속시키는 모나드적 명제함수들)의 전체성은 존재하지 않기 때문이다. 거기에는 단지 제1계의 성질들의 전체성, 제2계의 성질들의 또 다른 전체성 등과 따라서 제1계의 동일성, 제2계의 동일성 등만이 존재하는 것이다.

수학에서는 이로부터 자연수의 산술에 이미 난점들이 발생한다(자연수에서 각 수는 계형이론에서 명제 또는 명제함수들의 각 위계에 해당한다. 즉 0은 개체, 1은 제1계 명제, 2는 제2계 명제 등에 해당한다—옮긴이). 만일 전적으로 모든 성질을 문제삼지 않는다면, 0에 귀속될 뿐만 아니라 0으로 부터 시작되는 계열의 모든 항으로부터 그의 후속항으로 계승되는 모든 성질을 보유하는 수로서의 자연수의 정의는 그 의미, 즉 산술의 기본적 정리(Theoreme)를 증명하기 위한 유용성을 상실한다.

이와 같은 이유에서 러셀은 분기된 계형이론에 환원 가능성의 공리를 추가하였다. 그것은 어떤 변역의 모든 고계 명제함수들에 대하여 술어적 명제함수들 중 한 동치인 명제함수가 존재할 것을 요구한다. 그러나 이 환원 가능성의 공리가 분기된 계형이론의 근본적 가정과 조화 가능하다는 주장은 의심스럽다. 왜냐하면 동일한 변항영역에 대하여 언명된, 단계가 상이한 명제함수들의 그 요구된 동치성은 모든 공동의 변항들에 대한 함수치의 동일성 외에 다른 곳에 존재할 수가 없을 것이기 때문이다. 그러나 이 경우에 명제는 이를 함수치로 갖는 명제함수와는 달리 다양한 단계에 속할 수 있을 것이다.

이러한 귀결은 명제함수와 그의 함수치들의 논리적 위계질서가, 논리적으로 정확한 개념형성의 가능성을 수학 이론에 대해 부당한 방식에 한정하지 않고, 달리 어떻게 유지될 수 있는가 하는 문제를 제기하도록 한다. 러셀 자신은 『프린키피아 마테마티카 I』 제2판(1925)의 새로운 서론과 부록 C에서 이에 대한 다양한 가능성을 검토하였으나, 그들 중의 어느 하나를 결정적으로 선택하지는 않았다. 이 문제에 대한 가장 간단한 해결책은 환원 가능성의 공리를 포기하고 그것을 모든 명제함수에 대하여 그들의 외연, 즉 이 명제함수에 의해 함수치로서 참인 명제를 귀속시키는 변항들의 집합이 존재할 것을 요구하는, 다양한 계형의 명제함수들에 대한 외연성의 공리로 대체하는 일인 것처럼 보인다. 이 경우 상이한 단계에 있는 명제함수들의 동치성은 그들의 외연의 동일성으로 설명될 수 있다. 이에 대한 전제조건은 상이한 단계에 있는 명제들의 진리치들이 일치할 수 있다는 가정이며, 이것은 프레게 논리학의 근본사상을 수용한다는 것을 의미한다.

러셀로 하여금 계형이 상이한 명제함수들의 체계로부터 출발하여 단순화를 통하여, 체르멜로(E. Zermelo)에 의한 집합론의 공리적 체계와 같이(이것은 러셀의 계형이론의 첫번째 초안과 같은 해인 1908년에 발표되었다) 수학을 위하여 개념을 구성할 수 있는 다른 가능성을 여는, 함수들의 외연들의 체계를 구성하는 작업으로 이행하기를 주저하게 한 상이한 반대근거들이 그에게 어떠한 중요성을 가졌는지는 분명치 않다. 확실한 것은 어떤 기술적인 어려움도 그를 저지하지 않았다는 점이다 (즉 러셀은 초기의 '분기된 계형이론'을 수정하였다—옮긴이).

집합론의 체계에 접근했다는 의미에서 러셀의 계형이론의 변화는 문헌에서 '단순한 계형이론'으로 알려져 있다. 콰인의 『수학적 논리학』 (^{2}1951)은 아마도 이 계형이론의 가장 세련된 형태일 것이다. 러셀이 『프린키피아 마테마티카』 재판을 준비하면서 그가 암시했던 계형이론의 단순화로 가는 길 중 어떤 길도 택하기를 보류했다는 사실은 추측컨대 그가 나중에 인정했던 이에 대한 전제조건, 즉 논리학적 역리의 두 가지 상이한 근원으로서 집합론적 관계와 의미론적 관계의 구별을 아직은 받아들이지 않았다는 데 그 이유가 있을 것이다. 그가 이에 대해 주목하게 된 것은 램지의 『수학의 기초』[10]에 의해서였다. 가능한 모순들의 두 가지 상이한 종류를 구별함으로써 비로소 이후 일반화된 고계이론을 형성하는 것이 가능하게 되었는데, 이들은 오늘날 흔히 '의미론적 이율배반'과 '집합론적 이율배반'으로 불리며, 이 양자를 동시에 방지하는 것이 분기된 계형이론의 과제였다.[11]

단순한 계형이론 또는 집합론의 공리체계는 원소-집합 관계의 순환론적 또는 반성적 사용으로부터 발생할 수 있는 집합론적 이율배반을 피할 수 있도록 한다. 의미론적 이율배반은 타르스키(A. Tarski)의 선례대로[12] 대상언어와 메타언어를 체계적으로 분리함으로써 해소할 수 있다. 여기서는 진리와 내용상 유사한 개념들이 (대상)언어적 표현형식들로 이루어진 특정한 클라스의 요소들의 의미론적 성질과 관계로 파악되고 한 의미론적 메타언어의 표현형식을 통하여 서술되는데, 이때 메타언어와 그의 대상언어는 원소가 서로 상이한 언어적 표현형식들의 클라스들로 구성되어 있다. 대상언어의 원소들과 메타언어의 원소들 사이의 의미론적 관계를 서술하기 위해서는 다시금 제3의 언어적 표현형식들의 체계가 구성되어야 하며, 이러한 관계는 무한히 계속된다.

의미론적 메타언어 및 그의 대상언어의 위계질서와 러셀의 술어단계들의 계열 사이에 유사성이 존재함은 명백하다.[13] 우리는 타르스키의 언어단계 구별방법이 러셀의 아이디어를 발전시킨 것임을 알 수 있다. 타르스키의 방법은 러셀의 아이디어보다 기술적으로 간단하다는 장점을 가지고 있을 뿐만 아니라, 이를 통하여 논리학적인 이율배반 속에 나타났던 논리적인 문제의 해결이 가지고 있는 철학적 귀결, 즉 체계적으로 구축된 언어의 논리적 구조를 이 언어의 문장들이 참 또는 거짓으로 간주될 수 있기 위해 관련되는 대상영역의 구조와 동일시하는 형이상학의 약점을 보다 명백히 볼 수 있게 한다.

논리학과 형이상학

러셀은 계형이론의 첫번째 서술(즉 '분기된 계형이론' —옮긴이)에서 다음의 사실을 인식하였다.

실제로는 어떤 대상들이 가장 낮은 계형에 속하는가, 또는 한 주어진 맥락에서 변수들의 가장 낮은 계형이 개체들의 계형인가 또는 그 밖의 다른 계형인가 하는 것을 알아야 할 필요는 없다. 왜냐하면 실제로는 단지 변수들의 상대적 계형들만이 관심사가 되기 때문이다. 따라서 한 주어진 맥락에 나타나는 가장 낮은 계형은, 이 맥락에 관계하는 한, 개체의 계형으로 불릴 수 있다.[14]

오늘날 흔히 말하는 한 이론의 '개체영역'은 러셀의 표현방식에 기인하기는 하지만, 이와는 단지 부분적으로만, 즉 위의 인용문이 설명하는 단어의 사용법에서만 일치한다. 오늘날의 논리학적 용어로는, 한 이론에서 가장 낮은 계형의 변수영역의 원소들, 또는——달리 말하면——논리적으로 가장 단순한 한 과학적 이론의 명제들이 참 또는 거짓으로 간주되기 위해 관계되어야 하는 요소적 대상들이 '개체'라고 불린다. 따라서 여기서 '개체'란 상대개념의 표현이다. 개체로 간주되는 것은 항상 이 또는 저 이론을 위한 개체이다. 어떠한 것도 말하자면 그 자체로서 개체로 간주될 수 없고, 이것은 그 문제된 개체를 원소로 포함하는 한 대상영역에 대해 언명된 술어들을 가진 이론을 필요로 한다.
다른 한편 그 자신의 자연적 성질을 통해 처음부터 해당하는 이론의 개체영역의 구성원이 되지 못하도록 배제되는 것 또한 아무것도 없다. 왜냐하면 모든 것이, 특히 (타르스키가 말하듯이) 예를 들어 한 단어 또는 한 문장과 같은 언어적 표현형태도, 서로간의 적절한 결합을 통해 하나의 이론을 구성하는——이 이론의 논리적으로 가장 간단한 명제들이 바로 자신이 되는——참 또는 거짓인 명제들의 대상이 될 수 있기 때문이다.
'개체'란 단어는 이렇게 사용될 때 그리스어 '원자'(Atom)에 대한 라틴어 번역으로서의 원래 의미 때문에 그에게 부착된 형이상학적 무게를 더 이상 갖지 않는다. 그러나 러셀에게서는 다르다. 그에게 이 낱말은 논리학적 술어로서도 그의 본래적 의미를 아직 상실하지 않았다. 위 인용문에서 맥락에 따라 다른 의미로 사용되는 소위 '개체'를 인정함으로써, 그는 실제로 단어의 본래적 의미로서의 개체, 즉 그에 대응하여 구성된 이론에 대한 관계 때문만이 아니라 고유한 권리에서 그렇게 불리는 개체도 또한 존재한다는 사실을 결코 배제하려 하지 않는다.

러셀은 본래적인 개체가 갖추어야 할 조건을 다양한 방법으로 설명하려 시도하였다. 그러나 그는 그의 논리학적 논문들이 이 문제에 의해 가급적 구속되지 않도록 하기 위해 이 설명을 그의 경험주의적 인식론의 관계로 전가시켰다. 그는 논리학에서 개체에 관해 이 낱말의 라틴어 의미가 지니고 있는 것 이상은 말하지 않았다. 위의 인용문에 이어 그는 다음과 같이 말한다.

우리는 개체를 복합되지 않은 어떤 것으로 정의할 수 있다. 그렇다면 명제는 본질적으로 복합적이기 때문에 개체는 명백히 명제가 아니다.

계형질서를 해치지 않고 과학적인 이론을 체계적으로 정확하게 형성하는 것이 목적이라면, 이보다 더 많이 알 필요가 없기는 하다. 왜냐하면 이를 위해서는 모든 이론들 내에서의 상대적인 계형의 상이성을 유지하는 것으로 충분하기 때문이다. 그러나 한 이론의 가장 낮은 계형의 변수값들이 실제로 개체들인가 하는 문제는 러셀에게 결코 불필요한 질문이 아니다. 이 이론이 그가 의도하는 논리적 이상언어의 요구사항에 상응하는가 하는 것은 이 질문에 대한 진실한 대답에 달려 있다.

논리적인 이상언어는 그 구조에서 실제 세계구조에 대한 단순하면서도 유사한 모사일 것이다. 러셀은 연속강의인 「논리적 원자주의의 철학」 (1918)[15]에서 이와 같이 구조가 유사한 모사의 윤곽을 제시한다. 그것은 단순화하면 다음과 같다. 개별적 사물들(특수자) 및 그들의 성질들, 그리고 그들 상호간의 관계들은 이들로부터 이른바 '원자적 사실들'이 구성되는 단순한 원소들이다. 이상언어의 표현형식들로서의 원자적 진술명제들이 이 원자적 사실들에 대응하며, 그들의 구성요소들은 원자적 사실들의 구성요소들에 대응한다. 즉 고유명사들은 개별사물들에, 단일 및 복수의 술어적 표현들은 개별사물들의 성질 및 관계에 대응하는 것이다.

세계 내의 개별적 사물들과 이상언어의 고유명사들은 상호간에 일의적으로 대응된다. 원자적 사실들은 부분적으로는 긍정적 사실이고, 부분적으로는 부정적 사실들이다. 그리고 모든 (긍정적 또는 부정적인) 원자적 사실들에는 두 개의 원자적 진술명제, 즉 참인 진술명제와 거짓인 진술명제가 대응된다. 원자적 사실들에서 본질적인 것은 모든 개별적 원자적 사실들이 다른 원자적 사실들과 논리적으로 독립적이라는 점이다.

원자적 진술명제들로부터 진리함수로 이해될 수 있는 진술논리적 연결(그리고, 또는, …할 때 등등)을 통해 이른바 '분자적 진술명제들'이 형성된다. 이들 분자적 진술명제에는 분자적 사실들이 대응하지 않는다. 그와 같은 분자적 사실들은 존재하지 않는 것이다. 그러나 다시금 이상언어에서 전칭기호 또는 존재기호와 진술명제함수들에 의해서 구성되는 진술명제들이 대응하는 '일반사실'과 '존재사실'(general facts, existence-facts)이 존재한다. 믿음, 희망 등과 같은 심리적 사실들에는 "A는 p를 믿는다(희망한다)"와 같은 도식의 두 분지를 가진 진술명제가 대응한다. 그러나 여기서 각각의 사실구조는 A와 p의 구성요소들 사이의(A와 p의 사이가 아니라!) 여러 자리의 관계여야 한다.

러셀은 다양한 종류의 사실들의 분류를 때에 따라, '사실을 가질 수 있는 다양한 형식들의 목록', [16) 또는 직접 '세계의 목록' [17)이라고 부른다. 이 목록이 열거된 개별사물들, 원자적 사실들, 보편적 사실들과 존재사실들 및 믿음의 사실들 외에 또 다른 사실들을 포함해야 하는가 하는 문제는 러셀의 설명으로부터는 명확히 알 수 없다. 그 문제는 여기서 미정의 상태로 남겨두어도 관계없다. 위의 인용부분은 러셀이 기본적으로 논리적 원자주의를 수용하고 있다는 사실을 예증하기에 충분하다. 이 수용을 러셀은 다음과 같이 설명하고 있다.

> 나는 이 세상에 하나의 객관적인 복합체가 존재한다는 사실과 그것이 진술명제들의 복합체를 통해 반영될 수 있다는 사실을…… 가정한다. ……논리적으로 완전한 언어에서는, '또는', '아니다', '…할 때는', '그러면' 등과 같이 다른 과제를 수행하는 데 소용되는 낱말들을 예외로 하고, 한 진술명제의 낱말들과 이 명제에 상응하는 사실의 구성요소들이 서로 일대일로 대응할 것이다. 이러한 언어에서는 모든 단순한 대상들에 대하여 단 하나의 낱말만 존재하고 더 이상의 낱말은 존재하지 않는다. 그리고 단순하지 않은 모든 것들은, 당연히 단순한 사물들을 위한 낱말들로부터 도출된, 낱말들의 결합을 통해서 표현된다. 따라서 각각의 단순한 구성요소에 대하여 하나의 낱말이 존재하는 것이다.[18]

러셀이 『논리적 원자론의 철학』(1918)에서 구상한 바와 같이 논리적으로 완전한 언어는 제1계의 논리적인 함수계산틀 안에서 완전하게 형성될 수 있는 한 이론의 언어일 것이다. 이 언어의 비교적 단순한 구조는 세계 안에 있는, 구조가 동일한 사실들의 표상을 제공하기에 충분하다고 하는 견해는, 학문적인 이론이나 그의 기호적 표현에서뿐만 아니라 '세계' 안에서 논리적 구조를 발견하려 하는 생각보다는 특이한 것이 아니다. 러셀은 이러한 생각을 라이프니츠의 형이상학으로부터 이어받았다. 개별사물들 외에도 다른 원자적 사실들을 포함하는 세계목록을 통하여 그는 단지 모나드적 실체들로만 구성된 라이프니츠의 세계모델을 풍부하게 하고 보완하였다고 생각하였다.

그의 첫번째 철학적 저서인 『라이프니츠의 철학에 대한 비판적 해설』 (*A Critical Exposition of the Philosophy of Leibniz*, 1900)에서 러셀은 단자론과 단지 전통적인 주어-술어 관계만을 요소적 문장형식으로 알고 있던 라이프니츠의 논리학 사이의 밀접한 관계에 대해 언급하였다. 그는 단지 이러한 논리학의 불충분성과 관련해서만 라이프니츠 형이상학이 결점을 가지고 있다고 생각하였다. 그러나 그는 과학적 이론이나 개별적 문장들의 논리적 구조를 세계 또는 그 구성요소들의 구조로 해석하려는 라이프니츠의 시도는 생산적인 것으로 간주하였다.

그는 논리적으로 완전한 언어의 정보가치에 대하여 『논리적 원자론의 철학』에서와 같이 항상 분명하게 진술하고 있지는 않다. 여기서 논리적으로 완전한 언어가 "진술명제들의 복합성" 안에서 "세계 내에서의 대상적 복합성"에 관한 영상을 제공하는 반면, 그는 6년 후에 출판된 논문 「논리적 원자론」(1924)에서 이미 논리적으로 완전한 언어의 구상에 대하여 큰 기대를 걸지 않는다.

> 논리적 이상언어에 관한 이전 토론의 목적은 이중적이다. 첫째는 언어의 본성으로부터 세계의 본성을 추론하는 것을 저지하는 것이다. 이것은 언어의 논리적 오류에 기인하기 때문에 허위이다. 둘째는 논리학이 언어에 대하여 모순 없이 요구할 수 있는 것이 무엇인가를 연구함으로써, 우리가 이성적으로 세계의 구조라고 가정할 수 있는 것은 어떤 종류의 구조인가를 암시하는 것이다.[19]

그러나 여기서도 러셀은 '세계'에 관하여 아주 직접적으로 말하고, 세계의 '그 구조'를 이상언어의 논리적 구조로부터 해명할 것을 기대하기를 주저하지 않는다. 이것이 바로 라이프니츠 형이상학의 회복을 의미한다는 사실을 러셀은 라이프니츠에 대한 명시적인 언급을 통하여 암시한다.[20] 그와 같은 형이상학에서는 '세계' 란 표현의 경험적으로든 또는 어떤 다른 방법으로든 명확히 규정된 어떠한 의미도 보장되지 않는데, 이 '세계' 란 표현의 무비판적 사용에 대한 칸트의 이의는 러셀에 의하여 전적으로 무시되고 있다. 그러나 그가 이를 망각했다고는 결코 말할 수 없다. 왜냐하면 최소한 자신의 아이디어를 통해 러셀의 논리적 원자론 철학에 결정적인 영향을 준 비트겐슈타인도 러셀이 증언하듯이 이 점에서는 항상 그에게 명백한 반대자였기 때문이다. 비트겐슈타인은 아주 사려 깊게 '세계' 에 관한 명제들을 과학적으로 무의미한 명제들이라고 불렀다.

이에 대해 러셀은 다음과 같이 말한다.

비트겐슈타인이 세계 내에 있는 모든 사물들에 관하여 어떠한 명제도 허용하려 하지 않는 것은 아주 중요한 다른 문제이다. ……그는 '세계 내에는 세 가지보다 더 많은 사물들이 존재한다' 와 같은 명제는 무의미하다고 말한다. ……그는 전체로서의 세계에 관하여 그 어떠한 것이 도대체 언급될 수 있다는 사실을 인정하려 하지 않는다. ……그에 의하면 우리는 '런던에는 얼마나 많은 사람이 있는가?' 또는 '태양에는 얼마나 많은 분자가 존재하는가?' 라고 질문할 수 있다. 그러나 이 세계에는 최소한 이만큼 많은 사물들이 존재한다고 추론하는 것은 그에 의하면 무의미하게 될 것이다. 그의 이론의 이 부분은 내 견해로는 오류이다.[21]

러셀은 얼마나 많은 사물들, 보다 정확히 말하면 단순한 사물들, 즉 개체들이 이 '세계' 에 존재하는가라는 질문을 1959년에도 여전히 의미 있는 질문으로 인정하려 하였다. 그 이전에 그는 이 질문을 논리적인 근거를 가지고 대답할 수는 없고, 단지 경험적 사실에 근거해서만 대답될 수 있는 질문으로 간주했다. 논리적 원자론의 철학을 구상하였을 때, 그는 논리적인 이상언어는, 세계 내의 개별자들의 수가 유한한가 또는 무한한가에 따라, 유한히 또는 무한히 많은 개체기호(고유명사)를 포함해야 한다고 가정하였다(논리적 이상언어 안에서 단순한 술어들로 이루어지는 '담화의 우주' 는 '우주의 넓은 배' 와 동일할 것이다). 러셀은 물론 훗날 우리가 어떠한 사물에 대해서도 그것이 실제로 단순한지 확실히 알 수 없다는 이유로 이러한 입장에서 후퇴하였다.

나는 원래 라이프니츠와 함께, 모든 복합체는 단순한 사물들로부터 복합되었고, 복합체를 분석할 때는 목적으로서 그 단순한 사물들을 고찰하는 것이 중요하다고 믿었다. 그러나 나는 복합체에 대하여 언급하고 있는 명제들은 이 복합체들이 복합체로 인식되지 않았다는 사실에도 불구하고 전적으로 정확할 수 있다고……생각하게 되었다. ……그러나 우리가 우리들의 고찰 대상이 단순하다는 주장을 단념하는 한, 우리가 그것에 대해 말한 것의 어떠한 것도 추후 그의 복합성이 발견됨으로써 반증될 필요는 없다. 따라서 분석에 의해 단순한 사물들에 도달할 수 있는가 하는 문제는 전혀 불필요한 질문이다.[22]

러셀은 일생 동안 개체, 명제함수 그리고 개체에 관한 진술들 사이의 차이에 대한 새로운 해석들을 다양하게 숙고하였다. 그는 우리들의 선과학적인 주변세계 경험과 자연과학의 이론구축 사이의 상호관계에 관한 인식론적 문제에 만족할 만한 해답을 추구하는 과정 속에서 이 새 해석을 구하려 노력하였다. 따라서 그는 항상 세계의 논리적 구조-원소로서의 개체들 사이의 관계를 해석하려는 목적으로, 진정한 개체들 또는 최소한 가능한 한 단순한 사물들을 때로는 인간 개인의 감각적 지각의 흐름 속에서, 때로는 이론적으로 가정된 상대론적 물리학의 요소적 사건들 속에서 입증하려 노력하였다. 러셀은 계형이론에 대한 첫번째 예비작업 이래, 과학적 이론에서의 개별자들에 대한 질문은 그것을 형식

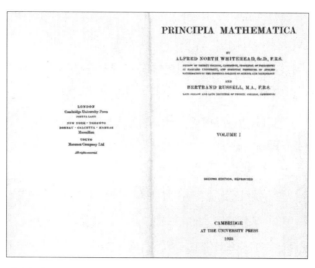

러셀과 화이트헤드가 공동저작한 『프린키피아 마테마티카』(1910~1913).
이 책은 논리관계에 대한 인간의 이해에서 일찍이 없었던 진보를 이룩해냈다.

적으로 서술하기 위해 선택된 언어의 구문론적 구성과 독립적으로 대답될 수는 없다는 사실을 알았다. 그러나 그는 이러한 통찰로부터, 과학적 이론에 대상적 진리를 확보하기 위해서는 이론을 서술해야 할 언어의 구문론적 구조가 언어와 세계 사이에 구조적 동일성 또는 최소한 구조적 유사성이 성립하도록 선택되어야 한다고 추론하였다. 여기서 러셀의 생각은 다음과 같은 것이었다.

나로서는 우리가, 부분적으로 구문의 연구를 통하여, 세계의 구조에 관하여 상당한 지식을 얻을 수 있다고 믿는다.[23]

그러나 논리적으로 정확히 구축된 언어는, 우리가 그것이 어떤 구성 요소들로 이루어져 있고 어떤 요소들로 이루어지지 않았는지 확실히 결정할 수 있을 만큼 이 언어의 구조를 깊이 통찰할 때에만, 그의 구문론적으로 서술 가능한 구조 속에서 우리에게 '세계의 구조'에 관한 지식을 줄 수 있을 것이다. 우리는 모든 문제되는 기호복합체에 대하여 그것이 언어의 구성요소에 속하는지 아닌지를 단정적으로 결정할 줄 알아야 할 것이다. 따라서 그의 기호들이 어떠한 논리적 정확성에 대한 요구에 의해서도, 그들과 마찬가지로 형식화되고 그들의 의미론적 성질과 관계들을 올바로 서술하는 메타언어의 개체영역의 원소가 되지 않도록 할 수 없는 언어는 완전히 형식화된 언어일 수밖에 없다.

의미이론의 형식화된 언어는 구문론적 구조상, 이에 의해 그의 의미론적 성질들이 정확히 묘사되는 대상언어보다 더 풍부할 것이다. 그럼에도 대상언어의 기호들이 '세계 내의' 단순한 사물들이나 또는 복합체로 간주되어야 한다면, 이 양자의 언어구조, 즉 메타언어의 풍부한 구조와 대상언어의 빈약한 구조 중 어느 쪽이 '세계의 구조'에 대한 보다 정확한 표상을 제공하는지는 의문으로 남는다.

논리학과 언어

신논리학이 철학의 풍부화에 기여한 가장 중요한 것들 중의 하나는, 술어가 그의 설명영역 안에 있는 모든 대상들에 적용될 때 어떤 경우에든 예외적으로만 하나의 참인 명제나 또는 하나의 거짓인 명제를 산출하며 통상적으로는 상이한 대상에 상응하여 일부는 참인 명제들을, 또 일부는 거짓인 명제들을 할당하는 데 반해, 모든 명제는 정확히 하나의 진리치만 갖는다는 가정을 통해 명제와 술어 사이를 체계적으로 구분한다는 점이다.

따라서 동일한 형태의 문장들, 예를 들면 서로 다른 사람들이 "나는 ……"이라는 동일한 문장을 말하거나 한 사람이 상이한 시점에 "지금 ……"이라는 동일한 문장을 말하는 경우와 같이, 상이한 명제들의 표현으로 간주될 수도 있다. 그러나 한 시점에서 참인 동일한 명제가 상이한 시점에서 거짓이 되는 것은 배제된다.[24] 이와 함께 전에 익히 알려진, "필연적인 명제" 또는 "불가능한 명제"와 "우연적인 명제" 간의 대립에서 그러하였듯이 "항상 참인"(또는 "항상 거짓인") 명제들과 단지 "가끔 참인"(또는 "가끔 거짓인")(항상 참인 명제는 필연적으로 참이고, 가끔 참인 명제는 우연적으로 참이다—옮긴이) 명제들을 구별하는 것도 무의미하게 된다. 시간적으로 무조건 참 또는 거짓인 명제들과 시간에 따라 조건적으로 참 또는 거짓인 명제들 간의 잘못된 대립은 한 진술문장의 문법적으로 서술되어야 할 축어적 의미와 그의 대개 상황에 의존하는 의미, 즉 문장의 주장하는 내용을 구두로 발설하거나 문자로 기술함으로써 청취자 또는 독자에게 전달되는 명제 사이의 불완전한 구별로부터 발생되었다.

철학적인 문제나 그 밖의 다른 곳에서의 논리정연한 논증을 위한 두 가지 본질적인 요청은 첫째, 한 명제 또는 술어의 언어적 표현들과 그들에 의해 의미하는 바, 즉 표현의 의미 사이를 엄밀히 구별할 것과, 둘째, (시간에 종속되지 않고 단적으로) 참 또는 거짓인 명제들을 그들의, 경우에 따라 그들의 언명영역 내에 있는 시간적으로 상이한 개체들(개별적 사건들 또는 상태들)에 대하여 상이한 진리치를 가진 명제들을 형성할 수 있는 술어들로부터 체계적으로 분리할 것 등이다.

이 두 요청의 충족을 통하여 비로소 이론적 명제들의 시간적으로 조건적인 진리와 시간상 무조건적인('영원한') 진리 사이에 객관적인 구별이 존재할 것이라고 믿는 환상이 사라진다. 필연적인 진리와 우연적인 진리 사이의 옛 대립에 대해서는 다만 한 명제의 논리적 형태에 기인한 진리와 그 명제의 대상영역 및 이 영역의 원소들(즉 그 술어를 위한 설명영역)의 성질을 근거로 한 진리 사이의 구별만이 남는다.

도덕철학의 영역에까지 혼란을 야기했던 형이상학적인 난제는 항상 앞의 두 요청들을 충족시키지 않음으로써 발생했던 것이다. 예를 들어, 그것이 발생하리라는 것이(옛 스콜라 철학자들이 사려 없이 말하듯이) '이미 현재 상태에서' 참인 미래의 사건이, 내가 그것이 일어날 것이라는 사실과 내가 그의 발생을 원해서는 안 된다는 사실을 통찰한 후에도 나에 의해 저지될 수 있는가?[25]

그와 같은 일련의 현혹적인 질문들로부터 벗어나는 방법을 철학은 논리학으로부터 배웠다. 이에 대한 러셀의 기여는 (그들을 구성하는 요소가 아니라) 명제들이 모든 과학적 이론과 논증의 논리적 기초로 간주되어야 한다고 하는, 항상 거듭하여 강조된 테제이다. 이 점을 날카롭게 비판하고 있는 맥콜(MaColl)의 연구에 대한 그의 비평[26]은 그가 시간적으로 변화하는 진리는 논리학에서 허용되지 않는다고 강조하고 있는 곳 중의 하나이다.

그 자신이 특별히 중요하게 여기고 있는 다른 한 곳은 그의 논문 「표시에 관하여」("On denoting", 『정신』 14, 1905)이다. 거기서 그는, 형태상으로 어떤 것이 그의 명제인가, 그리고 어떤 것이 이 명제의 술어의 언명영역인가를 명확히 인식할 수 없는 문장들이 어떻게 변형될 수 있는지를 보여주고 있다. 러셀이 논한 문장에서의 불명료성은 '가장 큰 자연수' 등과 같은 이른바 확정적인 서술(definite descrip-tions)[27]을 사용하는 데서 기인한다. "가장 큰 사연수는 기수이다"라고 말한다면, 여기서 논리적으로 정확한 의미에서 한 명제를 의미하는지, 그리고 그럴 경우 어떤 종류의 명제를 의미하는지, 즉 한 참인 명제를 의미하는지 또는 거짓인 명제를 의미하는지 불명확한 상태로 남게 된다. 왜냐하면 참이라고 말하는 경우에는 가장 큰 수는 존재하지 않으며, 허구적 대상에 관해서는 모든 명제가 참으로 간주되어 할 것이기 때문이고, 거짓이라고 말하는 경우에는 가장 큰 수가 존재한다는 테제가 그 속에 함축되어 있어야 할 것이기 때문이다.

러셀은 이와 같은 문장들을 변형함에서 후자의 가정으로부터 출발한다. 그의 번역규칙에 상응하여 위의 예문은 "자연수이며 모든 다른 자연수들보다 큰 대상이 정확히 하나 존재하고, 이것은 기수이다"라는 형태로 변형될 수 있을 것이다. 여기서 문법상 원래의 문장과는 전적으로 다른 것이 원래 문장의 등가물로 제시된다. 다의적인 형태 대신에, 그 안에서 의미하는 명제의 술어논리학적으로 서술될 수 있는 형태에 대한 물음을 일의적으로 답변할 수 있을 만큼 일의적인 새로운 형태가 나타난 것이다.

"이러이러한 것은 무엇무엇이다"라는 형식의 문장들은 항상 "이러이러한 대상이 정확히 하나 존재하며, 이것은 무엇무엇이다"라는 문장으로 변형될 수 있다고 하는 번역규칙과 이에 대한 러셀의 실질적인 입증은 일반적으로 러셀의 기술이론(theory of descriptions)이라고 불린다. 이것은 정확히 하나의 참이거나 거짓인 명제의 표현으로 간주되는 문장들만이 논리적으로 일의적인 문장들로 간주될 수 있다는 전제, 따라서 하나의 진술-문장의 문법적 형태와 하나의 명제의 논리적 형식은 전혀 별개라고 하는 통찰에 기인한다(특히 문장이 '나', '지금', '여기' 등과 같은 것을 포함하고 있을 때는 그것이 서술되거나 언표되는 환경을 알지 않고는, 그것이 어떤 논리적 구조를 가지고 있는가 하는 것은 말할 것도 없고, 어떤 명제가 그 안에서 표현되고 있는지조차 인식할 수 없다).

그러나 이에 대해 이의가 제기되었다. 믿을 만한 예를 통하여, 일상언어에서는 많은 문장들이, 비록 그들이 의미상 참으로도 거짓으로도 간주될 수 없다 하더라도, 의미상 일의적이고 곡해될 여지가 없다는 사실이 제시되었다. 이 반론의 핵심은, 일상언어의 사용에서는 한 진술문장의 문법적 형태와 관계없이 논리적으로 정확한 개념상 의미에서의 한 명제를 표현하기 위해 사용되지 않고, 따라서 그런 한 참으로도 거짓으로도 간주될 수 없는 많은 문장들이 나타난다고 하는 점이다.

러셀은 부분적으로는 불행하게도 설명을 위한 예를 잘못 선택함으로써("지금의 프랑스 왕은 대머리이다"――이 예문에서는 러셀에게 유일하게 본질적인 주어개념의 무의미성 대신에 의미의 명백한 시간의존성이 중요한 것으로 보일 수 있다), 그러나 주로 명제(proposition)라는 낱말을 때로는 '진술'(Aussage)의 의미로써, 그리고 때로는 '(자연언어의)

진술문장'의 의미로, 그리고 또한 '(형식화된 기호언어의) 진술문장'의 의미로 종종 용어상 불명확하게 사용함으로써 어느 정도는 자신이 반론을 초래했음에도 불구하고, 그는 '기술이론'에 대한 반론에 화를 냈다.[28]

그의 불명료성은 여기에서 그치지 않는다. 그 외에 그의 논리학적·철학적 저술들에서도 일상언어적 표현형식과 체계적으로 구성된 기호들, 그리고 이런저런 기호들이 표현하는 의미 사이의 구별에서 종종 날카로움이 결여되어 있다.

러셀의 철학자로서의 탁월한 위치는 이와 같은 세부적인 점에서보다는 그의 논리학 이론의 큰 윤곽과 개요에서 보다 더 많이 드러난다. 그의 논리학을 통하여——그것이 성취한 것뿐만 아니라, 그것이 보완되어야 할 점에서도——그는 금세기에 가장 영향력이 큰 철학의 교사가 되었다.

윤리적 목적들

러셀의 저작 속에서 완성된 도덕철학, 즉 윤리학을 찾으려는 시도는 철학에 대해, 그리고 윤리적 가치판단을 합리적으로 근거지을 가능성들에 대해 그가 밝혔던 이해에 부응하지 않을 것이다. 그도 젊은 시절에는 "윤리학의 목적이 그의 고유한 설명에 따라 도덕적인 행위와 악한 행위에 관한 참인 문장들을 발견하는 것이며, 이 문장들은 산소나 구구단에 관한 참인 문장들과 꼭 마찬가지로 진리의 한 부분이라고 하는 것은 사실"이라고 생각했었다. "…… 따라서 윤리학의 연구는 학문 외부에서 일어나는 어떤 것 또는 학문의 조역이 아니라, 단적으로 학문들 중의 하나이다."[29]

그러나 러셀은 이 윤리학에 대한——여기서는 무어(G. E. Moore)의 『윤리학의 원리』(*Principia Ethica*)에 의존하고 또 그것을 원용하여 형성된——전통적인 견해를 곧 철회하였다. 그리고 그는, 윤리적 가치판단들은 원래 참 또는 거짓으로 간주될 수 없고, 따라서 그러한 억측된 진리를 발견해야 할 어떠한 과학적 윤리학도 있을 수 없다는 신념에 도달하였다. 따라서 철학과 과학이 분리될 수 없도록 서로 밀접히 연관되어 있는 한, 철학은 윤리학에게 그의 명확한 가치판단을 서술하기 위한 방법을 추천하는 것 외에 아무런 관계도 없다는 것이다. 그는 그의 「비평에 대한 대답」[30]에서 이러한 신념을 아주 상세히 서술하였다. 그는 거기서 다음과 같이 쓰고 있다.

그것이 너무 급격한 관습적인 언어사용으로부터의 단절이 아니라면, 나는 모든 가치판단을 철학으로부터 배제하려 한다. 윤리학과 관계되면서 원래 철학에 속하는 것으로 간주할 수 있는 유일한 것은 윤리학적인 문장들이 직설법이 아니라 원망법(Optativ)으로 표현되어야 할 것이라는 논거이다.[31]

그의 견해는 "모든 사람은 … 하고(예를 들면 약자를 부정의로부터 보호하고) 싶어한다!"와 같은 원망법의 표현은, "약자를 부정의로부터 보호하는 사람은 선을 행한다"와 같은 직설법적인 가치판단에 비하여, 여기서는 원래 진리인 어떤 것이 아니라 원망되는 어떤 것이 표현된다는 사실을 명확히 인식할 수 있도록 한다는 것이다. 참 또는 거짓에 관한 것은, 단지 화자가 그 같은 가치판단의 진술을 통해 부수적으로 자신의 감정을 증언하고 그 자신이(약자가 보호되어야 한다는) 소망을 느낀다는 것을 암시하고자 하는 한에서만 함께 의도될 수 있을 것이다. 그러나 이와 같은 솔직하거나 단지 허위일 수 있는 감정의 고백과 관련해서 직설법적으로 표현된 가치판단은 이에 대응하는 원망법적인 문장과 구별되지 않는다. 그들 사이의 차이는 직설법적으로 표현된 가치판단이 객관적 진리, 즉 단지 판단된 대상의 실제 성질에만 의존하고 판단하는 주체의 원망에는 의존하지 않는 진리를 주장하고 있는 것처럼 보인다는데 있다. 그러나 러셀은 이러한 주장이 윤리적 가치판단에서 정당화되지 않는다고 생각한다.

나는 사실판단은, 어떤 사람이 그에 대해 어떻게 생각하는가에 관계 없이 갖거나 또는 가지지 않는 이른바 '진리'의 성질을 가질 수 있다고 생각한다. ……그러나 나는 윤리적 판단에서는 그 '진리'와 유사하게 귀속되거나 귀속되지 않는 어떠한 성질도 발견할 수 없다. 우리는 이것이 윤리학으로 하여금 학문과는 다른 범주에 속하도록 한다는 사실을 시인해야 한다. [32]

러셀의 '사실판단'과 '윤리적 판단' 사이의 구별, 그리고 이에 근거한 윤리학과 과학의 분리는 자칫 곡해될 수 있다. 그러므로 다음과 같은 세 가지 사항이 강조되어야 한다. 첫째, 러셀은 윤리적 판단을 원망의 표현으로 이해함으로써 모든 임의의 원망에 윤리적 가치감정의 성격을 부여하려 한 것은 아니다. 둘째, 그는 정치적·사회적 사실들에 관한 서술에서 가치판단을 사용하는 것에 대해서 이의를 제기하려 하지 않는다. 셋째, 그는 한 인간의 윤리적 태도를 형성하는 바로 그 감정이 다시금 윤리적 평가를 받게 되고 유의미한 방법으로 훌륭한 것 또는 사악한 것으로 간주될 수 있다는 사실을 결코 의심치 않는다.

첫째 사항과 관련하여 러셀은 스스로 칸트의 예를 들며,[33] 윤리적인 가치감정으로 간주되어야 할 원망은 "보편성의 요소"를 가져야 할 것을 요구하였다. 즉 원망은 동시에 모든 인간이 동일하게 원할 것이라는 요구를 포함해야 한다는 것이다.

윤리적 가치감정은 예를 들어 우리로 하여금 식사하도록, 또는 동정받는 사람을 돕도록 촉발시키는 시장기나 동정심 같은 것은 아니라는 것이다. 윤리적 가치감정은 오히려 모든 사람들은, 우연히 지금 우리가 그러듯이, 굶주린 사람들에게 음식을 주고 싶어해야 한다는, 또는 모든 사람은 항상 지금 우리가 가지고 있는 열정과 동일한 열정을 가지고 우리에 의해 동정을 받고 있는 사람과 같은 사람을 돕고 싶어해야 한다는 요청 속에 존재할 것이다. 그러므로 러셀은 "A는 선하다"라는 윤리적 가치판단은 "모든 사람은 A를 원할 것이다"("나는 A를 원한다"가 아니라!)라는 원망과 같은 의미를 갖는다고 설명한다.[34]

물론 원망법적 표현 및 이와 의미상으로 동일한 직설법적 표현이 갖는 문체상·수사법상의 매우 상이한 효과 때문에 사람들이 원망법을 선택하는 일은 별로 없다. 그리고 그것은 두번째의 강조사항, 즉 사실에 대한 서술에서 가치판단의 사용문제와 관련된다.

공적으로 논란이 되고 있는 사항에서 자신의 윤리적 입장을 표명하기 위해 수사학적으로 효과 있는 표현을 선택하려 하지 않고 가능한 한 명석한 표현을 찾으려 한다면 이것은 러셀의 견해에 의하면 매우 어리석은 일일 것이다. 왜냐하면 모든 사람에게서 그의 윤리적 가치감정의 본질적인 요소는 보편성의 요구, 즉 모든 다른 사람들의 윤리적 감정이 자신의 윤리적 감정과 일치해야 한다는 요구이기 때문이다. 이 요구는 그 사람으로 하여금 객관적인 사실묘사와 이론적인 설명에 유용한 표현수단보다는 그가 자신의 감정과 유사한 감정을 다른 사람에게도 야기할 수 있으리라고 기대되는 표현수단을 취하도록 한다.

그가 자신의 감정의 대상인 사실을 객관적으로 서술할 때 그로부터 자신의 감정 표현을 주의깊게 분리한다면, 그는 다른 사람의 감정을 자신의 감정과 생생하게 일치하도록 할 수 없을 것이다. 그가 오히려 사실들을 이른바 그 자신의 감정의 빛 속에 나타나게 하고, 다른 사람이 그것을 인식하고도 다른 감정을 갖는 일이 전혀 없도록 서술한다면, 그는 성과를 기대할 수 있을 것이다. 그리고 이를 위해 그는 자신의 가치판단들을 객관적인 사실묘사들로부터 거의 구별할 수 없도록 표현하는 것을 포기할 수 없을 것이다.

이것이 어떻게 합목적적인 방법으로 일어날 수 있는지는 『결혼과 도덕』과 같은 러셀의 대중적 저술들에 소개되어 있다. 이에 대한 그의 설명은 다음과 같다.

윤리적인 문제에서의 설득은 과학적 사물들에서의 설득과 필연적으로 상이할 수밖에 없다. 내 생각으로는 A가 좋다고 판단하는 사람은 다른 사람들도 특정한 원망을 느끼기를 원한다. 그래서 그는 그렇게 할 수 있는 방법만 안다면……다른 사람들이 이 원망을 갖도록 노력할 것이다. 이것이 설교의 목적이고, 윤리적인 견해를 진술한 여러 책들에서의 나의 목적이었다. 자신의 원망을 설득적인 방법으로 표현하는 기술은 논리적으로 증명하는 기술과는 전적으로 상이한 기술이다. 그러나 그것은 이와 마찬가지로 적법적인 기술인 것이다.[35]

마지막으로 세번째 사항과 관련하여 러셀은 결코 한 인간의 윤리적 태도 또는 그의 심성은 그것이 궁극적으로 개인의 가치감정에 기인하는 것이기 때문에 타인에 의한 모든 윤리적 가치평가로부터 자유롭다고 말하려 하지 않았다. 오히려 이와는 정반대였다. 한 인간이 그의 생활 속에서 의무감을 느끼는 행위목표들의 순서는 바로 그가 다른 사람에 의해 어떻게 윤리적으로 평가되는가를 결정한다. 그것이 윤리적으로 판단하는 사람의 행위순서와 일치하지 않을 경우에, 이 사람은 그를 윤리적으로 적은 가치를 가진 사람으로('나쁜', '악한') 간주할 것이다. 그러나 그것이 윤리적으로 판단하는 사람의 행위목표의 순서와 비슷하거나 일치할 경우에 그 판단자는 이 사람을 선한('이성적인' 등) 사람으로 간주할 것이다.

한 사람 또는 한 사람의 행동양식에 대하여 두 가지의 윤리적 평가가 서로 대립되는 경우에 어느 평가가 옳은지를 결정할 수 있는 합리적인 논거는 존재하지 않는다는 것이 러셀의 주장이다. 논리적으로 서로 조화가 불가능한 사실판단들의 경우와는 달리 동일한 대상에 대하여 서로 대립되는 두 윤리적 판단에 대해서는 최소한 둘 중의 하나가 거짓이어야만 한다고 말할 수는 없다. 여기서 단정할 수 있는 것은 다만 대립되는 가치판단에서 표현되고 있는 윤리적 성향들이 조화 가능하지 않다는 사실뿐이다. 여기서 멈추려 하지 않는 사람은 자신의 감정과 다르게 느끼는 사람을 설득과 교육의 수단을 통하여 자신과 동일한 감정을 느끼도록 시도할 수 있을 것이다. 그는 이렇게 함으로써 아마 그의 감정을 전환시킬 수는 있겠지만, 논거를 통하여 반박할 수는 없는 것이다.

그러나 대부분의 논쟁문제들에서 충돌하는 윤리적 판단들은 단지 외형적으로만 대립되는 윤리적 판단들이다. 대부분의 대립들은 단지 상이한 사실인식 또는 기술적인 합목적성 또는 가능한 행위결과들의 확률에 관한 상이한 판단들에 기인한다. 이 경우에는 근본적으로 합리적인 논거를 통해 논쟁을 해결할 수 있는 가능성이 존재한다.

그러나 인간의 법적 지위가 종족에 따라 상이해야 하는가 그렇지 않은가, 또는 인간의 육체와 생명에 대한 보호의 권리는 출생 이후부터 비로소 보장되어야 하는가 출생 전부터 보호되어야 하는가 하는 문제와 같이 순수한 윤리적 논쟁의 문제들도 존재한다. 이러한 문제에서는 모든 사실판단과 합목적성에 대한 숙고를 넘어서 어떠한 합리적인 논거를 통해서도 화해될 수 없는 견해의 대립이 나타날 수 있다. 여기서 상대자들에게는 단지 상호적인 비난만이 남게 된다.[36]

순수한 윤리적 가치문제에 대한 분쟁은 과학적인 논거를 통해 결정될 수 없다는 것이, 단지 철학으로 위장한 설득술이 아니라 진정한 학문이고자 하는 도덕철학의 가능성에 대한 러셀의 반대논거의 주요내용이다. 그렇지만 실천적인 생활에서는 과학적인 논거의 사용 가능성이 논쟁문제가 이미 순수한 윤리적 핵심으로 귀결되는 이 극단적인 경계에서 비로소 끝나는 것이 아니고, 훨씬 앞서, 즉 정치적인 것과 사적인 것의 경계에서 끝난다.

과학에서는 논쟁이 매우 오래 지속되는 경우가 별로 없을 만큼 효과적인 설득기술이 존재한다. 이 기술은 감정이 아니라 명증에의 호소이다. 그러나 어떠한 방법으로든지 정치에 문제가 얽혀들게 되면 이론적인 방법은 부적절하게 된다. 유색인은 백인보다 선천적으로 지능이 열등한가? ……여성의 두뇌가 남성의 두뇌보다 열등하다는 데 대한 해부학적 근거가 존재하는가? 이러한 문제들은 대개 수사학, 취주악단 그리고 피투성이 머리들과 함께 결정된다(기만, 선동 또는 무력에 의해서 결정된다는 뜻—옮긴이). 그럼에도 중립적인 과학자는, 만일 그런 과학자가 존재한다면, 격정을 야기하는 문제에서도 타인의 주목을 받지 못한 채 홀로 과학적인 방법을 적용하려 고집할 것이다.[37]

러셀은 그와 같은 중립적인 과학자가 되기를 원하지 않았다. 그는 공적인 일에 관여하고 영향을 미치고자 했다. 그가 현실문제 및 정치적 쟁점들과 관련하여 자신의 도덕적 신념들을 밝힌 책들은 이러한 의도에서 저술된 것이다. 따라서 이 책들은 이러한 사정을 염두에 두고 읽혀야 할 것이다. 이 책들로부터 인간상과 잘 질서잡힌 인간의 공동생활에 대한 러셀의 사상개요를 찾아내는 것은 아마 가능할 것이다. 그러나 그것은 서유럽의 매우 자유롭고 비종교적인 평범한 도덕으로부터 구별되지 않는, 어떠한 눈에 띄는 특징적인 내용도 없는 빛바랜 그림으로 나타날 것이다.

이들은 그 속에서 러셀이 자신의 도덕적 신념을 실현하고자 했던 구체적인 관심사와 함께 고려되어야 한다. 이것은 전쟁 책임 문제로부터 유아교육 및 예절규칙에 이르기까지 다양하다. 그러면 이들은 다채로움을 얻게 되며, 읽는 이로 하여금 즐거움 또는 노여움을 느끼게 할 것이다. 물론 두 경우는 모두 러셀이 생각하기에 그렇다는 것이지만, 어쨌든 지루하지는 않을 것이다.

영향사

러셀이 1943년에 자신에 관하여 말했던 것은 오늘날에도 여전히 타당하다고 볼 수 있을 것이다. 그것은, 그의 이름을 잘 아는 사람들 중 단지 소수만이 그를 이론철학자로 알고 있고 대부분의 사람들은 그를 실천적인 개혁가로 생각하고 있을 것이나, 시간이 경과함에 따라 사정이 전도될 것이고, 철학자의 면모가 더욱 드러날 것이라는 것이다. 그러나 그의 사후 15년이 지난 오늘날 도덕가로서의 그의 영향과 정치적 관심사에 대한 그의 활동은 많은 사람들에게 아직도 생생한 기억으로 남아 있다.

철학에서 학문적 교사로서의 러셀 주위에는 어떠한 고정된 제자 그룹도 모이지 않았다. 이러한 의미에서 '러셀 학파'는 존재하지 않는다. 그러나 그는 탁월한 제자들을 가지고 있었고, 그들 중에서 가장 중요한 사람은 몇 년 동안 내내 그에게 개인적으로 가장 가까이 있었던 비트겐슈타인이었다. 초기의 가르침으로부터 상호간에 철학적인 자극의 수수가 이루어졌는데, 이것은 러셀 편에서는 『논리적 원자론의 철학』을, 비트겐슈타인의 편에서는 『논리-철학 논고』를 서술하는 계기가 되었다.

1925년까지의 논리학적 저술 및 철학적 저술들을 통해서와 마찬가지로 러셀은 이를 통하여, 말하자면 간접적으로, 학파 형성에 많은 영향을 미쳤다. 우선 『프린키피아 마테마티카』는 20여 년간 수학적 논리학의 거의 모든 이후의 연구에 대해 기본적인 출발점을 이루었다. 그러나 무엇보다도, 특히 그의 『기술이론』에서, 그리고 함수적 표현과 양화기호로 클라스의 술어들을 대체하면서 전개된 러셀의 개념어들에 대한 논리적인 의미분석은 철학적 논증의 모범으로 간주되고 추천되었다.

러셀은 이를 통하여 그 방향의 특정한 철학자 그룹과의 긴밀한 결속감을 갖지 않으면서도 논리적 실증주의의 공인된 원조가 되었다. 철학과 수학 및 경험적 자연과학의 밀접한 연관성에 대한 그들의 열정은 또한 바로 그의 열정이었다. 그러나 그 학파의 상징이 된 반(反)'형이상학'의 열정은 그의 눈에는 명확히 규정된 목표를 가지고 있지 못한 것으로 비쳤고, 따라서 그와는 가까워지지 않았다. 철학에서 오래 전부터 논리학이, 그리고 최소한 데카르트와 라이프니츠 이래로는 수학이 중심적 위치를 차지했다는 사실을 상기하면, 모든 철학자들은 학파나 인간관계를 넘어 러셀과 같이 이들 학문의 공통적인 경계영역에서 근본적인 개혁을 수행했던 사람에게서 직접적으로든 간접적으로든 배워야 한다는 사실은 의심의 여지가 없다.

| 에리히 프리스 · 윤선구 옮김 |

에리히 프리스(Erich Fries)

1934년 출생. 킬, 튀빙겐, 괴팅겐 그리고 파리 등지에서 고전학, 역사학 및 철학을 전공하였다. 1962년 철학박사 학위를 받았으며 1975년 교수자격을 취득하였다. 현재 괴팅겐 대학 철학과 무급교수로 있다. 주요 저작 : *Kants Kategorientafel und das offene Kategoriensystem in P. Natorps "Philosophische Systematik"* (1962), "Determination des freien Willens" (in : *Festschrift J. Klein*, 1967), *Aristotelische Logik bei Kant*(1976).

윤선구

서울대학교 물리학과를 졸업하고 독일 쾰른 대학에서 철학 석 · 박사학위를 받았다. 서울대학교 철학사상연구소 책임연구원, 서울대학교 BK21 철학교육연구사업단 BK교수를 거쳐 지금은 서울대 기초교육원 강의교수로 있다. 공저로는『서양근대철학』『서양근대윤리학』 등이 있다. 역서로는『의제 21』『형이상학 논고』가 있다. 주요 논문으로는「라이프니츠의 자유이론」「라이프니츠에 있어서 의지자유문제와 단자론」「라이프니츠에 있어서 자유의 개념」「현상세계의 형이상학적 근거」「실천철학에서의 코페르니쿠스적 전환」「제3의 길: 신자유주의에 대한 한국적 대응의 모색」 등 다수가 있다.

주

1) 제1계의 술어논리학은 "모든 …에 대하여 …이다"라는 전칭양화사 및 "어떤 …가 존재하고 …이다"라는 존재양화사(또는 특칭양화사)를 단지 개체변항에 대해서만 사용하는 술어논리학을 말한다(옮긴이).

2) Theory of types는 유형이론 또는 계형이론으로 번역할 수 있는데, 러셀의 이론에서 type은 단계를 의미하는 order의 개념을 포함하고 있으므로 계형이론으로 번역하고자 한다(옮긴이).

3) 러셀, 『나의 철학적 발전』, 74쪽.

4) '클라스'는 러셀과 화이트헤드에 의해 논리학에 도입된 개념으로, 개체와 대립되는 일반개념에 해당한다. 그러나 그것은 개체들의 집단, 즉 집합개념과는 구별된다. 예를 들면 사람은 클라스이지만 축구팀은 집합개념이다. 따라서 클라스에 참인 것은 그 클라스의 구성원 모두에게 참이지만, 한 집단 전체에게 참인 것은 반드시 그 구성원에게도 참인 것은 아니다(옮긴이).

5) 집합론적 모순이란 자기 자신을 원소로 하는 집합을 허용함으로써 생기는 모순이고, 의미론적 모순이란 대상언어와 이 대상언어 자체에 대하여 진술하는 메타언어를 구별하지 않음으로써 생기는 모순이다. 이 두 모순은 서로 밀접한 관계에 있으며 서로 변환이 가능하다(옮긴이).

6) 전체로서의 다양성을 매개로 해서만 정의될 수 있는 구성원이란, 예를 들면 거짓말쟁이의 역리에서 "내가 말하는 모든 것은 진실이 아니다"에 해당한다. 여기서 이것이 전체로서의 다양성을 매개로 해서만 정의된다 함은 화자의 그 밖의 모든 말과 관련하여 이 말이 정의되고 있다는 것을 의미한다(옮긴이).

7) 러셀/화이트헤드, 『프린키피아 마테마티카』, 1910, 37쪽.

8) 이 말이 의미하는 바는, 예를 들어 거짓말쟁이의 역리에서 "내가 말하는 모든 것은 진실이 아니다"라는 말 자체는 이 거짓말쟁이의 다른 모든 말과 함께 동일한 전체성에 속할 수 없다, 다시 말하면 이 말은 다른 모든 말들의 전체성과는 다른 차원에 속해야 한다는 것이다(옮긴이).

9) 전칭명제와 존재명제란 각각 "모든 …에 대하여 …이다"라고 하는 전칭기호와 "어떤 …가 존재하고 …이다"라고 하는 존재기호에 의해 표현되는 명제를 가리킨다(옮긴이).

10) 런던 수학협회회보 제2집 25권, 1926, 338~384쪽.

11) 이에 대해서는 러셀, 『나의 철학적 발전』, 126쪽 참조.

12) 「형식화된 언어에서 진리의 개념」, 철학연구 I, 1936, 261~405쪽.

13) 이에 대한 체계적인 비교를 위해서는 처치(A. Church)의 「러셀의 해법과 타르스키의 해법의 비교」, 기호논리학회지 41집, 1976, 747~760 참조.

14) 러셀, 「계형에 기초한 수학적 논리학」, 『논리와 인식』, 76쪽.

15) 러셀, 『논리와 인식』, R. C. Marsh 편, 175~281쪽.

16) 같은 책, 216쪽.

17) 같은 책, 234쪽.

18) 같은 책, 197쪽 이하.

19) 같은 책, 338쪽.

20) 같은 책, 337쪽 ; 『나의 철학적 발전』, 여러 곳.

21) 러셀, 『나의 철학적 발전』, 116쪽 이하.

22) 같은 책, 165쪽 이하.

23) 같은 책, 174쪽.

24) 여기서 문장과 명제의 차이에 유의해야 한다. 문장은 문법적인 표현으로서, 동일한 명제가 문법적으로 상이한 문장으로 표현될 수 있다(옮긴이).

25) 이 질문은 스콜라 철학에서 의지 자유의 가능성 문제와 관련하여 열띤 논쟁을 불러일으켰다(옮긴이).

26) 『정신』 15집, 1906 ; 17집, 1908.

27) 확정적 서술은 영어에서 정관사가 붙는 서술을 말한다. 이에 대해 부정관사를 사용하는 서술은 불확정적 서술이라고 한다(옮긴이).

28) 러셀, 『나의 철학적 발전』, 238~245쪽 참조.

29) 러셀, 「윤리학의 요소」, 『철학적 에세이』, 1910, 13쪽.

30) Schilpp, 『B. 러셀의 철학』, 1944, 680~741쪽.

31) 같은 책, 719쪽.

32) 러셀, 「비평에 대한 대답」, 723쪽.

33) 같은 글, 722쪽.

34) 같은 곳.

35) 같은 글, 724쪽.

36) 같은 글, 721쪽.

37) 같은 글, 724쪽.

참고문헌

원전

● 전집은 발간되지 않았음. 1983년 이래로 잡지 기고 원고와 유고에 대한 비판적 주해판이 나오고 있음. *Collected Papers of Bertrand Russell*, McMaster University 편, 런던 및 뉴욕(1993년까지 9권 간행―아래 참조). 아래에 철학적으로 중요한 저술과 논문집들을 연대순으로 기재한다.

● *A Critical Exposition of the Philosophy of Leibniz*(1900), London ³1992.

● "Sur la logique des relations avec des applications à la théorie des séries", in : *Rev. de Math.*(*Riv. di mat.*) 7, Turin 1900/1, 115~148쪽 ; 영역판, in : *Logic and Knowledge*.

● *Principles of Mathematics*(1903), London ³1992.

● "On Denoting", in : *Mind n. s.* 14(1905), 479~493 ; 또한 in : *Logic and Knowledge* ; 독일어판 in : *Philosophische u. politische Aufsätze*.

● "Review of Mac Coll, Symbolic logic and its applications", in : *Mind n. s.* 15(1906), 255~260.

● "'If' and 'imply' : A Reply to Mr. Mac Coll", in : *Mind n. s.* 17(1908), 300~301.

● "Mathematical Logic as Based on the Theory of Types", in : *Am. Journ. of Math.* 30(1908), 222~262, 또한 in : *Logic and Knowledge*.

● "La théorie des types logiques", in : *Revue Métaph. et Mor.* 18(1910), 263~301.

● *Principia Mathematica* I(1910), II(1912), III(1913), A. N. Whitehead와 공저, Cambridge, Univ. Press, 제2판 제1권(개정 서론과 3개의 부록 포함) 1925, 제2, 3권 1927(제1권에 대하여 문고판으로 부분적 복제판이 나옴 : Cambridge, Univ. Press, 1962년 이후).

● "The Philosophy of Logical Atomism", in : *The Monist* 28(1918), 495~527, 또한 in : *Logic and Knowledge* 및 *Collected Papers* VIII, 157~246 ; 독일어판 : München 1976(Sammlung Dialog 104, 단행본).

● *Introduction to Mathematical Philosophy*(1919), New Edition, London 1993 ; 독일어판 : Wiesbaden 1975.

● "Review of F. P. Ramsey, The Foundations of Mathematics", in : *Mind n.*

s. 40(1931), 467~482.

- *The Analysis of Matter*(1927), London ³1992 ; 독일어판 : Leipzig 1980.
- *An Inquiry into Meaning and Truth*(1940), New Edition, London 1980.
- "My Mental Development, and Reply to Criticism", in : *Philosophy of B. Russell*, P. A. Schilpp 편, 1944.
- *Human Knowledge, Its Scope and Limits*(1948), New Edition, London 1992 ; 독일어판 : Darmstadt 1952.
- *Logic and Knowledge : Essays 1901~1950*, R. C. Marsh 편, London 1956.
- *My Philosophical Development*(1959), New Edition, London 1985 ; 독일어 판 : Frankfurt a. M. 1992.
- *Autobiography* I, II, III,(1967~69), New Edition, London 1985 ; 독일어 판 : Frankfurt a. M. 1970.
- *Philosophische und politische Aufsätze*, U. Steinvorth 편, Stuttgart 1977.
- *Collected Papers of Bertrand Russell*, McMaster University Edition, London and New York, I : Cambridge Essays 1888~99(1983) ; II : Philosophical Papers 1896~99(1990) ; III : Towards the Principles of Mathematics 1900~1902(1993) ; VI : Logical and Philosophical Papers 1909~13(1992) ; VII : Theory of Knowledge, The 1913 Manuscript(1984) ; VIII : The Philosophy of Logical Atomism and Other Essays 1914~19(1986) ; IX : Essays on Language, Mind and Matter 1919~26(1988) ; XII : Contemplation and Action 1902~14(1985) ; XIII : Prophecy and Dissent 1914~16(1988).

2차 문헌

〈러셀의 1976년까지의 출판물에 대한 일반적인 참고도서〉
- Martin, W. : *Bertrand Russell, A Bibliography of his Writings*, München/New York/London/Paris 1981.

〈논리학적 출판물과 이에 대한 2차 문헌에 관한 참고도서〉
- *Journal of Symbolic Logic*(제1권, 1936, 151쪽 이하).

〈러셀의 유고와 서재는 온타리오 주 해밀턴에 있는 McMaster 대학의 소유로 되어 있다. 여기서 표준이 되는 주해판이 두 권 출판되었다〉
- *Collected Papers of Bertrand Russell*.
- *Russell—The Journal of the Bertrand Russell Archives*, K. Blackwell 편 (McMaster Univ. Press) Hamilton, Ontario, 1971년부터.

〈일독할 만한 가치가 있는 그의 자서전(*Autobiography*)은 그의 인간과 생애에 풍부한 정보를 제공해준다. 그 외 참고도서〉

●Wood, A. : *Bertrand Russell, The Passionate Sceptic*, London 1957 ; 독일어판 : München 1959.

●Clark, R. W. : *The Life of Bertrand Russell*, London 1975.

●Sandvoss, E. R. : *Bertrand Russell*, Reibek 1980(Rowohlt의 rororo 총서 282).

그의 철학 및 문학적 작품에 대한 단행본 소개는 생략한다.

〈철학적 저작에 대한 요약〉

●Ayer, A. J. : *Bertrand Russell*, New York, Viking Press, 1972 ; 독일어판 : München 1973.

〈내용에 대한 깊이 있는 토론과 함께 상세한 서술을 제공하는 참고도서〉

●Jager, R. : *The Development of Bertrand Russell's Philosophy*, London/ New York 1972.

〈논리학 및 언어철학에 관한 연구서〉

●Kilmister, C. W. : *Russell*, Brighton, Harvester Press, 1984.

〈러셀 철학의 주요 문제들에 대한 2차 문헌들의 대표적 요약을 제공하는 책들〉

●*The Philosophy of Bertrand Russell*, P. A. Schilpp 편(Library of Living Philosophy, 제5권) 1944 ; 1962년까지의 러셀 출판물 목록을 보완한 재판, Harper & Row(Torchbooks), New York 1963.

●*Essays on Bertrand Russell*, G. Nakhnikian 편, London 1974.

●*Bertrand Russell Memorial Volume*, G. W. Roberts, London 1979.

〈그 밖의 유용한 참고문헌들〉

●Fritz, C. A. : *Bretrand Russell's Construction of the External World*, London 1952.

●Church, A. : *Russellian Simple Type Theory*, in : Proceedings and Addresses of the American Philosophical Association, 제47권, 1973~1974, 21~33.

●Carl, W. : "Bertrand Russell—The Theory of Descriptions", in : *Grundprobleme der großen Philosophen, Philosophie der Gegewart* I, J. Speck 편, Göttingen ³1985(UTB 147), 215~263.

7 | 언어의 충격
루트비히 비트겐슈타인(1889~1951)

"모든 철학이라는 구름은 형식언어의 언어구조라는
방울들로 응축된다."
●비트겐슈타인

비트겐슈타인(Ludwig Wittgenstein)의 철학 및 철학관은 오늘날에
도 여전히 추종자들을 발견하게 되는데, 그것들은 예를 들어 헤겔의 철
학은 거의 확보할 수 없는 생생한 선택권(live options)이다. 물론 비트
겐슈타인 역시 매우 예리한 비판가들을 만났으며, 그의 저술을 다소간
무시하였던 철학자들도 있다. 그러나 오직 소수의 사람들만이 그를 알
아본 것은 결코 아니었으며, 예를 들어 언어철학에서는 비트겐슈타인을
다루는 일이 불가결하다.

철학에 대한 비트겐슈타인의 견해는 다음의 몇 가지 특히 중요한 확
신들을 통해 부각되었다. 즉 철학은 자연과학을 넘어서 있지도 않으며,
자연과학과 나란히 있지도 않다는 것, 철학은 우리에게 알려진 사물들
을 명백히 제시하고 오직 이러한 일을 특히 일목요연한 방식으로 실행
한다는 것, 그리고 철학의 문제들은 언어를 통한 우리의 이해가 마법에
걸렸기 때문에 발생하였다는 것이다.

이러한 견해는 금세기의 20년대 또는 30년대 이전에 널리 유포되었지
만, 오늘날은 부분적으로는 분명히 콰인(Quine)과 그 학파의 영향 때문

에 더 이상 널리 유포되지 않고 있다. 그럼에도 비트겐슈타인의 철학은 큰 영향력을 남겼으며, '사람들이 어떻게 철학적 문제들에 접근해야 하며 이 문제들을 어떻게 다루어야 하는가'에 관한 많은 통찰들과 표상들의 지속적인 원천이다. 어쨌든 그가 완전히 새로운 종류의 철학적 문제들을 우리에게 제시하였다는 사실만은 분명하다.

생애

비트겐슈타인은 1889년 4월 26일 오스트리아 빈에서 태어나, 1951년 4월 29일 영국 케임브리지에서 사망하였다. 그는 1938년 영국 국적을 취득하였다. 그의 아버지 카를 비트겐슈타인은 오스트리아의 제철 및 철강산업의 설립자 가운데 한 사람이었다. 그의 형 파울은 저명한 협주곡 피아니스트가 되었으며, 브람스(Brahms)는 이들 가족의 친구였다.

비트겐슈타인은 린츠의 실업중학교를 자퇴(그는 14세까지 집에서 공부하였다)한 후에, 베를린의 샬로텐부르크 기술고등학교에 다녔다. 그리고 1908년에는 기계공학을 계속 연구하기 위해 영국의 맨체스터로 갔다. 항공역학에 대한 탐구는 그의 관심을 순수수학, 뒤이어 수학의 근본토대로 돌리게 만들었다. 1903년에는 러셀이 프레게의 저술을 부록으로 포함시킨 『수학의 원리』(*The Principles of Mathematics*)가 출판되었다. 비트겐슈타인은 이 책을 극히 주도면밀하게 읽었으며, 그 때문에 프레게를 방문하기 위해 예나로 갔었다. 하지만 프레게는 케임브리지로 가서 러셀 밑에서 연구하라고 충고하였다.

1912년 비트겐슈타인은 케임브리지의 트리니티 대학의 학생이 되어 러셀 및 무어와 함께 확대된 토론들을 전개할 수 있었다. 러셀은 비트겐슈타인을 알게 되었던 것이 자신의 생애에서 "지성을 극도로 자극하는 사건들 가운데 하나"였다고 말했으며, 비트겐슈타인이 그가 그때까지 만났던 "(전통적인 의미에서) 아마 가장 완전한 천재였다"[1]고 주장하였다.

전혀 새로운 종류의 철학적 문제들을 제시한 비트겐슈타인은
오늘날의 철학의 문제들은 언어를 통한 우리의 이해가 마법에 걸렸기 때문에 발생했다고 본다.

제1차 세계대전이 일어났을 때 비트겐슈타인은 포병대에 자원 입대하였다. 그는 복무 기간 대부분 동부전선에 배치되었으며, 1918년 포로가 되어 트리엔트 근방의 수용소에서 지냈다. 그후 9개월간 그는 몬테 카시노 근방의 강제수용소에 있었다.

제1차 세계대전 동안 비트겐슈타인은 철학 일지를 휴대하고 있었으며, 그가 포로수용소에 붙잡혀 있을 때는 완성된 수고 「논리-철학 논문」을 지니고 있었다. 이것은 후에 『논리-철학 논고』(*Tractatus logico-philosophicus*)로 명명되었다. 많은 어려움을 겪은 뒤 이 책은 결국 1921년 오스트발트(W. Ostwald)에 의해 그의 『자연철학 연보』(*Annalen der Naturphilosophie*) 속에 포함되어 출판되었는데, 추측컨대 러셀의 권유로 이루어진 것이다.[2] 비트겐슈타인은 이것을 '해적판'이라고 불렀다.[3] 이 책은 다음해 영역 대조본 및 러셀이 심혈을 기울인 서문과 함께 영국에서 출판되었다.

아직 『논리-철학 논고』를 출간하기 이전에 비트겐슈타인은 오스트리아 남부 트라텐바흐의 초등학교 교사가 되려고 철학을 포기하였다. 비트겐슈타인의 생애 가운데 이 시기는 당시 러셀에게 보낸 편지에서 나타나듯이, 극도로 불운하였다. 몇 년이 지난 후 그는 교사직을 사임했으며, 수도원의 정원사 등으로 일했다. 그런 다음 그는 누이 마르가레테 스톤보로를 위해 빈에 거대한 저택을(처음에는 파울 엥겔만과 공동작업으로) 설계하였다. 이 저택에는 오늘날 불가리아 문화연구소가 입주해 있다.

1920년대 말경 비트겐슈타인은 다시 철학과 관련을 맺었으며, 빈 학파의 창시자인 슐리크(Schlick)와 자주 담론하였다. 1928년 그는 빈 학파의 회원들인 파이글(Feigl)과 바이스만(Waismann)과 함께 직관주의적 수학의 창시자인 브라우어(Brouwer)의 강의 '수학, 과학 및 언어'를 듣기 위해 그를 방문하였다. 파이글의 견해에 따르면 이 일은 비트겐슈타인이 강렬한 철학적 관심과 활동으로 되돌아오는 데 크게 작용하였다.[4]

1929년 그는 케임브리지로 돌아왔으며, 자신의 『논리-철학 논고』를 박사학위 논문으로 제출하였다. 1년 후 그는 우선 5년 동안의 계약으로 트리니티 대학의 특별연구원이 되었다. 1936년 그는 다시 한 번 노르웨이로 여행하고, 1년 뒤 케임브리지로 되돌아와 무어의 후임자로 특별 명예교수가 되었다. 그가 교수로서의 직무에 전념하기 직전 제2차 세계대전이 발발하였다.

이 기간 동안 비트겐슈타인은 런던의 가이 병원에서 환자수송원으로, 후에는 타인 강변의 뉴캐슬에서 실험조수로 일하였다. 물론 그는 때때로 케임브리지에서 세미나를 개최하였다. 제2차 세계대전이 끝난 다음 다시 케임브리지로 돌아왔으나, 거기에서 살아가기 어렵다는 것을 발견하였다. 브리톤(Karl Britton)에 의하면 비트겐슈타인은 단 한 번 '명예로운 식탁'에서 다른 특별연구원들과 함께 식사를 하였는데, 이 상황에서 그는 천박한 대화에 격분하여 불쑥 일어나 손으로 귀를 막은 채 홀을 빠져나갔다.[5]

그는 삶을 지상에서의 지옥으로 느끼기 시작했으며, 자신의 지위를 내던지고 아일랜드로 가서 완전히 동떨어진 고독 속에서 살며 1937년 노르웨이에서 시작한 『철학 탐구』(*Philosophische Untersuchungen*)를 완성하였다.[6]

비트겐슈타인은 1949년 케임브리지로 돌아왔고, 말콤(Norman Malcolm)을 방문하려고 뉴욕으로 갔다가 다시 자신의 누이 헤르미네를 방문하기 위해 빈으로 갔다. 1951년 그는 친구인 의사 베번(J. Bevan)의 집에서 사망하였다. 베번 부인에 의하면 그의 유언은 "나는 경이로운 인생을 살았다고 그들에게 전해주십시오!"였다. 이 말은 사람들이 그에게서 거의 기대할 수 없었던 것이다. 왜냐하면 그를 알았던 모든 사람의 일치된 인상에 따르면, 그는 극히 민감하며 동시에 평생 고통을 받아왔던 인간이었기 때문이다.

그는 자신의 주변 사람들과 완전히 다른 사람이 될 수 있다는 점을 확신하였다.[7] 그는 완전함 이외의 다른 것을 받아들이는 것이 불가능하다는 점을 발견했지만, 완전함에 도달할 수 없다는 점도 깨달았다. 그는 여러 해 동안 자살에 관한 생각에 사로잡혀 있었고, 병적인 죄책감에 시달렸다. 이러한 점에서 그의 발언은 '신비하고도 이상야릇한 감동을 주는 것'으로 보인다.[8]

어떤 의미에서 비트겐슈타인의 인격 속에는 인간과 그의 철학이 일치한다. 어쨌든 그의 철학은 그의 전기에 대해 보다 깊이 알지 않고도 광범위하게 이해되고 평가될 수 있다. 사실상 인간 비트겐슈타인은 20세기의 많은 철학자들에게 깊은 매혹을 주었으며, 많은 사람들이 그의 문체를 벗어나는 데 어려움을 느꼈다는 점에서 언제나 유익하지만은 않은 영향력을 행사하였다. 비트겐슈타인은 자신이 제자들을 갖고 있다는 점을 알고 있었으나, 이 점에 대해 매우 비난하기도 하였다.

나는 어떠한 학파도 세울 수 없거나, 혹은 철학자도 결코 될 수 없지 않은가? 나는 본래 모방되기를 원하지 않기 때문에 어떠한 학파도 세울 수 없다. 어쨌든 나는 철학 잡지에 논문을 발표하는 사람들 가운데 하나는 아니다.[9]

비트겐슈타인은 늘상 자신의 학생들에게 철학을 포기하라고 충고하였다. "그 밖에 나에게 남아 있는 것은 극히 사실적으로 특정한 은어(隱語)뿐이다."[10] 의도하지 않고서도 비트겐슈타인은 자신의 학생들을 강하게 지배했던 결과, 그에 대한 비판이나 그들의 견해들은 곧바로 배제되었다.

저작

비트겐슈타인과 철학에 관한 그의 견해는 그가 죽은 이후 영향력을 상실하였다. 그렇지만 그의 철학의 특정한 관점들은 받아들여졌으며, 그가 예견할 수 없었던, 그리고 어떤 공산과도 일치하지 않는 종류와 방식으로 발전되었다.

우리는 지금 비트겐슈타인의 발전에 관한 보다 향상된 생각을 갖고 있다. 왜냐하면 그의 유고를 소유하고 있기 때문이다. 그의 생애에는 단지 『논리-철학 논고』와 『논리적 형식에 관한 비평』(*Some Remarks on Logical Forms*)이라는 제목의 짤막한 논문만 출판되었다. 다른 연구물들의 출판은 그의 유고 관리인인 안스콤(Elisabeth Anscombe), 폰 라이트(George Henrik von Wright) 그리고 리스(Rush Rhees)가 작업한 성과였다. 유고로 출판된 비트겐슈타인의 많은 비평들은 어느 정도까지는 그 편찬자의 편집 작업의 결과임을 증명하고 있다. 비트겐슈타인의 저술들에 관한 완전한 모습은 튀빙겐의 비트겐슈타인 문서실에서 작업하고 있는 유고를 완결하여 선별한 다음에야 비로소 밝혀질 것이다.

비트겐슈타인은 무엇보다 두 책, 즉 『논리-철학 논고』를 통해, 그뿐 아니라 그가 죽은 다음 바로 출간된 『철학 탐구』를 통해 알려지게 되었다. 이들 사이에 작성된 연구물들이 잘 알려지지 않았기 때문에 '전기' 비트겐슈타인과 '후기' 비트겐슈타인에 관한 신화가 곧바로 발생하였다. 리스는 두 가지 책을 함께 출판하려는 비트겐슈타인의 소망(이것은 주어캄프 판에서 실현되었다)은 불가사의하게도 오해되었다고 진술하고 있다. 『탐구』는 인식론적 책자로서 간주되었고, 이 인식론은 다시 『논고』로 해석되었다(독일어와 라틴어로 된 이 책의 완전한 명칭은 망각되었다). 두 가지 책은 논리의 철학에 관련된다. 두 가지 책의 성격뿐만 아니라 이들 사이의 관계도 논쟁의 여지가 있다.

사람들은 항상 비트겐슈타인이 두 가지 철학의 학파, 즉 (실증주의의 한 형태를 나타내는) 이상언어의 철학과 이른바 '일상언어 학파'를 세웠다는 주장에 직면한다. 이 두 가지 주장들이 오도된 것이라는 점은 아래에서 밝혀질 것이다. 우리는 세 가지 사항을 해명할 것이다. 즉 첫째, 비트겐슈타인의 연구가 이루어진 배경, 둘째, 비트겐슈타인의 논리철학 및 『논리-철학 논고』와 후기 저술들의 주된 사상, 셋째, 이 두 시기 사이의 연결이다.

배경

어느 일지의 기록 속에서 비트겐슈타인은 다음과 같이 쓰고 있다.

> 나는 본래 사고 속에서 내가 단지 재생산한다고 생각하는 경우에만 그 속에 진리가 있다고 믿는다. 나는 내가 결코 사유의 움직임을 고안해내지 않았으며, 사유의 움직임은 항상 다른 어떤 사람에 의해 나에게 주어진다고 믿는다. ……그러므로 볼츠만(Boltzmann), 헤르츠(Hertz), 쇼펜하우어(Schopenhauer), 프레게, 러셀, 크라우스(Kraus), 루스(Loos), 바이닝거(Weininger), 슈펭글러(Spengler), 스라파(Sraffa)가 나에게 영향을 미쳤다.[11]

이러한 열거는 대략적인 시간적 순서로 주어진다. 비트겐슈타인은 기체의 동력학 이론을 발전시켰고 정태적 열역학의 시조인 볼츠만—그는 1906년 자의로 삶을 마감하였다—에게서 물리학을 연구하려고 했었다. 비트겐슈타인이 하인리히 헤르츠의 책 『역학원리』(*Prinzipien der Mechanik*)를 읽은 것은 『논리-철학 논고』에서 두 번이나 언급됨으로써 입증된다.[12] 이 두 철학자와 과학자는 크라우스 및 슈펭글러와 함께 복잡한 가설들보다 개괄[조망]의 필요성을 더 강렬하게 강조하였다. '조망할 수 있음'(Übersichtlichkeit)이라는 개념은, 비록 비트겐슈타인이 이 개념에 이미 일찍부터 영향을 받았다는 사실이 명백하다고 하더라도, 분명히 그의 후기 철학에서 중요한 역할을 수행한다.[13]

비트겐슈타인은 학창시절에 쇼펜하우어를 읽었으며, '표상으로서의 세계'라는 그의 이론에는 영향받았지만 '의지로서의 세계'라는 이론에는 영향받지 않았다.[14] 쇼펜하우어의 영향은 『논리-철학 논고』가 끝날 무렵 명백해진다. 크라우스, 건축가 루스, 바이닝거 그리고 슈펭글러의 영향은 그다지 특별하거나 사실적이지 않았으며, 게다가 강렬하지도 않았다.

그러나 『논리-철학 논고』를 이해하려 한다면, 프레게와 러셀에 대해 정통할 것이 반드시 필요하다. 여기서 주석자들은 두 가지 방향 가운데 하나로 가게 된다. 말하자면 『논리-철학 논고』를 프레게가 고안한 '새로운 논리학'의 철학적 결론을 전개한 것으로 간주하든지, 혹은 『논리-철학 논고』의 논리적 조망들을 다른 것, 즉 모든 도덕의 발언 불가능성과 나아가 모든 도덕적 논의의 공허함을 나타내기 위한 단순한 도구로서 고찰하는 것이다.

이 두 가지 관점 모두에 대한 논거들이 있다. 비트겐슈타인 자신은 "나는 사람들이 인식은 존재하는지, 가치가 존재하는지, 선(善)이 정의되어야만 하는지 등 윤리학에 관한 모든 쓸데없는 말을 끝내야 한다는 사실을 확실히 중요한 것으로 간주한다"[15]고 말했다. 비트겐슈타인이 19세기 말 빈의 지식인 사회와 많은 관계를 맺었고 그의 삶의 태도는 대부분 크라우스와 같은 인물에 의해 결정되었다는 사실은 밝혀져 있다.[16] 그 밖에도 폰 피커(L. von Ficker)에게 쓴 편지에서도 다음과 같은 증거를 발견할 수 있다. "그 소재는 그들에게 매우 생소한 것으로 보일 것이다. 그러나 사실상 그 소재는 생소하지 않다. 왜냐하면 그 책의 의미는 윤리적인 것이기 때문이다." 폰 피커는 서론과 결론을 읽고 그 책을 이해했을 것이다. 비트겐슈타인의 친구 엥겔만도 이와 유사한 해석을 제안하고 있다.

어쨌든 이것은 『논리-철학 논고』가 논리학을 모르는 사람도 이해할 수 있다거나 그 책이 그 의도와 관계없는 특정한 논거들을 포함할 수 있다는 사실을 뜻하는 것과는 거리가 멀다. 더구나 언제 비트겐슈타인이

비트겐슈타인의 장서

자신의 책이 윤리적 의미를 지녔다는 통찰에 이르게 되었는지는 명확하지 않다. 사실상 명제에 관한 그의 이론은 윤리적 명제들의 현존이 불가능함을 함축하고 있다. 그럼에도 우리가 그의 논리적 연구를 단순히 자신의 윤리적 견해에 대한 변명으로 간주해야만 한다는 것은 결코 명백하지 않다(게다가 극히 있을 법하지 않은 경우이다).

　비트겐슈타인 자신이 표현했듯이, "실로 나의 연구는 논리학의 근본토대로부터 세계의 본질로 연장되었다."[17] 즉, 『논리-철학 논고』의 본래적 의미에 대한 물음은 제외하고 그 속에 포함된 많은 물음들이 서로 독립적으로 평가될 수 있다. 비트겐슈타인은 러셀과 프레게가 『논리-철학 논고』를 이해할 것이라고 기대했으나 그렇지 못한 상황에 마주쳤을 때 극도로 낙담하였다.[18) 야닉과 툴민이 생각하듯이 『논리-철학 논고』가 19세기 말 빈의 문화사회에 친숙한 사람에게만 이해될 수 있다면, 왜 비트겐슈타인이 러셀과 프레게에게 이러한 기대를 품었는지, 그리고 왜 그가 그토록 실망의 반응을 보였는지는 완전히 불분명한 문제로 남는다.

논리-철학 논고

비록 광범위하고 극히 어려운 저술이긴 하지만 『논리-철학 논고』는 80쪽 정도의 분량에 불과하다. 이 책은 대부분 일곱 행 또는 여덟 행을 넘지 않으며 명제의 논리적 비중을 암시하는 십진법에 의해 소수점으로 번호가 붙여진 개별적 진술들로 구성되어 있다. 이 책의 골격을 이루고 있는 명제 1~7은 다음과 같은 내용이다.

1. 세계는 경우(Fall)들의 총체이다.
2. 경우는 사실(Tatsache)이며, 사태들이 존립함(Bestehen)이다.
3. 사실의 논리적 그림은 사상(Gedanke)이다.
4. 사상은 유의미한 명제이다.
5. 명제는 요소명제들의 진리함수이다.
6. 진리함수의 일반적 형식은 $[\bar{P}, \bar{\zeta}, N(\bar{\zeta})]$[19)이다. 이것은 명제의 일반적 형식이다.
7. 말할 수 없는 것에 관해서 우리는 침묵해야만 한다.

비트겐슈타인이 다루었던 주된 문제제기는 언어와 세계, 묘사와 묘사된 것 사이의 관계이다. 이 물음에 답변할 때 비트겐슈타인은 명제, 기호, 그림, 사상, 사태, 논리적 상수(常數)의 개념과 다른 개념들의 집합을 부득이 설명해야만 했다. 그의 연구는 러셀의 논리적 원자론(logische Atomismus)과 프레게의 논리주의(Logizismus)를 종합한 것으로, 더구나 이 이념을 완성하는 데 철저히 독창적인 것이었다. 『논리-철학 논고』

의 중심이념은 이른바 '명제의 그림이론'이다. "명제는 현실의 그림이다. 명제는, 우리가 현실을 생각해낸 바와 같이, 현실의 모델이다."[20] 비록 명제들이 그림들처럼 보이지는 않지만, 비트겐슈타인에 따르면 어쨌든 일반적 규칙이 현존함이 나타나는데, 이 규칙의 도움으로 우리는 악곡을 악보로부터 혹은 레코드의 홈으로부터 도출하듯이 묘사된 사태들을 명제로부터 도출할 수 있다. 그래서 명제들은 실제로 그림들이다.[21]

하나의 그림은 현실의 요소들에 상응하는 요소들을 갖는다. 비트겐슈타인은 명제 속에 있는 요소들을 '이름들'(Namen)이라고 부른다. 물론 이 '이름들'은 우리가 정상적으로 이름들이라고 부르는 것에 상응하지는 않는다. 명제는 사태 속에 있는 대상들이 명제 속에 있는 기호들과 같이 구성되었기 때문에 일정한 사태를 서술한다. 그림 속에 있는 요소들은 사태 속에 있는 대상들과 같이 동일한 다양성을 소유하고 있음에 틀림없다. 비록 이것이 그러한 경우인 것처럼 보이지 않는다고 하더라도, 비트겐슈타인은 그러한 경우임에 틀림없다고 생각한다. 그렇기 때문에 그는 우리의 일상적 언어의 명제들은 은폐된 복합성을 포함하고 있다고 여긴다. 이 복합성은 그 결과가 요소명제들의 진리함수들인 복합명제들을 분석함으로써 밝혀질 수 있을 것이다.

비트겐슈타인은 복합명제들이 요소명제들 속에 끼여 있는 진리함수적 가능성들을 서술하기 때문에 언어는 현실을 묘사한다고 표상한다. 하나의 요소명제는 어떠한 논리적 상수, 즉 양화('모든', '약간의')나 '그리고', '또는', '만약 …라면' 그리고 '아니다'와 같은 진리함수들을 결코 포함하지 않는다. 진리함수는 그 가치와 논증이 '진리치', 즉 참과 거짓인 함수이다. 여기에서 진리함수가 순수하게 연장될 수 있다는 사실, 즉 어떤 전체 명제의 진리치를 결정하기 위해서는 우리가 요소명제들의 진리치를 인식할 필요가 있으며 그 밖의 다른 것은 필요하지 않다는 사실에 주목하는 것이 중요하다.

이러한 기준에 따라 'p 그리고 q'는, 곧 우리가 요소명제의 진리치에 근거해서만 복합명제의 진리치를 결정할 수 있기 때문에 진리함수적이다. 이에 반해 'q 때문에 p'는 연장될 수 없으며, 'A는 p를 믿는다'라는 명제와 같이 어떠한 진리함수도 서술하고 있지 않다.[22] 또한 비트겐슈타인은 1929년 우리가 요소명제들의 복합성을 일상언어로 재현할 수 있다는 견해는 단순한 웃음거리라는 점을 발견하였다.[23] 그후 1931년 그는 우리가 요소명제들을 나중의 시점에 다시 실제로 진술할 수 있다고 자신이 생각했었다는 것을 시인하였다. 그렇지만 그는 "최근에 나는 이러한 오류로부터 벗어났다."[24]고 말했다.

『논리-철학 논고』속의 비트겐슈타인에게는 '대변한다'(vertreten), '묘사한다'(abbilden), '서술한다'(darstellen)라는 말들을 통해 재현된 언어와 세계 사이에 세 가지 종류의 관계들이 있다. 이름은 어떤 대상을 대변한다. 그러나 명제는 아무 것도 대변하지 못한다. 비트겐슈타인은 이미 1913년에 이러한 통찰에 도달하였다.

프레게는 '명제들은 이름들이다'라고 가르쳤다. 러셀은 이것 대신에 '명제들은 어떤 복합체에 상응한다'고 주장하였다. 하지만 두 견해는 잘못이다. 특히 '명제들은 복합체에 관한 이름들이다'라는 주장은 잘못이다. 우리는 사태들에 이름을 붙일 수 없다.[25]

비트겐슈타인에 의하면 하나의 이름과 지시된 어떤 대상 사이의 관계는 대변한다는 것을 뜻한다.

명제들은 (대상들로부터의) 복합체에 관한 이름들이라는 견해는 두 가지 근거에서 '아주 특별히' 잘못된 것이다. 첫째, 이러한 견해는 부정(否定)을 설명할 수 없다. 우리는 명제들을 부정할 수 있지만, 그러나 이름들을 부정할 수는 없다. 어떤 명제는 어떤 사태를 서술하며, 사태가 존재할 경우 그 명제는 참이고, 그렇지 않은 경우 그 명제는 거짓이다. 어떤 명제의 부정은 부정되지 않은 명제가 말하는 것이 정확히 그 경우가 아니라는 것을 뜻한다. 각각의 사태에는 두 가지 명제들이 존재한다. 하나는 사태가 존재함으로써 참으로 만든 것이고, 다른 하나는 거짓이다.

둘째, 비트겐슈타인에 의하면 이름은 그것에 어떠한 것도 상응하지 않는 경우 무의미(bedeutungslos)하다. 만약 우리가 명제들을 복합체에 관한 이름들로 간주하였다면, 거짓 명제는 곧 그것이 아무 것에도 이름을 붙이지 않기 때문에 무의미함에 틀림없을 것이다. 하지만 거짓 명제도 그에 상응하는 참된 명제와 똑같이 유의미하다는 사실은 명백히 참이다. 따라서 어떤 명제가 무엇을 '의미하고' 어떤 이름이 무엇을 '의미하는' 종류와 방식은 매우 여러 가지이다.

묘사함과 서술함 사이의 차이는 더욱 미묘하다. 우리가 묘사하는 것은 세계이다. 우리는 사태들이 존재하거나 존재하지 않을 가능성을 서술함으로써 세계를 묘사한다.[26] 우리는 올바르건 거짓되건 현실을 묘사한다. 우리가 어떤 사태를 올바르게 혹은 거짓되게 묘사한다고 말하는 것은 무의미(sinnlos)할 것이다. 만약 문제가 되고 있는 사태가 존재하지 않는다면, 이러한 사태가 존재한다고 말하는 명제는 거짓이다. 그러나 거짓 명제는 참된 명제와 똑같은 정도로 현실을 묘사해야만 한다.

비트겐슈타인은 여기서 두 가지 물음에 답변해야만 하였다. 첫째, 어떤 명제가 특정한 사태의 존재함 또는 존재하지 않음을 통해 참 또는 거짓이 되는 일은 어떻게 일어나는가? 둘째, 어떤 명제가 현실을 묘사할 수 있는 상황에 있다는 것은 어떻게 일어나는가?

첫번째 물음에 대한 비트겐슈타인의 답변은 그림이론을 통해 주어진다. 대상들과 이름들 사이에는 협정에 의한 심리학적 관계가 있으며, 비록 여기에서 매우 신중하게 표현함에 틀림없더라도, 명제(그림), 사상 그리고 서술된 사태 사이에 일정한 동형(同形)주의(Isomorphismus)가 있다. 묘사하기 위한 일반적 규칙이 현존한다고 가정한다면, 우리는 어떠한 사태가 서술되는지 파악할 수 있을 것이다. 서술된 사태가 존재한다면, 그 명제는 참이다. 그렇지 않다면, 프레게에서 '제3의 것은 주어지지 않는다'(tertium non datur)와 같이 그 명제는 거짓이다.

두번째 물음에 대한 비트겐슈타인의 답변은 우리가 아래에서 계속 고찰하게 될 말함(Sagen)과 **지시함**(Zeigen) 사이의 매우 중요한 차이와 결합되어 있다. 그림과 그것이 묘사하는 것에는 공통적인 것이 있음에 틀림없다. 이러한 공통적인 것을 비트겐슈타인은 '묘사의 형식'이라고 부른다.[27] 상이한 형식들(공간, 시간, 색깔 등)이 있지만, 묘사의 가장 일반적인 형식은 이른바 '논리적 형식'이다. "어떤 형식이든 모든 그림이 올바르든 거짓되든 일반적으로 현실을 묘사할 수 있기 위해 현실과 공통적으로 갖고 있는 것은 논리적 형식, 즉 현실의 형식이다."[28] "묘사의 형식이 논리적 형식이라면, 그림은 논리적 그림이라고 부른다."[29] "모든 그림은 또한 논리적 그림이다.(이에 반해 예를 들어 모든 그림은 공간적 그림이 아니다.)"[30] "그러나 그림은 묘사의 그 형식을 묘사할 수 없다. 왜냐하면 그림은 그 형식을 제시하기 때문이다."[31]

맬컴[32]은 이 경우 사람들이 확실한 의미에서 어떤 명제의 의미를 설명할 수 없다는 점을 언급하였다.[33] 만약 우리가 "책이 책상 위에 놓여 있다"와 같이 단순한 예를 든다면, 우리는 '책'과 '책상'이라는 말을 설명할 수 있고, 또한 'x는 y 위에 놓여 있다'는 관계표현도 설명할 수 있다. 물론 그 명제의 의미로서 더 이상의 어떠한 사항도 없다. 당연히 이것은 우리가 어떤 명제의 의미를 어떠한 방식으로도 설명할 수 없다는 것을 뜻하는 것이 아니라, 단지 우리가 다른 사람이 그 명제가 의미하는 바를 어떤 방식으로 파악한다는 점에 결국 의지해야만 한다는 것을 뜻한다. 명제의 의미는 우리가 〔명제〕결합의 구성부분들과 그 방식을 이해함으로써 이해될 수 있다. 비트겐슈타인은 우리가 이전에 결코 마주친 적이 없는 명제들을 누군가가 우리에게 그 의미를 설명하지 않고도 이해할 수 있다는 사실을 의아한 일로 보았다. 이것은 일반적으로 개별적인 말들의 경우가 아니다. 여기에는 그림과의 유사성이 명백하다.

말함과 지시함 사이의 차이는 이미 언급되었고, 비트겐슈타인은 이것을 결정적인 것으로 간주하였다. 그가 몬테 카시노에서 러셀에게 보낸 편지 속에는 다음과 같은 내용이 있다.

　　유감스럽게도 선생님은 논리적 명제들을 지닌 잡동사니 전체가 단지 단순한 결론이라는 주안점을 이해하지 못하셨습니다. 주안점은 명제들을 통해, 즉 언어를 통해 말해질 수 있는 것(그리고 생각될 수 있는 것으로 귀결되는 것)과 명제들을 통해 말해질 수 있는 것이 아니라 단지 지시될 수 있는 것 ― 저는 이것이 철학의 주된 문제라고 믿습니다 ― 에 관한 이론입니다.[34]

　　우리가 앞으로 보게 되듯이, 이러한 차이는 『논리-철학 논고』에서 매우 중요하다. 우선 그는 논리적 문제들로의 적용을 발견하였다. 비트겐슈타인은 우리가 어떤 명제기호의 의미를 설명을 듣지 않고서도 이해한다는 사실을 진술하면서 다음과 같이 말한다. "명제는 그 의미를 지시한다. 명제는 그것이 참된 경우 어떻게 그러한 상태에 놓여 있는가를 지시한다. 그리고 명제는 그것이 그리한 상태에 있다는 사실을 말한다"(4.022). 그 다음에는 "명제는 그것이 말하는 것을 지시한다. 동어반복과 모순은 그것이 아무 것도 말하지 않는다는 것을 지시한다."[35] 무엇보다도 "지시될 수 있는 것은 말해질 수 없다"(4.1212).

　　그렇다면 이러한 과정에서 말하는 것과 지시하는 것, 그리고 말해진 것과 지시된 것은 무엇인가? 여기에 모순이 가로놓여 있는 것처럼 보인다. 왜냐하면 『논리-철학 논고』 4.022는 명제가 자신의 의미를 지시한다고 주장하기 때문이다. 반면 4.1212는 지시될 수 있는 것은 말해질 수 없다고 한다. 그렇지 않다면 어떤 명제의 의미를 그 명제가 말한 것과 동일화하는 것을 용인할 수 없지 않을까? 우리는 여기에서 '어떤 사실을 지시하는 것' 과 '어떤 내용을 지시하는 것' 사이에 엄격한 구별을 지어야만 한다.

명제는 그것이 어떤 의미를 갖는지를 지시하지만, 그것이 참이 되는 조건들이 현존하는지를 지시할 수는 없다. 어떤 명제의 진리치를 결정하기 위해서는 명제를 현실과 비교해야만 한다. 명제 속에서 말해진 것은 이러한 조건들이 존재한다는 사실이다(어떤 명제의 의미를 설명할 가능성에 관해 이미 말해진 것과 비교할 것). 따라서 어떤 명제가 그것이 지시하는 것을 말할 수 있기 위해서는 어떤 명제는 그것 자체가 어떤 의미를 갖고 있는지를 말할 수 있다는 것이 가능함에 틀림없을 것이다.

그렇다면 명제의 진리치에 관한 물음에 답변하기 위해 어떤 명제를 그것과 비교해야만 하는가 하는 물음이 등장할 것이다. 여기에 무한소급의 위험이 주어지게 되며, 비트겐슈타인은 『논리-철학 논고』 속에서 처음부터 끝까지 무한소급을 피하기 위해 심사숙고하였다. 예를 들어 우리는 하나의 그림 속에서 일정한 종류와 방식으로 서로 관계를 맺는 (물론 공간적 그림 속에서 이러한 관계는 공간적이다) 일정한 대상들 (기호들)을 갖는다고 언급하였다. 이러한 공간적 관계는 그 자체로는 기호들이 대변하는 대상들을 위한 것이 되는 종류와 방식으로 그림의 어떤 구성부분이 아니다. 이것은 '하나의 그림은 하나의 사실'[36]이라는 비트겐슈타인의 진술에 대한 부분적 설명이다.

그림을 형성하는 대상들이 서로 관계를 맺는 것은 사실이며, 비트겐슈타인에게 사실은 결코 어떤 사물이 아니다. 이것은 명제 1과 명제 2를 설명하는 데 우리에게 도움을 준다. 세계는 사실들로 이루어졌지, 사물들로 이루어지지 않았다. 왜냐하면 그 속에 포함된 대상들에 관해 현실적 세계와 동일한 많은 가능적—그러나 현실적이지는 않은—세계들이 있기 때문이다. 따라서 세계에 완전한 기술(記述)을 부여하기 위해서는 우리가 대상들(혹은 사물들)이 어떻게 서로 관계를 맺는지를 말하는 것이 필요하다. 즉 두 사물들이 서로 관계를 맺는다는 것은 하나의 사실이며, 세계의 목록을 작성함에서 어떤 그 밖의 사물은 아니다(이러한 주장 모두는 명백하게 우리가 이후에 논의할 비트겐슈타인의 원자론과 그 존재론에 결합되어 있다).

논리학의 명제들은 단지 변질된 의미에서 명제들이 아니다. 논리학의 명제, 동어반복은 어떠한 상황도 서술하고 있지 않기 때문에 어떠한 그림도 아니다(동어반복은 비-논리적 상수들의 각각의 해석에서도 참인 명제이며, 사태는 복합명제에 상응하는 것이다. 모든 동어반복은 자명하게 복합명제들이다). 동어반복 자체는 그것이 모든 가능한 상황(혹은 세계)에서 참인 것으로 간주될 수 있다. "논리학의 명제들이 동어반복들이라는 점은 언어, 세계의 논리적 · 형식적 특성들을 지시한다."[37]

이러한 개념은 한계들(Grenze)이라는 개념에 의해 설명된다. 언어의 한계들은 『논리-철학 논고』에서는 세계 속에 현존하는 대상들과 이 대상들을 언급하는 모든 요소명제의 진리함수를 통해 정립된다. 우리가 요소명제들의 진리함수를 지정함으로써, 즉 우리가 참된 명제들을 지정하고 그뿐 아니라 이것 대신에 세계가 어떻게 존재할 수 있는지를 지정함으로써, 우리는 보다 특별한 방식으로 세계가 어떻게 관계를 맺고 있는지를 말한다(하나의 요소명제는 그 자체로 하나의 진리함수이다).

우리는 세계가 어떻게 존재해야만 하는지를 말할 수 없다. 왜냐하면 그와 같이 시도할 경우 세계와 언어가 다른 한계들을 갖는다는 사실을 받아들여야 하기 때문이다. 『논리-철학 논고』에서 유일한 필연성의 형식은 논리적 필연성이며, 이것은 동어반복들을 통해서만 표현될 수 있다. 이에 관해 비트겐슈타인은 『논리-철학 논고』 서론에서 다음과 같이 생각하였다.

그러므로 이 책은 사고에 어떤 한계를 그을 것이다. 혹은 오히려 사고가 아니라 사상의 표현에 한계를 그을 것이다. 왜냐하면 사고에 어떤 한계를 긋기 위해 우리는 이러한 한계의 두 가지 측면들을 생각할 수 있어야만 하기 때문이다(따라서 우리는 무엇이 생각될 수 없는 것인지를 생각할 수 있어야만 할 것이다).

그러므로 니체에서와 같이 비트겐슈타인에게는 어떠한 윤리적 사실도 없다. 즉 윤리적 명제는 대상들의 일정한 배열에 의해 참(혹은 거짓)으로 되지 않는다. 그의 발언은 다음과 같다. "세계를 완전히 기술하는 데는, 비록 내가 어떤 살인자를 기술한다고 하더라도, 윤리학의 어떠한 명제도 결코 제시되지 않는다."[38] 이로부터 비트겐슈타인에게는 도덕이 중요하지 않았다고 결론짓는 것은 중대한 오류일 것이다. 그는 바로 도덕을 중요한 것으로 간주했기 때문에, "도덕에 관한 쓸데없는 말들을 끝장내고자" 의도하였다. 그의 친구 엥겔만에게 보낸 한 편지에서 비트겐슈타인은 울란트(Uhland)의 시 「에버하르츠 바이스도른 백작」(Graf Eberhards Weißdorn)에 대해 다음과 같이 썼다.

울란트의 시는 실제로 훌륭하다. 그리고 그것은 표명할 수 없는 것을 표명하려고 애쓰지 않는 이상 아무 것도 상실하지 않기 때문이다. 하지만 표명할 수 없는 것은—표명할 수 없게—표명된 것 속에 포함되어 있다![39]

언표 "말할 수 없는 것에 관해서 우리는 침묵해야 한다"(명제 7)는 명백히 윤리적 의미뿐만 아니라 논리적 의미도 갖는다.

이른바 비트겐슈타인의 '존재론'은, 그 사실이 항상 분명히 파악되지 않는다고 하더라도, 자신의 언어철학적 조망으로부터 발생하였다. 예를 들어 사태는 그것의 존재가 어떤 요소명제를 참으로 만드는 것뿐이며, 하나의 대상은 어떤 이름이 그것에 관계지어지는 것뿐이다. 따라서 대상은 단순하고,[40] 이름은 어떠한 정의(定義)로도 더 분절될 수 없다.[41] 사태 속에는 대상들이 연쇄사슬의 분절고리처럼 서로 뒤얽혀 있으며,[42] 요소명제 속의 이름은 직접적 결합 속에 있다.[43] 또한 이와는 다른 평행 관계가 있다. 비트겐슈타인의 후기 연구에서는 사태들 또는 요소명제들의 상호간 표면상 독립성이 중요하다. 『논리-철학 논고』에 따르면 어떠한 요소명제도 다른 어떤 요소명제와 모순 속에 있을 수 없으며, 어떠한 요소명제도 그와 같은 어떤 명제로부터 도출될 수 없다.[44] 이와 동일한 것이 사태들에 대해서도 타당한데,[45] 이 경우 모든 요소명제 또는 사태는 논리적으로 서로 독립적이라고 생각된다. 그 결과 시야에 들어온 지점이 동일한 시간에 두 가지 상이한 색깔을 갖는다는 항상 거짓된 언표는 모순이 될 것이기 때문에, 색깔을 술어화하는 것이 요소명제라는 것은 그 경우가 될 수 없다.[46]

비트겐슈타인은 후에(『논리적 형식에 관한 비평』에서) 이것이 만족스럽지 않다는 인식에 이르렀다. 이제 그는 뉘앙스들 속에서만 등장할 수 있는 많은 특성들이 존재한다는 점을 파악하였다. 왜냐하면 각각의 뉘앙스는 그러한 특성들의 경우 다른 각각의 뉘앙스—예를 들어 어떤 음의 높이, 간격의 길이, 물체적 대상의 크기—를 배제하기 때문이다. 즉 비트겐슈타인은 비-진리함수적 모순들(그리고 동어반복들)이 존재한다는 사실, 우리는 개별적 명제들이 아니라 명제체계를 현실과 비교해야만 한다는 사실을 승인할 수밖에 없었다.[47] 비트겐슈타인은 그가 빈 학파와 대화를 가졌던 기간 동안 명세체계(Satzsystem)라는 개념과 그와 같은 체계의 구문론(Syntax)에 중대한 의미를 부여했었다.[48]

언어 게임이라는 개념(『푸른 책』에서 비로소 나타난)이 이러한 개념 속에 자신의 뿌리를 갖는다는 것은 오래 전부터 인지되었고, 이것은 비트겐슈타인의 경우 사유작용의 지속성을 위한 논거로서 기능할 수 있었던 사실이었다.

빈 학파가 실행하였던 실증주의는 다음의 세 가지 원칙으로 특징지어진다. 첫째, 분석적/종합적-차이의 보편타당성이라는 원칙, 둘째, 어떤 명제의 의미는 그것을 검증(Verifikation)할 방법이라는 원칙, 셋째, 각각의 유의미한 명제는 직접적 경험을 반영하는 명제들, 즉 이른바 '원안(Protokoll)-명제들'로 환원할 수 있다는 원칙이다.

비트겐슈타인은 첫번째 원칙을 승인한다. 어떤 명제의 진리는 어떤 경우에 그 명제가 동어반복인지 명제 자체에서 고찰될 수 있으며, 그래서 진리표의 방법을 통해 입증될 수 있든지, 혹은 그 진리치를 결정하기 위해 그 명제를 현실과 비교해야만 한다. 우리가 어떤 명제의 진리치를 실제로 결정할 수 있는지 여부는 다른 물음이다. 『논리-철학 논고』에서는 어떤 명제를 이해한다는 것이 어떻게 사람들이 그 명제를 참으로(혹은 거짓으로) 인식할 수 있는가를 아는 것이라고 주장하지는 않았다. 오히려 비트겐슈타인은(『대수학의 근본법칙』에서의 프레게와 같이) 어떤 명제를 이해한다는 것은 그 명제가 참인 때가 어떤 경우인지를 아는 것[49]이라고 말한다.

『논리-철학 논고』에서 비트겐슈타인의 의미론(Semantik)은 완전히 '실재론적'이었다. 즉 어떤 명제의 진리치를 확정할 수 있는 우리의 능력은 어떠한 경우에도 그 명제가 어떠한 의미를 갖는지에 대해 아무런 역할도 하지 않는다(이러한 상관관계에서 '실재론적'과 '비-실재론적'이라는 말을 사용하는 것은 주로 더미트[Dummett]에게 기인한다). 『논리-철학 논고』에서의 실재론은 모든 동어반복(또한 이와 상응하여 모든 모순)이 있는 곳에는 동일한 의미가 판결된다는 점, 즉 프레게에서와는 달리 어떤 명제의 의미는 그것의 인지적 내용과는 아무런 관계가 없으며 오히려 가능한 세계의 모형을 통해서만 주어진다는 점에서 지시된다. 모든 동어반복은 곧 이 모든 명제가 동일한 조건들, 즉 모든 조건들 아래서 참이 될 것이기 때문에 '무의미한 것'(sinnlos, 이것은 '배리적인 것' [unsinnig]과 혼동되어서는 안 된다)[50]으로 표시된다.

『논리-철학 논고』를 '검증적'(그리고 그 결과 '실증주의적')이라고 부를 수 있는 가능성은 '검증'이라는 말의 두 가지 상이한 의미를 혼동한 데 기인한다.[51] 우리는 언표 p가 어떤 사실, 즉 세계의 상태를 통해 검증된다(『논리-철학 논고』에서 주장된 것)고 말하거나, 혹은 어떤 명제는 그 명제를 검증하는 우리가 어떠한 경우에 있는지를 현실과 비교함으로써 검증된다고 말한다.

비트겐슈타인은 『논리-철학 논고』에서 완전히 실재론적으로 사고하였다. 그는 여기에서 적어도 의미규준으로서가 아닌 검증의 문제들에 몰두하였던 것은 결코 아니다. 비트겐슈타인이 사실상 검증주의에 친숙하였던 시기는 그가 슐리크와 바이스만과 대화를 가졌던 동안이었다. 오히려 요소명제들이 원안명제들로서 파악될 수 있는 한, 『논리-철학 논고』를 실증주의적으로 해석하는 것이 적합하다고 말할 수 있을 것이다. 그렇다면 요소명제들은 '요소체험들'에 관한 기술들로서 포함될 것이지만, 이것은 확실히 『논리-철학 논고』에서의 의미가 아닐 것이다. 왜냐하면 여기에서는 명제들, 예를 들어 색깔을 술어화하는 것들이 포함되고 명백히 비-요소적인 것으로 간주되지만, 우리의 지각을 기술해야만 할 원안명제들은 뉘앙스를 띤 특성들에 관계되기 때문이다.

『논리-철학 논고』의 철학은, 상이한 철학의 문제들을 해결하기 위해 어떤 관점에서 언어의 개선이 제안되는 한, 이상언어(ideale Sprache)의 철학이다. 비트겐슈타인이 『논리-철학 논고』 3.323에서 말하듯이, 동일한 말이 상이한 종류와 방식으로 표시되는 일이 일상언어에서는 매우 빈번하게 일어난다. 그 예로서 우리는 계사(繫辭), 즉 동등함의 표시로서 혹은 현존의 표시로서 기능하는 '이다'(ist)라는 말을 갖고 있다.

비트겐슈타인에 따르면 철학 전체는 이와 같이 이해된 완전히 근본적 혼동들에 빠져 있다. 그럼에도 비트겐슈타인이 『논리-철학 논고』에서 제시한 이론들은 모든 언어에 적용할 수 있어야만 하지, 단지 '논리적으로 완전한 언어'에만 적용할 수 있어서는 안 된다. '일반적 명제형식'이라는 표현에서 '일반적'이라는 말은 우연적 일반성이 아니라, 논리적 일반성이다. 그리고 논리학은 곧 '명제란 무엇인가'라는 물음에 관련되어 있다. 그 밖에 5.5563에 따르면 우리의 일상언어에서 모든 명제는 그것이 그러한 바와 같이 실제적으로 논리적으로 완전하게 질서지어진—프레게와 러셀에 대한 비판이 포함된—진술이다.

"말할 수 없는 것에 대해서는 침묵해야 한다" 라는 비트겐슈타인의 유명한 말은
살바도르 로사의 초상화 모델이 들고 있는 '침묵하라, 그렇지 않으면 침묵보다
더 가치 있는 말을 하라' 는 문구를 생각나게 한다.

철학 탐구

『철학 탐구』가 출판된 것은 비트겐슈타인이 이미 죽은 후의 일이었다. 비트겐슈타인의 제자들은 그가 '새로운 철학'에 몰두하였다는 것을 알았지만, 비트겐슈타인의 『논리-철학 논고』 이후의 철학은 『철학 탐구』가 출판됨으로써 비로소 널리 알려졌다. 『논리-철학 논고』로부터 『철학 탐구』로의 길은 명확하지 않거나 잘 알려지지 않았고, 일반적으로 두 저술 사이의 접점은 없다고 주장되었다. 우리는 철학에 대한 비트겐슈타인의 견해가 대체로 지속적이었음을 보여주는 1930년대 유고들에 근거한 『철학 탐구』에서 특히 철학의 본질에 관한 진술들을 발견할 뿐만 아니라, 더 나아가 피상적으로 읽을 경우에는 주목되지 않지만 비트겐슈타인이 『논리-철학 논고』에서 연구했던 문제들이 『철학 탐구』에서 다루어진 것과 동일한 문제들이라는 점을 분명히 파악하게 된다.

『철학 탐구』는 비트겐슈타인의 많은 저술들과 마찬가지로 형식상 많은 수정들과 전환들을 간직한 진술들을 포함하고 있다. 비트겐슈타인은 이 책을 '풍경을 스케치한 집합체'로서 특징지었으며, 사실상 많은 대상들, 즉 의미, 이해, 명제, 논리의 개념과 수학의 근본토대, 의식의 상황 등[52]에 관계되어 있다. 이 책을 『논리-철학 논고』에 대한 밀집된 공격으로 간주하기는 어렵다. 왜냐하면 『논리-철학 논고』의 그토록 많은 입장들과 논증들이 『철학 탐구』에서는 외견상 곧바로 단순화되고 절단되었기 때문이다. 러셀은 『철학 탐구』가 하나의 자기부정이며 이 속에 포함된 학설들은 이해할 수 없는 것이라는 견해를 취한 사람의 예이다. 이 모든 것에도 불구하고 이 책은 『논리-철학 논고』의 학설들과 강렬하게 대결한 것으로, 연속성은 많은 점에서 실제로 현존하는 차이들로서 보다 쉽게 인식될 수 있다.

『논리-철학 논고』뿐만 아니라 『철학 탐구』의 비트겐슈타인에게서 '형이상학의 몰락'이 발견된다는 점은 독일에서 종종 주장된다. 비록 우리가 형이상학이라는 개념을 충분히 특징지었다고 하더라도, 그것에 입각하여 이러한 결론들을 이끌어내는 시도가 중요한지 혹은 도대체 관심거리라도 되는 것인지 하는 개방된 물음이 남을 것이다. 어쨌든 『철학 탐구』의 동기가 형이상학의 극복이라고 말하는 것은 정당하지 않을 것이다. 이 책에서 가장 중요한 점은 우리의 언어가 기능을 발휘함(Funktionieren)에 대한 통찰들과 이에 대한 정초들이다. 이 점은 이 책의 독자들에게 제공하는 지적 매혹과 함께 이 책이 지닌 지속적 가치이다.

전체적으로 이 책은 언어와 세계의 결합에 관한 물음을 다시 제기한다. 그 물음은 다음과 같은 세 가지 상이한 형식들로 제기된다. 첫째, 우리의 명제들이 유의미해야 하는 경우 외견상 현존함에 틀림없는 말들과 대상들의 관계에 관한 물음, 둘째, 어떤 명제의 의미와 이것에 의해 생각되는 것의 관계에 관한 물음, 셋째, 어느 정도까지 어떤 말의 의미가 그 적용을 규정하는가, 즉 규칙에 따른다는 것이 무엇을 뜻하는가 하는 물음이다.

『논리-철학 논고』에서 유의미한 명제들이 현존할 가능성은 세계의 실체를 형성하였을 단순한 대상들의 필연적 현존을 통해 보증되었다. 어떤 이름의 의미는 지적된 대상이다.[53] 따라서 어떤 명제가 어떠한 의미도 갖지 않는 이름을 포함한다면, 그 명제는 배리(Unsinn)이다. "세계가 어떠한 실체도 갖지 않는다면, 어떤 명제가 의미를 갖는지 여부는 다른 어떤 명제가 참인지 여부에 의존하게 된다."[54] 이것은 의미의 가능성이 대상의 현존에 기인하며 대상의 현존이 의심할 여지 없이 수행될 수 있다는 점을 뜻한다. 러셀은 이미 우리가 어떻게 특성표시들을 제거할 수 있는지를 보여주었다.

우리가 'F는 G이다'라는 형식의 어떤 명제를 갖는다면, '적어도 어떤 F, 고작해야 어떤 F가 존재하고 그것은 G이다'일 경우에만 참이다. 우리가 어떤 기호의 의미를 지시된 대상 속에서 파악한다면, 'F는 G이다'라는 명제는 다른 어떤 명제('정확히 F가 존재한다')가 참이기 때문에만 유의미하게 존재할 수 있는 것으로 보인다. 'F'가 복합체인 경우 그 명제는 우리가 세계와 직접적으로 결합되어 있는 '근원기호'에 도달할 때까지 보다 단순한 표현들로 환원될 수 있다. 이 기호들은 세계의 단순한 구성부분들, 즉 '단순체'(das Einfache)를 표시해야만 한다.[55]

비트겐슈타인은 『철학 탐구』에서 어떤 대상이 단순한지 함께 정립된 것인지 하는 물음이 일정한 언어 게임(Sprachspiel)의 외부에서는 결코 아무런 의미가 없다고 주장함으로써 이러한 견해에 대항하였다. 왜냐하면 '단순함'(또는 '함께 정립됨')의 의미는 물음의 목적을 통해 결정되고, 그 물음이 어떤 의미를 갖는가는 그때그때의 대상에 달려 있기 때문이다. 그 밖에 분석된 명제가 근원적 명제가 말하는 것을 보다 낮게 혹은 보다 정확하게 말한다고 믿는 것은 오류일 것이다.[56] 비트겐슈타인이 그 현존이 마치 필연적인 것으로 보이는 대상들이 언어에 속한다, 즉 대상들은 우리가 마음대로 처리하는 서술의 수단에 속하며 "언어의 도구들로 간주될 수 있다"[57]고 주장한 것은 더욱 중요하다. 어떤 명제와 그 부정이 가능성들을 상세히 드러낸다는 주장은 대상들의 현존을 통해 세계 속에서 산출된 가능성들뿐만 아니라 우리의 언어가 허용하는 가능성들에도 관련된다.

만약 예를 들어 우리가 "소크라테스는 현존하지 않았음에 틀림없다"고 말한다면, 비록 우리가 그가 존재했다면 이러한 가능성을 표현할 수 없다고 하더라도 '소크라테스'라는 말은 고유한 이름으로 사용된다. 즉 소크라테스가 결코 현존하지 않았다면, 우리는 '소크라테스는 플라톤의 스승이었다'와 같은 명제들(이 명제가 지금 우리에게 지닌 의미와 함께)을 형성할 수 없었을 것이다. 왜냐하면 우리는 표현할 수 없을 가능성을 표상하기 때문이다.

이러한 의미에서 소크라테스는, 비록 매우 적절한 표현방식은 아니라고 하더라도, 우리 언어의 한 '도구'이다. 언어의 전체 그림이 이와 같이 변경되어 언어 그 자체의 가능성은 세계의 상이한 우연적 특성들과 상이한 인간의 관습 및 재능에 기인한다.

이것은 우리의 두번째 물음과 관련이 있다. 비트겐슈타인은 언어와 세계의 결합은 인간의 행위를 통해 곧바로 산출된다고 말할 것이다. 그는『철학 탐구』에서 언어의 그림이론에 대항해서 논쟁했는데, 이것은 어떤 명제의 유의미성은 어떤 사람이 그 명제를 생각한다는 사실에 있다는 이론이다. 비트겐슈타인에 따르면 어떤 명제는 그것이 사용될 수 있기 때문에 유의미하다. 어떤 명제가 유의미한지 그렇지 않은지에 관한 기준들은 어떤 사람이 그 명제를 표명할 때 그 명제를 생각하는지 여부를 확인하는 그러한 것들이 아니다. 그 밖에 나는 각각의 말들을 가지고 모든 것을 생각할 수 있다고 말하는 것은 잘못이다. 어떤 명제를 생각하는 것은 어떤 명제를 이해함과 달리 어떤 명제를 표명함(혹은 생각함)을 수반하는 것은 아니다. 생각함은 어떠한 심리적 사건이 아닐 뿐만 아니라, 명제에 어떤 의미를 부여하는 것도 아니다.

세번째 물음은 어떤 규칙에 따른다는 것이 무엇을 뜻하는지에 관한 문제이다. 일반적으로 어떤 언어가 현존할 수 있는 규칙들이 존재함에 틀림없다. 왜냐하면 이떤 언어를 말함은 밀하는 사람이 동일한 종류와 방식으로 말들을 다시 적용할 수 있다는 사실을 함축하기 때문이다. 만약 어떠한 규칙도 존재하지 않는다면, 표현들의 올바른 적용과 그릇된 적용 사이의 차이도 존재하지 않을 것이고, 그 결과 이해함과 이해하지 못함의 차이도 존재하지 않을 것이다. 비트겐슈타인에 따르면 규칙이 현존할 가능성은, 그것이 결국 언어에 어떤 의미를 부여하는 규칙성이기 때문에, 인간이 행동하고 반응하는 종류와 방식의 우연적 특성에 기인한다. 언어는 우리가 실행하는 것과 불가분적으로 결합되어 있다는 사실은『철학 탐구』에서는 언어 게임이라는 개념을 통해 강조된다. "나는 언어와 그것이 뒤얽혀 있는 활동들 전체를 또한 '언어 게임'이라고 부를 것이다."[58]

비트겐슈타인은 어떤 규칙과의 화합 속에서 철저히 수행되어야 할 활동들과 관련하여, 각각의 임의의 활동이 마치 무한히 많은 상이한 규칙들과의 화합 속에 있는 것처럼 파악될 수 있기 때문에, 이율배반을 산출하는 것이 매우 쉬운 일이라는 사실을 지적한다. 만약 우리가 규칙의 형식화를 '해석함'으로써 그 가능성들을 줄이려고 시도한다면, 곧 해석 자체를 해석할 상이한 가능성들이 바로 존재하기 때문에, 또다시 문제가 발생할 것이다. 이것으로부터 '어떤 규칙에 따른다'는 전체 이념은, 그것이 어떠한 내용도 가질 수 없는 것으로 보이기 때문에 손상을 입는다는 결과가 나오는 것처럼 보인다.

여기에서 문제는 우리가 '어떤 규칙에 따른다'는 개념을 마치 어떤 규칙이 자신의 고유한 적용을 포함할 수 있다는 것처럼 파악하였다는 것이다. 우리는 규칙을 파악하고 적용할 수 있는 오직 하나의 가능한 길이 실로 존재하는 것처럼, 규칙이 이해되어야만 할(흔히 말하듯이) 종류와 방식이 어쨌든 이미 규칙의 형식화 속에 박혀 있음에 틀림없다고 표상하였다(비트겐슈타인은 『논리-철학 논고』에서 이러한 견해를 대변했던 것처럼 보인다). 이에 반해 "즉 우리는 하나의 해석이 아니라 우리가 '규칙에 따른다' 그리고 '이 규칙에 반대하여 행동한다'고 부르는 것 속에서 적용되는 각각의 경우에 표명되는 어떤 규칙에 대한 파악이 존재한다는 사실을 지적한다."[59]

그러므로 가령 우리가 어떤 사람에게 추가하는 법을 가르친다면, 우리는 그에게 범례들을 제공하고, 그가 실행해야 할 것을 그에게 지시하고자 시도할 것이다. 몇 시간이 지난 다음 우리는 "계속하라"고 말한다. 이때 그가 동일한 방식으로 계속할지 여부는 우연적인 인간의 능력과 반응에 달려 있다. 이것들은 우리가 '동일한 방식으로 계속한다'고 부르는 것을 확정한다. 왜냐하면 우리의 실천(Praxis)은 '규칙에 따른다' 또는 '규칙을 위반한다'로서 간주되는 것을 보여주기 때문이다.

그 유명한 이른바 사적 언어(Privatsprache)의 논증은 규칙에 따르는 것에 관한 이러한 결과의 특수한 경우로서 파악될 수 있다. 그는 규칙에 따르는 것의 이율배반적 특성을 우리가 주목하도록 만들며, 그에 따라 직접 다음과 같이 말한다.

그런 까닭에 '규칙을 따르는 것'은 하나의 실천이다. 그리고 규칙을 따른다고 믿는 것은 규칙을 따르는 것이 아니다. 게다가 규칙을 따른다고 믿는 것은 규칙을 따르는 것과 동일한 것일 수 있기 때문에, 사람들은 '사적인' 규칙에 따를 수 없다.[60]

사적 언어가 존재할 수 있다는 표상은 언어를 구사하는 그 사람만이 접근할 수 있다는, 즉 말들은 말하는 사람만이 알고 있다는 사물들을 표시할 것이라는 규칙으로부터 나온다. 이러한 표상은 모순적인 것으로서 그 정체가 드러났다. 이와 같은 언어에서 우리는 말들이 동일한 방식으로 사용되는지 여부를 검토할 수 없을 것이다. 이것은, 말하는 사람 자신이 그가 어떤 규칙을 따르는지 알 수는 있지만 단지 다른 어떤 사람에게 그가 그 때 알았던 것, 즉 우리가 실제로 지키는 규칙들을 설명하거나 전달할 수는 없다는 사실을 뜻하지는 않는다. 사적 언어의 사용자로서 우리는 기껏해야 하나의 동일한 규칙을 따른다는 확신의 느낌만을 갖는다.

여기서 문제가 되는 것은 우리의 기억의 신뢰성에 대한 회의주의적 의심이 아니다. 따라서 우리가 실제적으로 어떤 규칙을 지키는지를 올바로 기억하는지 여부를 묻는 것이 중요한 것은 아니다. 오히려 부각되는 점은 우리가 지금까지 '내가 표면상 오직 나에게만 접근 가능한 대상들을 보증하는 말들에 어떤 의미를 결합시켰다'는 주장에다 한 번도 내용을 부여하지 않았다는 사실이다. 이러한 논증의 결과는 '사적인 규칙은 존재할 수 없다'는 것이다. 이로부터 예를 들어 이른바 '조직적인 색채 혼동'(너는 내가 '노란색'이라고 부르는 것을 '푸른색'이라고 부른다 등)의 문제는 결코 진정한 문제가 아니라는 결론이 나온다.

『철학 탐구』의 본질적 사상은 다음과 같이 요약된다.

나는 "이러저러한 자연의 사실들이 다르다면, 인간은 (하나의 가설의 의미로) 다른 개념들을 가질 것이다"라고 말하지 않는다. 오히려 어떤 개념들이 단순히 올바른 개념들이라고 믿는 사람, 다른 개념들을 가진 사람이 우리가 파악한 것을 곧바로 파악하지 못할 것이라고 믿는 사람은 매우 일반적인 자연의 사실들을 우리가 그것들에 친숙한 것과는 달리 표상하며, 우리가 친숙하게 된 것들과는 다른 개념형성들을 이해할 것이다.[61]

『철학 탐구』는 이전에 『논리-철학 논고』에서 언어에 의해 묘사되었던 그림을 근본적으로 전도시켰다. 우리는 『논리-철학 논고』의 의미론적 이론이 실재론적으로 결정되었다는 점을 이미 살펴보았다. 즉 검증과 정초에 관한 물음들은 심리학적인 것으로 간주되었고, 그런 까닭에—논리적으로 보면—'전혀 무시될' 필요가 없었다. 그후 이에 관한 아무 것도 더 이상 탐색되지 않았다. 『철학 문법』(*Philosophische Gram-matik*)에서 그는 "사람들이 어떤 주장의 정초로서 파악한 것은 그 주장의 의미를 구성한다."[62]고 말한다.

물론 이것은 광범위한 귀결들, 게다가 의미론뿐만 아니라 논리학과 수학의 철학에 대한 귀결들을 갖는다. 즉 그 태도는 수학의 직관주의적 철학과 밀접한 관계를 갖는데, 이에 따르면 수학에서 해결의 열쇠가 되는 개념은 진리가 아니라 증명 가능성이다. 고전적 논리학에서 전제들이 참이며 결론들이 거짓일 수는 없다면, 결론은 정확히 전제들로부터 생긴다. 그렇기 때문에 우리는 결론이 전제들로부터 생긴다는 사실을 그 결론의 부정이 전제들과 더불어 양립할 수 없다는 사실을 증명함으로써 명시하려고 시도할 수 있었다. 그러나 어쨌든 이것은 간접적 증명이다.

이에 반해 직관주의자들은 우리가 결론의 진리를 직접 증명할 수 있기를 요구한다. 예를 들어 고전적 논리학에서는 각각의 명제가 그것의 이중적 부정(否定)으로부터 나온다. 즉 만약 우리가 이 점을 오직 증명 가능성으로 소급하는 가운데 정당화하려고 한다면, 이러한 규칙은 받아들여질 수 없다. 왜냐하면 우리가 P가 아님(nicht-P)을 증명할 수 없다는 사실로부터 P에 관한 진리(따라서 증명 가능성)가 나오지는 않기 때문이다. 이와 유사하게 배중률(排中律)에도, P도 P의 부정도 충분한 근거에 입각해서 주장할 수 없기 때문에, 문제가 제기될 것이다.

영향

우리가 살펴본 바와 같이 비트겐슈타인의 독특함은 그가 표면상 두 가지 상이한 철학의 학파를 정초하였다는 사실에서 부분적으로 엿보인다. 이 학파들이 정당하게 비트겐슈타인의 후계자로서 고찰되는지, 혹은 이것이 오해에 기인하는지 하는 점은 흥미 있는 문제이다. 어쨌든 비트겐슈타인의 어떤 영향들—설사 그것이 오해에 근거한 것이든 그렇지 않은 것이든 간에—이 실제직으로 전개되는가 하는 역사적 물음은 그 답변에 직접적으로는 아무 것도 기여하지 않는다.

『논리-철학 논고』의 영향

『논리-철학 논고』는 그 최초의 직접적 영향을 슐리크, 파이글, 괴델, 노이라트(Neurath)와 바이스만이 속하였던 빈 학파에 미쳤다. 빈 학파는 『논리-철학 논고』로부터 논리적 분석의 이념과 다음과 같은 견해들을 이어받았다. 즉 각각의 명제는 요소명제들로 구성되었고, 학문의 언어는 외연적(外延的)이며, 어떠한 윤리학의 명제도 없다는 것이다. 물론 『논리-철학 논고』 속에는, 비록 빈 학파에 의해 나름대로 해석되었다고 하더라도, 반(反)-실재론적 의미론은 발견되지 않는다. 어떤 명제의 의미는 그것을 검증할 방법 속에 있다는 진술은 사실상 비트겐슈타인에서 유래하지만,[63] 어쨌든 개연성 이론에 관한 한 논문—이것은 『논리-철

학 논고』가 출간된 지 대략 9년이 지나 발표되었다——속에서 바이스만이 최초로 공포하였다.[64]

또한 빈 학파는『논리-철학 논고』속에서 형이상학에 대한 논박을 나름대로 해석하였다. 형이상학의 제거가 빈 학파에는 근본적 관심사였지만, 비트겐슈타인은 명백히 형이상학에 거부하여 대립했으면서도 심지어 이와 관련하여 '허풍'에 관해 언급하였다. "형이상학과 절교하라! 빈 학파가 실행한 것을 지시해야지, 말해서는 안 된다."[65]

『논리-철학 논고』의 가장 중요한 적극적 영향은 이른바 '논리적 구문론'[66]과 관련이 있다. 비트겐슈타인은 철학의 많은 문제들이 언어적 부정확성과 엉성함에서 유래하며, 그렇기 때문에 상이한 모든 종류의 철학적 무의미들이 표현될 수 없는 언어를 발전시키는 것이 필연적이라는 의견을 가졌었다. 대부분 카르나프에 의해 시작된 형식적 언어에 관한 많은 연구들은『논리-철학 논고』의 이러한 근본적 태도로 소급된다.

물론 비트겐슈타인이 철학적 문제를 다루는 데 언어에 관한 명백한 이해가 반드시 필요하다고 두드러지게 강조했던 첫번째 사람은 아니다. 이러한 관점에서 그의 선구자 가운데 한 사람은 양화들과 결합된 변수들의 표기법(이와 함께 현대 수학적 논리학도)을 발견했던 프레게이다. 『논리-철학 논고』의 계속된 영향은 프레게가 오늘날까지도 읽혀지고 최고의 철학자로서 간주된다는 점에서도 엿볼 수 있을 것이다.

후기 저술의 영향

후기 저술들, 특히『철학 탐구』의 영향은 엄청난 것이었지만, 최근에는 쇠퇴하였다.『철학 탐구』가 출판된 후 처음 15년 동안 이 책은 아마 이 기간에 가장 중요하고 가장 많이 읽혀진 철학책이었다. 또한 추정적으로 비트겐슈타인의 관점을 작성한 무수히 많은 책들과 논문들이 잇달았다. 비트겐슈타인은 철학의 상이한 영역들에 현저한 영향을 발휘하였다.

수학의 철학은 흥미 있는 하나의 예이다. 이것은 많은 관점에서, 특히 규칙을 따른다(Regelfolgen)는 개념 때문에, 『철학 탐구』 속에 포함된 언어철학 및 인식론과 밀접한 관련을 갖고 있다. 그럼에도 이것은 대다수의 철학자들(그리고 논리학자들)에 의해 무시되거나 또는 잘못된 것으로 간주되고 있다.

언어철학에 대한 그의 연구는 언어에 관한 새로운 고찰방식을 확장하는 데 기여하였다. 그의 많은 진술들이 그다지 명확하지 않은 것으로 입증되긴 했지만, 만약 우리가 그로부터 어느 정도 상세하게 설명된 언어 이론을 얻어내고자 하는 이상 그렇다. "의미는 사용(그리고 설명과 밀접하게 결합된)이다"라는 비트겐슈타인의 격언은 종종 흉내내어 반복되었다. 그러나 이러한 점에서 외관상 그를 추종하였던 많은 사람들에 대립해서 그는 '사용'(Gebrauch)을 언어적 표현을 발설하는 경우 제기되는 심리적 상황으로 환원하지는 않았다. 비트겐슈타인에게 '사용'은 오직 언어적 표현들이 사용되는 제도들, 언어적 표현들이 파묻혀진 실천, 언어적 표현들과 함께 이루어지는 언어 게임들에 관계되어 있다.

『철학 탐구』는 정신의 철학에 특히 커다란 영향을 끼쳤다. 비트겐슈타인은 행동주의(Behaviorismus)와 데카르트적 정신주의(Mentalismus)를 넘어서서 정신적인 것에 관한 새로운 파악을 발전시키고자 시도하였다. 행동주의에 따르면 우리는 우리가 관찰할 수 있는 것, 즉 행동에 대해서만 논의할 수 있을 뿐이다. 행동주의자들은 "나는 고통을 느낀다"와 같은 표명들을 고통을 받아들임에 관한 기술들(혹은 변형들)로서 파악하였다. 데카르트적 정신주의에 따르면 내가 나의 정신적 사건들에 관해 말하는 모든 것은 원리적으로 논쟁할 여지가 없는 것이다. 그러나 비트겐슈타인의 실증주의는 자신이 소개한(극도로 어려운) 기준이라는 개념을 통해 특징지어진다.

비트겐슈타인에 따르면 예를 들어 고통과 같은 정신적 상황에 관한 기재들은 가령 고통을 받아들임과 같은 행동에 언표들로 환원할 수 있는 것은 아니지만, 아마 논리적으로는—즉 우연적이 아니라—그러한 언표들과 결합되어 있다. 왜냐하면 어떤 사람이 받아들이는 종류와 방식은 그가 고통을 느끼는지 여부에 대한 (논쟁할 여지가 없는) 기준이기 때문이다. 이와 같은 주제에 대한 비트겐슈타인의 숙고들은, 실험 심리학이 유감스럽게도 아직 알아채지 못하는, 여전히 지속적으로 상론되는 논의의 대상이다.

또한 철학의 다른 영역들에서는 비트겐슈타인이 정교하게 다듬었던 이론에 대한 진술들을 풍부하게 만들려고 시도한 추종자들을 발견하게 된다. 여기에서 그 영역들을 열거하자면 특히 인식론의 근본토대, 윤리학, 미학, 철학적 인간학, 법철학과 사회철학이다.

비트겐슈타인의 추종자들은 그가 파악한 것의 해석에서 일치하지는 않지만, 그러나 모두가 그의 후기 저술을 새로운 시기로, 즉 철학의 시기이며 무엇보다도 언어철학의 새로운 패러다임으로 간주한다. 다른 사람들은 그의 저술에서 단순히, 프레게가 수행했던 것과 같은 의미론의 역사 속에서의 이탈을 본다. 또 다른 사람들은 결국 그의 저술을 프레게의 철학의 정신과 충분히 양립할 수 있는 풍부한 종합으로서 파악한다. 누가 궁극적으로 정당함을 유지할 수 있는지는 그다지 중요하지 않다. 중요한 점은 비트겐슈타인의 저술에 접근할 수 있다는 사실이다. 왜냐하면 그의 저술이 그 자신에 대해 말할 것이기 때문이다.[67]

| 마르크 헬메 · 이종훈 옮김 |

마르크 헬메(Mark Helme)

1951년 출생. 영국의 워릭, 리즈, 옥스퍼드 대학에서 철학, 심리학, 사회학을 공부하였다. 1977년에는 옥스퍼드 대학에서 프레게와 비트겐슈타인 및 현대 의미론에 관한 논문으로 철학박사 학위를 받았다. 1977년 이래 독일의 브라운슈바이크 공과대학의 학술요원으로 근무하고 있다. 저술에는 *Der Begriff der Verifikation und Wittgenstein's Tractatus*(1979), *An Elucidation of Tractatus 3.263*(1979), *Understanding Wittgenstein's Meaning*(1981)이 있다.

이종훈

성균관대학교 철학과를 졸업하고 같은 학교 대학원에서 후설 현상학으로 박사학위를 받았다. 지금은 춘천교대 윤리교육과 교수로 있다. 저서로는『현대의 위기와 생활세계』『아빠가 들려주는 철학이야기 1·2·3』『현대사회와 윤리』가 있다. 역서로는 한길사에서 펴낸『시간의식』『유럽학문의 위기와 선험적 현상학』『데카르트적 성찰』『현상학적 심리학』을 비롯해,『언어와 현상학』『소크라테스 이전과 이후』『경험과 판단』『엄밀한 학문으로서의 철학』『형식논리학과 선험논리학』등이 있다.

1) B. Russell, 1975, 329쪽.

2) G. H. von Wright, 「논리-철학 논고의 성립」, 『폰 피커(L. von Ficker)에게 보낸 편지』(1969), 73~110쪽.

3) P. Engelmann, 1970, 44절.

4) G. Pitcher, 1973, 23쪽.

5) G. Pitcher, 1967, 27쪽.

6) G. H. von Wright, 『비트겐슈타인 : 출전과 전망』(*Wittgenstein : Sources and Perspectives*), C. G. Luckhardt 편집, 1979.

7) 비트겐슈타인, 『전집』제2권에 수록된 『철학 탐구』의 서문과 『논문집』 19쪽 이하를 참조.

8) N. Malcolm, 1970, 126쪽.

9) 비트겐슈타인, 『논문집』 116쪽.

10) 비트겐슈타인, 『전집』 제7권 356쪽.

11) 비트겐슈타인, 『논문집』 43쪽에 표현되어 있다.

12) 비트겐슈타인, 『논리-철학 논고』, 4.04, 6.361. 통상적으로 『논리-철학 논고』의 내용을 나타내는 위치는 그 십진법에 의한 분류로 지시된다.

13) Hertz, 『역학원리』, 7쪽 참조.

14) A. E. M. Anscombe, 1959, 11쪽.

15) 비트겐슈타인, 『전집』 제3권, 68~69쪽 ; P. Engelmann, 1970, 6절 참조.

16) 예를 들면 야닉(A. Janik)과 툴민(S. Toulmin), 1973.

17) 비트겐슈타인, 『전집』 제1권 172쪽.

18) 비트겐슈타인, 러셀에게 보낸 편지, 1974, 36~38절.

19) $\bar{P}$는 모든 원자적 명제를, $\bar{\zeta}$는 명제들의 모든 집합을, $N(\bar{\zeta})$는 $\bar{\zeta}$를 이루는 모든 명제들의 부정(否定)을 뜻한다(옮긴이).

20) 비트겐슈타인, 『논리-철학 논고』, 4.01.

21) 같은 책, 4.0141.

22) 같은 책, 5.541 참조.

23) 비트겐슈타인, 『전집』 제3권 42쪽.

24) 같은 책, 182쪽.

25) 비트겐슈타인, 『전집』 제1권에 수록된 「논리학에 관한 비망록」, 188쪽.

26) 비트겐슈타인은 이러한 용어를 사용함에서 항상 완전히 일관적이지는 않았

다.『논리-철학 논고』, 2.173 참조.

27) 같은 책, 2.17.

28) 같은 책, 2.18.

29) 같은 책, 2.181.

30) 같은 책, 2.182.

31) 같은 책, 2.172.

32) 1966, 제8권, 330쪽(어떤 책인지 독일어 원전에 확실히 명기되어 있지 않다—옮긴이).

33) 비트겐슈타인은 이 점을 후에 명백히 진술하였다.『전집』제2권, 6절.

34) 비트겐슈타인, 러셀에게 보낸 편지, 37절.

35) 비트겐슈타인,『논리-철학 논고』, 4.461.

36) 같은 책, 2.141.

37) 같은 책, 6.12.

38) 비트겐슈타인,『전집』제3권, 93쪽.

39) P. Engelmann,『편지와 만남』, 6절.

40) 비트겐슈타인,『논리-철학 논고』, 2.02.

41) 같은 책, 3.26.

42) 같은 책, 2.03.

43) 같은 책, 4.221.

44) 같은 책, 4.211, 5.134.

45) 같은 책, 2.061, 2.062.

46) 같은 책, 6.3751.

47) 비트겐슈타인,『전집』제3권 62~64쪽 참조.

48) 비트겐슈타인,『전집』제3권 여러 곳, 제2권 8장 참조.

49) 비트겐슈타인,『논리-철학 논고』, 4.024.

50) 비트겐슈타인의 초기 사상에서 무의미한 명제는, 가령 "절대자(신)는 존재한다"(형이상학, 신학), "이웃을 돕는 것은 선한 행동이다"(윤리학), "저녁 노을은 아름답다"(미학)와 같이 감각적 경험을 초월하는 명제들이다. 또한 "2+3=5"(수학), "총각은 결혼하지 않은 남자다"(논리학)와 같은 명제도 '무의미한 것'이다. 이것들은 동어반복으로서 어떠한 사태를 묘사하는 실재의 그림이 아니며, 따라서 실재를 전혀 해명해주지 못하기 때문이다. 그러나 이것들은 0이 대수의 기호체계에 속하는 것과 같이 기호체계에 속하기 때문에 '배리적인 것'은 아니다. 하지만 가령 "하늘 세종대왕 간다"와 같이 문법적 규칙이나 이치에 전혀 맞지 않는 것은 '배리적인 것'에 불과하다(옮긴이).

51) M. Helme,「비트겐슈타인의『논리-철학 논고』에서 검증의 개념」,『독일언어학 연보』제7권 1호(1979), 56~61쪽.

52) 비트겐슈타인, 『철학 탐구』의 서문 참조.

53) 비트겐슈타인, 『논리-철학 논고』, 3.203.

54) 같은 책, 2.0201(그러나 이 인용문은 원전에는 2.0211에서 나타난다—옮긴이).

55) 비트겐슈타인, 『철학 탐구』 39~61절.

56) 같은 책, 60~63절.

57) 같은 책, 16절.

58) 같은 책, 7절.

59) 같은 책, 201절.

60) 같은 책, 204절.

61) 같은 책, 제2부 xii.

62) 비트겐슈타인, 『철학 문법』, 40절.

63) 비트겐슈타인, 『전집』 제3권 47쪽 참조.

64) F. Waismann, 「개연성 개념의 논리적 분석」, 『인식』 제1권(1930/31).

65) 비트겐슈타인, 『전집』 제3권 18쪽. 쉴프(P. Schilpp)가 편집한 『카르나프의 철학』(The Philosophy of Rudolph Carnap)에 카르나프가 쓴 머리말 참조.

66) 비트겐슈타인, 『논리-철학 논고』, 3.325 참조.

67) 나는 독일어 원전을 많이 개선한 아이케 폰 자비니(Eike von Savigny)와 안드레아스 케머링(Andreas Kemmerling)에게 많은 은혜를 입었다.

참고문헌

저작

●본문에서는 전집 전7권(*Schriften*, Frankfurt a. M. 1960)을 원전으로 참고했다. 원전이 영어로 되어 있는 것을 독일어로 번역하여 인용할 때에는 그때그때 다소 변경되었다.

●「논리학에 관한 비망록」(Aufzeichnung über Logik), 1913년 9월(전집 제1권).

●「비망록」(Aufzeichnung), G. E. Moore가 1914년 4월 노르웨이에서 구술에 따라 기록한 것(전집 제1권).

●「1914년~1916년 일지」(Tagebücher 1914~1916), G. H. von Wright와 G. E. M. Anscombe 편집(전집 제1권).

●『논리-철학 논고』(*Tractatus Logico-Philosophicus*), London 1922(전집 제1권).

●「논리적 형식에 관한 비평」(Some Remarks on Logical Form), 아리스토텔레스 학회의 보충판 제9권(1929), 162~172쪽.

●『철학 논평』(*Philosophische Bemerkungen*), R. Rhees 편집(전집 제3권 및 포켓판).

●『철학 문법』(*Philosophische Grammatik*), R. Rhees 편집(전집 제4권 및 포켓판).

●『푸른 책과 갈색 책』(*The Blue and Brown Books*), Blackwell, Oxford(1958) : 독일어판 : *Das blaue Buch. Eine philosophische Betrachtung*, R. Rhees 편집(전집 제5권 및 포켓판).

●『수학의 근본토대에 관한 논평』(*Bemerkungen über die Grundlagen der Mathematik*), G. E. M. Anscombe 편집, R. Rhees와 G. H. von Wright 개정신판(전집 제6권).

●『철학 탐구』(*Philosophische Untersuchungen*), G. E. M. Anscombe와 R. Rhees 편집(전집 제1권 및 포켓판).

●『메모』(*Zettel*), G. E. M. Anscombe와 G. H. von Wright 편집, Frankfurt a. M.(1970).

●『혼합된 논평』(*Vermischte Bemerkungen. Eine Auswahl aus dem Nachlaß*), H. Nyman과 공동작업으로 G. H. von Wright 편집, Frankfurt a. M.(1977).

●『색깔에 관한 논평』(*Bemerkungen über Farben*), G. E. M. Anscombe 편집, Frankfurt a. M.(1979).

〈지금까지 1984년 프랑크푸르트 저작판에 수록된 것〉
●제1권 : 논리-철학 논문, 논리-철학 논고 ; 1914년~1916년 일지 ; 논리학에 관한 비망록 ; 무어(G. E. Moore)가 노르웨이에서 구술에 따라 기록한 비망록 ; 철학 탐구
●제2권 : 철학 논평
●제3권 : 바이스만(Waismann), 비트겐슈타인 그리고 빈 학파
●제4권 : 철학 문법
●제5권 : 푸른 책 ; 철학적 고찰(갈색 책)
●제6권 : 수학의 근본토대에 관한 논평
●제7권 : 심리학의 철학에 관한 논평 ; 심리학의 철학에 관한 최종저술
●제8권 : 색깔에 관한 논평 ; 확실성에 관하여 ; 혼합된 논평

〈그후 계속된 판〉
●『윤리학에 관한 강연과 그 밖의 소책자』, G. Schulte 편집, Frankfurt a. M. 1989.

강의와 담화 비망록

●「비트겐슈타인과 빈 학파, 바이스만이 기록한 담화」, B. F. McGuiness 편집(전집 제3권).
●「무어에 관한 비트겐슈타인의 강의」, 『마인드』(*Mind*) 제63호(1954)와 제64호(1955). 『무어 : 철학논문』(*Moore, G. E. : Philosohical Papers*)로 출판됨, Allen & Unwin, London 1959.
●『비트겐슈타인의 1930~1932 케임브리지 강의』, J. King과 D. Lee의 비망록, D. Lee 편집, Blackwell, Oxford 1980.
●『비트겐슈타인의 1932~1935 케임브리지 강의』, A. Ambrose와 M. Mcdonald 의 비망록, A. Ambrose 편집, Blackwell, Oxford 1980.
●『미학, 심리학 그리고 종교적 신념에 관한 강의와 대화』, Y. Smythies, D. Lee, J. Taylor의 비망록, C. Barrett 편집, Blackwell, Oxford 1966(독일어판은 Göttingen 1968).
●『수학의 기초에 관한 강의』, Cambridge 1939, R. G. Bosanquet, N. Malcolm, R. Rhees, Y. Smythies의 비망록, C. Diamond 편집, The Harvester Press, Sussex 1976(독일어판 전집 제7권).

비트겐슈타인의 편지

- Engelmann, P. : 『편지와 만남』(*Briefe und Begegnungen*), B. F. McGuiness 편집, München 1970.
- 『폰 피커에게 보낸 편지』, G. H. von Wright와 W. Methagl 편집, 『브렌너 연구』(*Brenner Studien*) 제1권, Salzburg 1969.
- 『오드겐(C. K. Odgen)에게 보낸 편지』, G. H. von Wright 편집, Blackwell, Oxford 1973.
- 『러셀, 케인스 그리고 무어에게 보낸 편지』, G.H. von Wright 편집, Blackwell, Oxford 1974.

〈비트겐슈타인이 교신한 대부분의 편지는 다음에 실려 있다〉
- *Briefwechsel*, B. F. McGuiness 편집, Frankfurt a. M. 1980.

생애

- Janik, A./Toulmin, S. : *Wittgenstein's Vienna*, Simon & Schuster, New York 1973(독일어판은 München 1986).
- Malcolm, N. : *Ludwig Wittgenstein──Ein Erinnerungsbuch*, G. H. von Wright가 스케치한 생애를 포함한 회상집, München 1960.
- McGuiness, B. : *Wittgensteins frühe Jahre*, G. Schulte 번역, Frankfurt a. M. 1992.
- Rhees, R.(편집) : *Ludwig Wittgenstein. Porträts und Gespräche*, Frankfurt a. M. 1987.
- Russell, B. : *Autobiography*, Allen & Unwin, London 1975.
- Wuchterl, K./Hübner, A. : *Wittgenstein*, Hamburg 1979.
- Wünsche, K. : *Der Volksschullehrer Ludwig Wittgenstein*, Frankfurt a.M. 1985.

일반 문헌

〈비트겐슈타인에 관한 상세한 전기〉
- Fann, K. T. : *Der Philosophie Ludwig Wittgensteins*, München 1971.
〈독일어로 된 논문과 책의 전기〉
- Wuchterl, K./Hübner, A. : *Wittgenstein*, Hamburg 1979.

〈비트겐슈타인에 대한 최상의 입문〉

Kenny, A. : *Wittgenstein*, Frankfurt a. M. 1974.

〈탁월한 전집〉

●Rhees, R. : *Discussions of Wittgenstein*, Routledge, London 1970.

〈특히 추천할 만한 최초의 네 가지 논문들〉

●Vesey, G.(편집) : Royal Institute of Philosophy Lectures 제7권 : *Understanding Wittgenstein*, Macmillan, London 1974.

〈그 밖에 추천할 만한 책들〉

●Baker, G. P./Hacker, P. M. S. : *Scepticism, Rules and Language*, Oxford, Blackwell, 1984.

●Hunter, J. F. M. : *Understanding Wittgenstein*, Edinburgh, Edinburgh Press, 1985.

●Kripke, S. A. : *Wittgenstein on Rules and Private Language. An Elementary Exposition*, Oxford 1982.

●Malcolm, N. : *Nothing is Hidden*, Oxford, Blackwell, 1986.

●McGinn, C. : *Wittgenstein on Meaning*, Oxford, Blackwell, 1984.

●Schulte, J. : *Chor und Gesetz. Wittgenstein im Kontext*, Frankfurt 1990.

●Vossenkuhl, W.(편집) : *Von Wittgenstein lernen*, Berlin 1992.

〈철저히 연구할 만한 책들〉

●Coope, C.(외) : "Wittgenstein-Übungsbuch", 전집 제2권의 부록, Frankfurt 1972.

●Hacker, P. M. S. : *Einsicht und Täuschung. Wittgensteinüber Philosophie und Metaphysik der Erfahrung*, Frankfurt a.M. 1978.

●Malcolm, N. : P. Edwards 편집판 *The Encyclopedia of Philosophy*, Macmillan, New York 1967.

●Pitcher, G. : *Die Philosophie Wittgensteins*, Freiburg/München 1967.

●Terricabras, J. M. : *Ludwig Wittgenstein, Kommentar und Interpretation*, Freiburg/München 1978.

『논리-철학 논고』

●Anscombe, G. E. M. : *An Introduction to Wittgenstein's Tractatus*, Hutchinson,

London, 1959.

●Black, M. : *A Companion to Wittgenstein's Tractatus*, Cambridge University Press, Cambridge 1964.

●Copi, I. M./Beard, R. W.(편집) : *Essays on Wittgenstein's Tractatus*, Routledge, London 1966.

●Griffen, J. : *Wittgenstein's Logical Atomism*, Oxford University Press, Oxford 1964.

●Müller, A. : *Ontologie in Wittgensteins Tractatus*, Bonn 1967.

●Stenius, E. : *Wittgensteins Traktat : eine kritische Darlegung seiner Hauptgedanken*, Frankfurt a. M. 1967.

「철학 탐구」와 후기저술

●Baker, G. P./Hacker, P. M. S. : *An Analytical Commentary on the Philosophical Investigation*, Vol. 1 : Wittgenstein. Understanding and Meaning, Oxford, Blackwell, 1980.

● _____ : *An Analytical Commentary on the Philosophical Investigation*, Vol. 2 : Wittgenstein. Rules, Grammer and Necessity, Oxford, Blackwell, 1985.

●Hallett, G. : *A Companion to Wittgenstein's Philosophical Investigation*, Ithaca, N. Y., Cornell U. P., 1977

● Jones, O. R. : *The Private Language Argument*, Macmillan, London 1971.

●Pitcher, G.(편집) : *Wittgenstein. Philosophical Investigations*, Macmillan, London 1968.

●Savigny, E. von. : *Die Philosophie der normalen Sprache*, Frankfurt a. M. 제2판 1974.

● _____ : *Wittgensteins Philosophische Untersuchungen*, 전2권, Frankfurt a. M. 1988 및 1989.

●Specht, E. K. : *Die sprachphilosophischen und ontologischen Grundlagen im Spätwerk Ludwig Wittgenstein*, 『칸트연구』(*Kant Studien*) 보충판 제84권, Köln 1963.

●Waismann, F. : *Logik, Sprache, Philosophie*, Stuttgart 1967(후기가 개별적으로 떼어진 것에서 알 수 있듯이 비트겐슈타인이 저자 자신으로서 관여했기 때문에 중요하다).

〈그 밖에 비트겐슈타인의 수리철학에 관해 중요한 책들〉
●Putnam, H. : "Analyticity and Apriority—Beyond Wittgenstein and Quine", 『중서부 철학연구』(*Midwest Studies in Phil.*) 제4권(1979) 423~441.
●Wright, C. : *Wittgenstein on the Foundation of Mathematics*, Duckworth, London 1980.

8 존재의 어둠에서 존재의 밝음으로

마르틴 하이데거(1889~1976)

"인간은 사색하고 행위하고 기도하고 감사하는 가운데
자신의 자유로움을 체득하는 곳에서는 언제나
존재의 열린 장으로 인도되었음을 깨닫게 된다."

●하이데거

하이데거(Martin Heidegger)는 깊은 사색적인 통찰로 말미암아 역사 속에 각인되었던 위대한 철학자들과 긴밀한 관계를 맺음으로써, 그리고 그 자신만이 독특하게 개진하였던 사유의 위대함으로 인하여 이미 일찍이 금세기에 가장 뛰어난 고전적인 사상가로 평가받는 철학자가 되었다. 일반적으로 사람들은 어떤 한 작가가 남긴 작품이 적어도 몇 세대에 걸쳐 그들의 삶에 풍요로운 결실을 맺어주며 모범적인 면모를 남겼다고 여겨질 경우에만 그를 가리켜 '고전적인 사상가'(Klassiker)라고 부를 것이다. 그러나 우리가 하이데거를 가리켜 '고전적인 사상가'라고 지칭한다면, 그는 더 이상 이런 의미에서의 고전적인 사상가는 아닐 것이다.

그는 역사 속에 나타난 위대한 사상가들을 해석하고자 매우 헌신적인 노력을 기울였는데, 그의 이러한 집요한 노력은 회복하기 힘들만큼 단절되었던 전통에 대한 폭넓은 경험을 의식적으로 수용하는 가운데 이루어진 것이었다. 이러한 이유에서 하이데거는 그 자신만이 독특하게 구사할 수 있는 사상과 언어의 독창성을 겸비하였음에도 불구하고, 위대한 작품을 창조적으로 만들어낸 고전적인 사상가들과 어깨를 나란히 겨루고 싶어하지 않는다.

그는 빈곤한 정신적 상황 속에서 한 시대를 살아가면서 이러한 빈곤함을 조금이나마 의식적으로 메워보고자 사유의 노정을 묵묵히 걸어갔던 한 인간으로서 자기 자신을 이해하길 원할 뿐이다. 그가 걸어간 사색의 노정은 단절된 전통에 대한 경험들을 숙고하는 가운데 아마도 먼 훗날에나 가능할지 모를 새로운 방식의 고전적인 사유를 마련하기 위한 것이었다. 그러므로 우리가 그를 고전적인 사상가라고 부른다면, 그것은 잠정적인 의미에서만 그럴 뿐이다.

따라서 우리가 앞으로 서술하고자 하는 그의 사상에 대한 개괄적인 소묘는 단지 잠정적인 가치를 지닐 뿐이며, 그 이상의 가치를 요구할 수는 없다. 그것은 세 가지 이유에서 그러하다.

첫째, 하이데거가 구사하는 언어는 상당히 모호한 것이어서, 그가 논의한 글들 가운데 적지 않은 부분들이 이제 비로소 새롭게 재구성되어야 한다. 하지만 번역이나 재구성을 하려는 모든 시도에는 항상 위험이 따르게 마련이기 때문이다. 둘째, 하이데거의 저술들 가운데 중요한 부분들은 아직도 간행되지 않은 상태로 남아 있다. 따라서 그의 사상적 전개과정에 대한 이해는 여기저기 빈틈이 많은 허술한 논의로 끝날 수밖에 없기 때문이다. 셋째, 실제로 우리가 그의 사상을 음미할 수 있는 충분한 거리를 유지할 경우에만 그의 사상은 전체적으로 잘 구성될 수 있다. 그러나 하이데거의 생애와 그의 작품은 여전히 우리들 자신의 역사와 밀접하게 연결되어 있기 때문이다.

생애

하이데거는 1889년 9월 26일 이 세상에 태어났다. 그의 어머니는 농부의 가정에서 자라났으며, 아버지는 독일 남동부 슈바르츠발트에 위치한 조그마한 마을인 메스키르히(Meßkirch)에서 술창고를 지키면서 동시에

하이데거는 자신의 깊은 사색적 통찰을 통해 금세기 가장 뛰어난 사상가로 평가된다.

그 마을의 성 마르틴(St. Martin) 교회에서 허드렛일을 맡아보던 사람이었다. 하이데거는 김나지움을 다니기 위해 초창기 얼마 동안 콘스탄츠(Konstanz)에서 유년시절을 보내기도 하였으나, 그 이후에는 프라이부르크로 옮겨 그곳에서 대부분의 학창시절(1903~1909)을 보냈다.

대학에 진학하기 위한 졸업시험(Abitur)를 마친 후 그는 예수회 교단의 수도원에서 10일간의 짤막한 수도생활을 하기도 하였으나, 그 이후엔 곧바로 프라이부르크 대학의 신학부에 진학하여 신부가 되기 위한 학업과정에 들어갔다. 2년 후 하이데거는 신학 공부를 포기하고 오로지 철학 공부에만 전념하였다.

그는 일찍이 브렌타노(Fr. v. Brentano)가 저술한 『아리스토텔레스에게서 존재자의 다양한 의미에 관하여』(*Von der mannigfachen Bedeutung des Seienden nach Aristoteles*)라는 글을 읽음으로써 이미 1907년경부터 철학에 관심을 갖기 시작하였다. 프라이부르크 대학의 신학부에서 주로 교의학을 강의하면서도 『존재에 관하여』(*Vom Sein*, 1896)라는 철학적 저술을 집필하는 등 해박한 철학적 지식을 두루 겸비하였던 카를 브라이크(C. Braig) 교수는 그에게 깊은 영향을 미쳤으며, 아울러 리케르트를 중심으로 한 신칸트학파와의 만남 및 후설의 『논리 연구』(*Logische Untersuchungen*)도 그에게 상당한 영향을 미쳤다.

하이데거는 1913년에 「심리주의에서의 판단론」(Die Lehre vom Urteil im Psychologismus)에 관한 연구로 박사학위를 취득하였으며, 2년 뒤에는 리케르트의 적극적인 후원 아래 『둔스 스코투스의 범주론과 의미론』(*Die Kategorien und Bedeutungslehre des Johannes Duns Skotus*, 1916)에 관한 연구저술을 발표함으로써 교수자격을 획득하였다. 그는 신칸트학파의 범주론과 후설의 범주개념을 사용함으로써 이러한 연구에 매진하는 가운데, 오늘날 '보편적 의미론'의 영역인 중세시대의 '특수 문법'(grammatika speculativa)의 이념에 관하여 경의로운 찬사를 표시하기도 하였다. 1917년에 그는 작센 주의 육군 대령의 딸인

엘프리데 페트리(Elfride Petri)와 결혼하여 생전에 두 아들을 낳았다.

1919년에는 괴팅겐 대학에서 프라이부르크 대학으로 발령(1916)을 받아 전임해 온 후설의 연구조교가 되었으나, 선험적 현상학에 매진하려는 후설의 학문적 방향에 대해서는 더 이상 동참할 수가 없었다. 오히려 하이데거는 후설의 『논리 연구』 제6권을 언제나 거듭하여 다시 해석하기 시작하였고, 현상학적 방법을 사용함으로써 아리스토텔레스의 작품을 새롭게 해석해 나갔다. 이런 가운데 그는 여태까지 모호해 보였던 많은 부분들——특히 아리스토텔레스의 형이상학 제2권과 제9권 및 니코마스 윤리학 제6권 등——을 명확하게 이해할 수 있었으며, 이와 동시에 그리스인들이 존재를 경험하던 방식과는 구별되는 어떤 거리감을 서서히 느낄 수 있었다.

제1차 세계대전이 끝나갈 무렵, 하이데거는 자기가 물려받은 전통적 신앙에 대해 철저히 논파해 나가기 시작하였다. 특히 역사성에 대한 숙고로 말미암아 그는 가톨릭 교의 체계에서 서서히 멀어지게 되었다(그의 시각으로는 가톨릭 교의 체계란 신약성서적인 실존방식과 그리스적인 존재론, 그리고 로마식 편제가 종합됨으로써 구성된 것에 지나지 않았다). 스콜라주의에 반대하던 젊은 루터의 입장을 지지하는 가운데 하이데거는 수년간 프로테스탄티즘에 심정적으로 동조하였다. 비록 그가 형식적으로는 교회를 아주 떠나지는 않았다고 하더라도, 이미 1930년경에는 크리스트교의 정신 전체에 대하여 분명히 일정한 거리감을 유지하면서 새로운 사상을 찾아 나섰던 것이다.

1923~1924년 겨울학기에 그는 마르부르크 대학의 철학부 정교수가 되었다. 마르부르크 대학은 그 당시 신칸트학파의 중심지로서, 나토르프(P. Natorp)와 하르트만(N. Hartmann), 그리고 하이데거와 친밀한 유대관계를 맺었던 불트만(R. Bultmann)이 활약하고 있었다. 1927년 2월에는 『존재와 시간』(*Sein und Zeit*)의 제1부가 후설이 편찬하던 『현상학과 현상학적 탐구를 위한 학술지』(*Jahrbuch für Phänomenologie und phänomenologische Forschung*)에 실려 발표되었다. 이로써 하이데거는 단숨에 커다란 명성을 얻게 되었다.

물론 사람들은 그 당시 이 작품의 핵심적인 내용을 올바로 통찰하지는 못했지만, 이 글에서 엄청난 체계의 사상적 기투가 이루어지고 있다는 사실만큼은 간파할 수 있었다. 다의적인 의미를 지닌 이 작품은 보는 이의 시각에 따라서는 키에르케고르와 야스퍼스의 사상적 맥락에 선 실존철학으로 비추어지기도 하였으며, 또 혹자에게는 칸트와 피히테의 사상적 입장을 어느 정도 변모시킨 철학으로 여겨지기도 하였다.

그런데 막상 이 책을 헌정받은 후설 자신은 한편으로는 놀라움을 금하지 못하면서도 한편으로는 그 글의 내용에 대해 심한 거부감을 갖는 등 자신의 입장을 올바로 정리할 수 없었다. 여하튼 그는 1928~1929년 겨울학기 이후로 하이데거를 자신의 후계자로 삼고자 할 수 있는 모든 노력을 다 기울였다.

하이데거는 1929년에 프라이부르크 대학교에 취임하면서 『형이상학이란 무엇인가』(*Was ist Metaphysik?*)라는 논문을 발표하였고, 그 이후에는 한동안 강의에만 전념하는 비교적 한적한 시간을 보냈다. 그러나 총장으로 선출된 이후, 그는 그 사이에 형성된 제3제국의 정책이념에 따라 어쩔 수 없이 대학조직을 새로 개편하지 않을 수 없었다. 그는 1933년 5월 27일에 프라이부르크 대학의 총장으로 취임하면서 '독일 대학의 자기주장'(Die Selbstbehauptung der deutschen Universität)이라는 취임강연을 발표하였는데, 그는 여기서 '국방의 의무' 및 '노동의 의무'와 연계하여 '지식의 의무'를 파악해야 한다고 강조하면서, 이런 의무만이 한 민족의 역사적 현존재에게 '예리한 정신'을 수여할 수 있다고 소리 높여 외쳤다.

그 밖의 공식적인 언사에서도 하이데거는 적지 않게 국가사회주의적인 입장을 대변하였다. 하지만 그는 극단적인 국수주의나 히틀러의 인종차별주의에는 전혀 동조하지 않았다. 그는 제1차 세계대전을 한 시대가 붕괴하는 현상으로 바라보았던 사람들 가운데 한 사람이었다. 다시 말해 정신과 문화의 기반이 이미 오래 전에 퇴색함으로써 사라져버린 황량한 시대의 종말로 지켜보았던 사람이었다. 그는 한 시대가 새롭게 거듭나기 위해서는 오직 태곳적 전통으로 다시 소급해 들어감으로써 그것을 다시금 새롭게 파악하려는 극단적인 노력이 시작되지 않으면 안 된다고 생각하였다. 그러나 크리스트교에서 그는 역사를 형성할 만한 어떤 원동력도 더 이상 기대할 수 없었다. 또한 역사적 맥락을 상실한 채 단순히 자유주의를 내세우는 국제화의 흐름도 그는 경시하였다. 아마도 그는 '뿌리 깊은 민족'과 독일인의 고유한 기질에 대하여 그리고 노동자의 중심적인 역할에 대해 역설하는 국가사회주의적인 운동의 흐름 속에서 희망에 찬 역사의 새로운 시작을 느꼈던 것 같다.

대학 사회의 좁은 울타리에 안주한 수많은 사람들이 그러하듯이, 하이데거도 정치와 경제를 분석하는 현실적인 안목이 부족했으며, 결국 이런 결점이 한 시대에 대한 오판을 낳은 것이리라. 대다수의 독일인과 마찬가지로 하이데거 역시 실성이란 시간이 지나면서 점차 사라져버릴 여러 사회적 계층들 사이에서 형성된 산물에 지나지 않으며, 지도자는 이 모든 것에 대해 책임질 것이라고 믿었던 것 같다. 그는 때때로 강의 시간에 개별적인 사회 현상들에 관해 비판을 가하기도 하였지만, 그가 당시 국가사회주의적인 운동 속에서 '최선의 것'을 기대해 보고자 정서적으로 동조하였다는 것만큼은 부인할 수 없는 사실이다. 어쨌든 그는 바덴(Baden) 주의 문교정책 및 지역당의 정책노선에 대해 상당한 차이를 경험하였기에, 1934년 4월 총장직에서 스스로 물러났다.

제2차 세계대전이 끝날 때까지 하이데거는 자신의 저서를 거의 출간하지 않았다. 『존재와 시간』의 제2부도 지금까지 간행되지 않은 상태로 남아 있다. 약간의 소책자, 특히 횔덜린의 시에 대한 해설서 및 『플라톤의 진리론』(*Platons Lehre von der Wahrheit*) 그리고 『진리의 본질에 관하여』(*Vom Wesen der Wahrheit*) 등 약간의 논문들만이 출간되었을 따름이다. 1946년 초에 대학의 교수평의회는 하이데거의 교수활동을 모두 박탈한 채 그를 해직시켰다. 프랑스군에 의해 지배받던 당시 정부는 그에게 삭감된 최소한의 연금만을 수여하는 등 그의 사회적 신분을 대폭 축소하였다. 1949년에 복권된 그는 간헐적으로 강의를 다시 할 수 있었으나, 1956~1957년 겨울학기를 끝으로 대학에서의 공식적인 강의는 더 이상 하지 않았다.

이 시기를 전후로 하여 그의 저서들이 다시 간행되기 시작하였고, 그 가운데 더러는 방대한 양을 지닌 저서도 있었다. 이 저서들 가운데에는 1930년대에 집필한 그의 강의록도 있었으며, 부분적으로는 여기저기서 강연한 그의 논문들을 모은 것도 있었다. 이로 인해 하이데거는 수많은 독자들에 의해 자주 거론되며 애독되는 철학자들 가운데 한 사람이 되었다.

1976년 5월 26일 그는 타계하였으며, 그의 소원대로 가톨릭 제례의식에 따라 자신의 고향인 메스키르히에 조용히 안장되었다. 그가 타계하기 얼마 전부터 그 자신이 직접 구상한, 약 100권 가까이에 달하는 그의 전집이 간행되기 시작하였다. 바로 이 전집들은 앞으로 그의 작품세계를 심도 있게 연구하기 위한 폭넓은 전망을 열어줄 것이다.

사상

『존재와 시간』의 체계적 논의구성

하이데거는 그의 첫번째 대작인 『존재와 시간』에서 '존재의 의미'에 대한 물음을 제기하고 나선다. 여기에서 그는 우리들이 일상적으로 사용하는 '존재'(Sein, 있음)라는 낱말이 지닌 다양한 의미들을 해명하는데, 이런 작업은 단지 부차적으로만 중요할 따름이다. 이와 아울러 인간적인 삶의 의미에 대한 실존적인 물음도 이 책에서는 명확하게 다루어지지 않는다. 그를 전적으로 휘젓는 문제는 오직 존재론적인 근본문제일 뿐이다. 그의 시각으로는, 오직 자기동일성을 지닌 채 '지속적으로 현존하는' 것만을 참답게 '존재하는' 것으로 간주하려는 모종의 확신이 서양 철학의 역사 전체를 철저히 꿰뚫고 있다고 보여졌다. '존재한다'는 낱말의 의미, 다시 말해 본래적인 존재의 의미는 언제나 '지속적으로 현존한다'는 이념의 지평에서만 해석되어 왔으며, 이런 경향은 단지 플라톤의 사상적 세계뿐만 아니라 근대철학의 온갖 다양한 존재론 및 학문 이론들 속에서도 철저히 지배적이라는 것이다.

그러나 하이데거의 경우 이러한 확신은 결코 자명할 만큼 타당한 것이 아니다. 현실 가운데 지속적인 구조들이 스며 있다고 해서, 이런 사실이 곧 현실적인 것의 현실성이 어떤 구조를 지니고 있는 구조적인 존재현상과 일치한다고 할 수는 없는 것이다. 오히려 현실성은 그 자체 어떤 작용이며 삶이요 운동이다. 이러한 현실성의 현존은 그 현실성의 본질을 구조적으로 파악하는 일에 선행한다. 따라서 정신적인 세계의 질서는 영원한 것이 아니며, 오히려 좀더 정확하게 규정해 본다면 그것은 역사의 산물에 지나지 않는다는 결론이 나온다. 그래서 이런 것을 경험하였던 초기 크리스트교인들은 인간의 지성으로는 짐작할 수 없을 만큼 갑작스레 찾아오는, 세계에 대한 최후의 심판에 입각하여 그들이 신뢰할 만한 세계에 대한 생각들을 상대화하면서 살아갔다. 또한 19세기에서 20세기로 전환하는 세기의 전환기에 살았던 수많은 지성인들도 이런 것을 경험하였다. 그들은 도저히 멈출 수 없을 만큼 쇄도해 들어오는 허무주의의 침식과정을 그 당시 유럽을 지배하는 정신적 가치로 바라보면서 이러한 정신적 가치에 우주의 질서를 내맡긴 채 살아갔다.

이러한 경험으로부터 하이데거는 자기가 해명해야 할 세 가지 과제를 설정하였다. 첫째, 존재자로서의 존재자를 해석하는 모든 해석은 '존재'에 관한 지평적인 선이해로부터 이루어진다는 사실을 밝혀내야 한다. 둘째, 존재를 지속적인 현존으로 동일화하는 태도는 결코 궁극적인 진리가 될 수 없다는 점을 증명해야 한다. 셋째, 존재를 해석하는 모든 지평이 초월적으로 일어나는 '시간'을 지시한다는 점은 과연 어떤 의미에서 그러한 것인지를 철저히 사유해야 한다.

이런 이유에서 『존재와 시간』의 구성은 크게 두 부분으로 나누어진다. 제1부와 제2부만이 간행된 이 저서의 제1편은 존재를 이해하기 위한 현상학적인 이론을 제시하고자 시도한다. 이러한 존재이해는 이해의 구조와 본질적으로 변화하는 이해의 다양한 방식에 입각하여, 그리고 이러한 이해를 가능하게 하는 '시간'이라는 근거에 입각하여 명확히 제시되어야 한다. 더욱이 이러한 작업은 존재이해의 근거를 찾아 들어간다는 점에서 '역행적'(소급적, regressiv)이며, 이런 근거로부터 현실성의 다양한 의미들을 도출한다는 점에서 '연역적'이다.

미간행된 제2편에서는 칸트, 데카르트, 아리스토텔레스를 중심으로 한 전통적 존재사유의 결정적인 유형들이 해석되는데, 이런 유형들은 그들이 존재를 지속적인 현존으로서 근본적으로 사유할 수밖에 없었던 사상의 필연적인 전개과정을 보여준다. 이렇듯 사태를 좀더 포괄적으로 바라볼 수 있는 전망에 의해 유럽 형이상학의 역사에 내재한 폐쇄적인 면모가 드러나게 됨으로써 이러한 역사는 간접적으로나마 사유의 완결된 형태로서 밝혀지게 된다. 또한 여기에서는 이미 있어-왔던 것(즉 형이상학의 본질―옮긴이)으로 되돌아가는 새로운 시작이 〔전통적인 형이상학과의〕[1] 상호관계 속에서 일어난다. 이 때문에 하이데거는 『존재와 시간』을 저술한 후 얼마 지나지 않아 곧이어 '형이상학'에 관하여 언급하지 않을 수 없었다.

이제 우리는 하이데거가 강조하는 '존재론적인 차이'(Ontologische Differenz)에 관하여 살펴보기로 하겠다. 하이데거는 '존재자'(Seiendes, 존재하는 것)와 존재라는 표현을 상당히 넓은 의미에서 이해한다. 그의 고유한 사유는 이러한 개념에 관해 집중적으로 사유하는 전통적인 형이상학과 치밀한 논의대결을 벌이는 가운데 형성되었기 때문에, 단지 이런 이유에서만 그가 이런 개념들을 사용한다고 사람들이 말한다면, 그것은 너무도 지나친 주장일 것이다. 그가 생각하는 '존재자'란, 단지 실체적으로 그 자체 상주하는 것만이 아니다. 그에게서 존재자라는 개념은 우리들이 대화하는 가운데 대화의 대상이 되기도 하며 우리가 생각하는 모든 것일뿐만 아니라 우리가 이러저러하게 관계하는 모든 것이기도 하다. 또한 그 존재자는 "우리들 자신"[2]이기도 하다. 따라서 '존재자'라는 개념 속에는 그것에 관해 말하며 그것과 관계할 수 있는 가능적인 모든 태도가 결정적으로 포함되어 있다.

그렇다면 '존재'란 무엇을 의미하는가? 그것은 "존재자를 존재자로서 규정하는 것이며, 우리가 존재자에 관해 논구하고자 할 경우에는 언제든지, [거기를 향하여] 그 존재자가 이미 그때마다 이해되고 있는 어떤 [선행적인] 지반(woraufhin)"[3]을 가리킨다. '이미 그때마다 이해되고 있다'는 이 표현으로 인해, 존재는 존재자의 선험적인 근거라는 특징을 갖는다. 따라서 '존재'라는 개념 속에는 존재자에 관한 이해를 가능하게 하는 어떤 기능이 결정적으로 포함되어 있다. 우리가 존재자와 관계하는 다양한 태도 가운데 깃들여 있는 이해의 가능적인 방식들 전체를 가리켜 하이데거는 '터-있음'(Dasein, 현존재)이라고 부른다.[4] 따라서 이 용어 속에는 우리들의 선험적인 존재이해도 포함되어 있다. 우리들 모두는 저마다 각자의 방식으로 이러한 터-있음을 수행해 나간다. 때때로 터-있음이라는 이 용어는 인간을 가리키기도 한다(그러나 여기서 우리가 유념해야 할 바는, 하이데거가 이런 방식으로 이 용어를 사용할 경우에는, 이미 어떠한 식으로든 정의가 내려진 어떤 인간존재로부터 이용어를 규정하려는 것이 아니라, 오히려 이와는 반대로 인간존재를 터-있음으로부터 규정하고자 한다는 점이다. 인간의 일상적인 삶의 세계를 이렇듯 철학의 영역으로 끌어들인 철학자가 하이데거 이전에는 거의 없었다고는 하더라도, 그 역시 인간학을 철학의 근본토대로 삼으려는 입장을 철저히 거부한다는 점에서 그는 모든 형이상학자들과 맥을 같이

하기도 한다).

존재(있음)-존재자(있는 것)-인간존재(터-있음)라는 이 세 가지 구조는 그의 사유를 구성하는 근본바탕이다. 이러한 근본요소들 가운데 어떤 것도 다른 두 요소로 환원되거나 혹은 어떤 유일한 한 가지 요소로 환원될 수는 없다. 왜냐하면 이러한 근본요소들은 서로 근본적인 차이를 유지하는 가운데 서로의 한계를 규정하면서도 '동일한' 것이기 때문이다. 그래서 하이데거는 이러한 성격을 다음과 같은 논제로 표현하고 있다. "존재는 그때마다 존재자의 존재이다."[5] "존재자의 존재는 그 자체 존재자가 아니다."[6] "진리가 있는 한에서만,(존재자가 아닌) 존재가 '[주어져] 있다(es gibt)'. 또한 터-있음이 있는 한에서만, 그리고 터-있음이 있는 동안에만, 진리는 있다."[7] "존재이해는 터-있음의 존재규정성이다[즉 터-있음에 의해 터-있음의 있음이 규정되는 것이다—옮긴이]."[8] 다시 말하면, 인간이 필연적으로 자기 자신의 고유한 존재와 이러저러하게 관계하지 않을 수 없다는 그 사실 속에는 존재이해가 포함되어 있다는 것이다. 이러한 논제를 발판으로 삼음으로써 하이데거는 구조적으로 초월론적인 철학의 계열에 서 있는 것이다. 그는 초월론적인 철학을 방법론적인 방패로 삼아 '주체'에 주목하고자 하였는데, 이러한 것은 그가 객체의 항구적인 근본토대를 염두에 두고 있는 한, 이러한 '주체'라는 개념을 궁극적으로 해체하고자 하였기 때문이다.

그래서 하이데거는 『존재와 시간』에서, 우리가 존재자와 관계하며 이해하는 방식을 가능한 한 '근원적으로' ──즉 선입견에 의해 왜곡되지 않은 상태로── 파악하고자 시도한다. 그 다음에 그는 이러한 방식에 함축된 선험적인 존재이해를 명확히 가려냄으로써, 궁극적으로는 '존재'에 대한 다양한 기투의 가능성이 이루어지는 지평에 관해 물음을 제기하는 것이다.

이제 우리는 터-있음을 마음씀(Sorge)으로서 파악해 들어가는 하이

1930년대 프라이부르크 대학. 당시 하이데거는 이 대학의 총장으로
취임하면서 「형이상학이란 무엇인가」라는 논문을 발표하였다.

데거의 논의에 대해 살펴보기로 하겠다. 여기서 그는 아우구스티누스의
철학적 통찰에서 따온 다음과 같은 논제에 입각하여 자신의 논의를 펼
쳐나간다. 존재자가 그의 존재에서 개시되는 개시성의 원래적인
(primäre, 일차적인) 방식은 터-있음의 실천적인 삶의 방식에 있다는
것이다. 다시 말해, 터-있음이 자기 자신의 고유한 존재가능성을 열어-
나가는 그 방식이야말로 가장 원래적인 개시성의 방식이라는 것이다.
참다운 것을 알고자 하는 인간의 모든 태도의 밑바탕에는 자신의 〔선한〕
존재를 추구하며 이러한 존재에 대해 마음쓰는 인간의 관심이 깔려 있
다. 바로 그 때문에 하이데거는 인간의 존재를 "마음씀"[9]이라고 특징짓
는다.

　학문적인 형태로 나타나는 이론적인 인식은 고도의 복잡한 사유능력
이기는 하지만, 이러한 능력이 참다운 현실을 처음으로 열어주는 것은

아니다. 오히려 이런 능력은 복잡하게 얽혀 있는 일상적인 삶 속에서 우리가 이미 신뢰하고 있는 어떤 세계를 일정한 기능적 관점에 따라 혹은 보편적인 구조에 입각하여 밝혀줄 따름이다. 이러한 세계는 원래 단순히 눈 앞에 나열되어 있는 사물들의 질서가 아니며, 변모하는 상황에 따라 그때마다 다른 방식으로 개시되는 그 모든 것이다. 즉 세계란, 어떤 것이 다른 어떤 것을 지시하는 목적적인 연관들의 전체적인 모임이며, 이러한 목적적인 연관들은 삶의 과정에서 행동할 수 있고 또 행동하지 않을 수 없는 인간존재로서의 터-있음 안에서 그 최종적인 매듭이 '확정되는' 것이다. 따라서 원래적인 일차적 의식은 대상을 파악하는 대상의식이 아니라, 상황을 파악하는 상황의식인 것이다. 이런 의식의 형태는 어떤 상황 속에서 쇄도하는 다양한 행위의 가능성들을 기분적으로 일깨우며 생동하게 한다. 따라서 상황의식은 우리가 스스로를 기투하는 실천적인 삶의 방식 속에서 형성되는 것이다. 이러한 토대 위에서 비로소 상황에 대한, 그리고 그 상황을 구성하는 근본요소들에 대한 명확한 의식이 형성될 수 있으며, 이렇게 형성된 의식은 언어로 분절되어 나타나게 된다.

지향적인 인간존재로서의 터-있음이 자신의 존재가능성을 개시해 나가는 그런 행위를 가리켜 하이데거는 '이해'라고 부른다. 즉 그것은 터-있음이 스스로를 기투하며 이해하는 행위이다. 이렇게 열어-밝히는 개시함은 한편으로는 '자발적인' 기투의 행위이지만, 다른 한편에서 보자면, 터-있음이 아무런 동기도 없이 무작정 어떤 존재 가능성을 향해 스스로를 기투하는 것이 아니라, 오히려 밀어닥치는 상황의 쇄도에 대처하여 그 상황을 적절히 처리해 나가는 것이므로, 개시함은 상황에 대한 '응답'의 행위이기도 한 것이다.

'나에게' 밀려드는 원래적인 방식이 곧 기분에 젖어-있음(Gesti-mmtsein, 기분에 사로잡힘)이다. 기분에 젖어든 채 규정되는 이런 존재 방식이 없다면, 기투는 공허할 뿐이다. 그러나 기투가 이루어지지 않는다면, 상황도 역시 의식적인 논의의 과정으로는 수용되지 않을 것이다. 터-있음이 기투하면서 자기 자신에게 다가가기 이전에, 그가 이미 세계 속에 '내던져져'(geworfen) 있다는 사실(이러한 사실을 하이데거는 현사실성(Faktizität)라고 부른다-옮긴이)을 그는 기분 속에서 경험하게 된다. 내던져져-있음은 모든 기투행위의 근저에 깃들여 있다. 그리고 터-있음은 어떤 것을 대상화하기 이전에 이미 기분에 젖어든 채 자기 자신에 머물러 있는 것이며, 바로 그 때문에 그의 반성적인 활동은 가능해진다. 반성은 오직 이런 식으로만 가능한 것이기 때문에, 반성은 결코 터-있음의 현사실성을 완전히 개념적으로 파악할 수는 없는 것이다. 이런 점에서 반성은 결코 절대화될 수 없는 것이다.

세계가 개시되는 원래적인 방식은 이론적-대상적인 파악에 의하여 존립하는 것이 아니라, 단적으로 둘러보는(umsichtig) 파악에 의하여 드러난다. 따라서 세계 [내부]적인 사물들의 존재는 우리가 관찰자의 입장에서 두 눈으로 세밀히 응시하여 바라봄으로써 드러나는 대상적 존재(Gegenständlichkeit, 대상성)가 아니다. 그러므로 이러한 사물들의 개방성이 드러나는 원래적인 방식은 사유하는 자아의 반성적인 자기확신이 아니며, 오히려 그것은 자기가 속해 있는 어떤 집단이나 혹은 한 시대의 견해를 무반성적으로 따르는 '세인'들의 삶 속에서 무차별적으로 알려지는 것이다.

이제 우리는 '존재와 유한성'에 관하여 숙고해 보기로 하겠다. 인간존재로서의 터-있음은 자기와는 다른 것을 개시하는 그의 모든 행동양식 속에서 자기 자신을 자기 행위의 목적으로서 개시한다(여기서 '목적'이란 'Worumwillen', 즉 '자기 자신의 고유한 존재 가능성'을 위하여 자신의 삶을 기투해 나가는 태도를 가리킨다-옮긴이). 대개 사람들은 이런 점에 대해 그다지 명확하게 생각하지 않고 그냥 막연히 살아간다. 하지만 사람들은 일상적인 삶의 잡다한 과제들에 눌려 자기 자신을 상실

할 지경에 이르게 됨으로써, 오히려 자기 자신의 고유한 존재를 개시할 가능성에 직면하게 되는 것이다. 일을 끝낸다든지, 어떤 계획을 세운다든지, 혹은 누구를 돕는다든지 하는 가능성들은, 자기가 이런 가능성들을 직접 떠맡는 한, 자기 자신의 고유한 존재 가능성으로서 직접적으로 체험되기 마련이다. 물론 이런 것은 언제든지 세인들이 살아가며 자신의 가능성을 파악하는 그런 방식으로 다시 빠져들 수 있다. 이러한 삶의 방식에서는 타인의 존재도 본래적으로 드러나지 않으며, 터-있음 자신의 존재도 본래적으로 드러나지 않는다. 이런 현상으로 말미암아 '세인' 속에 푹 빠져-있는 터-있음은 내면적으로 어떤 불안한 기분을 경험하게 된다.

우리는 세계 속에서 어떤 것에 관해 배려하는 가운데 우리 자신을 깨닫게 되며, 따라서 실천적인 자기이해의 방식을 세계 속에서 발견하게 된다. 하지만 이러한 세계는 불안 속에서 그 친밀함을 상실하게 된다. 이로써 (고향[Heim]과도 같은 세계가 안겨주었던 그 아늑함을 잃어버리고[un-]—옮긴이) 모든 것이 기이하게(un-heimlich) 보여진다. 이런 기분 속에서 나는 존재자의 존재가 원래적인 존재방식 속에서 드러나지 않을 뿐 아니라, 터-있음의 존재(있음)도 배려함의 원래적인 가능성 속에 놓여 있지 않다는 것을 경험하게 된다. 모든 것은 덧없어지고(sinn-los ; 의미를 잃어버리고), 나 자신의 고유한 존재는 머물 자리를 찾지 못한다(halt-los). 이제 내가 실존할 수 있는 [나에게 남겨진] 유일한 가능성은, 이미 삶의 기반을 모조리 상실하여 '죽음의 벼랑 끝으로 빠져드는 유한성' (End-lichkeit als Todverfallenheit)의 한가운데에서도 나의 고유한 터-있음을 홀로 인수하려는 고독한 몸짓뿐이다.

이런 가능성이 정말로 나 자신을 위한 참다운 가능성이 되는 것인지 그 여부는 물론 의문의 여지가 있다. 왜냐하면 나는 나의 현사실적인 존재를 그 근본바탕에 입각하여 혹은 그것이 추구하려는 목적을 향하여 기투하는 가운데 그러한 존재를 앞질러 나감으로써만 나 자신을 위하여 그 현사실적인 존재를 수행해 나갈 수 있기 때문이다. 그러나 내가 〔지금은〕 존재하지만 〔앞으로는〕 더 이상 존재하지 않을 수도 있다는 그 사실만큼은 결코 건너뛸 수 없는 사실이다. 물론 터-있음은 세계-속에-있음이기에, 그는 오직 이런 방식으로만 본질적으로 존재할 수 있다. 내가 나의 존재 가능성을 수행하는 그 방식과, 이런 방식 속에서 참다운 현실이 개시되는 그 방식은 조금은 서로 다른 것이다. 터-있음은 자기가 배려하는 존재자에 푹 빠진 채 세인들이 살아가는 실존의 모습으로부터, 즉 겉으로만 분주하게 살아갈 뿐 실제로는 완전히 주체성을 상실한 채 피상적인 일에만 몰두하는 그런 실존의 모습으로부터 자기 자신에게 되돌아가라는 어떤 부름을 받는다.

하이데거는 우리가 일상적으로 사용하는 '죽음'(Sterben, 죽어감)이라는 현상을 분석하는 가운데, 이러한 비본래적인 실존을 다음과 같이 드러내고 있다. 비본래적인 실존이란 실존의 기이함(Un-heimlichkeit, 섬뜩함)을 회피하려는 온갖 다양한 방식으로 나타난다. 즉 그것은 개인적으로 결단을 내려야 할 긴급한 문제가 바로 코 앞에 있음에도 이러한 문제를 슬그머니 비켜가려는 태도인 동시에, 불확실한 삶의 순간을 과감히 헤쳐나가는 대신에 기약할 수도 없는 '언젠가'에 매달리며 하루하루를 망각해가는 행위이고, 죽음의 확실성 앞에서 도피하여 상상의 나라에서나 가능한 끝없는 미래를 꿈꾸는 태도이다. 본래성에 직면하여 불안을 느낄 때, 다시 말해 도저히 완전히 풀어버릴 수도 없는 비밀스러운 존재의 수수께끼 앞에서 불안을 경험할 때, 이런 불안을 해소하기 위하여 비본래성으로 도피하려는 경향이 드세진다. 물론 이런 태도를 통해 불안이 한동안 잠잠해지는 듯 보일지는 모르지만, 우리가 언제나 이런 상태로 살아가도록 불안이 우리를 그냥 놓아주지는 않는다. 불안이 〔근본적으로〕 해소되어 우리가 그런 불안으로부터 완전히 벗어날(entschlossen) 때에만, 존재는 존재 자신의 가장 고유한 의미에서, 즉 유한성의 한가운데에서 스스로를 열어보일 것이다. 그러므로 실존의 고유한 의미를 밝혀주는 '결단성'(Entschlossenheit)이야말로 존재가 개시되는 존재개시성의 가장 심오한 방식인 것이다.

이제 우리는 하이데거가 주목하는 '시간'에 관해 살펴보고자 한다. 우리는 어떤 사건이나 일이 진행되는 속도와 그 기간을 측정하기 위해 이상적으로 만들어낸 시계의 기계적인 운동에 따라 일정한 간격으로 경과하는 지속적인 흐름을 흔히 시간이라고 생각한다. 그러나 하이데거가 존재를 시간과의 관계 속에서 이해한다고 할 때, 우리는 우선 일상적인 시간에 대한 이러한 생각을 완전히 멀리하지 않을 수 없다. '시간'이라는 현상 속에서 하이데거는 다가-옴(Zukunft)과 있어-옴(Gewesenheit) 그리고 현재-마주함(Gegenwart)이라는 이 세 가지 구조계기들 간의 통일적인 상호운동을 주시한다. 여기서 이러한 시간의 계기들은 단순히 미래와 과거 그리고 현재라는 시간의 단위를 가리키는 것이 아니며, 오히려 그것은 '존재가능성을 향해 다가오면서' '이미 터(da, 〔즉 존재개시성의 터전〕)에 있어-왔으며' '순간적으로 수행되고 있는' 〔의미현상들을 가리키는〕 것이다.

우리는 존재 속으로 내던져진 존재자이기에 애당초 우리 자신에 의해서 정립된 존재자가 아니라는 그 사실은——완전히 형식적으로 파악하자면—— '있어-옴'이라는 시간적 현상을 형성한다(왜냐하면 의미와 개방성을 수행하는 그 모든 태도는 이미 우리에게 떠맡겨진 채 우리에게 있어-온 과제이기 때문이다—옮긴이). 이러한 있어-옴은 각각의 개별적인 실존에 따라 구체적으로 구분되는데, 이러한 있어-옴에는 우리가 살아온 우리의 과거 전체가 속해 있는 것이다. 우리는 이러한 과거를 회상하여 눈 앞에 떠올릴 수도 있다. 그러나 있어-옴은 사물화된 존재자의 역사를 구성하는 부분이 아니라, 의미를 수행해나가는 존재 가능성을 향해 다가가는 한에서만 우리가 마주 대할 수 있는 차원인 것이다. 다가-옴이 없는 한, 있어-옴은 존립할 수 없으며, 그 역도 마찬가지다.

다가-옴과 있어-옴의 변증법적인 상호관계로부터 비로소 현재-마주함이라는 시간적 현상이 발원하게 된다.

그러므로 '시간성'(Zeitlichkeit)은 '존재를 이해하는' 터-있음 자체의 구조인 셈이다. 그것은——다음과 같은 하이데거의 원칙에 따르자면——본래적인 실존행위에서, 즉 〔죽음을 향해〕 앞서-나가는 결단성에서 통찰될 수 있다(하이데거에 의하면, 오직 본래적인 것 속에서만 비로소 보편적인 형식이 스스로를 나타내 보이기 때문에, 이러한 보편적인 형식에 입각하여 비본래적인 형식은 보편적인 형식의 한 양태로서 해석될 수 있다는 것이다).

하이데거는 이러한 터-있음의 시간성으로부터 존재 자체의 '의미'인 시간으로 다가가기 위해 어떠한 방식으로 논의를 전개하는가? 그는 전통철학의 흐름 속에서도 '존재'와 '시간'이 서로 공속한다는 사실을 주시하면서, 이러한 공속성이야말로 언제나 사유해야 할 과제라고 생각한다. 서양철학의 주된 흐름을 살펴본다면, 존재자는 시간적인(zeitlich) 것과 무시간적인(unzeitlich) 것 그리고 초시간적인(überzeitlich) 것으로 구분되어 사유되고 있으며, 선천적인(a priori) 것과 후천적인(a posteriori) 것이라는 존재론적인 용어에서도 이러한 시간의 흔적이 남아 있다.

또한 어떤 것을 가능하게 하는 근거라는 의미에서 '본질'이라는 개념을 사용하거나 혹은 언제나 그대로 머물러 있는 현재(die bleibende Gegenwart)라는 의미에서 존재라는 개념을 일반적으로 사용할 경우에도 '존재'와 '시간'의 공속성을 간파할 수 있다. 근본적으로 보자면, 존재자는 '무시간적으로(zeitlos) 일어나면서 고유해지는 어떤 양식'으로부터 자기 자신에게 적합한 의미를 획득한다. 하이데거는 그의 후기사유에서 이러한 양식을 가리켜, '생기'(Ereignis, 生起 : 존재의 진리가 고유하게 일어나는 사건을 가리킴—옮긴이) 혹은 존재의 '본원적인 있음'(Wesen, 본재) 또는 존재의 훤한-밝힘(Lichtung)이라고 부른다.

우리는 논의의 도입부에서 존재와 존재자 그리고 터-있음이 서로 차이가 있으면서도 결코 분리할 수 없는 통일적인 구조를 지닌다고 언급한 적이 있다. 우리가 다시 언급한 이런 사태는 아주 단순하면서도 근원적인 사태여서, 그의 사상을 이해함에서 언제나 중요한 것이다. 혹자는 이런 점에서 스콜라 사상의 초월론적인 이론을 하이데거가 새롭게 해석한 것이 아니냐는 시각을 지닐 수도 있다. 즉 인간의 영혼이 존재자를 지각하며 긍정하기 위해서는 이미 존재자가 개시되어 있어야 하며, 따라서 이러한 존재자의 개시성은 존재자 자체의 존재에 귀속하는 것이라는 토마스 아퀴나스의 견해[10]를 하이데거가 새롭게 해석한 것이 아니냐는 물음이 그런 것이다. 물론 하이데거는 우리가 언급한 근원적인 사태를 이런 식으로 몰아버림으로써 신을 존재와 빛과 동일시하려는 태도에 반대한다. 그에게는 이러한 사태 자체가, 우리가 다가갈 수 있으며 머물러 있을 수 있는 최종적인 것이다.

그가 서술할 계획은 세웠으나 더 이상 구체적으로 논의하지 않았던 『존재와 시간』의 구성안(특히 미간행된 제2편을 가리킴—옮긴이)에 따르자면, 그에게서 '최종적인 것'은 전승된 존재론의 근본개념들을 도출할 수 있는 제1원리로서의 역할을 마땅히 하지 않을 수 없을 것이다. 만약 이것이 정말로 이루어졌다면, 아마도 존재론은 참다운 학문적인 바탕을 획득하였을 것이며, 이런 바탕으로 말미암아 존재론은 존재자의 존재를 좀더 상세한 맥락 속에서 규정할 수 있는 근본규정성을 발전시켜 나갈 수 있었을 것이다. 그러나 하이데거는 애초에 계획하였던 이런 구성안을 구체적으로 실행에 옮기는 과정에서 적지 않은 난관에 부딪치고 말았다. 학문적인 대상화를 목적으로 삼았던 애초의 의도는 나중에 그를 사로잡았던 [존재론적인] 사태에 상응하는 것이 아니라는 것을 그는 뒤늦게 깨달았다. [전통적 존재론을 해체하기 위한] 학문적인 서술형식은 그가 관통해 지나가지 않을 수 없었던 필연적인 이행과정일 뿐이었다.

이로써 우리는 이제 그의 '전회'(Kehre)에 관하여 언급하고자 한다. 『존재와 시간』은 전통적 존재론에서 제기된 진리의 근본조건을 문제삼는 가운데 모든 가능한 존재론의 기반이 되는 이론이 되고자 한다. 이런 맥락에서 하이데거는 자신의 존재론을 가리켜 '기초존재론'이라는 명칭을 부여하였다. 인간존재로서의 터-있음의 구조요소들과 터-있음을 분석하는 방법적인 지침들 사이에서(해석, 이해, 빠져-있음, 불안 등을 논의하는 가운데 나타난) 긴밀한 상호관계가 보여주듯이, 이러한 이론은 하이데거 자신의 존재론에 대해서도 마땅히 적용되어야 할 것이다. 이런 점에서 하이데거는, 비판철학의 가능성의 조건에 대해 철저히 반성하면서 자신의 이론을 구성하였던 피히테와 헤겔의 입장에 어느 정도는 유사하게 가까이 다가가는 셈이다.

그렇다면 하이데거는 철학적 인식의 의미를 어떻게 이해하는가? 철학은 터-있음 자체에 근본적으로 속해 있는 존재이해를 해석하는 것이다.[11] 철학은 이러한 이해를 명제나 진술의 형식으로 다루어간다. 일반적으로 명제의 유의미성과 진리 사이에는 어떤 차이가 있을 수 있다. 그러나 철학적 이론의 경우에는 대상이 그 대상에 대한 해석을 떠나서는 결코 독립적으로 존립하지 않기 때문에, 이러한 구분은 그 명확한 의미를 잃어버린다. 또한 어떤 철학적 이론은 특정한 세계를 기획하면서 다른 세계들을 폐쇄하기에, 이런 이론은 지나칠 정도로 실천규정적인 성격을 갖기도 한다.

그렇다면 철학자가 경험 가능한 그 모든 것을 해석하며 기투할 수 있는 지평은 과연 어디에서 확보할 수 있는가? 여기서 가능한 한 자의적인 태도가 배제되어야 한다면, 남는 것은 오직 두 가지 가능성뿐이다. 그 첫번째 가능성은, 철학자가 점진적으로 심화되는 인식을 판별하기 위한 정신의 시원적인 존재영역으로 귀환하는 것이다. 이것은 헤겔이 선택한 해결방안인데, 이런 방침에 따르자면 존재는 절대적 주관성이며 인간의 사유는 관찰자의 입장에서 이러한 존재에 참여하는 가운데 존재를 뒤쫓아 사색할 뿐이다. 두번째 가능성은, 철학을 그 근본에서 세계에 대한 기투로서 간주하는 것이다. 그러나 여기서의 기투는 그때마다 다르게 울려오는 가운데 정서적으로 조음되는 존재의 부름에 대한 응답(Entsprechung)인 것이며, 이러한 응답을 시도해나가는 것이 곧 참다운 철학이다. 따라서 이러한 시도는 결코 어떠한 변증법적인 비판의 척도에 의해서도 확정될 수 없다. 바로 이것이 하이데거가 선택한 해결방안이다.

이런 사색의 방침은 영원한 진리의 이념에 대해 회의적인 태도를 취했던 수많은 학자들에 의해 꾸준히 이어져 왔다. 세상의 모든 진리는 비합리적인 삶의 운동 속에 흐른다고 생각하면서 관조적인 통찰의 자유를 언제나 신뢰하였던 딜타이와 달리 하이데거는 생동하는 삶의 실천적인 영역을 우위에 두면서도 언제나 진리의 이념을 긍정적으로 탐구하였던 철학자이다. 개시성이 존재의 근본특징이라는 하이데거의 논제는 주관주의적인 모든 이론적 입장과는 대립된다. 물론 개시성은 모조리 남김없이 파악될 수 있는 것이 아니라 오히려 어떤 근원적인 은닉성이 여기에 속해 있다는 점을 받아들이는 한에서만, 그 논제는 유지될 수 있다. 왜냐하면 개시성이 지닌 그 풍부함은 역사적으로 그때마다 다르게 변화하는 세계에서 펼쳐질 수 있기 때문이다. 이러한 세계는 터-있음에 의해 그때마다 기투되는 것이지만, 이러한 기투행위는 그 자체 역사적인 것을 인수하는 행위이므로, 세계는 역사적으로 변화하는 것이라고 사람들은 말한다. 역사적인 사실들을 객관적으로 회고해 볼 때 이런 세계의 다양한 모습들은 크건 작건 어느 정도의 공통성을 보여줄 수도 있다. 그러나 절대적인 진리를 추구하는 사색가가 '지금' (Jetzt) 막 체득한 그 경험에 비추어 본다면 이런 사실은 아주 부차적인 것에 불과할 뿐이다. 바로 이러한 '지금'이 진리를 추구하는 사색가에겐 필연적인 탐구의 조건이 되는 것이어서, 진리에 이르는 길은 단순히 어제의 것을 답습하거나 혹은 그런 것에서 벗어나려는 시도가 아닌 것이다. 그래서 하이데거는 진리의 역사성에 관하여 말하기보다는 오히려 진리의 역운성(Geschicklichkeit)에 관하여 말하기를 좋아한다. 왜냐하면 '역사성'(Geschichtlichkeit)은 역사학적인(historisch) 표상의 영역에 속하는 반면에, 역운성은 〔존재의 보내줌(Schicken, 보냄)에 의해〕 이제 막 보내져 당도한 것을 암암리에 가리키기 때문이다.

『존재와 시간』에서 하이데거는 말하기를, 인간존재로서의 터-있음은 그때마다 존재자의 존재를 이해하기 위한 지평을 기투한다는 것이다. 그래서 마치 터-있음이 모든 이해의 최종적인 근거로서 언제나 방법론적으로 설정된 듯한 인상을 주기도 한다. 물론 우리는 이러한 근거 자체가 이미 존재의 시간적인 성격에 기인한다는 점을 개괄적으로 명시한 바 있다. 그러나 존재 자체의 시간적인 개시성으로부터 터-있음을 해석하려는 이러한 역전된 해석의 시도는 끝내『존재와 시간』에서는 이루어지지 못했다. '전회'를 의미하는 이런 시도는 애당초『존재와 시간』을 구상하였던 그의 저술계획안에는 포함된 것이었다. 하이데거가 이런 사색의 걸음을 내딛기 시작한 것은, 존재의 시간적 성격에 대해 좀더 깊은 통찰을 얻게 되었던 나중에서나 가능하였다. 유한적으로 훤히-밝혀지는 존재의 시간적 성격은 사람들이 그것에 대해 다분히 회의적인 시각을 가질 수밖에 없는 어떤 무시간적이며 절대적인 원리가 아니라, 오히려 〔존재의〕 부름으로 향해 들어가라는 모종의 방법론적인 지시를 암시하는 것이다.

형이상학의 본질

파르메니데스 이래로 '존재'라는 낱말이 서양 철학의 근본개념으로 지속되어 왔다면, 존재의 의미에 대한 물음은 필연적으로 형이상학의 본질에 대한 물음이기도 하다. 그러나 이런 물음은 첫번째 과제에 나란히 부가되는 두번째 과제가 아니다. 오히려 하이데거는 형이상학의 역사 속에 은닉된 채 함께 이행되어 왔던 것(존재의 역운을 가리킴─옮긴이)에 입각하여, 다양하게 기투된 형이상학의 역사를 언제나 다시금 철저히 사유하는 가운데 자기 자신의 고유한 사상에 이르게 되었다. 뒤집어 말하자면, 과거의 다양한 철학적 체계들이 어느 정도는 통일적이면서도 완결된 역사의 각 단계들로서 분명히 밝혀지는 정도에 따라, 그의 사상은 구체적으로 나타나는 것이다.

『형이상학이란 무엇인가』(*Was ist Metaphysik?*, 1929)라는 강연을 시작으로 해서 이런 주제에 대한 하이데거의 숙고는 『형이상학 입문』(*Einführung in die Metaphysik*, 1935), 그리고 형이상학적인 역사의 주요흐름을 서술하였던 『니체 I·II권』(*Nietzsche*)을 거쳐, 그가 말년에 집필하였던 『철학의 종말과 사유의 과제』(*Das Ende der Philosophie und die Aufgabe des Denkens*, 1964)라는 저작으로까지 이어졌다. 대략 1930년대 말엽 이후, 그의 사상적 입장은 본질적인 점에서 더 이상 변화하지 않았다.

하이데거는 고전 철학자들의 주요 저서들을 매우 치밀하게 탐독하였는데, 이런 그의 태도는 역사학적인 관심에서 비롯된 것이 아니라, 그 자신이 제기하였던 물음의 필연성에서 비롯되었다. 이런 물음의 과정에서 그는 형이상학에 대해서는 긍정적인 관계를 유지하였지만, 사변적인 사상을 전혀 이해하지 못하는 실증주의적인 입장이나 생철학적인 입장의 대변가들에 대해서는 분명한 거리를 유지하였다. 따라서 그는 자기를 사로잡은 사태가 어떤 점에서는 초기의 형이상학자들에게서도 동일한 문제로 부각되었던 바로 그 사태라는 점을 전제하는 것이다.

하지만 그는 과거의 위대한 사상가들이 시대를 초월하여 끊임없이 제기하였던 문제들에 관해 논쟁을 일삼으며 그런 논쟁에나 참여하는 단순한 사색가 정도로 자신을 이해하지는 않는다. 헤겔과 마찬가지로 하이데거도 역시, 낡은 사상적 체계들은 〔그런 사상이 형성된〕 그 시대에 파묻혀 버림으로써 오늘날에는 더 이상 진정한 의미에서 참다운 플라톤주의자나 토마스주의자 혹은 칸트주의자가 존립할 수 없다고 생각한다.

그러나 헤겔이 과거의 사상들을 진리의 부분적인 각각의 유형들로 간주하면서 그런 사상들을 자신의 체계 속에 통합하고자 시도하였던 반면에, 하이데거는 서양 사유의 전통 전체에서 암암리에 전제되어 왔던 [사유의 근원적인] 사태를 가능한 한 주제화하기 위하여 '한 걸음 뒤로 물러서는' (Schritt zurück) 태도를 취했다. 하이데거는 헤겔이 취한 방법적 태도를 서구 사상의 필연적인 귀결로 간주하였기 때문에, 그는 [전통적 사유와는 완전히 다른] 사유의 다른 시작(ein anderer Anfang)을 추구하지 않을 수 없었다.

고전 철학자들이 심혈을 기울였던 여러 논쟁과 논점들은 아직도 관철될 수 있을 만큼 확실한 것이 아니냐는 혹자의 물음에 대하여 하이데거는 그다지 주목하지 않는다. 오히려 그가 주목하려는 관점은, 그들의 사상적 기투는 저마다 각각 형이상학적인 사유의 본질적인 맥락 그 자체가 다양한 방식으로 변화하여 나타난 것들이어서 이런 변화가 진행되어 온 그 과정을 [존재역사적인 관점에서] 알고자 하는 것이다. 위대한 사상가들이 전개하였던 전통적인 사상들의 주요 흐름을 주시하는 가운데, 하이데거는 그들이 형이상학적인 사유의 본질 맥락을 다채로운 모습으로 극단화시켰을 뿐이라고 생각하였다. 그러나 하이데거의 시각으로는 그들이 이루어낸 사상적인 기투들은 개인적인 결단의 산물이나 우연적인 상황의 산물이 아니라(비록 그들이 그것을 통찰하지는 못했다고 하더라도), 그 자체 역사적인 본질을 지닌 진리에의 의지의 산물이라는 것이다.[12] 그들은 자신들이 문제삼았던 사태들이 서로 어떻게 관련되는지를 알고자 시도함으로써, 그들 자신도 모르게 진리의 어떤 특정한 '역운' (Geschick)에 응답하였던 것이다.

이제 우리는 하이데거가 말하는 '형이상학의 종말'에 대해 살펴보기로 하겠다. 그에 따르면, 20세기에 펼쳐진 철학적 동향을 폭넓게 관망해보더라도 이 시대에는 과거의 위대한 철학이 등정했던 고지에 도달한 사상을 전혀 찾아볼 수 없었다. 그 대신 역사학적인 탐구와 절충주의적인 사상이 넘실대거나 혹은 전승된 이론을 분석적으로 해체하는 입장만이 이 시대의 철학적 광장을 지배하고 있다. 헤겔과 니체 이래로 형이상학적인 사유의 객관적인 가능성들은 모조리 고갈되고 말았기 때문에, 이제는 완전히 새로운 시작을 개진하거나 혹은 기껏해야 과거의 유산을 파먹고 살 가능성만이 남아 있을 뿐이다.

헤겔은 플라톤과 아리스토텔레스와 더불어 체계화되기 시작하여 데카르트와 칸트에 의해 새롭게 정초된 철학을 완성하였다고 생각한 철학자이다. 그가 그렇게 생각한 이유는 두 가지이다. 첫째, 자기 자신을 모든 현실성으로서 자각하는 이성의 단계보다 더욱 고차원적인 단계는 생각할 수 없기 때문이다. 둘째, 이러한 이성의 관점에서 보자면, 세계생성의 역사와 마찬가지로 지금까지 전개된 철학의 역사는 모든 것을 포괄하는 이성적 진리의 선행적인 단계들에 불과한 것으로서 보여지기 때문이다. 물론 이러한 진리는 단순히 소유할 수 있는 것으로서 확정될 수는 없다. 왜냐하면 진리를 펼쳐보이는 전차(Vehikel)로서의 시간이 아직도 진행 중에 있기 때문이다. 물론 헤겔 이후에도 철학은 여전히 계속될 것이며 그것이 과연 어떻게 전개될 것인지에 관해서는 헤겔 자신도 알 수 없다. 비록 헤겔의 사유구조 속에 귀속된 채 그의 사유구조에 의해 이해될 수 있었던 마르크스와 키에르케고르는 헤겔의 그림자에 불과할 뿐이라고 단정한다고 하더라도, 철학이 앞으로 어떻게 전개될 것인지에 관해서는 정말로 헤겔 자신도 알 수 없다.

여기서 남아 있는 유일한 가능성은, 정신적인 것과 감성적인 것의 우열을 뒤바꾸어 버림으로써, 이제는 우리가 동물적인 삶 속에 안주하도록 동물적인 것을 우리 자신에게 정립하는 가치로서 정신의 이념들이 현상하는 것뿐이다. 그래서 니체는 점점 더 거세지는 허무주의의 경험을, 이념이 더 이상 참다운 존재——즉 우연적인 삶으로부터 독립적인 존재——를 소유하지 못하는 현상을 암시하는 징후라고 해석하고자 시도했다. 이와 동시에 그는 이런 경험 속에서 '고전적인 허무주의'로 유혹되는 경향을 주시하였다. 여기서 고전적인 허무주의란, 그 본질은 '힘에의 의지'이며 그것이 지속하는 방식은 '동일한 것의 영원한 회귀'인 그런 참다운 존재를 철저히 긍정하는 태도를 가리킨다. 바로 이런 점에서 플라톤의 사상에 반기를 든 니체의 태도는 형이상학적인 것이며, 따라서 그의 이론은 참다운 존재에 대한 하나의 이론인 것이다. 이런 유형의 형이상학은 그 사이에 절대화된 이성적 형이상학[특히 관념론]을 뒤엎는 가운데 형성한 것이기 때문에, 니체의 형이상학은 형이상학적 본성을 지닌 모든 의식을 짓누르면서 형이상학적인 탐구로 나아가는 길목을 모조리 폐쇄하였다. 관념론은 현사실적인 모든 삶을 이념으로 지향하고자 시도하였지만, 여기에서는 모든 이념을 현사실적인 삶의 차원으로 복원하려는 시도가 일어났다. 사유의 공간과 존재론적인 차이는 붕괴되고 말았다.

바로 이런 점에서 헤겔과 니체의 사상은 서로 구조적으로 공속하는 것이며, 더 나아가 이 두 사상가는 유럽의 사유를 장식하였던 형이상학적 시대의 종말을 준비한 셈이 되었다. 하이데거는 이들 두 사상가의 체계 속에 내포된 몇 가지 문제점을 숙고하는 가운데 사유의 새로운 시작을 추구하였다. 특히 그는 헤겔의 경우에는 '존재'와 '시간'의 연관성을, 그리고 니체의 경우에는 '존재'와 '허무주의'의 연관성을 중점적으로 숙고하였다. 두 사상가의 주요 사상에 대한 하이데거의 성찰은 '존재의 생기'에 관한 사상으로 유입되었다.

이제 우리는 '형이상학의 구조'에 관해 살펴보고자 한다. 하이데거는 형이상학적 사유의 전통이 이미 그 종말에 이르렀기에, 이제는 새로운 물음의 제기가 필요하다고 생각하였다. 그는 이런 생각으로 인해 존재자에 대한 기존의 태도[즉 '이성적인 사유'의 태도]를 독특한 방식으로 수용하려는, 아주 예리하면서도 조금은 낯선 의식[즉 하이데거 자신의 고유한 '사유')을 채비하였다. 물론 존재자를 사유하는 그런 태도는 형이상학을 통해 꾸준히 정초되면서 반성되기는 하였지만, 학문적으로 해석된 일상적인 삶 속에서는 언제나 생동하는 것이었다. 이런 점에서 하이데거의 경우에 '사유'라는 개념과 '이성적 사유'라는 개념은 서로 완전히 구별된다.

이성의 법정 앞에서 '존재하는 것'으로서 판결될 수 있는 것만이 오직 '존재하는 것'으로서 타당하게 간주되었던 근대철학적인 입장에서 출발하여, '존재하는 것'[존재]과 '사유 가능한 것'[사유]은 서로 일치한다는 파르메니데스의 명제에 이르기까지 하이데거는 전통적 사유의 맥락을 꿰뚫어보았다. 누구나가 알고 있듯이, 파르메니데스는 이러한 원리에 따라 우리들이 살아가는 삶의 세계에서는 존재를 거부하지 않을 수 없었다. 플라톤과 아리스토텔레스, 그리고 이 두 사상가를 추종하는 철학자들은 가능한 한 아주 드넓은 현상의 영역을 존재의 영역으로 끌어들이고자 하였다. 그러나 플라톤은 이런 일을 하기 위해 엄청난 대가를 치르지 않을 수 없었다. 즉, 존재자가 개별적인 현상으로 개시되기에 앞서서 그 존재자는 인간의 영혼에게 이미 자신의 '참모습'(Anblick)을 내보여주며 알려주고 있다고 사유하였던 플라톤은, 이런 '참모습'(Anblick)으로서의 이데아가 [개별적인 현상을] 구속하는 속박(Joch, 멍에) 아래로 존재자의 진리를 이끌어가야만 했던 것이다. '그렇게-있음'(본질)은 존재자의 본래적인 존재로서 간주되었다(다시 말해, '어떤 것이 본래적으로 있다'고 할 때, 이러한 '본래적인 있음'[존재]을 규정하는 것이 곧 본질[essentia]이며, 이러한 본질을 독일어로는 '그렇게-있음'[So-sein]이라고 부른다. 여기서 '그렇게-있음'이란, 존재하는 것이 '존재하는 것으로서 그렇게 있음', 다시 말해 존재하는 것이 '본래적으로 있음'을 가리킨다―옮긴이).

아리스토텔레스도 '그때마다 [있는 그대로] 그렇게 있는 것'(das jeweilig So-seiende)을 본래적인 존재자(ousia)라고 설명하는 한, 그

「예술과 공간」을 쓰고 있는 하이데거. 1968년 장크트갈렌.

역시 이러한 입장을 그대로 고수하는 것이다. 왜냐하면 여기에서도 이러한 존재(있음)는 '자기 자신 안에 어떤 목적을 지니고 있는' 엔텔레케이아(En-tel-echeia)로서 사유되면서, 다시금 로고스(Logos)가 구현되는 한 양식으로서 사유되고 있기 때문이다. 철학사를 지배하는 이러한 본질주의는 합리주의적인 이론의 근저에 깔려 있을 뿐 아니라, 비합리주의적인 이론의 근저에도 깔려 있다(하지만 아쉽게도 하이데거는 '존재하는 현실'[actus essendi]에 관한 토마스의 사상에 대해서는 어디에서도 명확하게 다루지 않았다).

본질주의는, 존재자를 어떤 가능한 이론의 대상으로 삼는 것으로서 존재를 처음부터 요청하고 있다는 점에 기인한다. 그런 까닭에, 동일성의 원리와 근거의 원리는 존재자의 존재에 관한 원리뿐만 아니라 '동시에' 올바른 사유에 관한 원리와도 전혀 떼어놓을 수 없을 만큼 긴밀한 관계를 갖는다. 그러나 이러한 '동시에'가 어디에서 유래하는지, 이런 낱말은 어떤 성격을 지니는 것인지, '존재'와 '사유'의 두 요소 중 과연 어떤 것이 더 중요한 것인지, 존재자와 대상이 동일하다는 이 아리송한 동일성은 어떤 방식으로 존립하는 것인지, 사유는 무엇을 통해 진리를 사유할 수 있는지 등등······이런 온갖 물음들은, 예전에는 이 물음들이 지닌 근본적인 의미에 상응할 정도로 철학적인 주제가 되지는 못했다. 하이데거의 견해에 따르자면, 이런 물음들이 지닌 그 의미는 철학의 역사가 본격적으로 그 궤도에 오르기 시작하면서 오히려 사라져갔다는 것이다. 그 대신에 인식의 확실성을 추구하려는 욕구가 우위를 차지하게 되면서, 급기야—헤겔에게서 그 단적인 예를 볼 수 있듯이—정신의 자기확실성이 존재의 진리와 일치한다는 주장까지 나타나게 되었다.

존재자를 그것의 본래적인 존재를 향하여 기투하는 형이상학적인 기투의 구조 속에는, 이러한 본래적인 존재를 최고의 존재자이며 최초의 존재자인 신에 의해 형식적으로 설명하려는 경향이 속해 있다. 이런 태도로 말미암아 존재 자체는 존재자에 근거하게 되며, 더 이상 존재에 대해 물음을 제기할 필요조차 없어진다. 그래서 하이데거는 존재론적인 신학, 즉 존재-신-론(Onto-theo-logie)을 최대한 유보하고자 한다. 그에 의하면, 신이 아닌 어떤 다른 것——즉 예를 들자면, 물질이나 역사——을 절대적인 것으로서 간주하는 모든 입장들도 존재-신-론에 속한다는 것이다. 더욱이 그는, 형이상학적인 사유의 논리적 귀결에 따라 필연적으로 사유될 수밖에 없었던 '최고의 존재자'가 충분한 근거도 없이 종교적인 언어로 '신'을 지칭하는 그런 '현실'(예를 들어, 토마스는 신을 '순수 현실'〔purus actus〕이라고 불렀다-옮긴이)과 동일시되었다고 생각한다.

따라서 '신이 철학의 영역으로 들어오게 되었다'는 사실은, 그에겐 아주 의문스러운 사건으로 여겨졌다. 이런 사건은 세계지평의 변화를 암시하는 것이며, 또한 '신적인 것'(das Göttliche, 여기서는 '신성한 것'의 의미로 사용된다-옮긴이)이 퇴색되어 사라지고 말았다는 것을 암시한다. 하이데거의 시각으로는, 이러한 해석은 지중해를 중심으로 형성되었던 수많은 다신론적인 종교들이 몰락하였다는 현상과도 무관하지 않으며, 또한 크리스트교의 신개념이 플라톤의 사상에 의해 채색되었다는 사실과도 무관하지 않다는 것이다. 그래서 형이상학의 종말, 그리고 이런 종말과 긴밀하게 관련된 '신의 죽음'은, 아마도 스스로 생기하여 도처에 편재하는 그런 의미의 생성을 경험할 수 있는 어떤 열린 가능성을 간직하고 있을지 모르며, 또한 이런 가능성 안에는 신성한 것(das Heilige)이 새로운 신의 모습으로 도래할 어떤 가능성을 간직하고 있을지도 모른다(하이데거는『철학에의 기여』〔GA,65〕에서 이러한 신을 "마지막 신"이라고 부른다-옮긴이).

이제 우리는 '역사와 생성하는 형이상학'에 대해 숙고하고자 한다. 형이상학은 존재자를 존재자로서 파악하고자 존재자 전체를 넘어 존재를 향해 나가는 행위이다. 이렇게 넘어감(Überstieg), 즉 초월함은 필연적으로 꼭 사유의 과정에서만 생기는 것은 아니다. 오히려 그것은 철학이 태동한 이래로 유럽의 문화와 서구화된 세계의 근본구조를 형이상학적으로 각인하던 인간의 본질 자체에 속한 것이다.

모든 형이상학에는 각각 그에 상응하는 '세계'가 속해 있게 마련이다. 왜냐하면 현실적인 것의 〔참다운〕 현실을 해석하는 것으로서의 철학은 그 주된 유형에서, 한 시대의 인간이 살아가며 사유하고 정신적으로 애쓰며 어떤 한계에 부딪치는 〔총체적인 삶(존재)의〕 궤도를 예시하는 것이기 때문이다. 이런 의미에서 헤겔과 마찬가지로 하이데거도 역시 철학의 역사는 서구 역사의 중심이 된다고 보았다. 그러나 그는 헤겔과는 다르게, 철학의 기능을 반성하며-개념파악하는 기능으로 본 것이 아니라, 〔존재의 다가옴을〕 예시하며-개시하는 기능으로 보았던 것이다.

철학이 존재의 이념과 더불어 출현하였고 또 이러한 철학으로부터 모든 개별학문들이 형성되었다는 사실은 인류의 역사를 가로지르는 커다란 사건이라는 점을 하이데거는 분명히 자각하고 있다. 시간적 · 지리적으로 보자면, 이러한 양식의 세계관계는 불과 얼마 전까지만 해도 유럽의 문화권에 한정된 특수한 사건이었으나, 이제는 사실상 전 지구를 장악하고 말았다. 물론 그렇다고 해서 이러한 진행과정을, 개별적인 모든 전통적 문화들이 저마다 각각 그 충만함에 도달하였다는 식으로 해석해서는 곤란할 것이다. '형이상학적인' 존재관계의 역사는 '존재 자체'의 역운에 상응한다고 하이데거가 말한다면, 이 경우 우리는 방금 지적한 사항을 꼭 유념해야 할 것이다. 하이데거는 '형이상학'이라는 용어를 '참다운 현실'(Wirklichkeit, 현실성)에 관계하는 인간의 근본태도를 특징짓기 위해 사용할 뿐만 아니라, 이 용어로써 표상적이며-객관적인 사유 속에 '간직된' [13] '항구적인 현재'(beständige Gegenwart)로서의 존재의 비은폐성을 나타내기도 한다. 왜냐하면 이러한 역운적인 것이 우리의 역사에 철두철미 관계하고 있기 때문이다.

우리가 철학의 거대한 역사적 흐름에서 이러한 역사의 미로를 관통하는 어떤 일관된 맥락을 지니고 있다고 한 번 가정해 본다면, '존재의 역운'이라는 표현은 저절로 발생하는 어떤 계시적인 사건을 나타내는 것이 아니라, 모든 철학적 사유에 내재한 필연적인 연속성을 암시하는 기능을 갖는다. 이런 연속성을 근거짓는 근거는 사상가들의 임의적인 결단이나 관행적인 태도에서는 찾을 수 없으며, 오히려 그것은 서양의 사유가 수용하였던 서양적인 사유의 고유한 문제들 속에서 획득될 뿐이라고 한다면, 하이데거가 존재의 역운에 관해 말하면서 사용하는 '형이상학적'이면서도 신화적인 그의 어법은 어느 정도는 정당한 것이기도 하지만, 한계가 있다는 점 역시 분명할 것이다.

존재의 개방성(Offenheit, 열려-있음) 가운데 서 있음은 철학적으로 사유할 수 있는 사유의 가능성의 조건이 될 뿐만 아니라, 인간의 모든 특수한 행위 전체를 가능하게 한다. "인간이 사색하고 관찰하고 만들며 행위하고 기도하고 감사하는 가운데 자기 자신의 자유로움을 체득하는 곳에서는 언제나, 그는 도처에서 이미 자기 자신이 감추어지지 않은 열린 장으로 인도되었음을 깨닫게 된다. ……인간이 비은폐성 안에서 자기 나름대로 현존하는 것을 드러낸다면, 그는 그때 단지 비은폐성의 부름에 응답하는 것일 뿐이다. 이런 것은 그가 그 부름을 외면하며 그 부름에 저항할 경우에도 실은 마찬가지인 것이다."[14]

오늘날 비은폐성이 우리에게 말걸어오는 방식을 하이데거는 '모아-세움틀'(das Ge-stell, 몰아-세움)이라고 특징짓는다. 이 용어로써 그는 기술과학적인 문명의 정신을 되새긴다. 이러한 정신에 의해 우리는 모든 존재자를 그것의 고유한 존재와 그 의미에서 탈은폐하는 것이 아니라, 그것을 개조하거나 가공하여 이용할 수 있는 재료가 될 수 있는 한에서만 존재자를 탈은폐하도록 '몰아-세워지고' 있다. 즉 여기에는 실증주의적인 존재개념이 그 근저에 뿌리내리고 있다. 그래서 과학적인 이론을 기술적인 실천으로 환원하기 위한 구체적인 방법론이 발견되기도 전에, 현대의 과학적 지식은 그것을 기술적으로 이용할 수 있는 그 관점에 입각하여 이미 형식적으로 규정되는 것이다. 이윤을 추구하는 오늘날의 이익사회에서는 이러한 과학적 안목이 가장 귀중한 것으로서 높게 평가되기에, 여타의 다른 안목들은 대부분 간과되거나 경시된다. 그래서 유용성과는 무관한 삶의 안목들은 철학적인 반성을 통해 비로소 그 정당성을 마련해 가지 않으면 안 될 지경에 이르렀다.

이미 아리스토텔레스의 에네르게이아(현실태)나 실체성과 비교해 볼 때 [근세의] 대상성은 그 자립성을 상당히 상실하였지만, 이제 단순히 가공될 재료로 하락해버린 존재자는 이런 대상성이 지닌 자립성마저도 거의 상실해버렸다. 이에 따라 인간도 역시 모아-세움틀의 도발적인 요청(Herausforderung, 닦달함)의 과정에 함몰된 채, [존재의 부름에 의해] 부름받은 자로서의 자기 자신의 탈자적인 본질을 전혀 주시하지 못하는 [비참한] 상황에 이르렀다. 이런 점에서 하이데거는 현대의 정신적 상황을 진단하면서, 바로 여기에 '가장 커다란 위험'이 도사리고 있다고 비판하였던 것이다.

이러한 상황이 유래한 그 근원은 이미 그리스 철학에서 찾아볼 수 있다. 왜냐하면 이미 아리스토텔레스는 수공업적인 제작의 영역에서 보이는 존재자의 형상적-질료적 특성을 존재자 자체의 근본특징으로 간주하였기 때문이다. 물론 이런 논의적 입장이 지닌 그 유해성은 존재하는 모든 것을 언제나 이미 존속시키는 우주적 질서에 대한 믿음과 긴밀히 결속되어 있다. 우주는 단지 우연히 만들어진 것일 뿐이며 인간의 정신은 이러한 세계를 초월하고 있다는 통찰로 말미암아 일찍이 철학을 태동시켰던 시원적인 힘은 완전히 구속으로부터 벗어나게 되었다. 따라서 오늘날 현실을 끊임없이 개조하면서 과학적으로 객관화하고 기능화하려는 구조적 입장이 철학의 자리를 대신하게 되었다면, 그것은 형이상학의 근본의도에 철저히 상응하는 것이다.

생산 자체가 목적으로 간주됨으로써 무엇을 위한 생산인지 인식될 필요조차 없어진, 오늘날의 자기실현의 현상은 현대사회와 개인을 특징짓는 본질적인 모습이다. 그러나 하이데거는 바로 이러한 최고의 위협에는——이런 위협은 본질적으로는 인간의 세계에게 자기 자신의 가장 고유한 본질을 알려주기를 완강히 거부하는 존재 자체로부터 비롯하는 것이다——진리가 완전히 새롭게 심화되어 나타나는 진리의 한 방식이 은닉되어 있기에, 형이상학의 역운이 인간의 본질에게 끼쳤던 그 고통을 치유하며 극복하는 가운데 존재와 인간의 본질이 새로운 방식으로 공속하며 고유해질 가능성이 움트고 있다는 희망을 가슴 속에 품었던 것이다.

생-기(Er-eignis)

인간은 의미의 개방성과 은닉성이 일어나는 놀이공간에 탈자적으로 내맡겨진 존재(Wesen, 본질적 존재자)이다. 존재자가 그때마다 자신의 존재에서 스스로를 나타내 보이는 놀이공간은 [인간에 의해] 인수될 수 있는 공간으로서 인간에게 내맡겨져 있다. 존재와 인간은 어떤 제3자나 또는 일자에게 환원될 수 있는 것이 아니라, 서로 공속하는 것이다. 물론 이때 이 둘이 서로를 규정하거나 다스리는 방식들은 역사적으로 매번 다르게 나타난다. 하이데거는 모든 사태관계들을 관장하는 가장 근간이 되는 사태관계를 '생-기'라고 부르는데, 이 용어는 '고유해-짐'(Zu-eignen)과 '스스로-생기함'(Sich-ereignen)을 포괄하는 낱말이다(하이데거의 후기사유의 핵심용어인 '생-기'는, 존재가 자신의 진리인 비은폐성에서 고유해지고 이와 동시에 인간이 자신의 본래적인 있음에서 고유해지는 가운데, 존재의 진리가 일어나는 본원적인 존재현상 혹은 진리현상을 가리키는 낱말이다—옮긴이).

우리가 행위하고 사유하고 희망하는 가운데 우리에게 암묵적으로 전제된 의미들의 연관성인 삶의 지평은 변화하게 마련이지만, 이 경우에 이런 변화는 어떤 명확한 법칙을 따르는 것이 아니라는 그런 사실을 가리키기 위해서 '생-기'라는 용어가 사용되는 것인가? 과연 어떤 점에서 하이데거의 입장은 역사학주의(Historismus)의 입장과 구분되는가? 그것은 하이데거가 『강연과 논문』에서 말하듯이 "무조건적인 모든 것의 월권"을 포기한다는 점에 있는 것이다.[15] 다시 말해, 무시간적인 원리에서 도출될 수 있는 것으로서 언제 어디에서나 한결같이 타당한 것을, 우리가 타당하다고 생각하는 것과 동일시하려는 요구를 그가 포기한다는 점에 있는 것이다. 역사학주의에서 보이는 상대주의적인 허무주의는 [역사학적인 관점에서 객관적인 사실을 보장하려는] 객관주의의 결과이며, 이런 객관주의는 다시금 현사실적으로 생동하는 역사에서 도피하여 그런 역사를 단순히 이론화함으로써 산출된 어떤 본질주의적인 입장에 의해 결과적으로 발생하는 것이다. 딜타이는 삶의 개념 속에 함축된 형이상학적인 의미들을 진지하게 수용하지 못했기 때문에 이러한 연관성을 철저히 통찰하지 못했다. 따라서 그는 역사성을 밝히는 과정에서 우리를 난감하게 하였던 여러 가지 당혹스런 문제들을 올바로 해결할 수도 없었다.

하이데거는 오늘날 우리가 이해할 수 있는 삶의 특수하고도 유한한 의미형태들과는 본질적으로 차별화된 어떤 다른 의미형태들('세계화')을 파악하고자 하였으며, 이런 과정에서 존재 일반의 의미라는 이념에 대해 완전히 개방적인 태도를 취했다. 그러나 그는 더욱 일차적인 것을 어떤 [존재의] 숙명(Schicksal)으로서 경험한 사상가이다. 이런 숙명 속으로 우리는 우리 자신을 떠나보내지 않으면 안 된다. 비록 우리가 이런 숙명을 회피하고자 한다고 하더라도, 우리는 이미 이런 숙명에 의해 철저히 구속되어 있다는 것이다. 숙명은 우리보다도 더욱 강건한 것이다. 왜냐하면 그것은 우리가 의욕하거나 저항하는 모든 존재방식을 이미 규정하면서-조음하고(be-stimmt) 있기 때문이다(물론 이런 규정은 결정론적인 원칙과는 아무런 상관도 없다). 이런 한에서 우리는 실제로 존재의 숙명을 제압할 수는 없다. 오히려 우리는 우리가 역사적으로 존재해야 한다는 어떤 요구를 저마다 독자적인 방식으로 받아들이든지 혹은 이런 요구 앞에서 도피하여 비현실적인 것으로 혹은 이상적인 것으로 줄달음칠 수 있을 뿐이다.

이상적인 가치세계가 뒷전으로 물러나고 그 자리에 완전히 기능적인 세계가 들어서게 되었다는 경험으로 말미암아 솟아오르는 실존적인 불안은, 이상적인 이념들에 의해 매개될 수 있는 것보다도 더욱 심화된 공속성——즉 존재 자체에 대한 인간의 공속성——을 이제 비로소 경험하기 위한 어떤 여백의 공간을 마련해주고 있다고 하이데거는 생각한다. 이러한 실존적 불안의 이면에는 이념적인 것이 역동적인 감성에 비해 평가절하되는 것이 아니라, 오히려 그 반대로 다음과 같은 의구심이 도사리고 있는 것이다. 즉 주도적인 지식의 이념들은 아직도 상당히 지배욕구에 의해 이끌리고 있으며 인간 행위의 중심적인 가치들은 거의 대부분 상거래 활동에 의해 산출되고 있다는 것이다. 그러나 삶이란, 안전장치를 마련함으로써 그 위험을 없앨 수 있는 상거래 활동이 아닌 것이다. 더욱이 사유란 원래, 우리가 희망하는 것을 구체적으로 실현하기 위해 필요시되는 여러 조건들을 계산적으로 따지는 행위가 아니다. 사유는 그 본질에서 단순히 어떤 것을 이론적으로 설명하는 형식이 아니다. 오히려 사유의 본질은 우리에게 말을 건네는 그것[존재의 부름]을 민감하게 성찰함에 있으며, 따라서 사유는 그 중심에서 '감사함'(Danken)에 의해 철저히 조음되며 지배되는 것이다.[16] 사유 그 자체는 단지 형식적으로만 그 특징을 드러낼 수 있을 뿐이다. 그러나 실재적인(real) 사유는 앞에-세우면서 뒤따라-가는 사유(즉 존재자를 표상하면서 그 표상된 존재자를 의식의 영역에서 재구성하는 사유—옮긴이)이거나 혹은 감사하는 사유일 따름이다.

그러나 어째서 감사하는 사유란 말인가? 오히려 그런 사유는 유한성에 따른 비애감은 아닌가? 아니면 그것은 부조리에 대한 저항이나, 혹은 비참하게 파멸된 것이 외치는 어떤 함성과도 같은 것은 아닌가? 그러나 하이데거는 다음과 같이 생각한다. 살아가는 인간의 모든 행위와 그의 '능력' (Vermögen, 할-수-있음)은 무수한 '가능성' (Möglichkeit)에 의해 지탱되는 것이며, 이런 가능성 속에는 인간을 위한 존재의 '호의' (Mögen)——즉 존재의 '자애로움' (Huld, 은총, 베풂)——가 스며 있다는 것이다.[17] 심지어 참다운 고향을 수여할 수 있는 어떤 세계가 거부되고 있는 경우에도, 하이데거는 이런 비참함 역시 '자애로움'의 한 방식이라고 생각한다. 그래서 그는 [존재의] 모아-세움틀이 동반하는 위험 속에서조차 '구원'의 가능성을 주목하면서, 그런 구원자가 오늘날의 세계를 지배하는 모아-세움틀 속에도 깃들여 있다고 보았던 것이다.

이미 『존재와 시간』에서 하이데거는, 비본래적인 존재이해의 모든 형태에는 그 근저에 본래적인 존재이해가 놓여 있다고 말한 바 있다. 이런 점에서 역사적이며 현사실적인 존재이해가 생-기의 구체적인 방식으로 해석된다면, 그것은 분명히 『존재와 시간』에서 언급된 주요 특징을 다시 수용하여 해석한 것에 불과하다. 존재이해가 '우선은 대개' 비본래적인 방식에서——즉 회피하거나 은폐하는 방식에서——수행된다고 하더라도, 그런 존재이해는 가능적인 본래성에 의해 철저히 규정되는 것이다. 이와 마찬가지로 생-기에는 이와 대립하는 내면적인 어떤 구조가 속해 있다. 생-기는 그 현사실성에서 자기 자신을 넘어서 어떤 영원한 가치를 추구하라고 호소하지는 않는다. 오늘날 인간이 몰아-세움틀의 명령 (Geheiß, 불러-모음)에 의해 건립한 '컴퓨터 문화'는 존재 자체가 그 참다운 진리의 방식으로 인간의 세계에 머무는 것을 철저히 거절하는 문화이다(이런 점에서 컴퓨터 문화는 비본래적인 문화의 한 양상이다—옮긴이). 이런 문화의 구조 속에서 현대인이 고향을 상실하게 되었다고 하이데거가 말할 경우에, 그는 존재의 진리도 하나의 규범적인 개념이라는 사실을 전혀 의심하지 않는다.

이제 우리는 '언어'에 관하여 살펴보기로 하겠다. 하이데거는 언어의 본질을 존재의 진리로부터 사유한다. 이미 『존재와 시간』의 제34절에서 그는 처해-있음과 이해와 아울러 말(Rede)이 개시성을 구성하는 근본 요소임을 밝힌 바 있다. 말은 '이해된 것을 유의미하게 마디 나누어 구성하는 것'으로서 낱말들이 형성될 수 있는 기반이 된다. 말에는 말함의 가능성만이 속해 있는 것이 아니라, 이와 아울러 들음의 가능성과 침묵의 가능성이 속해 있다. 그의 후기 사유에서도 세계-속에-있음의 '본래적인' 방식은 전개되고 있는데, 여기에서 말은 더욱 중요한 위치를 차지하게 된다. 『존재와 시간』에서 말은 그것의 비본래적인 형태인 잡담(Gerede)으로서 주제화되기도 하였고, 또한 자기 자신이 되라는 양심의 부름으로서 주제화되기도 하였다.

그런데 그의 후기 사유에서 언어는 그때마다 세계를 구성하기 위한 매우 결정적인 역할을 담당하면서, 스스로를 감추면서 스스로를 드러내는 존재의 본질을 매개하는 가운데 스스로를 나타내 보인다. 언어는 "존재의 집"[18]이다. 언어가 없다면, 존재와 존재자의 통일성 속에 깃들인 차이는 기껏해야 불완전한 형식으로 드러날 수 있을 뿐이다. 역사의 흐름 속에서 각각의 인간들은 자기 자신이 언제나 이미 이러한 '집'에 거주하고 있다는 사실을 발견한다. 그들은 이러한 존재의 집에 거주함으로써 비로소 세계를 가질 수 있다. 언어를 떠나서 인간존재란 생각할 수조차 없다. 우리가 살아가기 위해서는 참다운 세계연관을 지시하는 언어적 용법을 적확하게 사용해야 하며, 또한 이러한 어법 속에 내포된 의미들을 올바로 들을 수 있어야 한다. 이런 점에서 전승된 언어에 대해 거의 경외하는 듯한 마음으로 이에 주목하려는 하이데거의 태도는 그의 후기 사유의 한 양상을 이룬다. 언어는 대부분 우리에게 전승된 것이기는 하지만, 그것은 근본적으로 스스로를 드러내기도 하고 감추기도 하는 존재자 자체와 끊임없는 논의대결을 벌이는 가운데 비로소 생기는 것이다. 언어를 지어내는 아이들의 행위나 시인들의 행위는 단어에 의해 매개되는 것이기는 하지만, 이런 행위를 통해 존재자 전체는 비로소 그때마다 어떤 특정한 개방성과 현전성에 도달하게 된다. 언어는 단순히 어떤 것을 매개하기 위한 도구가 아니다.

따라서 우리가 구체적으로 누군가를 만나며 어떤 것을 경험하는 삶의 생동하는 영역으로부터 말해진 언어를 완전히 해체하여 극단적으로 기호화하거나 도구화하려는 태도야말로 하이데거의 시각으로는 존재의 본질 및 인간의 본질을 위협하는 매우 커다란 위험으로 보였던 것이다. 이와 동일한 동기에서 그는 언제나 거듭하여 한탄하며 말하길, 형이상학적으로 구조화된 유럽의 언어들은 존재의 참다운 본질을 그것의 진리에서 충분히 말해줄 수 없다는 것이다. 다시 말해 어떤 것에 관해 말할 경우, 그 말은 이런 영역에 도달하지 못하고 왜곡된다는 것이다. 그러므로 '말해질 수 없는 것'이 간접적으로나마——행간 사이에서 혹은 언어적인 울림을 통해——드러날 수 있도록 말하는 말함의 방식을 추구하지 않으면 안 된다.

시어는 이런 점에서 철학적인 개념어보다 탁월한 것이다. 다양한 양식으로 드러나는 시어를 높이 평가한다는 점에서 언어에 대한 하이데거의 사유는 일반적인 언어철학과는 분명히 구분된다. 전승된 낱말에 대하여, 특히 시 속에 담긴 낱말에 대하여——이런 낱말은 최소한 진리를 보여주는 언어의 한 방식인데——깊은 경외심을 느낌으로써 하이데거는 때때로 그 자신이 직접 시를 짓고자 시도하기도 하였다. 물론 시인과 사유가는 '아주 멀리 떨어진 정상 위에서 서로 친밀한 이웃으로 살아갈 뿐'이라는 점을 그는 잘 알고 있었다. 그에 의하면 말함은 무릇 근원적으로 시적인 본성을 지니고 있다는 것이다. 인생을 살아가며 바라보는 가운데 자기가 경험한 것을 낱말로 담아 시를 짓는 작업은 곧 사물의 진리가 참답게 간직된 세계를 건립하는 행위이다. 이런 맥락에서 하이데거는 횔덜린의 말을 빌려, "인간은 이 땅 위에 시적으로 거주한다"[19]고 말한다.

이제 우리는 사방(das Ge-vierte)으로서의 세계에 관해 살펴보고자 한다. 하이데거가 언어에 관해 말할 경우, 이 언어는 무엇보다도 먼저 인위적으로 형성되지 않은 섬세한 시적인 언어를 가리킨다. 이러한 자생적인 언어로부터 모든 인위적인 용어들이 형성되는 것이기에, 그런 용어들은 자생적인 언어가 지닌 근원적인 충만감을 이미 상당히 잃어버린 상태로 현존한다. 이런 것은 그때마다 이러저러한 방식으로 언어에 의해 표현되는 세계에 대해서도 똑같이 적용된다. 삶의 세계는 과학적인 세계상보다 더욱 근원적인 것이다. 이것은 시간적으로도 그럴 뿐만 아니라 진리에 입각해 보더라도 그러하다. 하이데거의 사유는 과학기술적인 대상화와 기능화에 의해 상실된 삶의 세계를 다시 복원하려는 시도이다. '참다운 존재'는 이론에 스스로를 개시하는 것이 아니라, 오히려 이론적인 것에서는 스스로를 은닉하면서도 그 자신의 고유한 의미적 충만감으로부터는 언제나 살아 움터오르는 그런 것이다.[20]

이미 『존재와 시간』에서 '죽음을 인수한다'는 것은 개시성의 가장 깊은 형식을 경험하기 위한 조건으로 제시되었다. 그러나 그 당시 이러한 개시성의 세계적인 형태는 완전히 어둠 속에 가려 있었다. 그의 후기 사유에서 이런 입장은 약간의 변화를 경험하지만 근본적으로는 그대로 유지되고 있다(『강연과 논문』에 실린 「사물」[das Ding], 그리고 「집짓고 거주하며 사유하기」[Bauen Wohnen Denken]란 글을 참조할 것). 죽을 자의 존재를 인수할 경우 신적인 것은 스스로를 나타내 보인다. 그러므로 죽을 자와 신적인 것은 서로가 서로를 명백히 제약하고 있다. 여기에는 은닉적인 요소인 '땅'(대지)과 개시적인 요소인 '하늘'이 서로 마주한 채 속해 있다. 이 네 가지 요소가 서로 대립적인 관계를 이루면서 '거울-놀이'(Spiegel-Spiel)를 하는데, 이러한 놀이는 결코 정적인 것이 아니라, 〔존재의 진리가 일어나는〕 생기적인 것이다. 바로 이런 놀이에 의해 드러나는 세계를 하이데거는 '사방'이라고 부른다.

이런 사방이 거할(walten, 편재할) 경우에만, 사물은 〔사물로서 참답게〕 존재할 수 있다. 하이데거는 술단지를 예로 들어, 사물의 사물다움

1960년대 초에 집필된 원고(˝Prufung aus der Bestimmung˝)의 한 면.

은 과연 어디에 존립하는지를 묻는다. 만약 우리가 어떤 술단지를 그것만이 고유하게 지니고 있는 자립적인 성격에서 파악하려고 시도한다고 하자. 그러나 우리는 그것을 단순히 표상하거나 혹은 제작에 필요한 요소들을 낱낱이 따져본다고 하더라도 어떤 특정한 술단지가 자립적으로 지니고 있는 고유한 특성을 온전하게 파악하지는 못한다. 이런 이유에서 하이데거는 표상과 제작의 범주적 요소에 의해 사물을 설명하려는 모든 해석방식을 거부한다. 그 대신에 그는 사물을, 앞에서 언급한 네 가지 차원들을 모아들이는 것으로서 해석하고자 시도한다. 이런 네 가지 차원이 없다면 사물은 결코 사물답게 존재할 수 없다는 것이다. 여기서 이런 네 가지 요소는 근대의 합리주의적 형이상학에서 자주 언급되는 세 가지 요소—신, 영혼, 그리고 세계—를 상기시킨다. 그러나 하이데거의 경우에 세계는 하늘과 대지로 갈라져 열리는 것이기 때문에 객관적인 사고의 모든 틀은 완전히 허물어져버린다. 그래서 그는 철학적인 세계 이전에 현대인의 삶 속에 뿌리내리고 있는 문화적인 삶의 세계를 주제화한다.

그러나 이러한 태도는 결코 과거로 도피하려는 것이 아니며, 대지 위에 인간답게 거주하기 위한 가능성을 마련하려는 것일 뿐이다. 특히 오늘날의 과학기술적인 세계문명은 완전히 뒤엉클어진 상태에 있기 때문에 어떤 근원적인 부름과 요구에 의해 새롭게 치유되지 않으면 안 된다. 이러한 전향적인 태도가 우리가 희망할 수 있는 참다운 가능성이 될 것인지, 아니면 자신의 유래를 뿌리째 상실해버린 오늘날의 인간의 참담한 상태가 아무런 변화도 없이 그대로 계속될 것인지에 대해서 하이데거는 아무 말도 하지 않는다. 그의 이러한 태도는 세월이 흐를수록 점점 더 염세적인 경향으로 기우는 듯 보인다.

하이데거는 말년에 『슈피겔』(Spiegel)지와의 대담에서 오늘날의 정신적 상황은 아무런 전망도 없다고 진단한 바 있다. "인간이 아무리 사색하고 관조한다고 하더라도 단순히 이런 태도만 가지고는" "오늘날의 세계 상태를 직접적으로 변화시킬 수는 도저히 없다"는 것이다. "오직 하나의 신만이 우리를 구원할 수 있을 뿐이다." 우리는 기껏해야 "신이 도래하든 부재하든 간에 이런 것을 기대하는 마음으로 우리 자신을 추스를 수 있을 뿐"이다(여기서 신이 부재한다는 그 경험은 어쩌면 구속으로부터 벗어나 자유롭게 존재한다는 우리들의 삶의 한 방식인지도 모르지만 말이다).

하이데거는 『언어에의 도상에서』 96쪽에서 다음과 같이 말하고 있다. "신학적인 유래가 없었다면 아마도 나는 결코 사유의 길에 도달할 수 없었을 것이다. 그러나 유래한다는 것은 언제나 〔유래한 그 근원으로〕 다가간다는 것이다." 말년의 하이데거는 신에 관해 어떤 생각을 품었던 것일까? 〔이 시대에〕 신이 부재한다는 느낌으로 말미암아 그는 '어떤 하나의' 신의 가능적인 도래에 관해 말하지 않을 수 없었다. 그러나 여기서의 신은 우리들의 사유에 의해 마련될 수 있는 신이 아니라 스스로 도래해야만 하는 신이다. 따라서 우리가 신의 이름을 외쳐 부를 수 있는 어떤 특정한 신이 부재한다는 사실이 문제되는 것은 아니다. 하이데거는 이미 메말라버린 전통적 신앙의 내면 세계에서 말하려는 것이 아니다. 모든 종교와 신성한 모든 형식들은 그에겐 이미 흘러가버린 것에 불과하다. 그러나 그는 이렇게 사라져버린 종교적 현상 속에서 신성한 것과는 아무런 상관도 없는 진리의 출현을 주목하는 것이 아니라, 오히려 엄청난 불행을 주시하고 있다. 신성한 것의 차원은 존재 자체의 참다운 본질적 영역 속에 귀속하는 것이어서, 이러한 차원이 구체적으로 확증될 수는 도저히 없다고 하더라도 의미 있는 현상으로서 고찰되어야만 한다.

존재의 진리가 편재하는 곳에는──비록 신이 스스로를 나타내보이기를 완강히 거부하는 방식이기는 하더라도──신의 형상이 속해 있다고 말하는 하이데거의 논제는 과연 어디에 근거하는 것인가? 그는 플라톤적인 전통을 따르는 형이상학적인 온갖 과정들을——그는 이런 과정들 속에서는 결코 존재사유의 참다운 관계를 발견한 적이 없었지만——근대철학의 근거율에 입각하여 해석함으로써, 이런 과정들을 부분적으로는 [칸트의 논증에 따라] 불가능한 것으로 간주하여 폐기하기도 하였고, 또 부분적으로는 [니체의 입장에 따라] 유한한 주체성의 근거 없는 책략으로 간주하여 폐기하기도 하였다. 자신의 논제를 근거짓고자 하였다면——명확하게 그런 작업을 한 것은 아니지만——그는 종교적 현상을 포괄적인 범주로 간주하여 이런 현상들이 지닌 보편적인 역사적 사실을 지시하지 않을 수 없었을 것이다. 일찍이 그리스인들의 제례의식과 신화를 통해 혹은 예수의 설교를 통해 신적인 현상이 언어로 나타났듯이, 앞으로도 신이 현현할 것이라는 이러한 사건은 신적인 존재를 다시 믿음으로 간직한다는 사실과 어떤 점에서 구분되는 것인가? 물론 여기에서는 신적인 것이 그 자체로 무엇일 수 있으며, 더욱이 그때그때마다 현사실적으로 현현하는 것의 배후에서 신 그 자체를 추적해본다는 것이 도대체 의미를 가질 수 있는 것인시는 여전히 결정되지 않은 상태로 남아 있다.

신 그 자체라는 표현은 신의 형상을 인간학적으로 객관화하는 가운데 스스로를 표상하는 주체의 입장에서 언급되는 것이지만, 하이데거는 '전회'를 통해 그가 다시 획득하였던 단순 소박한 방식으로 신적인 것에 관해 직접 말하고자 한다. 이러한 단순 소박함은 다음과 같은 양자택일적인 주장——즉 신의 존재는 즉자적으로 존재하는 어떤 것이라는 주장이나 또는 신의 존재는 구체적인 형태를 지닌 세계의 어떤 의미를 그때마다 대변하는 가운데 나타난다는 주장——을 모두 거부한다. 따라서 그의 단순 소박한 입장은 양자택일적인 주장을 의식적으로 포기함으로써 주어진 산물인 셈이다. 신에 관한——혹은 신적인 것에 관한——하이데거의 담론은 의미론적으로 고찰해볼 때 직접적으로 신과 관련된 듯 보일지라도, 이중적으로 반성된 이론적 구조를 지니고 있기에 상당히 애매한 것이다. 특히 아테네 여신과 토르 신(게르만 민족이 섬기는 벼락의 신—옮긴이) 그리고 예수가 신으로 현현하는 방식들 사이에 내재해 있는 여러 차이들이 그 결정적인 요소를 그대로 유지한 채 추상적이면서도 형식적인 신성의 개념을 위해 아무렇게나 버려질 수 없다는 점은 논외의 문제로 남겨놓는다 하더라도, 그의 담론은 아주 애매하다.

의미

하이데거의 사유는 그 성격상 본래 단순한 학교 교육에 의해서는 그다지 큰 효과를 기대할 수 없는 것이다. 그럼에도 그가 미친 영향력은 지대하였으며 아직도 여전히 지대한 영향을 미치고 있다.

초창기 그를 추종하였던 제자들 가운데는 가다머, 뮐러(M. Müller), 벨테(B. Welte), 라너(K. Rahner), 그리고 로츠(J. B. Lotz) 등이 속해 있었다. 하이데거는 사르트르, 메를로-퐁티, 핑크(E. Fink) 등, 후설에 의해 현상학적인 방법을 전수받은 철학자들에게도 깊은 영향을 끼쳤다. 그의 사상을 탐구하려는 광범위한 노력이 얼마 후에는 일본에서도 일어났다. 다나베(H. Tanabe), 니시타니(K. Nishitani), 쓰시무라(K. Tsujimura)와 같이 명망 있는 학자들이 직접 독일로 건너와 하이데거 밑에서 배움을 구하기도 하였다.

오늘날 하이데거의 사상을 가장 활발하게 수용하고 있는 지역은 아마도 미국의 피츠버그 대학일 것이며, 또한 보프레(J. Beaufret), 비롤(H. Birault), 데리다(J. Derrida), 레비나스(E. Levinas) 등의 사상가를 중심으로 연구하는 프랑스일 것이다. 하이데거는 뢰비트(K. Löwith)의 중재로 말미암아 하버마스(J. Habermas)에게도 영향을 미칠 수 있었다. 이런 사실은 그의 문명비판이 세부적인 모든 논쟁거리를 넘어서 프랑크푸르트 학파의 문명비판과 많은 부분에서 합치한다는 점에서도 분명히 엿보인다. 또한 수많은 신학자들이 하이데거와 담론을 벌이며 다양한 글들을 저술하였다는 사실은, 하이데거의 사유형태가 그 심층에서 신학의 사유형태와 얼마나 유사한지를 단적으로 보여주는 것이기도 하다.

하이데거의 사상을 수용함과 아울러 그의 사상을 비판한다는 것은 까마득한 미지의 나라를 향해 모험하는 힘겨운 시도일 것이다. 이런 시도가 상당히 힘겨울 수밖에 없는 까닭은, 무엇보다도 그가 언어로 드러내고자 하였던 사태인 존재 그 자체는 본질적으로 언어적으로 규정하려는 모든 고착화에서 스스로를 내빼고 있기 때문이다. 그래서 그는 어떤 논제로 포착될 수 있을 듯한 그런 주장들은 가급적 피했으며,[21] 단지 배움의 자세 그 자체만을 가르치길 원했다. 그럼에도 그는 여러 가지 논증에 의해 무너질 수밖에 없는 다양한 주장들을 함축하는 논의들을 완전히 떨쳐버리지는 못했다.

하이데거는 아주 분명하고 명쾌하게 말할 수 있는 많은 주장들조차도 때로는 너무도 포괄적인 언어로 암시하듯 말하곤 하였기 때문에, 바로 이런 이유에서 그의 사상을 수용하기가 결코 간단하지 않다는 점은 의심할 여지가 없다. 또 바로 이런 이유로 말미암아 독자들은 그의 사상의 핵심적인 내용에는 전혀 도달하지 못한 채 그가 표현한 언어의 외곽만을 맴도는 위험에 흔히 빠지게 된다. 사실상 그의 핵심적인 사상은 여러 가지 논증이나 증명에 의해서는 결코 파악할 수 없는 심층적인 근원으로부터 연원하는 것이기에, 단순히 그의 사상을 반복하여 아무리 읊조린다고 하더라도 그 핵심적인 내용은 전달되지 않고 오히려 진부해질 따름이다. 하이데거가 자신의 사상을 이해하기 위한 시대는 아직도 여전히 도래하지 않았다고 생각했다면, 아마도 그의 이런 생각은 정당할 것이다.

물론 이렇듯 위대하게 감행된 모험적 사유의 한계는 앞으로 더욱 분명하게 드러날 것이다. 그 스스로도 나중에 시인하였지만, 독일 민족의 위력에 대한 묵시록적인 희망과 날로 심화되어가는 멸망의 역사에 대한 구성 등은 명백히 잘못된 것이었다. 또한 그의 사유가 지니고 있는 그 한계는, 그의 시원적인 논의의 단초가——다시 말해 반성적이며 초월론적인 논의의 입장이——암암리에 그가 극복하려는 사유의 방식을 철저히 지배하고 있다는 결정적인 사실에서 발생하는 것이기도 하다. 식물과 동물의 세계는 인간 존재로서의 터-있음의 영역으로부터 완전히 밀려난 채 거의 조명되지 않는다. 바로 이런 점에서 그의 사상도 의식이론에 고착화된 측면이 있다. 또한 사회적 현상이나 인격적 혹은 개체적 존재에 관한 비판적인 논의는 거의 다루어진 적이 없다. 무슨 권리로 이런 논의의 차원이 존재-사건으로부터 배제되는 것인가? 물론 터-있음은 더불어-있음이다. 그러나 이러한 더불어-있음은 거의 항상 비본래적인 형태에서만 언표화된다. 따라서 국제적인 사회에서 인간이 누릴 수 있는 정당한 권리 및 존엄성에 관한 물음들은 결과적으로 우리 자신이 우리의 실제적인 역사에서 스스로 감당해야 할 여러 가지 문제들로서 제시될 뿐이다. 이런 것은 결국 모든 문제가 결코 존재의 의미에 대한 내재적이며 필연적인 물음의 세계로부터 모두 다 이해될 수는 없는 것이라는 사실을 단적으로 보여준다.

말년에 하이데거는 『사유의 사태로』(1962)라는 자신의 저서에서 이제는 '극복'하려는 태도를 '그만두는' 것이 바람직하다고 말하기도 하였지만,[22] 그것은 그가 좀더 진전된 양식으로 그런 '극복'을 시도하길 원했던 것이며, 그는 이런 시도 속에서 어떤 내면적인 신앙적 종교성과 철학함의 방식에 자기 자신이 긴밀히 결속되어 있었음을 자각하였던 것이다. 이와 마찬가지로 혹시 누군가가 존재를 이해하는 가운데 그와 일맥상통하는 어떤 구속력을 감지하게 된다면, 아마도 그 사람은 그릇된 길로 빠져드는 법은 없을 것이다. 하이데거는 완전히 다른 어떤 근원적인 경험으로부터 반성적인 행위가 제약하는 여러 요소들을 해체하고자 하였지만, 그럼에도 그 자신이 가급적 회피하려고 시도한 '반성'이라는 단어는 그의 사유의 구조를 특징짓는다. 이런 운명은 부분적으로 우리 문화 전체가 감당해야 할 딜레마를 반영하는 것이기 때문에, 하이데거의 위대한 정신은 그가 이룩한 과업의 한계를 부각시킴으로써 아마도 더욱 더 명확하게 제시될 것이다. 그는 생동하는 철학적 영감을 지녔으며, 존재론적인 근본개념들의 역사적인 의미변천을 면밀히 추적하는 가운데 뛰어난 예지력을 보여주었다. 또한 그는 빈곤해진 오늘날의 사유를 가능한 한 진지하게 다루어보려는 용기를 지닌 채 철저히 자기 자신의 길을 걸어갔다. 그에게는 "하나의 별을 향하여 나가는 것, 오직 이것만이" 그의 모든 것이었다.[23]

| 게르트 해프너 · 신상희 옮김 |

게르트 해프너(Gerd Haeffner)

1941년 출생. 풀라흐(Pullach)와 뮌헨 대학에서 철학을 수학하였으며, 리옹과 튀빙겐 대학에서 신학을 연구하였다. 1981년부터 현재까지 뮌헨 내학 철학부에서 철학적 인간학 및 역사철학을 주로 담당하는 정교수로 있으며, 캐나다의 퀘벡 대학 및 자이레의 킨샤사(Kinshasa) 대학에서 연구초빙교수로 활약하기도 하였다. 주요 저서로는『하이데거의 형이상학 개념』(*Heideggers Begriff der Metaphysik*, 1974)과『철학적 인간학』(*Philosophische Anthropologie*, 1982) 등이 있다.

신상희

건국대학교 철학과를 졸업하고, 독일 프라이부르크 대학에서 철학 박사학위를 받았다. 건국대 인문과학연구소 학술연구교수로 재직하다가 2010년 7월 세상을 떠났다. 주요 저서로는 독일에서 출간된『*Wahrheitsfrage und Kehre bei Martin Heidegger*』와 한길사에서 펴낸『시간과 존재의 빛: 하이데거의 시간이해와 생기사유』를 비롯하여『하이데거와 신』『하이데거의 언어사상』(공저) 등이 있다. 번역서로는『하이데거』『하이데거의 존재와 시간을 찾아서』『야스퍼스』, 하이데거의 주요 저작 중 한길사에서 펴낸『이정표 1 · 2』외에『동일성과 차이: 초연한 내맡김』『숲길』『강연과 논문』『횔덜린 시의 해명』『언어로의 도상에서』『사유의 사태로』(공역),『회상』(공역) 등이 있다. 주요 논문으로는「하이데거의 예술론」「하이데거의 존재사유의 지평에서 근원적 윤리학의 정초」등이 있다.

주

1) 이하에서 꺾쇠 괄호〔 〕 안에 담긴 내용은 옮긴이가 문맥에 따라 첨가한 것이다(옮긴이).

2) 하이데거, 『존재와 시간』, 6쪽.

3) 같은 책, 6쪽.

4) 하이데거에게서 '터-있음'이란 용어는 전통적인 철학에서와 같이 '현실적으로 존재함'(Wirklich-sein), 즉 '현존재'를 가리키는 낱말이 아니라, 원천적으로 스스로를 개시하는 존재의 열린 '터전에 있음'을 가리키는 그의 고유한 핵심어이다. 이에 대한 상세한 설명은 신상희, 『시간과 존재의 빛』, 한길사, 2000, 386~388쪽 참조할 것(옮긴이).

5) 하이데거, 『존재와 시간』, 9쪽.

6) 같은 책, 6쪽.

7) 같은 책, 230쪽.

8) 같은 책, 12쪽.

9) 같은 책, 139쪽 및 199쪽 주석 참조.

10) T. v. Aquin, *De veritate*, I.1.

11) 하이데거, 『존재와 시간』, 38쪽.

12) 하이데거, 『니체』 II권, 258쪽.

13) 같은 책, 33쪽 및 383쪽 참조.

14) 하이데거, 『강연과 논문』(*Vorträge und Aufsätze*), 26쪽.

15) 같은 글, 179쪽.

16) 하이데거, 『사유란 무엇인가?』, 91~94쪽 참조.

17) 하이데거, 『이정표』(*Wegmarken*), 148쪽.

18) 같은 글, 191쪽.

19) 하이데거, 『강연과 논문』, 187쪽 이하 및 『예술작품의 근원』 참조.

20) 하이데거, 『사유란 무엇인가?』, 16~18쪽 참조.

21) 하이데거, 『강연과 논문』, 183쪽 이하 참조.

22) 하이데거, 『사유의 사태로』, 25쪽.

23) 하이데거, 『사유의 경험으로부터』(*Aus der Erfahrung des Denkens*), 1965, 7쪽.

참고문헌

원전

전집

●약 100권 정도로 예정되어 독일 클로스터만(Klostermann, Frankfurt/M.) 출판사에서 간행되는 하이데거의 전집은 크게 네 부분으로 구성되어 있다.

I. 1910년에서 1976년 사이에 출판된 저서들
II. 1919년에서 1923년까지 초기 프라이부르크 대학교에서 강의한 강의록 및 1923년에서 1944년까지 마르부르크 대학교와 프라이부르크 대학교에서 강의한 강의록들
III. 미간행된 논문들
IV. 기록물 및 참고서류

●원칙적으로는 제1부와 제2부의 저작물이 우선적으로 출간될 것이며, 그 이후에 제3부와 제4부의 저서들이 간행될 것이다.
●전문가가 보기에 반론의 여지는 있겠으나, 일단은 역사적이며 비판적인 연구자료가 없는 경우에는 하이데거가 정해놓은 원칙에 따라 편찬될 것이다. 강의록은 개별적으로 그 출처를 밝히지 않은 채 하이데거가 직접 집필한 원고 및 그 복사본을 바탕으로 삼아 독자가 읽을 수 있도록 구성하여 책으로 편찬된다. 이로 인한 책임은 전적으로 해당 편찬자가 감당한다.
●1993년 7월까지 출간된 총 41권의 전집 중에는 새로 개정된 9권의 저서들과 31권의 강의록, 그리고 제3부의 저서 1권이 포함되어 있다.

〈새로 개정된 9권의 저서〉
●*Frühe Schriften*(초기 저작들) : 제1권(1912~1916)
●*Sein und Zeit*(존재와 시간) : 제2권(1927)
●*Kant und das Problem der Metaphysik*(칸트와 형이상학의 문제) : 제3권(1929)
●*Erläuterungen zu Hölderlins Dichtung*(횔덜린 시의 해명) : 제4권(1936~1968)

- *Holzwege*(숲길) : 제5권(1935~1946)
- *Wegmarken*(이정표) : 제9권(1919~1961)
- *Unterwegs zur Sprache*(언어에의 도상에서) : 제12권(1950~1959)
- *Aus der Erfahrung des Denkens*(사유의 경험으로부터) : 제13권(1910~1976)

〈31권의 강의록〉
- *Platon : Sophistes*(플라톤의 소피스트편) : 제19권(1924~1925)
- *Prolegomena zur Geschichte des Zeitbegriffs*(시간개념의 역사에 관한 서론) : 제20권(1925)
- *Logik. Die Frage nach der Wahrheit*(논리학. 진리에 관한 물음) : 제21권(1925~1926)
- *Die Grundprobleme der Phänomenologie*(현상학의 근본문제들) : 제24권(1927)
- *Phänomenologische Interpretation von Kants Kritik der reinen Vernunft*(칸트의 순수이성비판에 대한 현상학적인 해석) : 제25권(1927~1928)
- *Metaphysische Anfangsgründe der Logik*(논리학의 형이상학적 시원근거) : 제26권(1928)
- *Die Grundbegriffe der Metaphysik. Welt—Endlichkeit—Einsamkeit* (형이상학의 근본개념들. 세계—유한성—고독) : 제29~30권(1929~1930)
- *Vom Wesen der menschlichen Freiheit. Einleitung in die Philosophie* (인간 자유의 본질에 관하여. 철학입문) : 제31권(1930)
- *Hegels Phänomenologie des Geistes*(헤겔의 정신현상학) : 제32권(1930~1931)
- *Aristoteles. Metaphysik IX*(아리스토텔레스의 형이상학 제9권) : 제33권(1931)
- *Vom Wesen der Wahrheit. Zu Platons Höhlengleichnis und Theätet* (진리의 본질에 관하여. 플라톤의 동굴의 비유와 테아이테토스에 관하여) : 제34권(1931~1932)
- *Hölderlins Hymnen 'Germanien und Der Rhein'* (횔덜린의 송가 '독일인과 라인 강') : 제39권(1934~1935)
- *Einführung in die Metaphysik*(형이상학 입문) : 제40권(1935)
- *Die Frage nach dem Ding. Zu Kants Lehre von den transzendentalen Grundsätzen*(사물에 관한 물음. 선험적인 근본명제에 관한 칸트의 이론) : 제41권(1935~1936)
- *Schelling. Über das Wesen der menschlichen Freiheit*(셸링. 인간 자유의 본질에 관하여) : 제42권(1936)
- *Nietzsche. Der Wille zur Macht als Kunst*(니체. 예술로서의 힘에의 의지) : 제43권(1936~1937)

- *Nietzsches metaphysische Grundstellung im abendländischen Denken. Die Lehre von der ewigen Wiederkehr des Gleichen*(서양 사유에서 니체의 형이상학적 위상. 동일한 것의 영원한 회귀에 관한 이론) : 제44권(1937)
- *Grundfragen der Philosophie. Ausgewählte Probleme der Logik*(철학의 근본물음. 논리학의 발췌된 문제들) : 제45권(1937~1938)
- *Nietzsches Lehre vom Willen zur Macht als Erkenntnis*(인식으로서의 힘에의 의지에 관한 니체의 이론) : 제47권(1939)
- *Nietzsche. Der europäische Nihilismus*(니체. 유럽의 허무주의) : 제48권(1940)
- *Die Metaphysik des deutschen Idealismus. Zur erneuten Auslegung von Schelling. Untersuchungen über das Wesen der menschlichen Freiheit*(독일 관념론의 형이상학. 셸링에 관한 새로운 해석. 인간 자유의 본질에 관한 연구) : 제49권(1941)
- *Nietzsches Metaphysik—Einleitung in die Philosophie—Denken und Dichten*(니체의 형이상학—철학 입문—사유함과 시지음) : 제50권(1941~1942, 1944~1945)
- *Grundbegriffe*(근본개념들) : 제51권(1941)
- *Hölderlins Hymne 'Andenken'* (횔덜린의 송가 '회념') : 제52권(1941)
- *Hölderlins Hymne 'Der Ister'* (횔덜린의 송가 '이스터') : 제53권(1942)
- *Parmenides*(파르메니데스) : 제54권(1942~1943)
- *Heraklit*(헤라클레이토스) : 제55권(1943~1944)
- *Zur Bestimmung der Philosophie*(철학의 규정에 대하여) : 제56/57권(1919)
- *Grundprobleme der Phänomenologie*(현상학의 근본문제들) : 제58권(1919/1920)
- *Phänomenologische Interpretationen zu Aristoteles. Einführung in die phänomenologische Forschung*(아리스토텔레스에 대한 현상학적 해석. 현상학적 연구 입문) : 제61권(1921~1922)
- *Ontologie. Hermeneutik der Faktizität*(존재론. 현사실성의 해석학) : 제63권(1923)

〈하이데거 탄생 100주년을 기념하여 출간된 다음의 저서는 제3부에 속해 있다〉
- *Beiträge zur Philosophie. Vom Ereignis*(철학에의 기여. 생기로부터) : 제65권

하이데거 생존시 단행본으로 출간된 저서들

- *Frühe Schriften*, Frankfurt 1972(박사학위 논문 및 교수자격 논문이 포함되어

있음)
- *Sein und Zeit,* Halle 1927([10]1986).
- *Kant und das Problem der Metaphysik,* Bonn 1929([5]1990).
- *Erläuterungen zu Hölderlins Dichtung,* Frankfurt 1944([5]1981).
- *Holzwege,* Frankfurt 1950([6]1980).
- *Einführung in die Metaphysik,* Tübingen 1953([5]1987).
- *Vorträge und Aufsätze,* Pfullingen 1954([6]1990).
- *Was heißt Denken?* Tübingen 1954([4]1984).
- *Der Satz vom Grund,* Pfullingen 1957([6]1986).
- *Identität und Differenz,* Pfullingen 1957([9]1986).
- *Unterwegs zur Sprache,* Pfullingen 1959([9]1990).
- *Nietzsche,* I · II권, Pfullingen 1961([5]1989).
- *Die Frage nach dem Ding,* Tübingen 1962([3]1987).
- *Wegmarken,* Frankfurt 1967([2]1978).
- *Zur Sache des Denkens,* Tübingen 1969([2]1988).
- *Heraklit,* Frankfurt 1970.
- *Schellings Abhandlung über das Wesen der menschlichen Freiheit,* Tübingen 1971.

그밖의 주요 저서들

- *Vier Seminare,* hrsg. v. C. Ochwadt, Frankfurt 1977.
- *Denkerfahrungen,* hrsg. v. H. Heidegger, Frankfurt 1983.
- *Zollikoner Seminare. Protokolle—Gespräche—Briefe,* hrsg. v. M. Boss, 1987.
- *Martin Heidegger/Elisabeth Blochmann, Briefwechsel 1918~1969,* Marbach a. Neckar 1989.
- *Martin Heidegger—Karl Jaspers, Briefwechsel 1920~1963,* Frankfurt 1990.
- "Phänomenologische Interpretationen zu Aristoteles. Anzeige der hermeneutischen Situation" (1923), hrsg. v. H.-U. Lessing, in : *Dilthey-Jahrbuch* 6(1989) 235~274쪽.

2차 문헌

1980년까지 발표된 주요 참고문헌 정보집

●Saß, H.-M. : *Martin Heidegger, Bibliography and Glossary*, Bowling Green(Ohio) 1982. 1968년 및 1975년에 Meisenheim에서 간행된 Saß의 문헌 정보집도 참조할 것.

하이데거의 사상에 대한 개괄적인 입문서

●Franzen, W. : *Martin Heidegger*, Stuttgart 1976.
●Figal, G. : *Heidegger zur Einführung*, Hamburg 1992.
●Pöggeler, O. : *Der Denkweg Martin Heideggers*, 제3판, Pfullingen 1990.

하이데거의 생애에 관한 저술들

●*Erinnerung an Martin Heidegger*, hrsg. v. G. Neske, Pfullingen 1977.
●Petzet, H. W. : *Auf einen Stern zugehen. Begegnungen und Gespräche mit Martin Heidegger 1929~1976*, Frankfurt 1983.
●*Antwort. Martin Heidegger im Gespräch*, hrsg. v. G. Neske u. E. Kettering, Pfullingen 1988.
●Martin, B. : *Martin Heidegger und der Nationalismus*. Ein Kompendium, Darmstadt 1989.
●Ott, H. : *Martin Heidegger. Unterwegs zu seiner Biographie. Durchgesehene und mit einem Nachwort versehene Neuauflage*, Frankfurt a. M. 1992.

논문자료집

●Bast, R./Delfosse, H. : *Handbuch zum Textstudium von 'Sein und Zeit'*, Tübingen 1968
●Feick, H. : *Index zu Heideggers 'Sein und Zeit'*, Tübingen, 제4판, v. S. Ziegler, Tübingen 1991.
●*Zeitschrift* : *Heidegger-Studien(Heidegger-Studies)*, Berlin 1985ff.

해석과 이해를 위해 도움이 될 만한 논문들

●Tugendhat, E. : *Der Wahrheitsbegriff bei Husserl und Heidegger*, Berlin 1967.

●_____ : *Selbstbewußtsein und Selbstbestimmung*, Frankfurt a. M. 1979.

●Jaspers, K. : *Notizen zu Heidegger*, hrsg. v. H. Saner, München 1979.

●Pöggeler, O. : *Heidegger und die hermeneutische Philosophie*, Freiburg/München 1983.

●Gadamer, H.-G. : *Heidegger Wege. Studien zum Spätwerk*, Tübingen 1983.

●Müller, M. : *Existenzphilosophie. Von der Metaphysik zur Metahistorik*, hrsg. v. A. Hadler, Freiburg/München 1986.

●Herrmann, F.-W. von : *Hermeneutische Phänomenologie des Daseins. Eine Erläuterung zu 'Sein und Zeit'*. Bd. 1. : Einleitung, Die Exposition der Frage nach dem Sinn von Sein, Frankfurt a. M. 1987.

●*Heidegger und die praktische Philosophie*, hrsg. v. A. Gethmann-Siefert u. O. Pöggeler, Frankfurt a. M. 1988.

●Merker, B. : *Selbsttäuschung und Selbsterkenntnis. Zu Heideggers Transformation der Phänomenologie Husserls*, Frankfurt a. M. 1988.

●*Martin Heidegger : Innen—und Außenansichten*, hrsg. v. S. Blasche u. W. Kuhlmann, Frankfurt a. M. 1989.

●*Kunst und Technik. Gedächtnisschrift zum 100. Geburtstag von Martin Heidegger*, hrsg. v. W. Biemel und F.-W. v. Herrmann, Frankfurt a. M. 1989.

●*Zur philosophischen Aktualität Heideggers*, 3 Bde., hrsg. v. O. Pöggeler u. D. Papenfuß, Frankfurt a. M. 1990~1991.

●Marten, R. : *Heidegger lesen*, München 1991.

9 | 논리적 실증주의의 대표자

루돌프 카르나프(1891~1970)

"철학의 유일한 진정한 임무는
논리적 분석이다."
● 카르나프

카르나프(Rudolf Carnap) 철학의 핵심이 어디에 있는가 하는 문제에
답하고자 할 때, 우리는 놀랍게도 그에게 확고부동한 철학적 도그마로
간주된 것의 총체가 하나의 건실한 체계를 전개할 수 있기에는 너무도
빈약하다는 사실을 발견하게 된다. 즉, 그가 프레게와 러셀에 의해 창시
된 근대적 형태의 논리학을 모든 이성적인 철학을 위한 필수불가결한
도구로 간주했다는 사실을 제외하면, 그것이 유명론과 플라톤적 실재론
사이의 존재론적 논쟁에 관한 것이든, 또는 현상론과 물리학적 실재론
사이의 인식론적 논쟁에 관한 것이든 전통적인 기본입장들 중에서 그가
전적으로 자신의 입장과 동일시한 것은 거의 없다.

따라서 카르나프는 첫번째 주저인 『세계의 논리적 구성』(*Der
logische Aufbau der Welt*)에서, 어떻게 세계의 대상에 관한 진술들이
실제로 현상 또는 감각자료에 관하여(정확히 말하면, 요소경험에 관하
여) 논하는 어조로 해석될 수 있는가를 보임으로써, 현상론적인 사상을
전개하였다. 그러나 거기서 그는 동시에 물리학주의적인 인식론도 역시
유사한 방법으로 전개될 수 있음을 강조하였다. 그는 또한 후에 실용주

의적인 이유에서, 외부세계의 사물에 관하여 이야기할 때 어떠한 인식론적인 문제에도 직면하지 않는 물리학주의를 더 선호하였다.

그는 논리학의 기초에 관한 문제보다 그 응용에 관한 문제에 더 큰 관심을 가지고 있었고, 이와 함께 기초에 관한 연구도 적용 가능성의 관점에서 수행하였기 때문에, 논리학에 관한 모든 출판물에서 집합과 클라스(Klassen)[1]를 대상과 마찬가지로 실재적이라고 보고 집합론과 함께 부류대수(Klassenalgebra)[2]의 응용을 정당화하는, 존재론에 대한 플라톤적-실재론적 입장(보편자가 실재한다고 보는 입장—옮긴이)을 이용하였다. 따라서 그는 토론에서 당면한 문제의 해명을 위해 유용하다면 단지 대상만을 존재하는 것으로 전제하는 명목론적인 언어를 사용하는 것을 주저하지 않았다.

합리주의와 경험주의를 구별하자면 그는 가장 쉽게 경험주의자로 분류될 수 있다. 이것은 합리주의와는 달리 경험주의가 모든 인식은 분석적이거나 경험적이라고 본다는 것, 즉 논리적으로 참이거나(정의를 사용하여 논리적 진리로 변환이 가능하거나) 또는 관찰을 토대로 진리라고 인정될 수 있다고 본다는 의미에서 그러하다. 그는 그의 시대에 널리 행해지고 있던 형이상학적 방향에 대항하여 이 입장을 옹호하였고, 경험주의적 기본 성향이 합리주의적 방향으로 편향되기는 하였지만 최소한 명목상으로나마 이를 평생 동안 표방하였다.

이러한 도그마의 결핍에도 불구하고 카르나프는 형식논리학을 수단으로 하여 연구하는 다수의 현대 철학자들 중 20세기 전반기에서 가장 중요한 철학자로 간주된다. 그에 대한 이러한 평가의 근거는 그의 전기를 일별하면 명확해지는데, 그것은 다음과 같이 요약될 수 있다. 그는 당시까지 다소간 독단적으로 표방되고 있던 경험론적 철학을 과학적으로 연구하는 학과로 전환시키기 위하여 프레게와 러셀에 의하여 개발된 현대 논리학을 이용하였다. 그는 이러한 입장을 형성하고 그것을 논리적으로 관철함에서 이 입장의 불충분성을 발견하였고, 따라서 이 약점을 제거하

카르나프는 형식논리학을 연구하는 현대 철학자들 가운데
가장 중요한 철학자로 간주된다.

는 동시에 근원적으로 편협한 경험론적 단초를 파괴시킬 수 있는 방법을 개발하였다. 이와 관련한 그의 연구 성과들, 그리고 무엇보다 그의 연구 방법은 분석철학과 특히 현대의 학문론에 길잡이 역할을 하였다.

생애와 철학적 발전

초기

카르나프는 1891년 5월 18일 북서 독일의 바르멘(Barmen) 근교 론스도르프(Ronsdorf)에서 직공이었던 요한네스 S. 카르나프와 교사였던 안나 카르나프(처녀 때 성은 Dörpfeld)의 아들로 태어났다. 그의 부모들은 깊은 신앙심을 가지고 있었지만, 종교적 광신자가 되지는 않았다. 그의 어머니는 그와 누이에게 다음과 같이 기억되었다.

> 종교에서 본질적인 것은 교의를 받아들이는 것이 아니라 선한 삶을 사는 것이다. 어떤 사람이 진지하게 진리를 추구하는 한, 그의 신념들에 대해 그녀는 도덕적으로 중립적인 태도를 취했다. 이러한 태도는 그녀로 하여금 다른 신앙을 가진 사람들에 대해서 매우 관용적이도록 하였다.[3]

이러한 초종교적 원칙들은 그에게 평생 동안 당연한 것으로 간주되었다. 그는 1910년부터 1914년까지 예나와 프라이부르크에서 공부하는 동안 괴테의 저술들과 함께 헤켈(E. Haeckel) 및 오스트발트(W. Ostwald)의 지도 아래 있는 일원론자 연맹의 저술들로부터 영향을 받아 크리스트교와 인격적이며 비물질적인 신에 관한 크리스트교 교리로부터 전향했을 때에도 이 원칙들을 지켰다. 종교는 그에게 "명확히 형성된 교의들 중의 하나가 아니라, 세계와 인류에 대한 태도의 문제였다."[4] 왜냐하면 개개의 종교들의 교리를 문자 그대로 받아들인다면, 이들은 아주 흔히 과학적인 진술들과 모순되고, 따라서 현대과학의 결과에 친숙한 사람들에게는 받아들여질 수 없을 것이기 때문이다. 이와 반대로, 그와 같은 종교적인 보고를 해석함으로써 과학과 조화 가능한 전달된 의미를 조사하고자 한다면, 그와 같은 해석성은 전적으로 자의적일 것이며, 그 경우 우리는 진리 문제에 관여할 필요 없이 자기 마음대로 이러저러한 해석에 의지할 수 있게 될 것이다. 따라서 그는 그러한 행태를 진리탐구에 대한 진지한 노력으로 간주하지 않았다.

그의 크리스트교와 유신론으로부터의 전향은 인류와 인류의 문제에 대한 그의 태도에 아무런 영향도 미치지 않았다. 그는 나중에 그의 세계 관적인 입장을 다음과 같이 요약하였다.

나에게는 자기의 인격을 발전시키고 인간들 사이에 생산적이고 건전한 관계를 형성하는 일이 개인 삶의 주된 과제인 것처럼 보인다. 이러한 목적은 사회와 궁극적으로 전체 인류가, 모든 개인들이 그 안에서 만족스런 삶을 영위하고 (넓은 의미에서의) 문화적 재화에 관여할 수 있는 가능성을 갖는 사회로 발전하도록 협동하는 과제를 포함한다.[5]

카르나프는 예나에서 처음에는 철학과 수학을, 그리고 나중에는 물리학과 철학을 공부하였다. 졸업시험이나 추후의 직업을 고려하지 않고서 그는 그의 마음에 드는 강좌에만 참여하였다. 한 학기가 지남에 따라 강의 하나가 그가 기대하였던 바에 못 미친다는 것이 밝혀지자, 그는 그 강의를 듣지 않고 그에 해당되는 독서를 통하여 강의 내용을 습득하였다. 1910~1911, 1913, 1914년의 학기에 그는 프레게에게서 논리학과 수학의 기초에 관한 강의를 들었다. 그는 이 문제에 매우 큰 관심을 가지고 있었지만, 후에 솔직히 고백하였듯이, 이 새로운 출발점의 의의를 즉각 깨닫지는 못하였다. 그는 특히 이 논리학의 새로운 형태가 철학에 대하여 갖는 중요성을 깨닫지 못하였다.

카르나프는 프레게의 강의를 청강했던 사람 중 유일하게 저명한 철학자가 된 인물이었다. 그가 매학기 그의 강의를 듣지는 않았다는 사실과 무엇보다도 그가 제1차 세계대전 이후에는 그의 강의를 더 이상 청강하지 않았다는 사실은 그때 그의 관심이 순수수학으로부터 물리학으로 옮겨갔다는 사실과 관계가 있을 것이다.

그는 제1차 세계대전의 처음 3년을 군인으로서 서부전선에서 보냈다. 1917년 여름부터 그는 베를린에 있는 새로운 무선전신장비의 개발을 담당하는 군연구소에서 근무하였다. 이 기간 동안 그는 시간이 허락하는 대로 물리학의 새로운 이론들, 특히 아인슈타인의 상대성 이론과 사회주의적 이념들, 그리고 노동운동의 동기들을 공부하였고, 그의 친지들에게 이 주제들에 관하여 회람을 작성하였다. 정치적으로는 이 시기에 그의 비독단적인 사회주의가 확립되었고, 따라서 그는 이미 그때—기초지어진 진보에 대한 신념이 결여되어 있었기 때문에—하나의 악을 제거함으로써 모든 것이 잘될 것이라고 하는 확신은 없었지만, 러시아 혁명뿐만 아니라 독일 혁명도 환영하였다.

카르나프는 제1차 세계대전이 끝난 뒤 그가 새로운 논리학이란 의미로 철학과 결합하고자 했던 이론물리학의 공부를 시작하였다. 프레게에 의해서 러셀에 관심을 갖게 되어 그는 특히 러셀의 관계논리학을 공부하였고, 즉시 정확하고 학문적으로 연구되는 철학의 전개를 위한 그의 중요성을 인식하였다.

> 내가 학문적 또는 철학적 토론에서 사용된 하나의 개념 또는 한 문장을 다루었을 때, 내가 원할 때는 그것을 기호언어로 번역할 수 있다는 느낌을 가질 때에만 나는 그것을 명확하게 이해할 수 있을 것이라고 생각했다. 실제적인 기호화는 당연히 그것이 필요하거나 유용해 보일 때인 특수한 경우에만 수행되었다.[6]

카르나프는 시공간 측량론을 위한 공리체계를 구상하였고 그 토대 위에서 운동론을 공리적으로 전개하고자 하였다. 카르나프는 이것을 예나의 물리학자 빈(Max Wien)에게 박사학위논문의 테마로 제안했는데, 빈은 그를 철학자 바우흐(Bruno Bauch)에게 보냈고, 브루노 바우흐는 다시 그에게 빈을 지도교수로 추천했다. 카르나프는 마침내 바우흐와 공간의 개념을 다양한 측면에서 분석하기로 합의하였다. 이 박사논문은 1921년에 출판되었다.

　　이 무렵에 카르나프는 이론물리학자로서 자신의 학문분야의 기초문제를 보다 명백히 하고자 애쓰고 있던 라이헨바흐(Hans Reichenbach)와 서신을 통한 교제를 시작하였다. 그는 에를랑겐의 학술회의에서 라이헨바흐를 처음으로 만났다. 이 회의는 카르나프와 라이헨바흐가 1923년 3월에 조직했으며 여기서 과학철학의 전개를 위한 기호논리학에 관해 토론하였다. 이 회의에는 또한 헤르츠(Paul Hertz), 레빈(Kurt Lewin) 그리고 베만(Heinrich Behmann) 등이 참가하였다.

　　1921년 겨울에 카르나프는 러셀의『철학에서 과학적 방법을 위한 분야로서의 외부세계에 관한 우리의 지식』(*Our Knowledge of the External World, as a Field for Scientific Method in Philosophy*)을 읽었다. 이 저작을 통해서 그는 새로운 논리학이란 수단을 가지고, 모든 지식은 최종적으로 직접적인 경험에 근거할 때만 확실한 것으로 간주될 수 있다고 보는 현상론적 프로그램을 전개시키고 실현하는 데 관한 영감을 얻었다.

　　그는 1922년부터 이 작업에 착수하였고, 1924년 라이헨바흐를 통해 알게 된 빈 학파의 슐리크(M. Schlick)에게서 이에 관한 논문으로 1926년 교수자격을 취득하였다. 이 논문의 개정판이 1928년에『세계의 논리적 구성』(*Der logische Aufbau der Welt*)이란 제목으로 출판되었다.

카르나프와 빈 학파

1931년까지 카르나프는 빈에서 사강사로 있었다. 거기서 그는 슐리크에 의해 설립된 '빈 학파'의 세미나에 규칙적으로 참여했다. 이 학파에는 그 외에도 무엇보다 바이스만(Friedrich Waismann), 크라프트(Viktor Kraft)와 파이글(Herbert Feigl), 수학자 한(Hans Hahn), 멩거(Karl Menger)와 괴델(Kurt Gödel), 사회학자이자 경제학자인 노이라트(Otto Neurath), 그리고 프라하의 물리학자 프랑크(Philipp Frank) 등이 소속되어 있었다. 강연이나 토론에서 드러난 바와 같이 구체적인 문제에서는 많은 차이점을 드러냈음에도 불구하고, 그 구성원들은 다음의 형식적인 문제에서는 모두 견해가 일치되었다.

첫째, 철학은 수학이나 경험과학과 같이 엄밀한 학문으로 연구되지 않는다면, 그리고 이들과 같이 영속하는 결과를 산출하지 않는다면 쓸모가 없다. 둘째, 철학이 엄밀한 학문이 되기 위해서는 엄밀한 방법을 필요로 한다. 프레게와 러셀에 의해 개발된 논리학은 이에 대한 적절한 도구이다. 셋째, 전통적인 형이상학은 그 결과가 논리적인 검토를 통과할 수 있는 분과로 전개될 수 없다. 비트겐슈타인의 주장에 따라 우리가 이야기할 수 있는 모든 것은 명확하게 말할 수 있다는 사실을 전제한다면, 형이상학의 진술들은 이와 함께 무의미한 것으로 간주되지 않으면 안된다.

그렇지만 빈 학파의 모임에서는 거의 형이상학을 공박하지 않았다. 오히려 거기서는 토론할 문제를 설정하고 이에 대답할 때 형이상학적인 용어들을 피하려고 노력하였다. 뿐만 아니라 참가자들은 어떤 내용상의 철학적인 교의에 묶여 있지 않았고, 자극과 비판을 통하여 충분히 많은 비판과 수정의 단계를 거치고 난 뒤에는 확고한 결과를 얻을 수 있는 철학하는 환경을 조성하려고 시도하였다.

거기서는 무엇보다도 비트겐슈타인의 『논리-철학 논고』(*Tractatus logico-philosophicus*)가 토론되었다. 비트겐슈타인 자신은 학파의 모임에 전혀 참석하지 않았고, 자신을 학파의 회원으로 간주하지도 않았다. 슐리크의 주선으로 이 학파와 비트겐슈타인은 비트겐슈타인의 새로운 사상을 듣기 위해 만났는데, 1927년부터는 카르나프와 바이스만, 그리고 나중에는 파이글도 함께 참여하였다. 거기서는 진정한 토론이 이루어지지 않았고, 1929년 초부터 비트겐슈타인은 카르나프와의 접촉을 끊었다.

두 사람 사이에는 철학하는 방법에서 너무 큰 차이가 있어 협동작업이 지속적으로 생산적일 수는 없었다. 비트겐슈타인은 『논고』에서, 모든 의미 있는 것이 그 안에서 진술되어야 할 하나의(진정한) 언어를 묘사하였다. 이에 대해 카르나프는, 모든 유의미한 문제는 그것이 표현될 수 있는 (최소한) 하나의(그러나 항상 동일한 것일 필요는 없는) 엄밀한 언어를 갖는다는 견해를 가지고 있었다.

카르나프는, 비트겐슈타인에게서 이미 그 당시 명확히 나타난, 구성된 언어를 불신하는 경향에 의해 오류에 빠지지 않도록 주의하였다. 비트겐슈타인은 에스페란토어도 그와 같은 언어로 간주했는데, 카르나프는 에스페란토어를 공부했을 뿐만 아니라 그것을 가끔 이용하기도 하였다. 카르나프는 최소한 학문분야에 대해서는 그와 같이 모든 쇼비니즘으로부터 벗어난 인공언어의 일반적인 사용이 커다란 장점을 갖는다고 생각했다. 카르나프는 또한 비트겐슈타인의 초기 저작에서 명백히 감지되는 독단론적이고 신비적인 경향으로부터도 영향을 받지 않았다.

그러나 그는 비트겐슈타인으로부터 몇몇 착상들을 이어받았는데, 특히 첫째, 논리적 진리들은 모든 가능적 세계에서 타당하고 따라서 우리의 세계에 관해서 다른 세계에서는 타당할 수 없을 어떤 특수한 진술도 하지 않는다는 것, 둘째, 전통적 형이상학의 명제들은 가짜 명제이기 때문에, 즉 그들이 첫눈에는 구문론상으로 의미 있는 것처럼 보이지만 논리적으로 분석해보면 실제에 대해서 아무것도 말하지 않고 또 실제에 대해서 진술되는 한 언어의 명제로 이해될 수 없는 단어들의 나열에 불과하다는 것이 밝혀지기 때문에 무의미하다는 생각 등이다. 카르나프는 이러한 생각들을 그의 두번째 주저인 『언어의 논리적 구문론』(*Logische Syntax der Sprache*)에 수용하여 체계적으로 발전시켰다.

그러나 이 책의 토대는, 언어는 세계의 물리적 사물들에 비하여 보다 높은 어떤 것이 아니라, 음파나 종이 위에 기하학적으로 배열된 인쇄잉크의 융기들(지면에 인쇄된 글자들을 가리킴―옮긴이)과 같은 물리적 사물들의 체계이고, 이러한 체계는 구문론적으로 조사해야 할 특정한 성질들에 의해 다른 물리적 체계들보다 우월성을 갖는다고 하는, 비트겐슈타인에 대한 노이라트의 반론이다. 따라서 언어는 구문론, 즉 어휘와 문법의 관점에서 연구된다. 이에 대해 의미론적 요소와 실용적인 요소들은 카르나프가 몇몇 중심적인 부분에서 사용하기는 했지만 아직 주제화되지는 않았다.

1930년부터 카르나프와 라이헨바흐는 『인식』(*Erkenntnis*)지를 발행하였다. 이로써 빈 학파와 특히 두비슬라프(Walter Dubislav), 그렐링(Kurt Grelling) 그리고 헴펠(Karl Hempel) 및 심리학자 레빈(Kurt Lewin), 쾰러(Wolfgang Köhler) 등과 같이 베를린에서 라이헨바흐 주변에 모인 그룹은 그들의 철학적 작업의 성과를 신속히 출판하기 위한 매체를 소유하게 되었다. 이 매체는 출판업자인 펠릭스 마이너(Felix Meiner) 박사에 의해 나치 통치에도 불구하고 1939년까지 유지되다가 전쟁의 혼란으로 마침내 중단되었다.

카르나프는 1932년에 티롤 지방의 알프스에서 포퍼(Karl R. Popper)와 그의 수고 『탐구의 논리』(*Logik der Forschung*)에 대하여 토론하였고, 후에는 이 수고의 출판을 도와주었다. 이때의 의견교환을 통하여 그는, 지금까지 관찰된 규칙성들이 미래에도 존속하리라는 어떠한 무조건적인 논리적 근거도 존재하지 않으므로, 데이비드 흄이 이미 인식했듯이, 경험적 법칙은 많으나 유한한 관찰을 통해서는 결코 엄밀한 의미로 증명될 수 없다는 사실을 알았다. 그리고 그는 나아가 포퍼로부터, 정상적인 경우에서처럼 경험이 법칙의 검증을 위해 이용될 수 있을 뿐만 아니라 법칙을 이용하여 경험진술들이 수정되어야 하는 특별한 경우도 있다는 것을 알았다. 노이라트는 이 상황을 후에 다음과 같이 약간 시적으로 서술하였다. "우리는 도크에서 배를 해체하여 최선의 부품으로 새로 건조하지 못하고, 대신 공해상에서 개축해야 하는 선원들과 같다."

카르나프와 노이라트의 협동작업은 두 사람에게 모두 집약적이고 생산적이었다. 노이라트는 이론과 실천에서 수정 가능성을 허용할 뿐만 아니라 이 가능성이 모든 학문적 이론에서와 같이 끊임없는 검증과 단초의 비판을 통하여 필연적인 것으로 전제되는 마르크스주의적인 사회주의를 표방하였다. 의심의 여지 없이, 물리학주의에 찬성하고 현상론에 반대하는 노이라트의 논거들은 현상론의 인식론적 우위에 관한 그의 견해를 수정하기로 한 카르나프의 결정에 중요한 역할을 하였다. 노이라트의 목적은 무엇보다 '신실증주의', '논리적 경험주의' 그리고 '분석철학'이라고 불리는 발전 도상의 철학적 경향이 개발한 수단들을 가지고, 그로부티 그의 사회주의적인 목적설성과 관련하여 정치적 행위를 위한 일의적인 함의를 도출하기 위해 인류의 과정으로서의 학문들을 다른 사회적 과정들과의 관계 속에서 가능한 한 엄밀하게 파악하는 것이었다.

이 목적을 위해서는, 모든 사람들이 자신의 의식에 대해서만 진술하는 현상론적 언어는 과학적 탐구의 사회적 측면에 대한 통찰을 약화시키고 극복되어야 할 자연과학과 정신과학의 경계를 강화시킨다고 하는 이중적 관점에서 장애가 되었다. 왜냐하면 사회적 진보는, 신뢰할 만하고 기술적으로 이용 가능한 정신과학의 성과를 통해서만 도달될 수 있기 때문이다. 이것은 또한 정신과학이 자신을 자연과학으로부터 분리하지 않고 자연과학에 의해 분리당하지도 않으며, 또 정신과학은 비록 상이한 적용영역을 가지고 있기는 하지만, 모든 사람들에게 이해될 수 있고 전달될 수 있으며 따라서 사회의 목적을 위해 사용될 수 있는 진리를 통일과학이라는 의미에서의 동일한 방법을 가지고 추구한다는 사실을 전제하고 있기 때문이다.

카르나프는 다음과 같이 쓰고 있다.

그(노이라트)가 철학적 활동과 세계의 역사적 과정 사이의 상관관계를 강조한 것은 나에게 개인적으로 특별한 의미를 가지고 있다. 철학은 사유의 과학적 과정을 개선시키고 그럼으로써 자연뿐만 아니라 사회로서의 세계 안에서 일어나는 모든 것을 보다 더 잘 이해할 수 있도록 한다. 이러한 이해는 다시금 인간의 삶을 개선하는 데 기여한다.[7]

그러나 카르나프는 노이라트의 또 다른 요청, 즉 특정한 철학적 연구들의 수행 여부에 관한 문제를 실용적·정치적 관점에서 결정하도록 해야 한다는 주장은 받아들이지 않는다. 카르나프에 의하면 논리학과 그의 도움으로 정밀화될 수 있는 방법들은 그와 같은 실제적 목적들과 관련해서는 중립적이고, 거꾸로 그와 같은 목적들이 채택되기 전에, 그들이 일관성이 있는지 여부가 논리학의 도움으로 규명되지 않으면 안 된다. 이것은 바로 논리학이 실용적 목적들로부터 독립적이어야 함을 전제로 하는 것이다.

바르샤바의 논리학자 타르스키(Afred Tarski)는 1930년 2월 빈을 방문하고 빈 대학과 빈 학단에서 강연을 하였다. 그리고 같은 해 11월에는 카르나프가 바르샤바를 방문하여 그곳의 학자들 중에서 특히 레스니에프스키(Stanislaw Lesniewski)와 코타르빈스키(Tadeusz Kotarbinski)와 사귀었다. 프레게로부터 영감을 받은 이 철학자들과의 토론은 그가 수학적 공리의 언어와 메타수학적 언어 사이, 보다 일반적으로는 과학의 언어(대상언어)와 그 안에서 이 언어의 구문론적인(그리고 의미론적이고 화용론적인) 연관성이 검토되는 언어(메타언어) 사이의 구별에 대한 깊은 이해를 갖는 데 도움을 주었다. 이러한 인식 작업의 결과는 『언어의 논리적 구문론』에도 나타나 있다.

카르나프는 이러한 토론이 진행됨에 따라 진리의 개념이 검증 가능성의 개념과는 구별되어야 한다는 사실, 또는 오늘날의 표현에 의하면, 진리의 개념은 검증 가능성의 개념으로 조작적으로 축약되어서는 안 된다는 사실을 배웠고, 진리개념이 어쨌든 항상 발전하는 진리성의 증명이란 개념을 배제하고서도 정밀한 언어로 발전될 수 있고, 따라서 유의미하다는 사실을 알았다. 이 프로젝트에 대한 오랜 작업은 그가 미국으로 이주한 후에 비로소 완결되었고 그 결과는 특히 『의미론 입문』과 『의미와 필연성』이란 저작으로 출판되었으며, 카르나프는 이 프로젝트를 통해서 원래의 편협한 실증주의적 단초를 극복하였다.

미국에서 카르나프의 영향

프랑크(Frank)의 주선으로 1931년에 프라하에 있는 독일 대학교의 자연과학부에 자연철학을 위한 교수직이 개설되었고 여기에 카르나프가 초빙되었다. 이즈음 카르나프는 앵글로색슨 언어권에 있는 철학자들과 교류를 시작하였다. 그는 1934년에 하버드의 콰인(Willard Van Quine)과 시카고의 모리스(Charles W. Morris)의 방문을 받았고, 같은 해 영국의 러셀을 방문하였다. 1936년 9월에 그는 하버드 대학으로부터 한 심포지엄에 초대받았다. 그리고 같은 해 시카고 대학에 초빙을 받았다. 프라하에서는 학생들뿐만 아니라 동료들 사이에서도 나치즘의 경향이 증대하여 점점 더 불쾌하고 참을 수 없게 되었기 때문에 그는 즉시 이 초빙을 수락하였다.

카르나프는 미국에서 첫눈에 보아 자유롭고 선입견 없는 동료들의 태도에 호감을 가졌다. 그러나 시간이 지남에 따라 이 나라에도 바로 이 관용성의 가면 뒤에 마치 증명 가능한 사실에라도 관계하는 것처럼 "완고한 형이상학적 사변"이 자명하고 어떠한 감정도 없이 표방되고 있고, 관용성은커녕 동일한 방식으로 행동하도록 강제하는 사회적 압력이 명백히 존재한다는 사실을 알게 되었다.[8] 중부 유럽에서는 그 동안 정치적 상황이 현저하게 악화되었다. 슐리크는 정신착란증에 걸린 한 파시스트 학생에 의해 피살되었다. 히틀러는 오스트리아를 합병하였고, 체코슬로바키아를 침공하고 이어 폴란드에 진격함으로써 제2차 세계대전을 일으켰다. 이에 카르나프는 미국 시민권을 신청하였고, 1941년에 이를 취득하였다.

시카고에서 그는 가끔 중단하기도 하였지만 1952년까지 강의를 계속하였다. 그는 거기서 노이라트 및 모리스와 함께『통일과학의 국제백과사전』을 발행하였다. 이것은 단행본의 시리즈로 나왔는데, 이를 통하여『인식』에 의해 설정되었으나 아직 완결되지 않은, 모델 사상과 특히 모델 언어를 연구하고 이러한 모델에서 실제적인 언어현실에 최소한 근사적으로 일치하는 확정적 결과들의 획득을 목표로 하는, 엄밀한 철학을 창조하는 과제가 계속 수행되었다.

1940년과 1941년 사이에 그는 하버드 대학에서 객원교수로 재직하였고, 거기서 러셀, 타르스키, 그리고 콰인 등과 철학, 특히 형식언어를 위한 의미론의 정초문제, 그리고 사회직·정치적 문제들에 관하여 집중적으로 토론하였다. 그는 이 토론에서 타르스키 및 콰인에 대해서 사실적 진리와 논리적 진리는 서로 날카롭고 단호하게 구별될 수 있다는 자신의 견해를 방어하였다. 록펠러 재단의 연구비를 받았던 1942년에서 1944년까지 그는 특히 필연성과 가능성의 양태에 대한 의미론 및 확률과 귀납의 정초문제와 같은 다른 의도의 의미론들을 연구하였다.

1952년에서 1954년까지 카르나프는 프린스턴 대학의 고등학문연구소(Institute for Advanced Studies)에서 활동하였다. 그는 거기서 철학자 케미니(John G. Kemeny)와 함께 논리학적인 확률개념과 그가 파이글의 권유로 1938년부터 연구하였던 귀납문제에 대한 연구를 계속하였고, 아인슈타인과 물리학적인 문제들 및 과학철학적 문제들에 대해 토론할 기회를 가졌다.

1954년에 그는 죽은 라이헨바흐의 후임으로 로스앤젤레스 대학에서 초빙을 받았다. 그는 거기서 자신의 귀납논리학 체계를 완성하였고, 분석성의 구상을 일반화하였다. 이로써, 그리고 그의 이론적인 개념들, 즉 경험으로부터 획득될 수 없는 개념들에 대한 연구를 통하여 그는 20년대와 30년대의 논리적 경험주의 프로그램의 편협한 질곡을 영원히 극복하였다. 그러나 그는, 귀납논리학과 주관적인 확률론 사이의 관계를 수학적인 형태로 제시하는 것을 목표로 하는, 더욱 결정이론적으로 정식화된 귀납논리학의 제2판을 더 이상 출판할 수 있는 형태로 완성하지는 못하였다.

제2차 세계대전이 끝난 후에 어떤 독일어권의 대학도 카르나프를 다시 중부 유럽으로 초빙하려 하지않았다. 카르나프는 1966년 여름 30년대 이래 처음으로 독일과 오스트리아를 방문하고 뮌헨에서 귀납논리학 연구에 관한 강연을 하였다. 뒤이은 그의 중부 유럽 방문은 모두 사적 성격의 방문이었다. 그는 생애의 마지막 몇 달 동안 남부 독일로 이주할 생각을 가지고 있었는데, 이를 실현하지는 못하였다. 그는 1970년 9월 14일 캘리포니아의 샌타모니카에서 죽었다.

카르나프처럼 자기 자신에 대하여 비판적인 태도를 가지고 있었던 철학자를 발견하기는 쉽지 않을 것이다.

카르나프의 사상에 대하여 근거 있는 비판을 한 사람들의 명단을 살펴보면, 결국에는 항상 다시 카르나프로 되돌아온다. 카르나프에 대한 가장 날카로운 비판자는 항상 카르나프 자신이었다.[9]

카르나프가 토론에서 개념들을 엄밀하고 정확하게 사용하면 할수록, 그는 교사로서 더욱 더 직관적이고 감정이입적으로 그의 청중들을 그들에게 아직 알려지지 않은 그의 연구영역으로 인도할 수 있었다. 이때 그는 간단한 말로 순간순간 명확한 구별을 함으로써 계속적인 분석을 위한 목표를 예고하였고, 이렇게 얻은 예비적 이해를 모든 사람이 따라올 수 있는 단계적 정밀화를 통하여 심화시켰고, 이로써 그가 그것과 연결하여 양상언어의 예에 따라 (재)구성하려는 언어를 위한 기본요소들을 만들었다.

주요 저작

개념설명

카르나프는 처음부터 합리주의 시대에 '분석과 종합'이라고 불린(그리고 '분석적 판단과 종합적 판단'의 구별과는 별 관계가 없는)[10] 철학적 방법을 사용하였고, 후에 이를 체계적으로 발전시켰다. 그는 자신이 '개념설명'(Begriffsexplikation)이라고 부른 이 방법을 다음과 같이 묘사한다.

그것은 하나의 주어진 개념인 피설명자(Explikandum)에 대하여 다음과 같은 요구조건을 충분조건으로 충족시키는 설명자(Explikat)로서의 개념을 찾는 것이다. 첫째, 설명자는, 지금까지 피설명자가 사용된 대부분의 경우에 대신 사용될 수 있을 정도로 피설명자와 유사해야 한다. 그러나 완전한 동일성이 요구되는 것은 아니며, 심지어 현저한 차이가 허용된다. 둘째, 설명자의 사용을 위한 규칙은 설명자가 잘 기초지어진 과학적 개념의 체계 속에 편입되도록 정확한 방식으로 제시되지 않으면 안 된다. 셋째, 설명자는 생산적이어야 한다. 즉 가능한 한 많은 보편적 진술들을 형성하도록 허용해야 한다. 이 보편적 진술들은 그것이 비논리학적 개념과 관계하는 한 경험적 법칙이거나, 또는 논리학적·수학적 개념의 경우에는 논리학적 또는 수학적 정리이다. 넷째, 설명자는 가능한 한 단순해야 한다. 즉 더 중요한 요청인 첫째에서 셋째까지의 요청들을 허용할 만큼 단순해야 한다.[11]

여기서 단순성이란 개념 정의의 단순성뿐만 아니라 그러한 개념들을 연결하는 법칙들의 단순성을 의미한다.

그는 목적, 보다 정확히는 이론적(인식) 관심을 지향하는 화용론적 조건들인 둘째와 셋째 요청을 첫번째 요청에 의해 제시되는 개념들의 보존성에 대한 의미론적 조건보다 훨씬 더 중요시한다. 지금까지의 언어 사용을 이해하도록 하는 교량을 형성하고 이로써 새로운 개념이 용이하게 학습될 수 있도록 하기 위하여, 설명자는 두번째와 세번째 요청이 허용하는 한 최대의 유사성을 가져야 한다.

공간개념에 대한 연구

카르나프는 이 개념설명의 방법을 아직 방법으로서 정식화되지 않은 상태에서 그의 박사학위논문 『공간』(*Der Raum*)에서 이미 사용하였다. 거기서 그는 '공간'이란 표현의 사용방법을 분석하고, 수학, 철학 그리고 물리학에서 공간에 관한 진술이 이루어질 때에는 세 가지 서로 다른 사용분야가 문제되고 있다는 결과에 도달하였다. 첫째, 수학에서 그것은 보편적인 질서조직을 의미하는 형식적 공간, 즉 특정한 성질과 질서관계를 갖는 사물들의 임의의 체계이다. 둘째, 철학에서 이 특수화하지 않은 보편적 적용영역은 사물들의 공간적 체계의 영역으로 특수화된다. 그러나 이것은 경험적 사실들을 파악하려 한다는 의미에서가 아니라, 공간적 관점에서 경험세계의 사물들 사이에 필연적으로 존재하고 그들의 본질을 이루며 따라서 하나의(임의로 선택된) 대표로서의 사물에게서 알려질 수 있는 진술들을 탐구하려 한다는 의미에서 그러하다. 셋째, 끝으로 물리학에서는 측정방법을 사용하여(개략적으로) 개별적인 물체들이 어떤 공간적 상태에 있는지, 즉 그들이 어떤 공간적 성질을 가지고 있고 다른 물체들에 대하여 어떤 공간적 관계에 있는지가 탐구된다.

비교를 통한 이 공간이론의 재구성에서 카르나프는, 물리학적 공간은 그의 존재에서 직관적 공간을 전제한다는 결과에 도달한다. 직관적 공간은 그의 측정단위가 결정에 기인하고(시간·질량 등과 같은 물리학적 양들의 측정단위는 절대적으로 존재하는 것이 아니라 임의적 결정에 달려 있다—옮긴이) 그의 일반적(위상학적) 관계조직이 경험적 독립성을 요구하는데, 이때 그의 관계들은 형식적 공간에 의해 서술되고, 따라서 이 형식적 공간은 직관적 공간의 논리적인 전제조건이다. 카르나프는 후에 전적으로 신칸트주의 철학의 토대 위에서 전개된 이 저술에 대해 어느 출판물에서도 더 이상 언급을 하지 않는데, 이것이 아마 이 대단히 흥미롭고 유익한 연구가 경험론적 철학자들뿐만 아니라 합리주의 철학자들, 그리고 이 경우 특히 칸트주의자들에게 알려지지도 이용되지도 않는 이유일 것이다.

현상론

카르나프와 거의 대부분의 그에 대한 해석자들은 그의 첫번째 주저인 『세계의 논리적 구성』이 전통적인 현상론을 경험론적 토대 위에서 완성시킨 것이라고 주장한다. 카르나프는 다음과 같이 쓰고 있다.

> 나는 '물체가 시각, 촉각 그리고 그 밖의 감각들의 복합체이다' 라는 그들의 통상적이고 일반적인 진술에 만족하지 않았고, 그들의 구조를 탐구하기 위하여 그러한 복합체들을 실제로 구성하려고 시도하였다.[12]

그러나 그는 모든 비분석적 진리들은 관찰에 의해서만 정당화된다고 하는 전통적 경험주의의 입장을 잘못된 것으로 보고 명백히 거부한다. 왜냐하면 그에 의해 선택된 유사성의 기억에 대한 기본관계는 다른 방법으로 정의될 수도 없고, 경험으로부터 획득되지도 않기 때문이다.

실증주의는 인식의 유일한 재료가 가공되지 않은, 체험에 맞게 주어진 것 안에 존재한다는 사실을 강조해왔다. 거기서 구성된 체계의 기본요소들이 찾아져야 한다는 것이다. 그러나 특히 신칸트학파(리케르트, 카시러, 바우흐)의 선험적 관념론은 이러한 요소들만으로는 충분하지 않다는 사실을 강조한다. 그들에 의하면 질서 부여, 즉 우리의 '기본관계들'이 추가되지 않으면 안 된다.[13]

카르나프에게 기본관계들은 칸트와 신칸트주의 철학의 체계들에서의 범주와 동일한 기능을 갖는다. 그러므로 그는 양자를 서로 동일시한다. 이들 범주들 중의 몇몇은 다른(진정한) 범주들로 환원될 수 있다. "(진정한) 범주의 수는 매우 적다. 아마도 단 하나의 범주만이 존재할지도 모른다."[14] 어쨌든 그는 자신의 개념세계와 경험세계를 구성하는 체계 안에 하나의 범주, 즉(하나의 잠정적인 시간질서를 포함하는) 유사성의 기억이라는 관계만 가지고 있다(「공간특성의 시간특성에의 종속성에 관하여」에서 카르나프는 물리학주의적·실제적 언어의 차원에서도 공간개념은 시간개념의 언어로 환원될 수 있다는 사실을 보여주었다).

　대상영역으로서는, 그의 원소들이 시간-공간의 연속 안에서의 위치들인 물리적 토대, 또는 일반심리적 토대, 즉 모든 사람들의 의식내용의 일반성, 또는 지각하는 주체의 체험만을(이 주체 자신이 아니라!) 포함하는 고유심리적 토대가 선택될 수 있다. 논리학적인 관점에서 보면 세 단초들은 모두 대등하다.

　그러나 우리는 우리들의 구성체계에 대하여 또한 대상들의 인식에 적합한 질서도 고려할 것을 요구하려 하기 때문에, 우리는 모든 다른 것에 대해 인식적으로 근본적인 것, 즉 '주어진 것'으로부터 출발하지 않으면 안 되며, 그것은 바로 그의 전체성과 완결된 통일성 안에서의 체험 그 자체이다.[15]

다른 사람들의 체험은 인식적으로 근본적인 것이 아니며, 이후에 비로소 구성작용 안에 도입되지 않으면 안 되는 것이다. 여기서 심리학자 베르트하이머(Wertheimer)와 쾰러(Köhler)의 형태이론을 따르는 카르나프에 의하면, 전통적인 현상론이나 대체로 칸트주의와 신칸트주의 철학이 그랬듯이, 그와 같은 요소체험들을 채색된 부분이나 공간위치 등으로 계속 분할('분석')하고 이 요소로서의 부분들로부터 출발하는 것은 옳지 않다. 오히려 눈에 보이는 채색된 부분들이나 공간위치들과 같은 그러한 사유에 의한 구성들은 요소체험 일반들로부터 비로소 구성(또는 종합)되지 않으면 안 된다.

클라스 형성과 관계논리학의 도움으로 요소체험들로부터 그와 같은 유사요소를 구성하는 것은 따라서 진정한 분석이 아니라 유사분석이다. "우리는 유사분석은 분석이란 언어적 외투를 입은 종합이라고 말할 수 있다."[16) 유사분석의 이러한 구성하는 조치는 경험적 심리학의 의미에서 인간에게 인식과정이 어떻게(아마도 또한 부분적으로 덜 합리적인 어떤 방법으로) 진행되는가를 묘사하는 것이 아니라, 그의 구성 또는 규정에서 모든 단계를 합리적으로 정당화하고, 그렇게 함에서 모든 개별적 단계에서 인식형성의 실제과정과 일치하지 않으면서 단지 전체적으로만 개별적 인간에게서의 인식과정과 같은 결과, 즉 현실의 구성에 도달하는 것이다. "이러한 구성들은 구성체계 속에서는 단지 합리화하거나 도식화하는 방식으로만 모사된다. 직관적 인식은 논증적 추론으로 대체된다."[17)

이러한 유사분석의 방법을 통하여 카르나프는 이제 유사성의 무리로서 개별적인 성질의 클라스들(상이한 지각 또는 감각성질들)을 (재)구성하고, 이 유사성의 관계라는 의미에서의 유사성의 클라스들의 질서를 통하여 동일한 감각영역으로부터 그와 같은 성질들의 클라스로서의 감각 클라스들(이 감각 클라스들은 개별적인 성질 클라스들을 원소로 하는 클라스, 즉 클라스의 클라스이다―옮긴이)을 구성한다. 개별적인 감각 클라스들이 어떠한 감각에 관한 것인가 하는 문제는 형식적인 방법으로, 즉 그에 속하는 차원수를 통해 규정된다. 따라서 예를 들면 시각은, 감각된 대상이 공간적으로 이차원, 색채상으로 색상, 채도 및 명도 등 삼차원에 따라 측정되기 때문에 차원수 5를 받게 된다. 물리학적 사물들은, 어떤 조건 아래서 해당하는 체험을 가지는가를 진술함으로써 성향(Disposition)으로 간주된다. "표명을 토대로 한 정신적 대상들의 구성은, 지각되는 체험을 토대로 물리적 사물들을 구성하는 것과 일종의 유비관계에 있다."[18] 따라서 이 구성체계에 의하면 다른 사람들, 다른 사람들의 심리적 대상들, 정신적 대상들에 관해 말하는 것은 전혀 어려움이 없다. 그들은 이 체계를 통하여 자신의 심리적 대상에 관한 진술들로 번역되는 것이다.

카르나프는 자신이 세계의 대상들에 관한 진술을 자신의 심리적 대상에 관한 진술들로 번역하는 것을 허용하는 이 구성체계를 가지고 독단적으로 현상론(또는 관념론)을 가정하려 하는 것이 아니라고 반복하여 강조한다. 왜냐하면 인식론은 한 언어 안에서도 물리적 토대를 가지고 전개될 수 있기 때문이다. 이 경우 "단지 물리적으로 실재적인 사물들만이 존재한다"라든가 "단지 직관(또는 체험들)만이 존재한다"와 같은 형이상학적인 진술을 하는 것은 어떠한 의미도 갖지 못하고, 이 언어 안에서는 모든 진술들이 물리적–실재적인 토대를 갖는 문장들로 번역될 수 있고, 이에 반해 저 언어에서는 모든 진술들이 요소경험에 관한 판단들로 이해되어야 한다고 말하는 것만이 유의미하게 된다.

실재적인 언어와 구성적 언어가 단지 동일한 사태를 표현하는 두 개의 상이한 언어로서만 인식된다면, 인식론적 영역 내에 있는 논쟁들의 많은 경우, 또는 대부분의 경우는 근거를 상실하게 될 것이다.[19]

카르나프는 이 책이 많은 대안적 구상들에 대한 동기가 되기를 기대했었다. 실제로『세계의 논리적 구성』은 그에게 가장 짧은 시간에 세계적인 명성을 가져다주었으나, 하나의 인식론적인 눈덩이를 굴러가도록 하는 계기를 제공할 만한 핵이 되지는 않았다. 유일하게 굿맨(Nelson Goodman)만이 하나의 대안을 개발하였다(1951). 그러나 그것을 이해하는 데는 카르나프의 단초보다도 더 많은 논리학적 전제가 필요하다.

물리학주의

노이라트는 빈 학파의 토론에서 이론적·실천적 근거를 가지고 현상론을 물리학적·실재적 입장으로 대체할 것을 주장하였다. 각각 그 자신의 고유한 요소경험에 대해서만 진술하는 두 주체들은 동일한 사물들에 대하여 이야기하는 것이 아니기 때문에, 각자가 서로를 이해시킬 수 없을 것이기 때문이다. 따라서 그에 의하면 현상론적으로 재구성된 과학언어는 의사소통의 토대와 상호주관성을 갖지 못한다고 한다. 그 밖에도 요소경험들은 분해가 불가능한 대상이 아니라, 이 세계의 물체들의 상태들이며, 따라서 물리학적·실재적 토대 위에서 구성될 수 있다는 것이다. 그는 또한 단지 물리적 사물들의 세계 하나만이 존재할 뿐이며 추가적으로 체험 또는 영혼과 정신의 세계는 존재하지 않는다고 주장한다. 그와 같은 이원론은 사회적 활동으로서의 과학의 통일성을 파괴하고 특히 정신과학이 필요할 때 자연과학으로부터 결과와 방법들을 빌려오는 것을 불가능하게 한다는 것이다.

내가 관념론과 유물론의 테제에 대해서가 아니라 오히려 한 언어의 선택 문제에 대하여 토론하자고 제안하자 노이라트는 이것을 수락하였다. 그러나 그는 나의 무기를 나를 향해 사용하려고 시도하였다. 언어형태의 선택은 정확히 철도망의 노선 선택이나 정부의 헌법 선택과 같이 하나의 실천적 결정이라고 그는 주장하였다. 그는 모든 실천적 결정들은 서로서로 연관되어 있고, 따라서 이러한 결정들은 일반적인 목적의 관점에서 내려져야 한다고 강조하였다. 그럴 경우 한 언어형태, 한 철도망 또는 한 헌법이 그들을 사용할 사회에 얼마나 이익이 될 것인가

하는 것이 하나의 결정적인 선택기준이 될 것이다. 이론적 영역에서의 결정을 포함하여 모든 결정들이 연관되어 있다는 그의 강조와, 언어 선택의 문제와 같은 어떤 실천적인 문제를 격리하여 논하는 데 대한 그의 경고는 나와 내 친구들의 사고에 강력한 인상을 주었다.[20]

원래 노이라트와 카르나프는 그들 시대의 물리학의 언어가 모든 경험과학적 연관들을 형성하기에 적절하고 충분한 것으로 보았다(이것은 아직 물리학의 법칙으로부터 다른 분야의 법칙들을 도출하는 것을 포함하지는 않는다!). 후에 카르나프는 물리학주의(물리적 실재론)를 수용하는 것을 주로 세계의 사물 또는 물체들에 대하여 진술하는 언어(사물언어 또는 물체세계언어[Körper-Welt-Sprache])를 수용하는 것으로 이해하였다. 이 경우 영혼과 정신적 상태에 관한 진술들과 자신의 심리적인 것에 관한 진술들은 그들에게 물리적 · 실재적 의미가 부여될 수 있도록 하기 위하여 물리학적 언어의 진술들로, 보다 일반적으로는 사물언어의 진술들로 번역되지 않으면 안 된다. 이에 따르면, 내가 일전에 화가 났었다는 사실은 물리적 · 실재적으로 나의 신경조직이 이러저러한 상태에 있었다는 것을 의미하거나, 또는 내가 나에게 특정한 시험을 하려 할 때 이러저러한 방식으로 반응했다는 것을 의미한다.

카르나프는 물리학주의적인 인식론을 전개하는 프로그램을 『세계의 논리적 구성』에 대한 작업에서와 같은 강도와 폭을 가지고 착수하지는 않았으며, 그것을 끝마치지도 않았다. 이것은 부분적으로는 외부적인 사정, 특히 독일에서의 정치적 상황의 전개에 기인하고, 부분적으로는, 그가 후에 진술하듯이, 한 물리학주의적 체계 속에서 서술되어야 할 개념들이 정신적이고 영적인 상태에 대하여 그러하듯이, 구성개념들은 시험-반응 조건들에 의해서는 간단히 단정적으로 서술될 수 없다는 통찰에 기인한다.

논리적 구문론과 관용원칙

카르나프의 두번째 주저인 『언어의 논리적 구문론』은 프레게의 언어철학적 단초의 계속적인 전개이다. 프레게는 공리와 도출규칙을 제시함으로써, 이러한 목적으로 인공적으로 만든 언어를 위해 논리적 추론에 대한 형식적 개념을 규정하였다. 여기서 '형식적'이라 함은 비트겐슈타인적 의미로, 한 추론의 타당성에 대한 문제는 단지 문장의 논리적 구조에만 관련되어야 하고, 그 내용, 즉 그들이 진술하는 것에 관련되어서는 안 된다는 것을 의미한다. 카르나프는 이제 이러한 패러다임을 철학적 방법을 위해 전개한다. 그는 타르스키 및 수학자 힐버트(David Hilbert)와 괴델의 제안을 수용하여, 두 가지의 언어 예에서(철학적 연구의 대상인 대상언어들로서) 이 언어들에 관하여 진술하는 한 언어(구문론적 언어 또는 메타언어) 속에서 형식적으로 구문론적 개념들을 전개하고, 논리학의 개념들도 역시 이와 같은 구문론적 개념들로 정의될 수 있음을 보인다.

비트겐슈타인이 그의 『논리-철학 논고』에서 체계로서의 엄밀한 철학은 존재하지 않으며 그 자신의 철학도 유용한 넌센스에 다름 아니라는 견해를 표명한 데 반하여, 카르나프는 이제 이 체계를 가지고, 특히 구문론적 언어의 제조를 통하여, 철학은 전적으로 엄밀한 체계로 전개될 수 있다는 사실을 보여줄 수 있다. 그에게 한 철학적 진술의 의미는 이 진술이 구문론적 언어로 번역될 때 분명해진다. 이러한 번역에서 "세계는 사물들의 총체가 아니라 사실들의 총체이다"라는 비트겐슈타인의 존재론적 진술은 "과학은 명칭의 체계가 아니라 명제들의 체계이다"라는 구문론적 진술이 된다.[21]

이러한 번역에서 철학적 테제들 사이의 겉보기 모순들은 더 이상 모순이 되지 않는다. 물리학주의자들이 "한 사물은 원자들의 복합체이다"라는 원칙을 고수하는 데 반해, 현상론자들은 "한 사물은 감관지각의 복합체이다"라고 주장한다. 구문론적 언어로 번역하면 두 테제들은 "사물에 대한 명칭이 나타나는 모든 문장은 그 안에 사물에 대한 명칭이 아니라 감각에 대한 명칭이 나타나는 문장들의 클라스와 내용상 동일하다"와 "한 사물에 대한 명칭이 나타나는 모든 문장은 그 안에 공간-시간 좌표들과 (물리학의) 어떤 기술적(deskriptive) 함수가 나타나는 한 문장과 내용상 동일하다"로 된다.[22]

그러나 그 주장들은 이 구문론적 형태에서 서로 모순되지 않는다. 왜냐하면 내용의 동일성이 한 문장 클라스뿐만 아니라 다른 문장 클라스와도 공존이 가능하고, 그 언급된 언어들은 서로 동일해야 할 필요가 없기 때문이다. 이 경우 구문론적 언어의 입장에서 보면 한 언어형태(예를 들면 현상론적 또는 물리학주의적 언어)가 일반적으로 수용되어야 하고, 따라서 다른 언어형태는 배척되어야 한다고 요구하는 것은 의미가 없다. "이러한 종류의 언어를 요청하는 데 대한 우리들의 태도는 관용의 원칙에 의해 일반적으로 표현될 수 있다. 우리는 금지를 하지 않고 결정을 하려 한다."[23]

언어형식들은 특정한 목적을 위한 수단이다. 어떤 특정한 수단을 금지하는 것은 근거가 없다. 이것을 카르나프는 약간 애매한 문구로 다음과 같이 표현한다.

논리학에는 도덕이 없다. 모든 사람은 자기가 원하는 대로 자신의 논리학, 즉 자신의 언어형식을 구축할 수 있다. 그가 우리와 토론하고자 한다면, 그는 다만 어떻게 토론을 하려고 하는지에 대해 명확히 진술해야 하고, 철학적인 논구 대신 구문론적 규정들을 제시해야 한다.[24]

그러나 주어진 한 목적은 다른 수단보다 특정한 수단, 즉 특정한 언어형태에 의해 보다 잘 달성될 수 있다. 따라서 카르나프는 여기서, 그의 암시로부터 그가 이 실용적 기준을 명확히 의식하고 있었다고 추론할 수는 없지만, 그것을 이용하고 있는 것이다. 따라서 카르나프에 의하면 내용에 관계되는 비구문론적 철학적 표현방식은 의사문제(Schein-probleme)에 빠지도록 유인하기 쉽다. 거꾸로 내용적인 표현방식은 형식적인 표현방식에 대하여 간단하고 쉽게 통찰할 수 있다는 장점이 있다. 따라서 내용적 표현방식에서 표현의 의미가 바로 그 구문론적인 번역에 의해서만 명확하게 나타난다는 사실을 항상 의식하기만 한다면 내용적 표현방식을 사용하는 것은 대단히 유용하다.[25]

카르나프는 다음과 같이 쓰고 있다.

> 그 책을 출판한 지 몇 년 뒤에 나는 그의 주요 테제 중의 하나가 너무 편협하다는 사실을 깨달았다. 나는 철학 또는 과학철학의 문제들은 단지 구문론적 문제일 뿐이라고 말했었다. 나는 보다 일반적으로 이러한 문제들이 메타이론적인 문제들이라고 말했어야 했던 것이다. 이 편협한 표현은, 언어의 구문론적 측면이, 프레게, 힐버트, 그리고 폴란드의 논리학자들이 사용하고 또 나의 책에서 사용된 정밀한 수단들을 가지고 연구된 첫번째 것이라는 사실을 통하여 역사적으로 이해될 수 있다. 후에서야 비로소 우리는 메타이론도 또한 의미론과 실용론을 포함해야 한다는 사실을 알았다. 철학의 영역은 마찬가지로 이 단원들을 여는 것으로 이해되어야 한다.[26]

카르나프는 진리의 의미론적 개념이 증명(즉 검증, 반증 등)의 의미론적 개념과는 구별되어야 한다는 것을 보았다. 그리고 그는 진리개념에 대한 모든 형태의 정의를 위한 레스니에프스키의 기준을 받아들였는데, 이것은 다음과 같이 서술될 수 있다.

> 한 메타언어 안에서 공식화된, 대상언어의 문장들을 위한 진리개념은 다음의 명제가 타당할 때 적절하다. X를 메타언어의 문장 A를 위한 대상언어적 명칭이라고 하자. 그러면 X는 정확히 A일 때 참인 대

상언어의 문장이 된다.[27]

의미론

의미론은 순수 분야와 경험적 분야로 나뉠 수 있다. 경험적 분야로서의 의미론은 이미 주어진, 역사적으로 전개된 언어를 다룬다. 순수 분야로서의 의미론은 이러한 목적으로 구성된 언어, 정확히 말하면 이미 주어진 구성된 언어와 같은 구조를 가진 언어형식들을 다룬다. 카르나프는 『의미론 입문』과 『논리학의 형식화』에서, 최소한 논리적인 부분에서는 자연언어로도 대략 전환될 수 있는(그러나 이것을 단정하는 것은 경험적 문제이다) 순수의미론의 체계들을 전개하였다.

일반적인 의미론은 '참인', '거짓인', '논리적으로 참인', '함축적 논리적' 등과 같은 의미론적 개념들 사이의 특정한 관계들을 공리적으로 서술한다. 이와 함께 그것은 적합성의 기준에, 의미론적 개념들을 정의하고 특히 진리개념을 일의적으로 확정하기 위해 충족되어야 할 추가적인 조건들을 제시한다.[28] 특별한 의미론은 이러한 개념들을 정의하는데, 이때 그것은 이 모든 기준들을 충족시켜야 한다. 카르나프에 의해 전개된 의미론에서 진리의 개념은 다음과 같이 도입된다.

대상언어 S의 문장들에 의해 이들이 말하는(그리고 이와 함께 S의 표현들에 의해 명명되는) 우주의 대상들에게 성질들이 부여되기도 하고 부인되기도 하고, 그들 사이에 관계가 규정되기도 하고 부인되기도 한다. 이때 이들 성질과 관계들은 대상언어 S 안에 그 명칭들을 가지고 있는 성질과 관계들이다.

한 L-상태(논리적으로 가능한 한 상태)는 성질 및 관계와 관련한 우주의 모든 대상들에 대한 모순이 없고 완전한 구별이다. 그리고 상태서술은, 명칭관계를 사용하여 언어 S 안에서 이 상태를 서술하는(또는 형식적으로 말하면, 이러한 명칭관계라는 의미에서 메타언어로 표현된 상태를 대상언어 S로 번역하는) S의 한 문장이다. 한 문장은 한 상태에서,

이 상태로부터 그 문장이 묘사하는 사정이 발견될 때 참이고 그렇지 않은 경우에는 거짓이다. 한 문장은, 정확히 그것이 모든 상태에서 참일 때 L-참(논리적으로 참)이다. 그리고 한 주장은, 그 주장은 참이나 이 판단은 참이 아니도록 하는 상태가 결코 존재하지 않을 때, 정확히 그때 한 판단을 논리적으로 함축한다.

카르나프는 그러한 논리학 개념을 도입함으써 비로소, 왜 (증명 가능성, 공리로부터의 도출 가능성 등으로서의) 논리학 개념들에 대한 그의 지금까지의 구문론적 규정들이 정당한지를 말할 수 있게 된다. 그것은 즉 논리적으로 참인 문장들만이 증명 가능하고, 한 문장은 한 진술에 의해 논리적으로 함축되어 있을 때만 그 진술로부터 도출될 수 있기 때문이다.

이러한 수단으로 해결할 수 있는 문제들 중에서 철학적으로 중요한 문제들에는 특히 내포와 외연의 구별문제(문장의미와 진리치, 또는 성질과 클라스) 및 모델의 정확한 규정 또는 계산의 해석문제 등이 속한다. 『의미와 필연성』에서 카르나프는 그것을 넘어서 어떻게 이 표준논리학을 위해 개발된 개념들을 양태논리학의 특별한 체계를 의미론적으로 해석하는 데 사용할 수 있는지 보여준다.

> ……나는 그 자체로서의 양태들을, 이 명제들을 표현하는(서술하는) 문장들의 특정한 의미론적 성질들에 대응하는 명제들(사태들)의 성질로 해석할 것을 제안한다. 따라서 예를 들면, 하나의 명제는 그것을 표현하는(서술하는) 한 문장이 논리적으로 참일 때만, 그리고 다만 이때에만 논리적으로 필연적이다.[29]

형식적 언어의 의미론은 전체적으로 카르나프와 타르스키에 의해 전개된 이 진리개념의 토대 위에서 계속 전개된다. 즉, 캉어(Stig Kanger)와 크립키(Saul Kripke)는, 후에 비논리적 필연성도 의미론적으로 특징지어질 수 있도록 이 단초를 일반화하였던 것이다.

귀납논리학

그의 의미론의 결과는 카르나프로 하여금 그의 책『확률의 논리적 기초』에서 귀납(또는 귀납논리)을 논리학(또는 연역, 또는 연역논리)의 보완 조치로 발전시키는 것을 가능하게 하였다. 이때 그는 개념설명의 의미에서 우선, 유한한 경우에 한 관련 클라스 안에서 한 성질의 상대빈도로 이해될 수 있고 따라서 충분히 표현력이 풍부한 한 대상언어 안에서 표현될 수 있는 객관적 확률과, 하나의 가설이 어떻게 한 전제에 의해 함축될 수 있는가를 제시하는 방법으로서의 논리적 확률을 구별한다.

전제가 가설과 논리적으로 모순되고 따라서 논리적으로 그의 부정을 함축하고 있으면 이 전제와 관련하여 가설의 논리적 확률은 0이고, 가설이 전제를 논리적으로 함축하고 있으면 이에 해당하는 확률은 1이다. 0과 1 사이에 있는 값은 그러면 부분적인 논리적 함축으로(그가 설명한 완전한 논리적 함축과 대립하여, 그리고 이에 보완하여) 이해될 수 있다. 이때 그 수치는 이 부분적 함축이 얼마나 (연역적) 논리적 함축 또는 논리적인 양립 불가능성에 가까이 있는가를 지시한다.

논리적으로 참인 한 문장은 모든 상태에서 타당하고, 논리적으로 거짓인 문장은 어떠한 상태에서도 타당하지 않다. 어떤 문장이 모든 상태에서 타당하고 이 상태에서 전제도 타당하다면 한 전제로부터 연역적·논리적으로 도출된다. 한편 어떤 문장이 단지 몇몇 상태에서만 타당하고 이 상태에서 전제도 타당하다면 한 전제로부터 귀납적으로 도출된다. 이 부분적 함축을 수치로 측정하고자 한다면 이 상태들에게도 척도로서의 수치를 부여하지 않으면 안 된다. 그렇게 되면 유리하고 가능한 경우의 비율로서의 확률에 대한 일반적인 규정에 따라 다음과 같이 정의할 수 있다. r이, 분자가 A와 B가 함께 타당하게 되는 상태들의 척도의 합이고 분모가 A가 타당하게 되는 상태들의 척도의 합인 분수와 동일할 때, 바로 그때 전제 A에 대한 가설 B의 논리적 확률치는 r이다.

『귀납적 방법의 연속』에서 카르나프는 모든 귀납적 방법과 함께 상태에 그와 같이 척도를 부가하는 데에는 우주의 제일성에 (기대되는 인과성의 정도에) 관한 선천적 가정이 결합되어 있다는 사실을 예를 들어 보여주었다.

카르나프는『확률의 논리적 기초』(1950)와『귀납적 방법의 연속』(1952)에서 자신이 개발한 귀납적 방법을 적용하기 위해 대상언어로서의 간단한 모델 언어를 구성하는 데 반해, 그의 사후에(1972) 출판된 수고에서는 해석 또는 문장 모델의 함수로서 논리적 확률 개념을 전개한다. 프레게와 러셀의 분석이 논리적인 방법으로 자연수의 개념을 정초하려 했을 뿐, 데데킨트(Dedekind)와 페아노(Peano)의 수 체계를 대체하려 한 것이 아니었듯이, 이렇게 재구성된 확률개념은 통계적 방법의 대체가 아니라 이를 위한 정초로 이해되어야 한다.

경험적 · 이론적 그리고 형이상학적 개념들

철학을 하나의 합리적이고 상호주관인 학문으로 전개하려 노력하는 가운데, 카르나프는 20년대에 무엇보다도 비트겐슈타인의『논리-철학 논고』의 영향 아래에서 극단적인 반형이상학적 입장을 취하였다. 개념들은 단지 그들이 논리학의 개념들처럼 방법론적인 개념이거나 또는 경험적인 개념, 즉 관찰개념과 관찰개념을 통해 정의될 수 있는 개념일 때에만 (경험적으로, 또는 인식적으로) 유의미한 것으로 간주된다. 그러나 그의 자서전에서 단언하듯이[30] 그는 이미『세계의 논리적 구성』에서 이론물리학의 개념들, 즉 상태의 양들을 최소한 부분적으로나마 요소경험으로 환원하는 데 실패하였다.[31]

후에 그는 현상론적 인식론에서뿐만 아니라 물리학주의적 인식론에서도 항상 사용되는 상대적으로 요소적인 성질개념들도 이미 완전한 정의를 통해서는 도입될 수 없다는 사실을 인식하였다.[32] 수학적으로 앞서가는 경험과학들의 중심개념에 대한 방법론적인 연구를 통하여 그는 이들이 종종 부분적으로조차 관찰개념으로 환원될 수 없으며, 공리를 통하여 서술되고(또는 힐버트의 표현을 빌리자면, 이들 공리를 통해 함축적으로 정의되고) 대응규칙들에 의해 느슨하게 관찰개념들과 연결되지 않으면 안 된다는 결론에 도달하였다.[33] 그와 같은 공리들은 거기에 등장하는 이론적 개념들을 단지 불완전하게만 서술할 수 있을 뿐이다. 그들은 가끔 통찰할 수 없을 만큼 많은 모델들을 가지고 있으며, 다만 그들의 구조만을 규정할 뿐이다.

이러한 생각은 카르나프에 의하여 처음으로 구상되었고,[34] 후에 집합론적 토대 위에서 스니드(Joseph J. Sneed)에 의해 재론되었으며, 슈테그뮐러(Wolfgang Stegmüller)에 의해 과학적 이론의 비진술견해(Non-Statement-View)란 이름 아래 상세히 전개되었다.

카르나프는 해가 지남에 따라 그의 진술들이 경험적인 의미를 갖기 위한 조건들을 완화하였다. 원래는 검증을 요구하였으나, 그는 이것을 검증 가능성으로 약화시켰고,[35] 검증 가능성을 예언의 적절성으로 이해한다. 따라서 그는 형이상학적 체계들도 또한 경험적 의미를 가질 수 있는가라는 질문에 이제는 다음과 같이 대답할 수 있게 되었다.

나는 그것은 형이상학자들이 실제로 그들의 개념들을 위하여 이론적 요청과 충분한 대응규칙들(Korrespondenzregeln)을—이것은 결정적으로 중요한 점이다—제시할 수 있는가에 달려 있다고 말하고 싶다. 만일 그들이 이것을 제시할 수 있다면 우리는 그들의 형이상학을 이제 그 자체로서 분명히 유의미한 과학의 한 부분으로 간주할 것이다. 그러나 거기에 우리가 배제하려는 개념들이 나타나는 경우에도 우리는 그것을 이전과 같은 방법으로 처리하지는 않을 것이다. 우리는 그것을 단순히 무의미하다고 하지는 않을 것이다. 절대자란 개념이 등장한다고 가정해 보자. 그리고 우리는 그것이 무엇을 의미하는지 잘 알지 못한다. 만일 우리가 전체체계에서 절대자에 관한 요청을 제거하고 그렇게 함으로써 우리가 할 수 있는 예언들의 집합이 감소되지 않는다면, 우리는 이 요청들과 이 요청들 속에 나타나는 '절대자'란 용어가 불필요하다고 말하게 될 것이다. 따라서 우리들의 판결은 이제 더 이상 이것 또는 저것이 무의미하다라고 하지 않고, 이것 또는 저것이 한 이론의 내부에서는 불필요하다라고 말한다.

한 이론의 제안자가 절대자의 개념을 다른 이론적 개념들과 연결시키는 새로운 요청들과 무엇보다 새로운 대응규칙들을 추가한다면, 이로써 가능한 예언들의 집합이 증가할 수도 있다. 그러면 우리는 그 용어를 더 이상 불필요한 것이 아니라 과학적인 것으로 인정해야 한다고 말할 것이다. 그것은 요청들이 매우 정확한가 또는 부정확한가에 달려 있는 것이 아니다. 그것은 과학의 역사적 전개에서 발전단계의 문제이고 이전 단계에 있는 과학에 대하여 우리는 전적으로 정확하기를 요구해서는 안 된다.[36]

카르나프는 하이데거의 문장 "무는 스스로를 무화한다"를 이미 1932년에 무의미한 것으로 배척하였다. 그리고 이러한 입장은 지금도 마찬가지이다.

예를 들면 마르틴 하이데거의 진술과 관련하여, 나는 아직도 이전과 마찬가지로 그것을 이해할 수 없는 것으로서 전적으로 배격한다. 우리가 그것을 이전처럼 무의미하다고 하든, 지금처럼 좀더 조심스런 표현으로 '인식내용이 전혀 없는' 것으로 표시를 하든, 또는 내가 전에 말했던 것처럼 다른 상황 속에서 과학의 전 공준체계 안에서는 불필요한 것으로 특징짓든, 그것은 본질적인 차이가 없다. 우리는 오늘날의 신헤겔주의자들에 대해서도 동일하게 말할 것이다.

그러나 다른 관점에서 우리의 입장은 변했다. 즉, 내가 이전에 형이상학적이라고 거부했던 많은 것들을 나는 이제 과학의 전단계로 파악한다. 예를 들면 소크라테스 이전의 철학이 이에 속한다. 예를 들어 세계가 물 또는 불로 이루어졌다고, 또는 전세계가 눈에 보이지 않으나 우리가 체험하는 모든 성질들이 그들의 결합으로부터 설명되는 원자로 이루어졌다고 말한다면, 이것은 세계에 관한 일반적인 가설로, 즉 그 당시의 기술에 의해서는 실험적으로 검증이 가능하지 않았지만 원리상으로는 검증이 불가능하지 않아서 지금은 검증되어 과학적으로 타당한 것으로 간주될 수 있는 가설로 해석될 수 있다.

사유가 실제로 체계적이고 과학적인 형태에 도달하기 전에 우선 이 전단계를 통과하는 것은 과학의 발전에서 역사적으로 그리고 심리학적으로 필연적인 것처럼 보인다. 보다시피 형이상학 또는 의심스런 과학적 이론에 대한 우리들의 입장이 오늘날 전보다 더 자유롭고 관대해졌다. 나는 우리가 이러한 보다 더 관용적인 입장을 취하고 따라서 과학의 이전 단계를 이해하고 그것을 성급한 비판으로 배제하지 않는 것은 아주 본질적인 변화라고 생각한다.[37]

무엇보다도『세계의 논리적 구성』,『철학의 유사문제』그리고『언어의 논리적 분석을 통한 형이상학의 극복』에서의 카르나프와 경험주의자들이 취했던 반형이상학적 입장은, 과학분야에는 단지 분석적 진리와 경험적 진리만이 존재한다는 것이었다. 한 진리는 그것이(경우에 따라 수학의 원리들의 도움을 통하여) 정의들로부터 논리적으로 도출될 때 분석적이고, 그것이 진리가 되기 위하여 경험을 필요로 할 때는 경험적이다. 이에 따르면 비분석적·선험적인 진리는 존재하지 않는다(그러나 카르나프는 그의 박사학위논문에서는〔1922〕그와 같은 진리를 전제했었다). 시간이 경과함에 따라 그는, 모든 진리는 분석적이든가 경험적이라고 보는 점에서는 불변이지만 '분석적'이란 개념을 단계적으로 확장하였다는 의미에서, 이 극단적인 견해를 완화하였다.

귀납논리학에 대한 연구는 카르나프로 하여금 대상언어의 기본개념들을 위하여 정의가 아니며 따라서 본래적인 의미에서는 분석적 진리가 아닌 연관성들을 공리적으로 요구하도록 강요하였다. 카르나프는 그들을 '분석성의 공준' 또는 '의미공준'이라고 불렀다. 이론적 개념들은 단지 경험적 이론의 공리들을 통해서만 서술될 수 있다는 그의 발견은 그로 하여금 여기서도 또한 공리의 비경험적인 부분을 경험적인 부분으로부터 분리하기 위하여 (이른바 램지 이론의 도움으로) 하나의 방법을 발전시키도록 강요하였다.[38] 의심의 여지 없이, 그가 칸트철학의 의미에서 비분석적·선험적 판단으로 간주했던(1922) 많은 판단들이 지금 그에 의해 이렇게 서술된 분석적 진술에 포함된다.

사회윤리

카르나프와 다른 논리적 경험주의자들이 원래 무의미한 진술로 간주했던 진술들에는 또한 가치판단들이 포함된다. 이러한 종류의 문장들은, 어떠한 방법으로든지 경험적으로 정당화되거나 최소한 그럴듯하거나 믿을 만한 것으로 볼 수 있는 진술들로 간주되지 않고, 따라서 이들은 어떠한 경험적 의미도 갖지 않는(실천적) 태도나 입장표명으로 간주된다.

우리는 그들을 전적으로 무의미한 것으로서가 아니라——비록 우리가 전에 종종 '무의미하다'라는 표현을 사용하기는 했지만——다만 인식의 전 영역에 나타나는 바와 같은 종류의 의미를 갖지 않는 진술로서 배척한다. 우리는 그들이 우리가 이전에 '무의미하다'고 말했을 때의 의미에서는 어떤 인식내용도 갖지 않는다고 믿는다. 따라서 우리는 그들이 단지 태도만을 표명할 뿐이라고 생각한다. 내가 '다만'이라고 말할 때, 그것은 그들의 중요성을 깎아내리는 것을 의미하지 않는다. 가치진술과 가치진술에 관한 문제와 토론은 아주 명백히——철학자들 사이에서뿐만 아니라——사람들 사이에서 가장 중요한 문제 및 대화소재에 속한다. 그럼에도 나는 그들을 인식이라고 간주해서는 안 된다고 믿는다. 나는 이러이러한 특성을 가진 인간사회의 이상적인 상태를 상상한다.

나의 고유한 가치체계는 미국에서 '인본주의'라고 불리는 것이다. 그것은 첫째 신이나 악마와 같은 어떠한 초자연적 존재도 그 안에 등장하지 않고, 둘째, 그 안에서 모든 개인이 동등한 권리를 갖고 모든 개인에게 자신의 잠재성의 개발과 문화에의 참여를 위한 가능성이 부여된, 조화롭게 조직된 사회형태를 추구하는 실천적인 목적설정을 포함하는 세계관을 의미한다.[39]

이러한 가치체계를 카르나프는 그의 자서전에서 보다 상세히 묘사한다.

산업화 시대인 오늘날 경제를 조직하고 세계를 조직하는 커다란 문제들은 단순히 '세력들의 자유로운 놀이'를 통하여 해결될 수 없고, 하나의 합리적인 계획을 필요로 한다는 것이 나의 신념이었고, 그리고 지금도 나의 신념이다. 경제의 조직에 대하여 이것은 일종의 사회주의를 의미한다.[40]

시민권은 결코 한 번에 완전히 보장된 것으로 간주되어서는 안 되며, 끊임없이 발전되고 수호되어야 한다. 카르나프가 이미 『구성』의 서문에서 다소 시적인 어조로 서술하였듯이, 하나의 태도를 표현하는 사회적 활동으로서의 철학은 이를 위해 협력하지 않으면 안 된다.

우리는 우리들의 철학적 작업 근저에 놓인 태도에서, 오늘날 전적으로 다른 삶의 영역에 영향을 미치는 정신적인 태도에서 내적인 친밀성을 감지한다. 우리는 예술, 특히 건축의 사조와 인간의 삶, 개인적 삶과 공동적인 삶, 그리고 교육과 크게는 외적 질서들을 의미있게 변화시키려 노력하는 운동에서 이러한 태도를 감지한다. 여기 도처에서 우리는 동일한 기본태도와 동일한 사유와 창작의 양식을 감지하는 것이다. 그것은 도처에서 명확성을 추구하면서도 결코 전적으로 통찰될 수 없는 삶의 얽힘을 인정하고, 개별적인 것에서의 세심함과 동시에 전체적인 대범함을, 그리고 인류의 연대성과 동시에 개인의 자유로운 계발을 추구하는 심성이다. 미래는 이러한 심성에 속한다는 믿음이 우리들의 작업을 담당하고 있는 것이다.[41]

| 빌헬름 에슬러 · 윤선구 옮김 |

빌헬름 에슬러(Wilhelm K. Essler)
1940년 출생. 뮌헨에서 철학, 독문학 그리고 교육학을 공부하였고, 그곳에서 1968년에는 논리학과 과학이론의 분야에서, 1974년에는 철학에서 각각 교수자격을 취득하였다. 1966년에 필라델피아에서 객원교수로 있었고, 1979년 이래 프랑크푸르트 대학의 정교수로 있다. 주요 저서 : *Einführung in die Logik*([2]1969), *Induktive Logik*(1970), *Wissenschaftstheorie* I([2]1982), II(1971), III(1973), IV(1979), *Analytische Philosophie* I(1972), *Grundzüge der Logik* : 제1권 : Das logische Schließen(Martínez Cruzado, Rosa F.와 공저), [4]1991, 제2권 : Klassen, Relationen, Zahlen(Brendel, Elke와 공저), 증보 및 개정판 [4]1993 등이 있고, *Erkenntnis*의 공동편집자로 활동하고 있다.

주

1) 이론논리학의 용어로 개체들의 총체, 곧 일반개념을 가리킨다. 예를 들면 '소크라테스', '플라톤' 등은 개체이지만 '사람' 또는 '철학자' 등은 클라스이다. Klasse는 또한 '부류'로 번역하기도 한다(옮긴이).

2) 클라스는 집합개념과는 달리 개체들의 총체로 간주되므로 이 개체들을 원소로 하는 집합에 대응된다. 따라서 집합론과 마찬가지로 여러 클라스들 사이의 외연관계를 규정하는 대수가 가능한데, 이를 부류대수라고 한다(옮긴이).

3) P. A. Schilpp 편집, 『루돌프 카르나프의 철학』, 1963, 3쪽.

4) 같은 책, 7쪽.

5) 같은 책, 9쪽.

6) 같은 책, 11쪽.

7) 같은 책, 23쪽.

8) 같은 책, 39~43쪽.

9) Stegmüller 1972, 46쪽.

10) Engfer/Essler 1973 참조.

11) 카르나프, 『확률의 논리적 기초』(Logical Foundations of Probability), 7쪽 ; 『귀납논리와 확률』(Inductive Logik und Wahrscheinlichkeit), 15쪽.

12) P. A. Schilpp 편집, 『루돌프 카르나프의 철학』, 16쪽.

13) 카르나프, 『세계의 논리적 구성』(Der Logische Aufbau der Welt), Berlin 1928a., 105쪽.

14) 같은 책, 118쪽.

15) 같은 책, 92쪽.

16) 같은 책, 104쪽.

17) 같은 책, 74쪽.

18) 같은 책, 201쪽 ; 또한 30~32쪽 참조.

19) 같은 책, 72쪽.

20) P. A. Schilpp 편집, 『루돌프 카르나프의 철학』, 51쪽.

21) 카르나프, 『언어의 논리적 구문론』, 230쪽.

22) 같은 책, 227쪽 이하.

23) 같은 책, 44쪽 이하.

24) 같은 책, 45쪽.

25) 같은 책, 235~243쪽.

26) P. A. Schilpp 편집, 『루돌프 카르나프의 철학』, 56쪽.

27) 카르나프, 『의미론 입문』, 1942, 26쪽 이하의 정의는 보다 일반적으로 표현되었지만, 내용상으로는 동일하다.

28) 같은 책, 64쪽 참조.

29) P. A. Schilpp 편집, 『루돌프 카르나프의 철학』, 62쪽.

30) 같은 책, 19쪽.

31) 카르나프, 『세계의 논리적 구성』, 1928, 180~182쪽.

32) 카르나프, 『시험 가능성과 의미』, 1936~37.

33) 카르나프, 「이론적 개념들의 방법론적 성격」, 1956, 「관찰언어와 이론언어」, 1959, 그리고 『물리학의 철학적 기초』, 1966, 225~270쪽.

34) 카르나프, 『기호논리적 입문』, 1954, 176쪽 이하.

35) 카르나프, 『시험 가능성과 의미』, 1936~37.

36) 1967, 364쪽 이하(이 책의 정확한 제목은 원서에 명기되어 있지 않다―옮긴이).

37) 같은 책, 368쪽 이하.

38) 1969, 255~270쪽(이 책의 정확한 제목은 원서에 명기되어 있지 않다―옮긴이).

39) 1967, 367쪽 이하.

40) P. A. Schilpp 편집, 『루돌프 카르나프의 철학』, 83쪽.

41) 카르나프, 『세계의 논리적 구성』, 1929, XX쪽.

참고문헌

원전

●1961년까지 출판된 카르나프의 저작에 대한 완전한 목록은 Schilpp(1963) 1015~1070에 수록되어 있다.

〈그의 철학적 발전을 위해 중요한 출판물들〉
●*Abriß der Logistik*, mit besonderer Berücksichtigung der Relationstheorie und ihrer Anwendungen, Wien 1919.
●*Der Raum*, Kant-Studien-Ergänzungshefte 56, Berlin 1922.
●"Über die Abhängigkeit der Eigenschaften des Raumes von denen der Zeit", in : *Kant-Studien* 28(1923) 90~107, 30(1925) 331~345.
●*Der logische Aufbau der Welt*, Berlin 1928a, Hamburg [4]1974 und Berlin 1979.
●*Scheinprobleme in der Philosophie : Das Fremdpsychische und der Realismusstreit*, Berlin 1928b, Frankfurt [5]1976.
●"Überwindung der Metaphysik durch logische Analyse der Sprache", in : *Erkenntnis* 2(1931), 219~241.
●"Die physikalische Sprache als Universalsprache der Wissenschaft", in : *Erkenntnis* 2(1931), 432~465.
●*Logische Syntax der Sprache*, Wien 1934, [2]1968.
●"Wahrheit und Bewährung", in : *Actes du Congrès internat. de philos. sc.* IV, Sorbonne, Paris 1936, 18~23.
●"Testability and Meaning", in : *Phil. of Sc.* 3(1963) 419~471, 4(1937) 1~40(예일 대학에서 단행본으로 출판되었음 : Yale Univ. Pr., New Haven, Conn. 1950).
●*Introduction to Semantics*, Harvard Univ. Pr., Cambridge, Mass. 1942 ; *Formalization of Logic*, Harvard Univ. Pr., Cambridge, Mass. 1942(두 논문이 함께 1961년과 [3]1968년에 단행본으로 출판되었음).
●*Meaning and Necessity*, Univ. of Chicago Pr., Chicago 1947, [6]1970(독일어 번역판 : W. Bader, Bedeutung und Notwendigkeit, Wien 1972).
●"Empiricism, Semantics, and Ontology", in : *Revue intern. de philos.*

(Brüssel) 4(1950) 20~40.

● *Logical Foudations of Probability*, Univ. of Chicago Pr., Chicago 1950, ⁴1971.

● *The Continuum of Inductive Methods*, Univ. of Chicago Pr., Chicago 1952.

● "Meaning Postulates", in : *Philosophical Studies*(Minneapolis) ³1952, 65~73.

● *Einführung in die symbolische Logik*, Wien 1954, ³1973(1929년의 개요에 대한 완전한 개정판임).

● "The Methodological Character of Theoretical Concepts", in : *Minneapolis Studies in the Philosophy of Science* I, H. Feigl과 M. Scriven 편집, Univ. of Minneapolis Pr., Minneapolis 1956, 38~76, 독일어 번역판, in : *Zeitschr. philos. Forschg.* 14(1960) 209~233, 571~618.

● *Induktive Logik und Wahrscheinlichkeit*, W. Stegmüller 개정, Wien 1959.

● "Beobachtungssprache und theoretische Sprache", in : *Dialectica* 12 (1959) 236~248.

● "The Aim of Inductive Logic", in : *Logic, Methodology and Philosophy of Science*, W. Nagel 편집, Univ. of Calif. Pr., Stanford, Calif. 1962, 303~318.

● *Philosophical Foudations of Physics*, Basis Books Inc., New York 1966, W. Höring 역 : *Einführung in die Philosophie der Naturwissenschaft*, München ²1974.

● R. L. Jeffrey와 공동 편집 : *Studies in Inductive Logic and Probability* I, Univ. of Calif. Pr., Berkeley 1971.

● Jeffrey, R. L. 편 : *Studies in Inductive Logic and Probability* II, Univ. of Calif. Pr., Berkeley 1980.

2차 문헌

논문 모음집

● Schilpp, P. A.(Hrsg.) : *The Philosophy of Rudolf Carnap*, La Salle, Open Court, 1963.

● Hintikka, J.(Hrsg.) : *Rudolf Carnap. Logical Empirist*, Dordrecht, D. Reidel Publ. Co., 1975.

연구논문

〈빈 학파와 카르나프에 대한 입문서〉
●Kraft, V. : *Der Wiener Kreis*, Wien 1950(이 책에는 무엇보다도 『구성』의 사상이 잘 소개되어 있다).

〈위 책에 대한 비판적 분석〉
●Goodman, N. : *The Structure of Appearance*, Indianapolis, The Bobbs Merril Co., ²1966, V장.

〈카르나프의 철학에 대해 매우 훌륭한 역사적 · 체계적 개관을 제시해주는 책〉
●Stegmüller, W. : *Hauptströmungen der Gegenwartsphilosophie* Bd. 1, Stuttgart, ⁻1989, 제9장 및 제10장.

〈다음 책도 개관을 얻기 위해 사용될 수 있다〉
●Krauth, L. : *Die Philosophie Carnaps*, Wien 1970.

〈추가적으로 의미와 분석성, 조작적 개념규정, 심리학주의에 관한 문제들이 잘 다루어져 있는 책〉
●Wilson, F. : "The Notion of Logical Necessity in the Later Phiolsophy of Rudolf Carnap", in : A. Hausman-Wilson, *Carnap and Goodman : Two Formalists*, Den Haag, Martinus Nijhoff, 1967, 97~225.

〈'분석' 및 '분석판단' 개념들의 기원에 관한 연구서〉
●Engfer, H.-J., Essler, W. K. : "Analyse", in : H. Krings의 공동편집 : *Handbuch philosophischer Begriffe* I, München 1973, 65~78.

〈귀납논리학에 관한 두 판의 견해가 이해하기 쉬우면서도 체계적이고 상세하게 서술되어 있는 책〉
●Stegmüller, W. : "R. Carnap : Induktive Wahrscheinlichkeit" in : J. Speck : *Grundprobleme der großen Philosophen—Philosophien der Gegenwart*, 3. z. T. überarb. Auflage, Göttingen 1985, 45~97.

〈초판의 견해에 관한 책〉
●Essler, W. K. : *Induktive Logik*, Freiburg-München 1970.

〈재판에 대한 체계적 서술〉

●Stegmüller, W. : *Probleme und Resultate der Wissenschaftstheorie* IV, 1, 2. verb. u. erweit. Auflage, Berlin 1983, Teil II.

〈의도 개념에 대해서는 다음의 책 참조〉

●Essler, W. K. : *Wissenschaftstheorie I—Definition und Reduktion*, Freiburg–München, ²1982, V장.

●_____ : "Über die Kreativtät der bilateralen Reduktionssätze", in : *Erkenntnis* 9(1975) 383~392.

10 | 계몽의 비판이론
호르크하이머 (1895~1973) · **아도르노** (1903~1969)

"진보적 사유라는 포괄적 의미에서 계몽은 예로부터 인간에게서 공포를
몰아내고 인간을 주인으로 세운다는 목표를 추구해 왔다.
그러나 완전히 계몽된 지구에는 재앙만이 승리를 구가하고 있다."

● 호르크하이머 · 아도르노

   호르크하이머와 아도르노를 연결시키는 것은 쉽게 납득이 된다. 그들을 성격짓고 분류하기 위하여 우선 제공되는 개념들은 두 사람에게 똑같이 타당하다. 프랑크푸르트 학파, 비판이론, 사회연구소, 서구 마르크스주의, 학생운동의 정신적 아버지. 그들의 직업적 지위에도 특별히 공통적인 것이 있다. 그들은 사회과학연구소를 운영한 철학교수들이었다. 그밖에도 그들은 수십 년간의 우정관계를 맺었으며, 공동으로 『계몽의 변증법』(*Dialektik der Aufklärung*)이란 위대한 작품을 집필하였다. 예를 들면 마르크스와 엥겔스의 『독일 이데올로기』 또는 러셀과 화이트헤드의 『수학 원리』를 제외하면 이 작품과 비교될 만한 것이 별로 없다. 이때부터 그들은 자신들의 사상적 공통점을 언급하였다.

   그럼에도 두 사람의 텍스트들을 읽으면 우리는 분명히 다른 두 세계에 들어서게 된다. 그들은 전혀 다른 삶을 살았다. 그들의 철학은 하나가 아니며, 그들 관계의 역사는 단순히 우정의 역사가 아니다. 사회비판적 사유를 계승하기 위한 결정화의 핵심을 형성하였던 것은 일종의 공생관계였다.

생애

호르크하이머

호르크하이머(Max Horkheimer)는 1895년 2월 14일 당시 뷔르템베르크 왕국의 수도였던 슈투트가르트 근교의 추펜하우젠(Zuffenhausen)에서 태어났다. 아버지는 할아버지와 마찬가지로 상인이었다. 그는 몇 개의 직물공장을 소유하였다. 그의 생활양식은 보수적으로 유대교적이었으며 대자본가적이었다. 1917년 그는 "다양한 사회사업 분야에서의 선행"에 대한 인정으로 바이에른 왕으로부터 상업 고문관의 칭호를 얻었다. 외아들인 막스는 아버지의 공장들을 물려받아야 했다. 1911년 그는 졸업을 2년 남겨두고 김나지움을 떠나 도제로서 아버지 사업에 참여한다.

같은 해에 호르크하이머는 자기보다 한 살 많은 가죽공장 아들인 폴로크(Friedrich Pollock)를 알게 되어, 평생 동안의 친밀한 관계가 시작되었다. 그들은 제1차 세계대전이 발발하기 전 몇 년 동안 미래의 사업가 활동을 준비하기 위해 같이 브뤼셀, 파리, 런던으로 여행을 했다. 제1차 세계대전이 터졌을 때, 그는 아버지의 기업에서 2세 경영자가 되었다. 그래서 그는 처음부터 거부하였던 참전을 우선은 면할 수 있었다. 그러나 2세 경영자로서의 삶은 그로 하여금 자기가 데리고 있는 남녀 노동자들의 비참한 삶에 대해 양심의 가책을 느끼게 만들었다.

그는 1916년 부모의 완고한 반대에도 불구하고 가난한 여관 주인의 딸로서 8살 연상의 로제 리커(Rose Riekher)와 결합하였다. 그것은 한 단순한 여자의 애정에 답한 결단인 동시에 영락한 계급과 노동자 세계와의 일종의 상징적 결혼이었다. 그는 1918년의 11월 혁명을 "민중에게 진정한 문화로의 접근을 가능하게 하는 실존조건들을 위한 민중의 봉기"[1]라고 환영하였다.

뮌헨에서 호르크하이머는 폴로크과 함께 아비투어, 즉 고등학교 졸업

마르크스주의와 관련하여 호르크하이머의 고유한 점으로는 비판적 이론의 위상에 관한 규정,
심리적 요소를 포함시킴으로써 예리해진 역사와 현재에 대한 시각,
철학적 문제들에 대한 사회이론적 해석을 꼽을 수 있다.

시험을 마치고, 1919년 대학에서 국민경제학, 심리학, 철학 공부를 시작했다. 그리고 두 사람은 프랑크푸르트로 갔다. 타우누스(Taunus) 산자락에 있는 크론베르크(Kronberg)에서 그들은 집 한 채를 구입하여 1920년부터 같이 살았다. 기업가로서의 활동을 위한 준비과정의 연장으로부터 지성인으로서의 경력이 시작된 것이었다. 이러한 경력은, 어떤 사람들은 안정과 소유를 향유하는 반면 다른 사람들은 고통을 당하고 포기해야만 하는 괴물 같은 사회 행태의 인식에 기반을 두고 있었다. 대자본가적 생활양식의 테두리 안에서는 학문적 경력과 사회·문화적 혁명세력들과의 동조가 어렵지 않게 결합될 수 있었다.

호르크하이머는 1923년에 칸트에 관한 논문으로 코르넬리우스(Hans Cornelius : 그는 레닌이 1909년 『유물론과 경험비판론』에서 마흐주의자라고 매도한 철학자이다)에게서 박사학위를 취득한다. 1925년 그는 사강사가 되고, 로제 리커와 결혼했다. 1921년 여름 그는 코르넬리우스의 조언에 따라 한 학기 동안 프라이부르크로 갔다. 그는 그곳에서 후설의 강의를 들었으며, "철학함이……매일 자신의 고유한 체험으로부터 새롭게 분출하는"―그는 이렇게 자신의 여자친구에게 쓰고 있다―하이데거에게 열광하였다.

그 이듬해에 그는 프랑크푸르트에서 펠릭스 바일(Felix Weil)과 아도르노를 알게 되었다. 곡물상인이며 백만장자인 헤르만 바일(Hermann Weil)의 아들인 펠릭스 바일은 사회민주주의적인 젊은 정치학 교수 게를라흐(Kurt Albert Gerlach)의 자극을 받고 1922년부터 사회연구소(Institut für Sozialforschung)의 설립을 추진하고 있었다. 이 연구소는 시민적 사회질서의 학문적 탐구에 종사하고 마르크스주의를 대학에 정착할 수 있도록 만들어야만 했다.

호르크하이머는 1924년 개소한 연구소와 처음에는 별 관계를 가지지 않았다. 그와 달리 친구 폴로크는 처음부터 오스트리아 사회민주주의자이며 "강단 마르크스주의자"인 그륀베르크(Carl Grünberg)의 오른팔

역할을 하면서 연구소 일에 훨씬 더 많이 관여하였다. 1930년 호르크하이머의 첫번째 소규모 논저들인『새로운 이데올로기 개념?』(*Ein neuer Ideologiebegriff?*),『시민적 역사철학의 시원』(*Anfänge der bürgerlichen Geschichtsphilosophie*)과『사회철학의 현재 상황과 사회연구소의 과제』(*Die gegenwärtige Lage der sozialphilosophie und die Aufgaben eines Instituts für Sozialforschung*)에 관한 강연문이 발표되었을 때, 그것은 그가 그륀베르크의 후임으로 임명되어 연구소를 운영하며 사회철학 정교수로 임용된 것과 연관이 있었다. 20년대는 이제 강단철학과 사회주의적 연대를 결합하기 위한 신중한 준비기간처럼 보였다.

호르크하이머는 새로운 직업적 위치에서 사회 비판이론의 창립자요 선구적 사상가로 발전하였다. 1932년 그륀베르크의『사회주의와 노동운동의 역사를 위한 서고』(*Archiv für die Geschichte des Sozialismus und der Arbeiterbewegung*)를 대신한『사회연구지』(*Zeitschrift für Sozialforschung*)는 이 이론의 언로가 되었다.

1933년 호르크하이머는 나치즘을 피해 제네바로 도망간다. 그곳에는 1931년부터 연구소의 지부가 세워져 있었다. 1934년 그는 뉴욕으로 갔다. 컬럼비아 대학은 집을 제공하였고, 영어로 명명된 사회연구소(Institute of Social Research)는 활동을 계속할 수 있었다. 그들은 자신들의 연구소를 망명 중의 독일 연구소로 생각했으며, 전쟁이 시작될 때까지는 한 프랑스 출판사에서 거의 독일어로만 출간하였다. 1936년에 연구소의 첫번째 대규모 공동작업인『권위와 가족에 관한 연구』(*Studien über Autorität und Familie*)가 발표되었다. 이 작업을 위해서 30년대 초반부터 서부 유럽의 각국에서 경험적 연구들이 실행되었다. 아무튼 연구소의 전면에는『사회연구지』가 자리잡고 있었다. 파시즘을 통해 불합리한 것으로 논증될 위험에 처해 있던 시민적·계몽주의적 이상들의 실현에 대한——여러 다른 문화적 영역에서 움직이고 있는——관심이 이 잡지의 프로필을 각인하고 있었다.

아도르노가 호르크하이머의 70세 생일에 즈음하여 20년대 전반부를 회상하며 했던 말, 즉 호르크하이머가 그에게는 학생으로 보였다기보다는 "오히려 유복한 가정 출신의 젊은 신사로서 학문에 대해 어느 정도 거리를 둔 관심을 표하였다"는 말은 연구소에 대한 호르크하이머의 관계에도 역시 타당하였다. 재단기금에서 좋은 보수를 받은 그는, 재정과 행정 담당인 폴로크와 편집과 사무 담당인 뢰벤탈(Leo Löwenthal)의 도움을 받아 연구소를 운영하였다. 그것은 삶의 모든 상황에서 독립적인 인물로서 선(善)을 위해 개입하고 그에게 맡겨진 연구소에 특별한 주의를 기울이는 사람의 태도였다. 1941년 그는 로스앤젤레스로 이사를 가서, 그곳에 집 한 채를 지었다. 처음에는 아도르노가 수많은 저명한 독일 망명자들이 살았던 이곳으로 그의 뒤를 따라왔다. 그는 아도르노와 함께 1942년부터 1944년까지 『계몽의 변증법』을 집필하였다.

1942년 『철학과 사회과학 연구』(*Studies in Philosophy and Social Science*)로 이름을 바꾼 연구소지의 마지막 호가 출간되었다. 이 잡지는 호르크하이머의 논문 「이성의 종말」(The End of Reason)로 시작하였다. 뉴욕에 있는 연구소의 본거지는 오직 이름만 존립하였다. 로스앤젤레스에 있는 호르크하이머의 집과 아도르노와 마르쿠제의 아파트는 연구소의 분소로 천명되었으며, 연구작업은 이곳에서 공식적으로 계속되었다.

연구소 성원들의 컬럼비아 대학 강의도 계속 유지되었다(1944년 봄에 이루어진 강의로부터 호르크하이머의 마지막 대작 『이성의 일식』 [*Eclipse of Reason*], 추후의 독일어판 『도구적 이성비판』[*Zur Kritik der instrumentellen Vernunft*]이 탄생하였다).

이러한 전략은 주효하였다. 호르크하이머는 몸통만 있는 이 연구소를—1944년 출발한 아메리카 유대인 위원회로부터 재정지원을 받았으며 이 연구소의 기획에서 비롯한—유대인 배척주의에 관한 연구에 참여시키는 데 성공하였다. 그 결과물은 1949~50년 출간된 5권짜리 공동작업인 『편견에 관한 연구』(*Studies in Prejudice*)였다. 그 중에는 『권위주의적 인격』(*Authoritarian Personality*)도 들어 있다.

　프랑크푸르트 시의 초청, 철학과 사회학의 정교수직 초빙, 사회연구소 재건을 위한 상당한 지원 약속을 받고 호르크하이머는 1949년 프랑크푸르트로 돌아왔다. 폴로크와 아도르노가 동행하였다. 호르크하이머는 이제 늦게나마 외면적 성공을 거둔 셈이다. 1951년과 52년에 그는 대학총장이 되었다. 프랑크푸르트 시는 1953년 그에게 괴테 기념장을 수여하였다. 언론, 라디오와 텔레비전은 그에게 관심을 기울였다. 그는 더 많은 인간성이 필연적인데도 전체주의적으로 통치되는 세계에서는 이 인간성을 실현하는 것이 불가능하다고 역설할 준비가 되어 있는 인기 있는 연설가였다.

　1959년 그는 정년퇴직과 함께 연구소의 운영을 아도르노에게 넘겨주었다. 프랑크푸르트 시는 1960년 그를 명예시민으로 추대하였다. 같은 해에 그는 폴로크와 함께 스위스의 몬타그놀라로 이사갔다. 그는 아도르노, 자신의 부인, 폴로크보다 오래 살았다. 1973년 7월 7일 그는 78세의 나이로 뉘른베르크에서 사망하였다.

아도르노

　테오도르 비젠그룬트-아도르노(Theodor Wiesengrund-Adorno)는 1903년 9월 11일 마인 강가의 프랑크푸르트에서 태어났다. 그는 포도주 거상인 오스카 비젠그룬트와 그의 부인인 마리아(처녀 때의 성은 카벨리-아도르노 델라 피아나)의 외아들이었다. 어머니는 결혼하기 전에는 가수였고 가족처럼 지냈던 그녀의 여동생은 피아니스트였다. 프랑크푸르트의 집과 아모르바흐에 있는 비젠그룬트 집안의 여름 별장에는 수많은 음악가들이 드나들었다. 아도르노의 유년기와 청년기는――그의 말에 따르면――두 "어머니들"과 음악에 깊은 영향을 받았다. 김나지움에서 그는 한 학년을 월반하였으며, 아비투어에서는 구술시험을 면제받았다.

제1차 세계대전 말경 열네 살 위인 크라카우어(Siegfried Kracauer)는──그는 건축가이면서 지멜의 제자였고, 훗날『프랑크푸르트 신문』의 문예오락란 편집자였다──친구이자 지성적 후견인이 되었다. 아도르노는 그와 함께 여러 해 동안 토요일 오후마다 비관습적 방식으로『순수이성비판』을 철저하게 읽었다. 아도르노가 1921년 프랑크푸르트에서 철학, 심리학, 음악학 공부를 시작하였을 때, 그는 루카치의『소설의 이론』(*Theorie des Romans*)과 에른스트 블로흐의『유토피아의 정신』(*Geist der Utopie*)을 알고 있었다. 1922년 그는 여덟 살 위인 호르크하이머와 사귀게 되었고, 1923년 11살 위인 벤야민(Walter Benjamin)을 알게 되었다.

이렇게 많은 요소들이 함께 작용하여, 그는 전쟁, 정치, 사업적 삶으로부터 보호되어 조기에 성숙할 수 있었다. 그가 훗날『최소한의 도덕』(*Minima Moralia*)에서 "온실 식물"이라는 표제어로 인상 깊게 서술한 바와 같이, 처음에는 조숙함과 진지함이, 그리고 나중에는 소아적인 면과 병적 쇠약함이, 그러나 항상 자기도취가 그의 성장 과정에서 고무적으로 작용할 수 있었다.

아도르노는 1923년부터 공부와 함께 음악비평가로서의 활동을 병행하였는데, 1924년 프랑크푸르트 음악주간에 베르크(Alban Berg)의 오페라『보체크』(Wozzeck)를 듣고서 너무나 감동하여 작곡자에게 자신을 소개하고는 그에게서 수업을 받기 위해 빈으로 가겠다고 약속하였다. 그는 작곡가와 연주회 피아니스트가 될 생각이었다. 후설에 관한 논문으로 코르넬리우스에게서 박사학위를 취득하고 난 다음, 그는 1925년에 빈으로 갔다.

그는 베르크와 같이 살았으며, 쇤베르크(Arnold Schönberg)와 폰 베버른(Anton von Webern)을 알게 되었다. 그는 베르크와 쇤베르크가 높이 평가한 카를 크라우스의 강의를 들었으며, 한 번은 루카치를 방문하였다. 루카치의 "수수함"과 "접촉 불가능성"은 그에게 깊은 인상을 심어주었지만——그가 크라카우어에게 쓴 것처럼——루카치가 키에르케고르를 "몰락하는 시민계급의 대변인"이라고 "통상적 방식으로 악의 있게" 폄하하는 것은 마음에 들지 않았다.

아도르노는 자신이 음악적 모범으로 삼았던 음악가들과의 개인적 교제에 실망하고 빈의 새로운 음악에 관한 자신의 작업에 대한 쇤베르크의 거부에 낙심하여 1926년 중반 프랑크푸르트로 돌아왔다. 이때 그는 미래의 음악가로서가 아니라 발전한 음악이론가로서 돌아왔던 것이다. 이 음악이론가에게는 쇤베르크의 음악적 혁명이——그가 비강단 철학자들인 루카치, 블로흐, 크라카우어, 벤야민에게서 발견하였으며 또 계속 알게 되었던——철학적 사고의 정당성과 현실성을 평가하는 데 경험적 토대가 되었다. 그는 이제 자신의 직업적 미래를 대학에서 찾았다.

1927년 중반 그는 『초월적 영혼론에서 무의식의 개념』(Begriff des Unbewußten in der transzendentaler Seelenlehre)에 관한 포괄적 작업을 완성하였다. 그는 이 논문으로 코르넬리우스에게서 교수자격을 획득하고자 하였다. 여기서 그는 프로이트의 정신분석학이 무의식을 탈마법화하는 수단이라고 환영하였고 이 무의식이 코르넬리우스 초월철학에 의해 파악된 의식의 한 부분이라고 천명하였으며, 또 이러한 시도가 계몽의 한 작업이라고 생각하였다. 물론 이 계몽의 작업에는 사회의 경제적 구조 때문에 실제로는 한계가 설정되어 있다는 것이다. 코르넬리우스와 그의 조교인 호르크하이머가 그의 작업에 동의하지 않았음은 분명하였다. 아도르노는 논문을 취소하였다.

그후 몇 년 동안 그는 가죽공장 딸인 자신의 여자친구 그레텔 카르플루스(Gretel Karplus)가 살고 있었던 베를린에 자주 가 있었다. 그곳에서 그는 블로흐와 벤야민과 어울렸다.

1930년에 그는 『키에르케고르, 심미적인 것의 구성』(Kierkeggard, Konstruktion des Ästhetischen)에 관한 논문으로 프로테스탄트적 실

존신학자이며 종교적 사회주의자인 틸리히(Paul Tillich)에게서 교수
자격을 획득하였다. 1931년 5월 그는 「철학의 현실성」(Die Aktualität
der Philosophie)에 관해 사강사 취임강연을 행하였다. 이렇게 그는 전
성기를 맞고 있었던 프랑크푸르트 대학의 교수진에 합류하였다.

30년대 초반 프랑크푸르트 대학에는 틸리히 외에도 사회학자 만하임
(Karl Mannheim), 유태인 종교철학자 부버(Martin Buber), 문학사가
콤머렐(Max Kommerell), 사학자 칸토로비츠(Ernst Katorowicz)(콤
머렐과 칸토르비츠는 게오르게 학파 출신이다), 형태심리학자 베르트하
이머(Max Wertheimer), 경제학자 뢰베(Adolph Löwe), 교육학자 메
니케(Carl Mennicke)(뢰베와 메니케는 틸리히와 마찬가지로 종교적 사
회주의자에 속하였다)가 가르치고 있었다.

아도르노는 사회연구소와는 전혀 관계가 없었으나, 『사회연구지』와는
아마 관계를 맺고 있었을 것이다. 그는 이 잡지의 첫 호를 위해 「음악의
사회적 상황에 관하여」(Zur gesellschaftlichen Lage der Musik)라는
논문을 집필하였다.

나치주의자들의 권력 장악은 아도르노에게는 직접적 위협을 의미하
지 않았다. 그는 "반(半)유대인"으로서 어쨌든 계속 가르칠 수는 없었
다. 베를린의 『포시셰 차이퉁』(Vossiche Zeitung)에 음악비평가로 취직
하고자 하는 시도는 좌절되었다. 그는 영국에서 자신의 학문적 경력을
계속 쌓기로 결정하였다. 그러나 그 일은 그가 생각하였던 것보다 훨씬
더 어려웠다. 1934년에서 1937년까지 그는 독일과 옥스퍼드를 오가며
살았다. 영국에서 그는 머턴 칼리지의 과정이 끝난 학생(advanced
student)으로서 후설에 관한 논문(이것은 제2차 세계대전 이후에 비로
소 완성되어 1956년 『인식론의 메타비판에 대하여』[Zur Metakritik der
Erkenntnistheorie]라는 제목으로 출간되었다)으로 우선 철학박사학위
를 취득하려고 하였다. 호르크하이머가 1937년 전보를 쳐 그가 당장 미
국으로 이주할 수 있다고 알렸을 때, 그 동안 그레텔 카르플루스와 결혼

Die Frankfurter Schule

프랑크푸르트 학파의 거장들. 호르크하이머를 프랑크푸르트 학파의 수장으로 그리고 있는 삽화.
가운데에 있는 아도르노를 비판이론의 중심인물로 그렸다.

한 아도르노는 승낙하였다.

1938년 2월 뉴욕에 도착하자마자 그는 사회연구소의 정식 소원이 되었다. 그리고 그는 동시에 1938년부터 1940년까지 라차르스펠트(Paul Lazarsfeld)가 수행하는 프린스턴 라디오 연구기획의 음악부문 책임자였다. 아도르노는 1938년 『사회연구지』에 게재한 「음악에서의 물신성과 들음의 쇠퇴에 관하여」(Über den Fetischcharakter in der Musik und die Regression des Hörens)라는 논문으로 록펠러 재단이 재정 지원을 하는 라디오 기획에 참여할 수 있을 것으로 생각했다. 그렇지만 그가 집필한 수많은 메모들과 논문들은 상업적으로 이용할 수 있는 분명한 경험적 연구들에 관심이 있는 주문자를 충족시키지 못하였다. 그래서 그의 작업에 대한 재정지원은 1939년 가을 중단되었다.

1941년부터 1949년까지의 시기를 아도르노(그는 비젠그룬트는 W로 줄여 이름으로 만들고, 스스로를 성만으로 불렀다)는 문화산업의 핵심부인 로스앤젤레스의 할리우드 근처에서 보냈다. 이 시기는 그의 창작의 정점을 이루었다. 1942년부터 1944년까지 그는 호르크하이머와 함께 『계몽의 변증법』을 집필하였다. 1945년 그는 50세 생일을 맞은 친구에게 그의 개인적인 책 『최소한의 도덕. 훼손된 삶에 관한 반성들』 (Minima Moralia. Reflexionen aus dem beschädigten Leben)을 증정하였다. 『계몽의 변증법』과 같은 시기에 그는 쇤베르크의 제자이고 브레히트의 친구인 사회주의자 아이슬러(Hans Eisler)와 함께 『영화를 위한 작곡들』(Kompositionen für den Film)이라는 책을 썼다. 그런데 1947년 이 책이 출간되었을 때 아도르노는 자신이 공동저자임을 부정하였다. 그것은 아이슬러가 공산주의자 동생 때문에 정치적 사건에 연루되었기 때문이었다.

1943년부터 1946년까지 아도르노는 토마스 만이 소설 『파우스트 박사』를 쓰는 데 음악적 자문을 맡았다. 1948년 여름 그는 『신음악의 철학』(Die Philosophie der neuen Musik)에 관한 자신의 책을 완성하였다. 아메리카 유대인 위원회로부터 재정지원을 받고 처음에는 호르크하이머가 책임자로 수행하였던 연구에 아도르노는 1944년부터 "반유대주의 본질과 정도에 관한 버클리 프로젝트"의 공동감독과 『권위주의적 인격』의 공동저자로 참여하였다. 이 과정에서 그의 사변적 사유와 미국의 공동연구원들에게는 지극히 당연한 경험적 검증 가능성에 대한 요청이 성공적으로 결합되었기 때문에, 이 책은 사회학의 "고전"이 되었다.

아도르노가 1949년 호르크하이머와 함께 프랑크푸르트로 돌아왔을 때, 그들의 관계는 조율이 잘 되어 있었다. 호르크하이머는 아도르노의 생산적 독창성과 충성을 높이 평가하였다. 그는 중대한 철학적 저서를 쓰고자 하는 오랜 계획을 아도르노와 함께 『계몽의 변증법』의 형태로 실현할 수 있었다. 아도르노는 호르크하이머가 연설가와 교육자로서 깊은 인상을 심어주는 전형적인 가부장으로서 자신을 보호해 준다는 점을 높이 평가하였다. 50년대에 아도르노는 호르크하이머의 그늘 아래 있었다.

아도르노는 1950년에 무급 교수가 되었다. 1952~1953년에 그는 다시 한 번 로스앤젤레스로 가서 해커 재단의 학술 책임자로서 연구소의 약속을 불리한 조건 속에서 충족시키는 작업을 행하였지만, 그는 이를 상당히 불편하게 느꼈다. 1956년 그는 정식 교수가 되었고, 1959년에는 사회연구소 소장이 되었다. 그는 1953년부터 사회연구소 소장 대리로 활동하였으며, 1955년부터는 『프랑크푸르트 사회학 논고』의 공동편집인으로 기여하였다. 그는 동시에 서독의 가장 예리한 문화비판가 중의 한 사람으로 모습을 드러냈다. 그는 문화의 영역에서도 불어닥친 복구의 시기에 강연과 논문들을 통해 바이마르의 지적 좌파 사상들을 확산시켰다.

1963년에는──1937년과 53년 사이에 쓰인 논문들을 모은──『프리즘들』(Prismen)이 문고판으로 대량으로 출간된 그의 책들 중에서 첫번째 책으로 나왔다. 다른 대학으로부터 초빙을 받아본 적이 없으며 자신의 비타협적 성격에 자긍심을 가지면서도 인정과 존경에 의존했던 아도르노는 60년대에 마침내 동료들에게서 인정을 받았다. 1963년 그는 독일 사회학회의 부회장으로 선출되었고, 1965년에는 같은 직에 재선되었다.

가장 중요한 철학적 반대자들은 여전히 구시대의 철학자들, 즉 실존 존재론과 신실증주의였다. 1964년 출간된 『본래성의 은어. 독일 이데올로기에 관하여』(*Jargon der Eigentlichkeit. Zur deutschen Ideologie*)와 『부정변증법』 제1부는 하이데거를 겨냥한 것이었다. 1961년 튀빙겐에서 개최된 독일 사회학회 학술대회에서 포퍼(Karl Popper)와 아도르노 논쟁은 독일 사회학 내에서 이른바 실증주의 논쟁의 뇌관이 되었다. 인문과학과 자연과학, 철학과 과학, 이론과 실천의 관계를 둘러싼 옛 논쟁들의 부활은 60년대 후반부에는 대학개혁과 학생운동을 둘러싼 논쟁 그리고 이것과 프랑크푸르트 학파의 관계, 더 나아가 문화혁명과 좌파 극단주의의 현상에 대한 프랑크푸르트 학파의 관계를 둘러싼 논쟁들과 겹쳐졌다.

말로만 주장되고 청년들에 의해 다시 진지하게 받아들여진 프랑크푸르트 학파의 이상들에 견주어 사회적 현실을 끊임없이 판단하는 사람들을 향해 저항운동에 대한 분노가 폭발하였다는 사실은 가혹하였을 것임에 틀림없다. 게다가 학생들이 자신들의 상황 평가에 동의하지 않는 사람에 맞서 싸우고 또 그가 성취한 업적으로 그를 인정하는 대신에 그를 웃음거리로 만들려고 했다는 사실──그것은 아마 더욱 가혹한 일이었을 것이다. 자율적 예술을 비판적으로 정당화한 『미학 이론』(*Ästhetische Theorie*)을 완성하기 바로 직전 아도르노는 1969년 8월 6일 스위스에서 휴가를 보내던 도중 사망하였다.

저작

호르크하이머와 아도르노에게는 자신들의 경험, 감정, 독자의 문제들을 건드리지 않는 텍스트란 없다. 중요한 것은 강단철학이 아니라 항상 삶의 철학이다. 그것이 호르크하이머에게서는 인간의 공동생활과 역사에 대한 분명한 시각에 관심을 가진 경험이 풍부한 사람의 강연 형식으로 제시되었고, 아도르노에게서는 열광 아니면 분노로 핵심을 적중시키고 모험적 사유과정들을 높이 평가하는 민감한 작가의 양식으로 서술된다. 그들 사이의 공통점은 그들 각자가 다른 특정 사상가들과 가지고 있는 공통점보다 많지 않으며, 어떤 경우에는 오히려 적다. 그들은 보다 광범위한 지성인 집단에 속하였다. 이 집단에는 그들 외에도 특히 루카치, 블로흐, 벤야민, 크라카우어와 마르쿠제가 속한다. 그렇기 때문에 호르크하이머와 아도르노의 작품을 소개한다는 것은 대체로 그들 사상의 특별한 모습을 그린다는 것을 의미한다.

호르크하이머와 비판적 사회이론

비판적 사회이론은 본질적으로 프롬(Erich Fromm, 1930년부터 사회연구소 소원)과 마르쿠제(Herbert Marcuse, 1933년부터 연구소 소원)와의 공동작업을 통해 호르크하이머가 발전시켰다. 아도르노, 뢰벤탈, 벤야민의 작업들도 여기에 접목되었다. 비판이론은 30년대의 산물이다. 비판이론의 형성 시기는 호르크하이머가 연구소를 운영하였던 첫 10년간과 일치하며, 연구소의 주문에 따라 호르크하이머가 편집하였고 또 "비판 이론가들"의 논문들이 게재되었던 『사회연구지』의 출간과 맞아떨어진다. 그것은 파시즘이 시민문화의 종말이 시작되었음을 여실히 보여주었지만 노동자 계급이 더 나은 사회의 실현을 위한 결정적 사회세력으로서 여전히 입증될 수 있다는 희망이 완전히 한물 간 것처럼 보이지는 않았던 시기였다.

실로 사회주의의 좀더 발전한 사회형식이 실현되지 않은 곳에서는 어디서나 위협하고 있는 야만이 어떤 것인가를 파시즘이 모든 동시대인들에게 극명하게 보여주었을 때, 이러한 희망은 파시즘에 직면하여 다시

한 번 자극을 받았다.

"비판이론"의 개념은 1937년 『사회연구지』에 게재된 그의 논문 「전통적 이론과 비판적 이론」(Traditionelle und kritische Theorie)이라는 논문에서 처음 등장하였다. 그 이전 또는 동시에 사용된 "유물론적 이론" 또는 "경제적 역사관"이 아니라 이 개념이 인식표가 된 데에는 나름의 이유가 있다. 그것이 "비판적 사회이론"으로 불리는 것은 현재의 빈곤이 부족한 자연지배가 아니라 불충분한 사회구조와 결합되어 있기 때문이다. 그리고 그것이 "비판적 사회이론"이라고 불리는 것은 철학의 수단들이 사회를 분석하는 데 충분하지 않기 때문이다. 끝으로 그것이 "비판적 사회이론"으로 불리는 까닭은 비판적 세계상태의 인식과 더욱 이성적인 사회질서를 위해 가능한 관점들의 인식이 중요하기 때문이다.

호르크하이머는 비판적 사회이론을 마르크스주의의 동시대적 변형이라고 보았다. 다양한 명칭들이 이 점을 단지 간접적으로만 언급하는 것에는 많은 이유들이 있다. 외교적 처신, 마르크스주의 또는 당파 이데올로기들의 교조적 유형과 동일시되는 것을 피하려는 의도, 수용된 모든 것을 현실성과 연관된 독자적 인식으로 작업하고자 하는 욕구, 마르크스는 호르크하이머와 그의 동료들이 속해 있다고 생각하는 전통의 한 부분만을 이루고 있다는 사실과 보다 포괄적인 이름이 더욱 포괄적인 현실적 사회이론에 적합하다는 사실의 고려 등이 그것이다.

1934년 7월에 호르크하이머는 프롬에게 이렇게 쓰고 있다.

경제적 역사관의 방법과 그 범주들의 의미는 역사적 사건들의 진보에 따라 그 자체 심각한 변화를 겪고 있다. 지배적 불의를 지양하기 위한 투쟁과 연관된 기초적 의도들은 여전히 그 안에서 작용하고 있다. 특별한 경우에 유물론적 사고방식은 국민경제적 범주들의 조작에서보다는 이러한 의도들에서 훨씬 더 빨리 인식될 수 있다.

첫눈에는 절충주의적으로 보일 수 있는 이론이 이렇게 스스로를 이해한다. 그것은 초기 마르크스와 후기 마르크스, 쇼펜하우어와 니체의 폭로적 역사관, 헤겔적 역사철학, 프랑스의 계몽주의와 정신분석학, 신칸트주의적 인식론, 생철학의 요소들, 철학적 사변과 과학적 탐구로 조합되어 있다. 그것은 실제로 십여 년에 걸쳐 건립된 탄력적인 이론 구조였으며, 이 이론적 구조는 이성과 의식을 가지고 인간의 역사를 형성할 준비가 되어 있는 사람들의 현실의식과 자기의식을 규명해야 한다는 것이었다.

만약 우리가 비판이론의 다양한 요소들간의 공통점을 특징짓고자 한다면, 그것은 다음과 같은 것임에 틀림없다. 인간적 냉철——마르크스가 『헤겔 법철학 비판』의 머리말에서 아래와 같이 썼을 때 맹세하였던 냉철이다.

비판은 사슬에 있는 상상의 꽃들을 땄다. 그것은 인간이 환상도 위로도 없는 사슬을 끌고 다니도록 하기 위해서가 아니라 사슬을 버리고 살아 있는 꽃을 따도록 하기 위해서이다. 인간이 생각하고 행위하고 또 실망하였지만 오성을 되찾은 인간으로서 자신의 현실을 형성할 수 있도록, 또 인간이 자기 자신을 중심으로 그래서 자신의 현실적 태양을 중심으로 운동할 수 있도록 하기 위하여 종교비판은 인간을 실망시킨다.

30년대의 호르크하이머 텍스트들은 부분적으로 마르크스 이론을 고쳐쓴 것들이다. 음조는 분명하지만, 청년 마르크스와 후기 마르크스를 항상 통일성으로 보고 또 정치경제학 비판을 의식적으로 현실과 연관시키는 철학의(그런 점에서 더 이상 단순한 철학이 아닌) 형식으로 파악하고 있다. 이러한 배경에서 바라보면, 비판이론에서의 새로운 점 또는 호르크하이머의 고유한 관점을 서술하는 몇 가지 문제군들이 두드러진다.

첫째, 비판적 이론의 위상에 관한 규정, 둘째, 심리적 요소를 포함시킴으로써 예리해진 역사와 현재에 대한 시각, 셋째, 철학적 문제들에 대한 사회이론적 해석.

첫째, 호르크하이머는 여러 논문들에서 비판이론의 위상을 규정하고자 하였다. 그 중에서 「전통적 이론과 비판적 이론」은 단지 가장 알려진 논문에 불과하다. 그것은 설득하기보다는 오히려 부분적으로는 유혹하는 시도이며, 문제를 분명하게 지명하기보다는 자기이해를 서술하는 시도이다. 그럼에도 이 시도는 분화된 시각과 명료성 때문에 더욱 광범위한 고찰을 위한 결정화의 관점으로서 여전히 타당하다.

호르크하이머는 형이상학과 과학주의에 대한 이중적 대립을 통해 비판이론의 성격을 규정한다. 이 두 개념을 가지고 호르크하이머는, 양자가 서로 분리된 이후에 자신의 인식방식을 절대적으로 설정하게 된 근대의 철학과 과학을 특징짓는다. 실존적 존재론과 철학적 인간학에 이르기까지의 다양한 형이상학적 방향들은 현존하는 사회에 대한 분석으로부터 시선을 돌리게 한다. 이 방향들은 영원한 물음에 대한 영원한 대답들을 시도한다. 과학주의는 개별과학들을 절대화한다. 그것은 역사적으로 생성되고 또 자연지배의 영역에서 성공적인 인식방식이 유일하게 타당한 인식이라고 천명한다. 과학주의의 틀 안에서는 사실과 사실들 사이의 관계가 확인된다. 이러한 확인은 합목적적 행위에 유용한 진단들을 가능하게 한다. 이러한 인식방식이 유일하게 합리적인 방식으로 설명됨으로써, 다른 인식방식과 행위방식들의 이성적 성격은 부정된다. 그래서 자연지배 및 사실 적응에 대한 관심만이 아니라 다른 관심들을 가지고 있는 인식 주체에 의존함으로써 궁극적으로는 사회적으로 산출된 사실들의 변화를 옹호하는 인식방식들의 이성적 성격이 부정된다. 형이상학은 현실을 너무나 진지하게 생각하고 또 너무 빨리 의미 부여와 해명을 내놓는다. 과학주의는 현실을 편협하고 축소된 것으로 본다.

과학주의에서는 의미의 물음들이 제기조차 되지 않는다. 양자는 성숙하고 인간적인 행위를 자각하고 있는 인간의 삶의 실천에 아무런 도움이 되지 않는 것이다.

비판이론은 이러한 결함을 어느 정도 보충한다. 이 이론은 스스로를 사회적 삶의 한 부분으로 이해한다. 더 정확하게 말하자면, 그것은 개별 과학들이 무시하고 형이상학이 초현실적 궤도로 옮겨놓고자 하는 시도들, 즉 인간 관계의 개선을 위한 시도들의 이론적 측면이라고 스스로를 이해하는 것이다. 합리적이라는 것은 비판이론에서는 다음을 의미한다. 성공적인 자연지배와 사회적 빈곤 및 사회적 무정부 상태의 지속 사이의 왜곡된 관계의 해명, 그 안에서는 개인의 운명이 더 이상 맹목적 우연에 내맡겨지지 않고 또 그의 행위의 결과들이 더 이상 예측 불가능하지 않은 사회 관계를 통해 자연지배를 완성하고자 하는 관심의 해명인 것이다. 그런데 이러한 과정에서 유리한 사회 발전을 지지하는 이론가들의 당파성은 지성적 진실성에 대한 회의——학자들이 산업사회의 지도층이 설정한 미래의 목표들에 유리하게 자신의 분명한 가치평가를 포기하는 것으로서 이해되는 회의——를 결코 정당화하지 않는다.

이렇게 이해된 비판이론은 호르크하이머가 연구소의 운영을 맡음으로써 이미 구체적 형태를 갖추기 시작하였다. 그는 이미 취임 강연에서 "사회철학적 문제들에 종사하는 거대한 경험적 연구장치를 세우는 새롭고, 어렵고, 의미 있는 과제"에 관해 말하였다. 그 이후의 10년은 철학과 개별학문들을 학제적 공동작업의 틀 안에서 결합하고, 개별학문들을 통해 철학을 현실에 접근시키고, 철학을 통해 개별학문들이 본질적 문제에 집중할 수 있도록 하는 시도로 특징지어졌다.

호르크하이머는 당시 비판할 수 있는 근거를 세 가지 요소들 속에서 보았다. 시민계급은 한때 자유, 평등, 정의의 이상들을 스스로 공포하였다. 시민계급은 자신의 실천을 통해 이 이상들이 구속력이 없는 것으로 천명하긴 했지만, 아직 이 이상들에 대해 냉소적 관계를 공공연히 드러내지는 않았다. 그런데 사회적 현실 속에서 생산관계의 변화를 통해 이 이상들의 타당성을 확보하고자 하였던 노동계급이 바로 이 이상들을 다시 수용하였다. 그렇지만 노동계급 역시 그들의 실천을 볼 때 그처럼 급진적인 관념들을 정말 진지하게 생각하는가 하는 회의를 불러일으켰다. 호르크하이머는 세번째 요소로서 더 이상의 정당화 및 근거지음을 필요로 하지 않는 인간의 행복 추구를 들고 있다. 그는 시민 시대의 인간학에 관한 연구들을 통해 이러한 행복 추구의 실존을 증명하고자 하였다.

둘째, 특권을 누린 시민계급의 아들로서의 자기비판적 시각, 시민계급의 "어두운 작가들"(이들에는 마키아벨리, 홉스, 맨더빌이 속한다)의 분명한 언어, 프롬에 의해 세밀하게 실행된 정신분석학의 마르크스주의적 수용—이 모든 것은 호르크하이머에게 시민사회의 역사에 대한 시각을 가능하게 하였고, 이 시각은 불리한 사회적 집단들의 억압된 진정한 관심들에 관한 이론이 정당하다는 것을 인상적으로 보여주었다. 이제까지의 억압을 위해 필요하였던 어마어마한 비용은 억압받고 착취된 사람들의 행복의 주장 속에 얼마나 커다란 힘이 들어 있는지를 증명하였다. 그것이 정말 억압된 행복에 대한 욕망이었다는 사실은 시민 시대의 정치적, 종교적 글들 속에 들어 있는 인간 본성에 관한 여러 견해들에 의해 증명되었다. 호르크하이머는 탁월한 논문들 중 하나인 「이기주의와 자유운동」(Ëgoismus und Freiheitsbewegung)[2]에서 이렇게 적고 있다.

강력한 지배장치를 통해 통제되어야 할 인간본성의 사악함과 위험성을 냉소적으로 천명할 때, 그리고 청교도의 교리가 이와 마찬가지로 완고한 규율과 의무법칙에 대한 절대적 복종으로써 자신의 충동을 억제해야 하는 개개인의 죄를 언급할 때뿐만 아니라, 그와는 정반대로 우리를 압박하는 현재의 부패한 관계에 의해 단지 방해를 받았지만 본래는 순수하고 조화된 인간의 본성구조를 확언할 때에도 이기주의적 충동의 절대적 거부는 자명한 전제조건을 이룬다.

그것은 이기주의로 매도된 향락과 행복에 대한 추구였다.

인류의 대부분은 행복에 대한 자신의 권리주장을 극복하고, 엄밀하게 말하면 자신의 실존이 이와 같이 유용하고 도덕적인 판결에 의해 선고받았다는 사실을 기꺼이 받아들이는 소수의 사람들처럼 잘살고자 하는 소망을 억누르는 데 익숙해져야 한다……. 전체 사회에 대한 자기 계급의 도덕적 포교가 시민계급의 상류층의 진정한 표본에도 거꾸로 영향을 미쳐서, 인간과 사물에 대한 착취와 자유로운 지배가 자신들의 이데올로기에 의해서도 그들에게 아무런 기쁨을 주지 않을 뿐만 아니라 그것이 전체에 대한 종사, 즉 사회적 업적과 예시된 삶의 사회적 충족으로 보일 수밖에 없어서 그는 이 포교를 승인하고 인정하게 된다.[3]

정신분석학은 사회구조와 성격, 사회적·경제적 입장과 의식 사이의 심리적 매개의 제시를 가능케 한다. 정신분석학은 비판이론에, 불이익을 당한 사람들의 욕구는 행복과 이성적 공동생활에 대한 욕구로서 사회적 관계가 그것을 허용하는 정도만큼 왜곡되지 않고 개방적으로 나타날 것이라는 사실에 대한 강한 논증들을 제공한다.

이러한 배경에서 보면 호르크하이머가 쇼펜하우어와 공유하는 역사철학적 비관론은 특별한 기능을 획득한다. 형이상학적·종교적 낙관론의 변용들은 단지 저승에만 해당하지 이승에서는 아무것도 변화시키지 않는다는 냉철한 통찰, 역사는 단지 그것이 인간의 행위를 통해서 획득하는 것만큼만 의미를 가진다는 냉철한 통찰——이러한 통찰은 절망으로 인도할 수 있지만, 모든 에너지들을 이승과 지상에서의 인간의 가능성들로 집중시킬 수도 있다.

셋째, 비판이론은 자신들의 관심이 정당하고 또 자신들의 해석들이 옳다는 증거들을 예술가와 철학자들의 작품에서 발견한다. 철학자들은 비판이론과는 달리, 주체, 이론, 대상의 관계들이 역사적으로 변동한다고 전제하지 않고, 영원히 타당한 통찰들을 탐구한다. 그러나 철학자들의 등 뒤에서는 비판이론이 스스로 의식적으로 수용하는 것, 즉 동시대의 사회적 삶에 대한 예속성이 관철되고 있다. 철학적 사상체계의 중요한 지점들에서 나타나는 논리적 단절과 불명료함은 사회적 문제들의 표현으로 해독될 수 있는데, 그 정도와 범위는 후세대의 사람들에게야 비로소 완전히 드러나게 된다. 그것들은 사회의 모순과 고통, 개인들의 궁핍과 경색들을 증거한다. 우리가 그것으로부터 읽어낼 수 있는 것은 특정한 역사상과 부합하며, 그렇게 이 역사상을 증명한다. 역사에 관한 이러한 시각에서 자연에 대한 지배를 성취하기 위해 불가피한 것으로 보이는 사회적 빈곤의 정도가 정확하게 확인된다. 왜냐하면 그것은 필요한 것보다 더 오랫동안 지속되어서는 안 되기 때문이다.

호르크하이머는 철학적 문제들의 사회이론적 해석을 칸트의 인식론에서 가장 인상적으로 전개하고 있다. 그는 수동적 감각과 능동적 오성의 관계를 규정하거나 순수한 또는 원초적 통각과 같은 개념들의 의미를 규정할 때 발생하는 어려움을 시민사회 내에서 이루어지는 인간활동의 모순적 형태가 표현되는 것이라고 해석한다. 즉 개인들은 명민하게 자신들의 목표를 추구하고 모든 것을 지속적으로 작동시키지만, 동시에 그 모든 것은 그들에게 소외되고 우연과 행운의 지배를 받는 것으로 보이게 된다.

아도르노와 부정적·변증법적 철학

비판적 사회이론에 대한 작업은 40년대 초반 중단되었다. 거기에는

분석적인 통찰의 힘이 그러한 통찰을 생기게 한 고통과 비슷한 것이라면,
아도르노의 철학은 얼마나 상처받기 쉽고 실제로
얼마나 상처받았는가의 척도로 사용될 수 있을 것이다.

일련의 동기들이 있었다. 보다 나은 사회를 위해 투쟁할 준비가 되어 있는 어떤 사회적 계급과 민족도 존재하지 않는다는 사실이 히틀러-스탈린 협약과 전쟁의 전세계적 확산으로 인해 간과할 수 없을 정도로 분명해졌다. 사회적 진보에 대한 전망을 가졌던 시대는 마침내 지나간 것처럼 보였다. 정치경제학 비판은 노동계급의 혁명적 실천의 이론적 측면이 되지 않았기 때문에 그로부터 남는 것은 오직 이러한 실천이 이루어지지 않을 경우 발생할 사회적 파국에 대한 올바른 진단뿐이었다. 자유주의는 이제 호르크하이머에게는 우호적인 간주곡으로 보였다. 즉 바이마르 공화국 14년은 무산자 계급보다는 오히려 지성인들에게 매력적인 것으로 보였으며, 파시즘은 노동자들이 결코 사태의 악화로 여기지 않았을 체제로 보였다.

호르크하이머는 연구소지 마지막호에 게재된 자신의 논문 「이성의 종말」을 이렇게 시작하였다. "문명의 기초 개념들은 급속한 쇠퇴 과정에 있다. 부상하는 신세대는 이러한 개념들을 더 이상 신뢰하지 않는다. 그리고 파시즘은 그들의 의심을 강화하였다."[4] 그는 현실 속에서 이론과 실천의 상호적 관계에 대한 어떤 접속점도 보지 못하였다. 이렇게 하여 비판이론은 다시 과학을 신뢰하지 않았던 철학으로, 즉 과학이 위대한 것을 목표로 하는 철학적 물음들의 변형과 정교화를 이룰 수 있다고 믿지 않았던 철학으로 변형되었다. 비판이론은 주어진 것과 직면하여 절대적인 무엇을 끌어들이지 않으면서도 주어진 것에 적응하지 않는 데 전념한다.

비판이론 및 비판철학의 이러한 상황에서——아도르노가 훗날 1965년 호르크하이머의 70세 생일에 즈음하여 「호르크하이머에게 보낸 공개서한」[5]에서 표현한 바와 같이——"세계 흐름에 대한 당신의 정치적 혐오는 온갖 화합을 예고하는 음악으로 나를 인도하는 나의 혐오감과" 일치하였다. "그렇지만 우리가 출발하였던 목표들의 긴장관계는 아직 사라지지 않았으며, 그것은 우리에게 생산적이었다." 30년대의 비판이론에서는 주로 아도르노의 음악 전문지식이 전면에 있었다면, 이제는 이 지식의 밑바탕을 이루고 있는 철학이 호르크하이머와 아도르노의 긴밀한 공동작업의 토대가 되었다.

아도르노는 철학의 실존 권리를 회의한 적이 결코 없으며, 또 철학의 실현에 대한 특별한 희망들을 걸 수 있는 요소들을 무산자 계급에서 찾지도 않았다. 청중에 대한 고려 없이 실행되는 가장 진지한 음악 작업이 그 시대의 최선의 표현이며 동시에 이 시대에 대한 저항이 될 수 있다는 사실을 그는 쇤베르크 학파의 예에서 경험하였다.

심미적 형식들을 사회적 정신 상태의 암호들로 해석하는 『소설의 이론』에서의 루카치의 방법, 시민적 철학의 이율배반 속에는—상품 원리가 총체적인 것으로 되어버린—시민적·자본주의적 사회의 구조가 침전되어 있다는 「사물화와 프롤레타리아의 의식」이라는 유명한 논문에서의 그의 명제, 철학의 힘이 비철학적 대상들을 향하도록 하고(아도르노가 1931년 행한 취임강연 「철학의 현실성」에서 표현한 것처럼), 아주 작은 것에서조차도 단순한 존재자의 정도를 파괴하려는 블로흐, 크라카우어와 벤야민의 방법, 빈의 표현주의적 신음악의 구성적 방법과 정신분석을 통해 확고해진 "해명하고 또 온화하게 만드는 의식의 광명"(아도르노는 『데어 안브루흐』〔Der Anbruch〕라는 빈의 음악잡지에 게재한 「반동과 진보」라는 자신의 논문에서 이렇게 표현하고 있다)에 대한 믿음—이 모든 것들이 결합하여 아도르노에게는 철학이 새로운 형식으로 계속될 수 있다는 확실성을 가져다 주었다.

그는 마르크스주의를 처음부터 철학적으로 매개된 형식으로 체험하였다. 즉, 철학을 실현을 통해 지양하려는 도전으로서가 아니라 철학자와 예술가는 그들이 자신들의 작업 영역의 문제들을 계속 작업해 나간다면 상품 물신화의 제거에 가장 잘 기여할 수 있다는 견해의 정당화로 체험하였다. 그가 특히 『사회연구지』에 게재한 논문 「음악의 사회적 상황」(1932)에서 음악에 대해 서술한 것은 철학에도 타당하였다.

절망적인 경악 상태에서 사회를 응시하는 것은 음악에 이롭지 않다. 음악은 자신의 재료를 통해 그리고 자신의 고유한 형식법칙에 따라 사회적 문제들을 서술할 때에만 사회적 기능을 충족시킨다. 음악은 자신의 기술의 가장 내면적인 세포에까지 사회적 문제들을 함축하고 있다.[6]

쇤베르크는 이렇게, 오직 존립하고 있는 음악의 고유한 일관성을 따르면서도 새로운 음악 이론을 발전시킬 수 있었다.

이 음악에 비록 사회적 기능이 직접적으로 부여되지는 않지만, 청중과의 마지막 의사소통을 단절한 이 음악은 우선 내재적·음악적 질에서 그리고 나서는 재료의 변증법적 계몽에서 동시대의 다른 모든 음악을 극복하고 또 완벽한 합리적 구성을 제공함으로써 음악은 현재의 사회 질서와 전혀 일치할 수 없게 된다. 이 사회 질서는……쇤베르크에서 경험한 의식의 공격에 저항하여 자연의 도움을 다시 청한다.

아도르노는 철학자로서 자신의 과제가 최근의 변형에 이르기까지 유지되고 있는 시민철학의 형식인 철학적 관념론을 철저히 연구하고, 그 속에 들어 있는 논리적 일관성을 준수함으로써 철학적 관념론을 부정하고, 또 이런 방식으로 그것으로부터(그가 1936년 빈의 음악잡지 『23』에 게재한 「음악교육적 음악」[Musikpädagogische Musik]이란 논문에서 서술한 바와 같이) 좋은 합리성의 요소들을 변증법적으로 추출해내는 일에 있다고 보았다.

그가 출판한 첫번째 철학작업과 키에르케고르에 관한 교수자격 논문, 옥스퍼드 시기 동안의 후설 연구, 호르크하이머와 함께 집필한 『계몽의 변증법』 그리고 끝으로 후기의 『부정변증법』이 이런 과제의 일환이었다. 그렇게 함으로써 그는 새로운 철학을 가져온 "몰락의 논리"를 구성하였다고 생각하였다(그는 1966년『부정변증법』에 관한 한 주해에서 그것을 자신의 철학적 구상들 중에서 학창시절까지 거슬러 올라가는 가장 오래된 것이라고 표현하였다). 이 논리는 더 이상 현실의 총체성을 산출하거나 파악하려 하지 않고 개념의 힘을 구체적 대상의 자기전개로 변화시키려고 하였다. 그래서 이 철학은 다양하게 적용할 수 있으며 또 아도르노에 의해 다양하게 적용되었다.

이 철학에 대한 확정된 이름은 없다. 아도르노는 1931년 강령적 취임강연에서 그것을 유물론적이고 변증법적이라고 간주하였지만, 그로부터 어떤 용어를 도출하지는 않았다. 훗날 그는 특히 "비판이론"에 관해 말하였다. 그의 관점의 연속성 때문에, 그리고 그 특별한 성격을 부각시키기 위해서는 처음부터 아도르노 후기 저작의 제목, 즉『부정변증법』(*Negative Dialektik*)을 그의 철학의 이름으로 사용하는 것이 가장 적절해 보인다. 그의 사유가—개인과 사회, 자연과 역사, 개념과 대상, 이론과 실천, 이데올로기와 현실 사이의 모순들과 같은—갈등과 모순의 경험에서 출발하기 때문에 그것은 "부정변증법"이라고 불린다. 이 철학은 화해의 허구를 향한 진보를 거부하고 그 대신 진정한 화해를 위해 현재 모순들의 화해 불가능성을 강조하기 때문에 "부정변증법"이라고 불린다. 거짓이고 폭력적인 보편자에 대한 개별자의 권리, 이제까지 자연의 예속으로 치달아온 역사에 대한 자연의 권리, 일반적 개념들을 통한 대상의 추론을 지향하는 주체에 대한 객체의 권리—이러한 것들은 모두 모순들의 화해 불가능성을 서술한다. 그런데 이 철학은 이 과정에서 시대 및 상황과 연관되어 있으며, 현혹된 개별자에 대한 일반자의 권리, 무감각한 자연에 대한 역사의 권리, 규명되지 않은 대상에 대한 개념의 권리 역시 강조할 수 있다.

이 철학에 들어 있는 강력한 주장은『계몽의 변증법』, 즉 에세이 모음집에서(본래의 제목은 "철학적 단편들"이었으나, 그것은 나중에 부제가되었다) 가장 분명하게 드러난다. 관념론 비판에서 적지않게 중요한 것

MAX HORKHEIMER
UND THEODOR W. ADORNO

DIALEKTIK
DER
AUFKLÄRUNG

PHILOSOPHISCHE FRAGMENTE

QUERIDO VERLAG N.V.
AMSTERDAM
1947

1947년 암스테르담의 퀘리도 출판사에서 나온 『계몽의 변증법』 표지.

은 서양 문명의 현재 위기이다. 그것은 물론 마르크스주의에 익숙한 두 철학자들의 눈에는 새로운 철학을 통해 제거될 수 있는 것이 아니다. 생산력과 생산관계의 변증법이라는 생각 역시 현재를 파악하기에는 충분하지 않다. 현재는 나치즘과 스탈린주의의 잔혹한 공포, 과학의 중요성이 기술적 진보에 국한되어 있다는 사실과 문화산업의 고상한 공포에 의해 각인되어 있다. 이러한 상황은 생산력과 생산관계의 변증법보다 더 깊은 심층에 자리잡고 있을 뿐만 아니라 이 변증법을 포괄하는 어떤 변증법을 가리킨다.

아도르노와 호르크하이머는 이 변증법을 한편으로는 가장 본질적인 진보의 힘으로 여겨지는 합리적 사유와 다른 한편으로는 그 실존 자체가 위협받는 것처럼 보이는 인간의 행복 및 행복능력과 자연의 존엄성

사이의 변증법에서 발견한다. 그것들은 바로 근세철학——형이상학과 과학주의——의 사유에서는 아무런 의미가 없는 요소들이다. 이러한 조류들은 현재의 자기의식을 대변한다. 이 의식의 변화 없이는 모든 기술적 진보와 사회적 진보들은 맹목적일 수밖에 없다.

다음이 부정적·변증법적 철학의 핵심적 동기들의 토대가 되는 근본경험이다. 첫째, 관념론적 주체개념의 비판, 둘째, 동일화하는 사유의 비판, 셋째, 합리성에 대한 합리적 수정과정.

첫째, 세계의 산출 및 구성원리로 파악되는 주체의 관념론적 개념에서 아도르노는 자연지배에 대한 주체의 권리 주장이 가지는 논리적 귀결들의 가장 대표적인 표현을 발견한다. 이 주체개념의 함의는 "주체성의 근원사"를 표본적으로 보여주는데, 우리는 이 역사를 신화적 사유에서 합리적 사유로의 전환과정에 대한 증거인 호메로스의 『오디세이아』에서 읽어낼 수 있다. 사슬에 묶인 오디세우스가 반인반조의 바다요정인 사이렌 곁을 지나쳐 항해하는 장면은 "주체성의 근원사"의 가장 인상 깊은 알레고리로 증명된다. 『계몽의 변증법』의 첫번째 부언설명에는 이렇게 씌어 있다.

그는 쾌락의 노래에 귀를 기울이나, 죽음을 수포로 돌아가게 하려는 듯 노래를 좌절시킨다. 묶인 채로 노래를 듣고 있는 오디세우스는 다른 모든 사람들이 그랬던 것처럼 사이렌에게 다가가려고 한다. 그러나 그는 이런 상황에서 사이렌에 걸려들면서도 사이렌에게 빠져죽지는 않을 장치를 마련했던 것이다. 귀를 밀랍으로 봉한 채 노를 젓는 부하들은 반신(半神) 사이렌의 노래뿐만 아니라 명령자의 절망적 외침마저도 들을 수 없으므로, 사이렌 자신의 힘을 반영하는 오디세우스 자신의 소망하는 힘이 아무리 크더라도 그는 사이렌에게 다가갈 수 없다. 사이렌은 그 자신 막강한 능력을 소유하고 있지만, 시민의 근원사에서 그 능력은 스쳐지나가는 자의 단순한 동경으로 무력화되어 있는 것이다.

한편에서는 외면적 자연의 탈마법화와 자연과의 계산적 교제가, 다른 한편에서는 내면적 본성의 억압과 행복욕구의 순간적 충족이 나란히 이루어진다. 주체는 이렇게 자기를 보존하고 자신의 정체성을 유지할 수 있지만, 오직 자신의 경직화를 통해서만 그럴 수 있다. 만약 주체가 마침내 자연에 대한 지배자로서 정착하였다면, 그것은 외면적 자연과 함께 내면적 본성을 완전히 탈마법화하였다. 자기보존이 야만화되었다. 그것은 자기보존의 의미, 즉 개인의 행복이 더 이상 중요하지 않기 때문이다.

둘째, 이 "주체성의 근원사"의 관점에서 보면 현재 결정적으로 중요하게 된 서양적 사유의 근본특성이 나타난다. 형이상학의 절대적 원리, 절대적 관념론의 폐쇄적 체계, 주관적 관념론의 초월적 인식장치, 엄밀한 과학들의 논리적·수학적 절차──이 모든 것들은 스스로를 주체와 객체, 인간과 자연 사이의 매개들로 파악하는 것이 아니라, 모든 것을 비로소 중요한 것이 되게 하는 체계들로 파악한다. 자연은 어떤 질적 성격도 가지고 있지 않은 혼돈으로 평가절하됨으로써, 또 이 혼돈으로부터는 오직 인식체계의 여과를 거친 것만이 지각됨으로써, 어둡고 강력한 자연에 대한 불안은 극복되었다. 어떤 사물의 존재가 무엇인가에 관해서는 더 이상 묻지 않으며, 그것이 어떤 배열적 사유의 개념들을 통해 추론될 수 있는가에 관해서만 물음이 제기된다. 이러한 사유는 사물들을 일반자와 동일시한다. 이 과정에서 동화되지 않는 것, 즉 비동일자는 중요하지 않다.

그런데 이 과정에서 사물과의 동일화와는 다른 것으로 여겨지는, 인식주체의 자극과 활동들 역시 매도된다. 인식주체에서 바로 주체와 객체 사이의 독립적 매개를 수정할 수 있는 것이 사유에게는 위협으로 여겨진다. 주체는 자신의 자기보존이 힘입고 있는 인식체계와 완전히 동일시되어야 한다. 주체는 자신의 밖과 안에 있는 자연으로부터 단절될 때 진정한 주체가 된다. 주체는 더 이상 아무런 저항도 발견하지 못하기 때문에 스스로를 전능하다고 느낀다. 주체는 자신이 스스로에게 예속시키는 것만을 볼 뿐이다. 아도르노가 문화산업 소비자들의 의식구조와 선입견에 빠져 있는 사람들의 의식구조의 공통점으로 발견한 것은 바로——정신분석학으로 훈련된 시각으로 예리하게 서술된——이러한 현대적 사유의 특징이다. 그것은 경험할 수 없는 무능력과 자기반성에 적대적인 인식방식들, 상투적 표현들, 광기의 체계들에 의한 경험의 방해이다.

셋째, 야만화된 자기보존 속에는 계몽의 자기파괴와 관념론적 사유의 붕괴가 표출된다. 아도르노와 호르크하이머는 관념론적 사유를 재구성함으로써 계몽의 긍정적 개념의 요소들을 획득한다. 주체의 광기적 자기 과대평가는 사유의 일관성에 결함이 있음을 알려주는 편집증의 과도한 일관성으로 간주된다. 자연과 거리두기는 이제 독립하여 더 이상 2차 반성을 통해 자기 자신을 향하지 않는다. 그것은 자연으로서 스스로를 해방하는 대신에 자연으로부터 스스로를 해방시키려고 한다. 자연에 대한 거리두기에서 자연으로서의 자기 자신을 의식하고, 자신의 내면적 본성과 외면적 자연에 대해서도 스스로를 경직시킬 필요가 없으며, 주체성이 증대할수록 스스로를 객체에 내맡기는——이런 방식으로 객체의 질적인 계기들은 정당하게 인정될 수 있다——주체의 반대상이 이렇게 생겨난다. 『계몽의 변증법』에 실린 『반유대주의의 요소들』에서는 이렇게 말한다.

주체의 내면적 깊이는 그 무엇보다도 부드러움과 외면적 지각세계의 풍부함에 있다……. 공허한 감각자료로 하여금 사상이 본래 가지고 있는 모든 생산성을 발휘할 수 있도록 하고 또 다른 한편으로는 사상이 초강력한 인상에 무조건적으로 몰두할 수 있도록 하는 매개를 통해서만 전체 자연이 빠져 있는 병적인 고독이 극복된다. 화해의 가능성은 사상에 의해 훼손되지 않은 확실성이나 지각과 대상의 전(前)개념적 통일성에서가 아니라 반성적으로 사유된 지각과 대상의 대립 속에서 나타난다.

아도르노는 자신의 내재적·비판적 사상적 구성물들 속에 유토피아의 초월적 계기들이 들어 있다는 것을 의식하였다. 부조리의 과잉을 통해서 진리가 파악할 수 있을 만큼 가까워진다거나 또는 사물화의 수용을 통해서만 사물화가 파괴될 수 있다는 유형의 사고형태들의 신비주의적 유래에 대해서도 의식하고 있었다. 그것은 "모험적 반성"(그는 언젠가 블로흐의 초기 철학을 이렇게 성격지었다)의 요소들이었으며, 그것들을 사유에서 추방한 일이 계몽의 자기파괴의 원인들 중 하나였다. 이 모험적 반성을 포함시킴으로써 아도르노는 삶의 실천에 대한 철학의 적절성을 철학에 다시 부여하는 데 성공하였다.

생존시의 의미와 영향사

삶의 질, 정의, 행복, 인간성 등등과 함께 세상에 등장한 미사여구들로 인해 우리의 정신이 흐려지지 않도록 하는 우리들이 바로 비판적 정신이다.

저명하고 영향력 있는 독일 정치가 슈트라우스(Franz Josef Strauß)는 1977년 독일 의회에서 이렇게 발언하였다. 그것은 그때까지 유일한 개혁시대가 독일 공화국에서 끝났을 뿐만 아니라 많은 사람들에게는 실패한 것으로 여겨졌던 시기였다.

　기업이 그들의 지적인 관할구역인 대학, 교회, 신문들에서 유지하고 있는 관리들이 철학에게—철학이 자신의 탐색을 정당화하는 수단으로 삼는—원리들의 증명서를 요구한다면, 철학은 치명적인 곤경에 처하게 된다. 철학은 현재 통용되고 있는 것들과 반대로 실용적일 수 있는 어떤 추상적 규범들 및 목표들을 인정하지 않는다. 철학이 기존 질서의 암시로부터 벗어날 수 있는 길은 시민적 이상들을—그것에 대한 인식 없이—수용하는 데 있다. 그 대변인들이 설령 왜곡된 형태로이기는 하지만 여전히 전도하고 있는 이상들이거나, 또는 온갖 조작에도 불구하고 기술적·문화적 제도들의 객관적 의미로서 여전히 식별 가능한 이상들이거나 그렇다. 철학은 분업이 인간을 위해 존립한다고 해서 분업을 믿고, 진보가 자유를 가져온다고 해서 진보를 믿는다. 그렇기 때문에 철학은 분업과 진보와 쉽게 갈등에 빠지게 된다.

　미국 망명 시기였던 40년대에 호르크하이머와 아도르노는 『계몽의 변증법』에서 이렇게 말하였다. 이 두 인용문들의 대립은 호르크하이머와 아도르노가 생존해 있을 때와 그 이후에 이 두 사람의 영향력의 크기와 한계를 밝혀준다.

　40년대부터 두 사람은 직접적으로 실현될 수 있는 사회주의에 대한 희망은 없다는 의견에 일치하였다. 그럼에도 그들은, 사회의 급진적 변화의 가능성을 믿는 사람의 비타협적 시각으로 사회를 바라볼 것을 고집하였다. 그들에게는 추상적 가능성만으로도 충분하였으며—특히 호르크하이머에게는—한때 계몽 과정의 긍정적 의미를 분명하게 보여주었던 시민적 이상들에 대한 언급을 통해 자신들의 주장을 보강할 수 있는 것으로 충분하였다. 이는 분명 70년대만 하더라도 사회관계의 급진적 변화를 반대하는 사람들의 신경을 자극하기에 족하였다. 그러나 호르크하이머와 아도르노는 이러한 이상들을 의미심장한 사회적 갈등과 문제들에서 발생하는 발전 경향들 속에 내재하고 있는 힘으로 재구성하지는 않았다. 그렇기 때문에 두 사람은, 물신화된 사회체계와 물신적 정신의 탈마법화가 중요한 문제로 대두되고 또 더욱 포괄적인 사유를 가능케 할 수 있는 지속적인 문제 제기가 중요한 문제였던 50년대와 60년대에 가장 커다란 영향력을 행사하였다.

호르크하이머와 아도르노가 다시 돌아온 서독은 복구의 깃발을 달고 있었다. 이러한 상황에서는 사회가 변화 가능성의 관점은 아니라고 하더라도 변화 필요성의 관점에서 고찰되었다는 것 자체가 이미 해방의 의식으로 작용할 수 있었다. 호르크하이머는 특히 성공한 강단 교수로서, 그리고 아도르노는 음악, 문학, 교육 및 사회과학 이론가로서 그렇게 하였다.

음악이론가로서 아도르노는 1952년 다름슈타트에서 행한 강연 「음악 교육학에 관한 명제들」로부터 일련의 "청년 음악"의 대변인들을 동요시켰는데, 이들은 50년대에 일종의 "새로운 민족공동체"를 갈구하고 있었다. 동시에 1949년 출간된 『신음악의 철학』이 "새로운 음악을 위한 국제적 방학특강"을 위해 다름슈타트에 결집한 음악적 아방가르드의 의식과 자의식에 미친 영향은 아무리 높이 평가해도 지나치지 않을 것이다. 그렇지만 그 영향은 이중적이었다. 왜냐하면 아방가르드적 음악의 사회적 연관성의 제시가, 청중의 고유한 상태를 표현하지 못하면서 단지 기술적으로만 진보한 작곡들의 정당화로 오해되었기 때문이었다. 새로운 배열체계를 통해 예술적으로 구속되지 않은 무조음악의 대변인으로서 아도르노는 새로운 아방가르드적 조류의 수정자 또는 제창자가 될 수 있었다. 체계적인 반대안이 없었기 때문에 아도르노의 역사철학적인 음악이론은 반대자들의 언어와 사유방식조차도 규정하였다.

문학비판과 문학이론의 영역에서 아도르노가 이중전선에서 치른 투쟁은 정신의 괴리와 자족에 반대하고 현대를 옹호하는 해방의 활동으로서 작용할 수 있었다. 아도르노는 이 투쟁을 50년대 중반에 시작하였으며, 그것을 『문학에 대한 비망록』(*Noten zur Literatur*)에서 확인하였다. 당시 주도적 경향이었던 작품 내재적·실존적-존재론적인 해석——카이저(Wolfgang Kaiser)와 슈타이거(Emil Staiger)와 같은 독문학자들이 대변한——은 작품 내재적 비판을 넘어서는 방법으로 문학의 사회적 연관들을 폭로하고자 하는 아도르노의 방법을 따르는 경쟁자들을 얻게 되었다. 동시에 아도르노는 베케트(S. Beckett)를 예로 들어 보여준 이 방법으로 아방가르드 문학의 문학적 결과 및 사회적 의미를 언급하면서 이 문학을 정당화할 수 있었다.

음악 및 문학 이론적 작업들의 중요한 배경을 이루었던 것은 『계몽의 변증법』에서 이미 상세하게 서술한 문화산업 비판이었다. 이 비판은 그때부터 후기 산업사회의 문화에 대한 순진한 자세가 더 이상 가능하지 않도록 하는 데 기여하였다.

50년대 후반에는 교육과 교양을 주제로 한 강연과 대담들이 시작되었다. 만여 권까지 인쇄된 『개입』(*Eingriffe*)의 제1판은 출간된 해, 즉 1963년에 이미 매진되었다. 아도르노의 사망 후 편집된 책 『성숙에의 교육』(*Erziehung zur Mündigkeit*)은 문고판으로서 1981년 제7판까지 출간되었으며, 그로써 6만 8천 권이 팔렸다. 이는 그의 저서들이 저변에서 오늘날까지 교육학자, 사회활동가, 출판업자 등에게 영향을 주고 있다는 영향사의 징표이다.

비판이론에 가장 가까이 있는 영역, 즉 사회과학에서 프랑크푸르트 학파는 60년대 초반 시작된 실증주의 논쟁을 통해 광범위하게 알려진 개념이 되었다. 주체로서의 사회에 대한 관념을 고집하는 비판적 사회학과 사회를 객체로서 파악하는 지배적 사회학——여기서 학문은 지배 대상인 자연보다 사회를 결코 더 가까운 것으로 느끼지 않는다——사이의 차이가 문제되었다. 아도르노는 호르크하이머가 한때 자신의 논문 「전통적 이론과 비판적 이론」에서 그랬던 것처럼 사회의 현실적 변화 가능성을 강조하지 않았다. 그렇지만 그는 사회의 대립과 모순 그리고 이를 표현할 수 있는 사회학의 필연성을 강조하였다. 이러한 입장은 사회과학의 논리를 둘러싼, 점점 더 국제적으로 확산되는 논쟁의 쟁점들 중의 하나가 되었다. 이 토론 과정에서 프랑크푸르트 학파의 비판사회학과 더불어 현상학적 관점들의 부활과 언어분석적으로 방향이 설정된 관점들의 발전은 미국의 실증주의적 사회학의 지배적 지위를 약화시켰으며, 일종의 다원주의를 산출하였다.

저항운동이 자신의 모태로서 프랑크푸르트 학파를 잠시 끌어들였을 때, 저항운동은 특이하게도—노동운동과 사회주의를 지향하는—호르크하이머의 이론에 의존하였다. 30년대와 40년대 초의 그의 논문들은 해적판으로 유통되었는데, 호르크하이머 자신은 1968년에야 비로소 어느 정도 거리를 둔 머리말과 함께 그것들을 새로 출판하였다.

저항운동과는 별도로 네그트(Oskar Negt), 벨머(Albrecht Wellmer)와 하버마스(Jürgen Habermas)와 같은 프랑크푸르트 학파의 대변인들은 호르크하이머와 아도르노의 전후 입장이 가진 사기 저하 효과를 다른 방식으로 극복하고자 하였다. 네그트에게 중요하였고 또 중요한 것은 현실적 사회 경험들, 사회적 반대세력의 조직을 위한 관점들, 대안적 삶의 형식들에 열린 태도를 취함으로써 비판철학을—설령 거리를 둔 것이라고 할지라도—정치적 실천의 구성요소로 만드는 것이었다.

하버마스는 아도르노와 호르크하이머의 생전에 이미 이론의 지속적 발전에서 탁월한 의미를 획득하였다. 그의 이론적 생산에는 세 가지 요소들이 특징적이다. 모든 의사소통적 행위의 토대를 이루는 이상화 작업들을 통해 비판적 사회이론의 규범들을 정당화함으로써 그는 사회비판의 설득력을 시민적 이상들에 대한 호소 및 모든 것을 포괄하는 화해의 메시아적 광명에 대한 암묵적 청구권으로부터 독립시키고자 하였다. 공동생활을 이성적·도덕적으로 규제할 수 있는 기회들의 수준이 증대한다는 의미에서 사회적 합리화를 가정하고 또 그렇게 계몽의 변증법의 합리적 수정이라는 기획에 구체적 형태를 부여하고자 함으로써, 그는 총체적으로 통제되는 세계에 관한 이론의 비관주의와 자연과의 화해라는 과도한 보상적 유토피아를 약화시켜 실천이성을 함축한 기술적 진보를 공동으로 통제할 수 있는 사회에 관한 관념으로 발전시켰다. 진보의 동인들이 더 이상 생산력의 증대에서 기대되는 것이 아니라 좋은 삶의 요소들에 대한 증대하는 의식과 노동경제의 삶의 형식들의 연장을 의미하는 사회적 관계들의 보존 사이의 갈등에서 기대되는 사회적 합리화의 과정을 가정함으로써, 한때 비판이론의 기획을 특징지었던 철학과 개별 학문들의 결합이 다시 유망한 것처럼 보인다. 하버마스의 시도는 전체적으로, 특정한 사회계급의 혁명적 실천에 대한 신뢰 없이 사회를 단지 변화 필요성의 관점에서뿐만 아니라 변화 가능성의 관점에서 분석하려는 매력적인 시도로 보인다.

독일 바깥에서는 특히 미국과 이탈리아에서 프랑크푸르트 학파에 대한 관심이 컸다. 이탈리아에서는 특히 나이든 마르크스주의자들이—이미 60년대부터—자신들의 출발점과 쉽게 동일시할 수 있었기 때문에 이런 관심을 나타냈다. 미국에서는 하버마스의 사상에 대한 관심이 압도적이다. 이로써 호르크하이머와 아도르노 사상의 영향사에 대한 언급을 마친다.

| 롤프 비거스하우스 · 이진우 옮김 |

롤프 비거스하우스(Rolf Wiggershaus)
1944년 출생. 튀빙겐과 프랑크푸르트에서 철학, 사회학, 독문학을 수학하였으며 현재 프랑크푸르트 근교에서 철학자와 작가로서 생활하고 있다. 주요 저서 : *Sprachanalyse und Soziologie*(편집, 1975), *Die Frankfurter Schule*(1986), *Theodor W. Adorno*(1987).

주

1) 호르크하이머, 『사춘기로부터』(*Aus der Pubertät*), 236.

2) 『사회연구지』(Zeitschrift für Sozialforschung), 1936, 164.

3) 같은 글, 168, 170.

4) 『사회연구지』, 1941, 366.

5) 『디 차이트』(*Die Zeit*), 1965. 2. 12.

6) 『사회연구지』, 1932, 105.

참고문헌

A. 호르크하이머

원전

● *Gesammelte Schriften in 18 Bänden*, hrsg. v. Alfred Schmidt u. Gunzelin
Schmid Noerr, Frankfurt/M. 1985ff.(이 전집은 양장본과 문고본으로 나와 있다.
저서, 강연, 수기, 유고들로 구성된 첫 14권은 이미 출간되었다. 서한과 참고문헌,
색인으로 구성된 나머지 3권은 앞으로 출간될 것이다).
● *Zeitschrift für Sozialforschung*, 1932~1941, hrsg. v. Max Horkheimer, dtv
reprint, 9 Bände, München 1980.

참고문헌

문헌 목록

● Schmid Noerr, G. : "Bibliographie der Erstveröffentlichungen Max
Horkheimers", in : A. Schmidt/N. Altwicker(Hrsg.), *Horkheimer heute*,
Frankfurt 1986, 372~385.
● Goertzen, R. : "Auswahlbibliographie der Horkheimer-Rezeption", in : 같
은 책, 384~399.

2차 문헌

● Post, W. : *Kritische Theorie und metaphysischer Pessimismus. Zum
Spätwerk Max Horkheimers*, München 1971.
● Schmid Noerr, G. : "Kritische Theorie in der Nachkriegsgesellschaft", in :
Max Horkheimer, *Ges. Schr.* 8, Frankfurt/M. 1985, 457ff.
● Schmidt, A. : *Die geistige Physiognomie Max Horkheimers. Einleitung zu
Max Horkheimer, Notizen 1950~1969 und Dämmerung*, Frankfurt/M.
1974.
● Schmidt, A., Altwicker, N.(Hrsg.) : *Max Horkheimer heute : Werk und*

Wirkung, Frankfurt/M. 1986(호르크하이머의 90세 생일에 즈음하여 프랑크푸르트 대학에서 개최된 학술대회에서 발표된 강연과 논문들의 모음집).

B. 아도르노

원전

- *Gesammelte Schriften in 20 Bänden*, hrsg. v. R. Tiedemann unter Mitwirkung von Gretel Adorno, Susan Buck-Morss und K. Schulz, Frankfurt/M. 1970~1986(양장본과 문고본이 있다).
- *Editionen des Theodor W. Adorno Archivs*(이 전집의 계획에 따르면 1993년 가을부터 4부로 분류된 유고와 단편으로 남겨진 작업들, 철학적 일기들, 강의들 등이 출판될 예정이다).

〈문고판으로 구입할 수 있는 수많은 단행본 중에서 특히 강의록을 미리 출판한 두 권이 특히 두드러진다〉
- *Philosophische Terminologie. Zur Einleitung*, hrsg. v. R. zur Lippe, Frankfurt/M., Bd. 1 ⁷1992, Bd. 2 ⁶1992(1962년 여름학기 프랑크푸르트에서 행한 강의를 녹취한 것임).

〈그밖에도 다음 책에 게재되어 있는 토론 보고서는 특별히 언급할 만하다〉
- Max Horkheimer : *Ges. Schr.* 12, 349~605.

참고문헌

문헌 목록

- Schultz, K. : "Vorläufige Bibliographie der Schriften Th. W. Adornos", in : Schweppenhäuser, H.(Hrsg.), *Th. W. Adorno zum Gedächtnis. Eine Sammlung*, Frankfurt a. M. 1971, 177~239(아도르노의 생전에 출간된 저서, 논문, 서언 등을 열거하고 있다. 완전하지는 않지만 쉽게 개괄할 수 있으며, 연대기적으로 분류되어 있고 논문이 발표된 출처를 정확하게 제시하고 있다).
- Pettazzi, C. : "Kommentierte Bibliographie zu Th.W. Adorno", in : Arnold, H. L.(Hrsg.), *Theodor W. Adorno*, *Text+Kritik*, Sonderband, München ²1983, 176~191(아도르노의 이탈리아어 번역본과 이탈리아어로 쓰인

2차 문헌들에 관한 상세한 목록이 제시된 것이 특이하다).

●Lang, P. Chr., ˝Kommentierte Auswahlbibliographie 1969~1979˝, in : Linder, B., Lüdke, W. M.(Hrsg.), *Materialien zur ästhetischen Theorie Th. W. Adornos. Konstruktion der Moderne*, Frankfurt a. M. 1980, 509~556(아도르노 미학이론의 수용에 관한 기록).

●Görtzen, R. : ˝Theodor W. Adorno. Vorläufige Bibliographie seiner Schriften und der Sekundärliteratur˝, in : Friedeburg, L. v., Habermas, J.(Hrsg.), *Adorno-Konferenz 1983*, Frankfurt a. M., 1983, 402~471.

2차 문헌

●Arnold, H. L.(Hrsg.) : *Theodor W. Adorno, Text+Kritik*, Sonderband, München 1983.

●Baumeister, Th., Kulenkamff, J. : ˝Geschichtsphilosophie und philosophische Ästhetik. Zu Adornos Ästhetischer Theorie˝, in : *neue hefte für philosophie* 5/1973(『미학이론』을 소실점으로 하는 아도르노 사상의 전체구상에 대한 예리한 비판).

●Birnbacher, D. : ˝Theodor W. Adorno : Negative Dialektik(1966)˝, in : Aguirre, A., u.a., *Interpretationen. Hauptwerke der Philosophie—20. Jahrhundert*, Stuttgart 1992(˝부정변증법˝의 동기와 특성에 관한 냉철한 서술).

●Brunkhorst, H. : *Theodor W. Adorno. Dialektik der Moderne*, München 1990.

●Buch-Morss, Susan : *The Origin of Negative Dialectics. Theodor W. Adorno, Walter Benjamin and the Frankfurt Institute*, Sussex, Hassocks, 1977.

●Friedeburg, L.v., Habermas, J.(Hrsg.) : *Adorno-Konferenz 1983*, Frankfurt/M. 1983(아도르노의 80세 생일에 즈음하여 프랑크푸르트 대학에서 1983년 개최된 학술대회에서 발표된 강연과 논문들의 모음집).

●Früchtl, J. : *Mimesis. Konstellation eines Zentralbegriffs bei Adorno*, Würzburg 1986.

●Früchtl, J., Calloni, Marina(Hrsg.) : *Geist gegen den Zeitgeist. Erinnern an Adorno*, Frankfurt/M. 1991(아도르노와 한때 함께 일했던 동료들이 나눈 아도르노의 인물과 작품에 관한 대화들이 포함되어 있다).

●Kolleritsch, O.(Hrsg.) : *Adorno und die Musik*, Graz 1979.

●Lindner, B., Lüdke, W. M.(Hrsg.) : *Materialien zur ästhetischen Theorie. Th. W. Adornos Konstruktion der Moderne*, Frankfurt/M. 1980(다양한 저자

들의 논문들을 통해 아도르노에서 예술과 철학의 상관관계를 조명하고 있다).

●Thyen, Anke : *Negative Dialektik und Erfahrung. Zur Rationalität des Nichtidentischen bei Adorno*, Frankfurt/M., 1989.

● Wellmer, A. : *Zur Dialektik von Moderne und Postmoderne. Vernunftkritik nach Adorno*, Frankfurt/M. 1985(아도르노와 더불어, 또한 아도르노에 대립함으로써 "화해의 철학 대 비합리주의"라는 잘못된 대안으로부터 합리주의 비판을 해방시키려는 시도를 감행한 네 논문들의 모음집).

●Wiggershaus, R. : *Theodor W. Adorno*, München 1987(아도르노 사상의 규모와 복잡성을 집중적으로 서술하고 있음).

C. 프랑크푸르트 학파의 맥락에서 호르크하이머와 아도르노에 관한 참고문헌

●Bonß, W., Honneth, A.(Hrsg.) : *Sozialforschung als Kritik. Zum sozialwissenschaftlichen Potential der Kritischen Theorie*, Frankfurt/M. 1982.

●Dubiel H. : *Wissenschaftsorganisation und politische Erfahrung. Studien zur frühen Kritischen Theorie*, Frankfurt/M. 1978.

●Habermas, J. : *Philosophisch-politische Profile*, Frankfurt/M. 1981(아도르노와 호르크하이머, 그리고 그 밖의 프랑크푸르트 학파에 어느 정도 속하거나 가까이 있는 사람들에 관한 논문들을 포함하고 있음).

●Honneth, A. : *Kritik der Macht. Reflexionsstufen einer kritischen Gesellschaftstheorie*, Frankfurt/M. 1989(호르크하이머의 본래 관점으로부터 출발하여 아도르노의 역사철학, 푸코의 권력분석을 거쳐 하버마스의 의사소통이론에 이르기까지의 비판적 사회이론의 이론적 발전과정을 체계적 의도에서 비판적으로 재구성하고 있다).

●Honneth, A., Wellmer, A.(Hrsg.) : *Die Frankfurter Schule und die Folgen. Referate eines Symposiums der Alexander von Humboldt-Stiftung vom 10~15. Dezember 1984 in Ludwigsburg*, Berlin/New York 1986.

● Jay, M. : *Dialektische Phantasie. Die Geschichte der Frankfurter Schule und des Instituts für Sozialforschung. 1923~1950*, Vorw. von Max Horkheimer, Frankfurt/M. 1981(프랑크푸르트 학파의 역사에 관해 여전히 중요한 선구자적 작업).

●Schnädelbach, H. : *Zur Rehabilitierung des animal rationale. Vorträge und Abhandlungen 2*, Frankfurt/M. 1992(「'계몽의 변증법'의 현실성」, 「사르

트르와 프랑크푸르트 학파」, 「하이데거와 아도르노에 의거한 철학함」과 같은 논문들을 포함하고 있음).

● Wiggershaus, R. : *Die Frankfurter Schule. Geschichte, theoretische Entwicklung, politische Bedeutung*, München 1993(풍부한 기록보관서 자료에 의존하고 있다. 역사적·학문적 맥락을 고려하고, 70년대까지의 역사를 포함한 서술).

11 | 자유와 혁명
장-폴 사르트르(1905~1980)

"자유는 우리들 자신의 역사적 세계 속에서
우리들 자신을 선택하는 것이다."
- 사르트르

사르트르(Jean-Paul Sartre)는 철학에서 고전의 반열에 올라 있는 사유가인가? 각각의 시대는 고전에 대한 그 시대마다의 고유한 개념을 갖고 있다. 사르트르 자신은 말년까지도 자신의 작업들에 대해 어떤 결정적 낙인을 찍으려는 평가를 거부했다. 그는 자신이 하나의 학설과 동일시되는 것을 원치 않았다. 그는 자신의 학설이 어떤 형태로 굳어지는 것을 바라지도 않았다.

그러나 자신의 업적을 하나의 기념비 속에 역사적으로 새겨넣는 것에 힘주어 반대했던 이는 사르트르만이 아니었다. 20세기 철학은 고전의 개념을, 이 개념이 비록 철학 자체를 위해 사용된 것이긴 하지만, 지양하고 있다. 이제 철학에서 확실성의 위기는 전통을 비판하기 위한 주요 모토가 되었을 뿐만 아니라, 그러한 위기는 철학 자체 속에서도 발견되고 있다. 하이데거는 자신의 사유가 "작품들이 아니라 길들"로서 이해되기를 바랐다. 이에 대한 본보기로 꼽을 수 있는 비트겐슈타인은, 자신의 작업들 속에서 앎의 확실성과 물음의 시작(始作) 사이에 놓여 있는 '틈'을 드러내 줌으로써 탐구를 진행시켜 갔다.

1930년대와 40년대의 사르트르는 하이데거에서 그 정점에 달했던 한 사조로부터 큰 영향을 받았다. 그는 보다 이후에는 마르크스주의로 나아갔다. 하이데거도 마르크스주의도 그가 실존주의 또는 마르크스주의의 문제들을 다른 영역으로 옮겨놓고 새롭게 해석하는 것을 막지는 못했다. 사르트르의 철학을 마지막까지 이끌었던 주요 주제는 아마도 우연성(偶然性, Kontingenz)의 개념일 것이다. 인간의 '거기에 있음'(Dasein, 現存在)을 제한하면서 동시에 그의 '있음'을 넘어서도록 자극하는 한계들은, 언제나 이미 거기에 있어온 한계들로서 기술되어야 할 뿐만 아니라 또한 그 시대의 특징으로서도 기술되어야 한다. 이로써 사르트르 또한 마땅히 고전의 반열에 속할 뿐만 아니라, 그가 철학사적 의의를 넘어 오늘날까지도 그 영향력을 발휘하고 있는 한 현대적이기도 한 것이다.

삶의 길

1963년 사르트르의 자서전적 에세이인 『말』(Les Mots)이 나왔을 때 사람들은 그의 방향전환에 관해 놀라움을 금치 못했다. 그는 이전에 단순히 암시적으로만, 그리고 반성을 매개로 하여 삶과 공동체의 일반적 법칙에 근거하여 서술되었던 주제로 방향을 돌렸다. 사르트르는 매우 친밀해졌다. 사람들은 사르트르의 외모에 대한 해명을 기대하면서 그의 폐쇄적 유년기에 대한 보고를 열광적으로 읽었다. 그리고 사람들은 — 그 책이 단지 유년 시절에 관한 이야기들로 채워져 있는 것에 약간은 실망하면서—속편을 기대했다. 그러나 속편은 나오지 않았다.

사르트르는 58세의 나이에 접어든 자신이 어떤 특별한 의도도 없이 전기적 인물이 되는 것을 그리 중요하게 생각하지 않았다. 『말』이란 책이 씌어지게 되었다는 것은 씌어진 삶의 한 단면—어린 시절—이 완결된 것으로, 그리고 그런 한에서 그 단면이 대상적으로 느껴졌다는 것

사르트르에게 '봄'과 '보여짐' 사이에는 어떠한 거리도 없었다.
그것이 사르트르를 곤경에 빠뜨리고 말았다.
그러나 어떠한 난관에 처해서도 그의 확신은 꺾일 줄 몰랐다.

을 전제하는 것이다. 이러한 어린 시절 속에 프랑스 서민층의 교육이 어떻게 이루어지는지가 반영되어 있다. 이 에세이로써 사르트르는 자신이 유래한, 그러나—그의 견해에 따르자면—궁극적으로 거기로부터 벗어난 세계와 관점을 결말지었다고 믿었다.

그 책의 제1장을 따라 읽어가면 우리는 우선, 19세기 중기까지 거슬러올라가는 역사와 그 계보학적 자손들을 그려볼 수 있게 된다. 어머니는 알자스 지방의 교육자 집안 출신이었다. 외할아버지는 독일어 교사였다. 사르트르의 아버지는 시골 의사의 아들이었다. 1904년 해군 장교였던 사르트르의 아버지는 셰르부르(Cherbourg)에서 20세의 안-마리 슈바이처(Anne-Marie Schwieitzer)를 알게 되었다. 그들은 결혼했고, 짧은 결혼 생활 끝에 사르트르가 1905년 파리에서 독자로 태어났다. 사르트르가 태어난 후 아버지는 죽고 어머니는 사르트르를 데리고 뫼동(Meudon)의 친정으로 이사했다.

이제 아버지의 빈 자리를 외할아버지가 대신하게 되었다. "빅토르 위고로 자처하는" 샤를 슈바이처(Charles Schweitzer)는 교양을 갖춘 남자였다. 독일의 언어권과 문화권에 영향을 받아, 처음에 외할아버지 사신이 사르트르를 가르쳤다. 외할아버지의 집에서 책들은 시민적 실존을 나타내는 상징이었다. 사르트르는 책을 통해 세상을 먼저 배웠다. "Kulturbädern"(문화 목욕)이라는 낱말은 1963년의 비판적 환경에서도 상반된 의미, 즉 교양 교육은 사유적으로 수행된 해방을 소유하는 것이자 동시에 그 해방을 전제하는 것이라는 이중적 의미를 갖고 있었다.

1911년 가족은 지방도시 뫼동에서 파리로 이사했다. 1915년 사르트르는 앙리 4세 중학교(Lycée Henri IV)의 예비학교에 통학생으로 들어갔다. 『말』의 자전적 보고가 끝나는 곳에서 전투 상황으로서의 삶이 시작된다. 1905년부터 1914년까지는 소설가로서의 사르트르에게 "악 없는 선은 어떠한가"에 대한 기억을 환기시켜 주었다. 『말』이 끝나는 마지막 쪽과 함께 찍혀진 구두점은 이중적 구두점이다. 1914년 세계대전이 터졌다. 1917년 4월 사르트르의 어머니가 재혼했다. 사르트르가 미워했던 의붓아버지는 라 로셸(La Rochelle) 출신의 부유한 선주였다. 외할아버지의 보호는 파리에서 항구도시인 비스케이 만으로 이사하면서 끝났다.

사르트르는 라 로셸에서 중학교를 다녔다. 1918년에는 다시 파리의 앙리 4세 중학교로 되돌아왔고, 19세가 되는 1924년에 유명한 고등사범학교(Ecole Normale Supérieure)에 진학함으로써 『말』에서 재구성되어 있는 예언을 확증했다. 지적 노력의 첫번째 목표는 달성된 셈이다. 사르트르는 가장 먼저 문헌학을 공부했다. 그는 베르그송, 프로이트, 니체, 마르크스, 스탕달 등을 읽었고, 심리학, 사회학, 논리학 등의 시험을 마친 뒤 「심리학에서의 상상력」에 대한 학위논문을 쓰기 시작했다. 그 외에도 사르트르는 한 편의 소설을 썼다.

1929년 고등사범학교에서 문학을 공부하고 있던 시몬 드 보부아르(Simone de Beauvoir)를 알게 되었다. 그녀는 사르트르에게 토론의 벗이었고, 삶의 배우자였으며, 여행의 동반자였고, 그의 대외적 실존에 대한 기록자였다. 시몬 드 보부아르는 파리 법률가의 딸로서 사르트르와 같이 중산층 시민 출신이었고, 사르트르가 사회적 삶의 이러한 형태를 보다 명백하게 비판해 가는 것에 의견을 같이했다. 1929년 11월 사르트르는 18개월의 군복무를 시작했다. 휴가 중 사르트르는 희극 작품들과 한 편의 소설을 썼다. 1931년과 1944년 사이 그는 교사로서 르 아브르(Le Havre), 랑(Laon), 센과 파리 근교의 뇌이(Neuilly-sur-Seine et Paris) 등 여러 학교에 재직했다.

르 아브르에서 사르트르는 자신의 문학적 경향을 처음으로 파악할 수 있었다. 그는 세계의 우연성을 경험했고, 이 개념은 그에게 문학적이고 철학적인 직관을 위한 길안내 역할을 해주었다. 이때 그는 첫번째로 발간될 소설 『구토』(La Nausée)를 쓰고 있었고, 파리에 잠깐 머무는 동안에는 레이몽 아롱(Raymond Aron)과의 친분이 두터워졌다. 아롱은 일

년 동안 베를린에 있는 프랑스 연구소에서 장학생으로 지냈었다. 그의 추천으로 사르트르는 1933~1934년간 공부할 기회를 가질 수 있었다. 동시에 사르트르는 레비나스(Emmanuel Lévinas)의 저술『후설 현상학에서 직관의 이론』(*La théorie de l'intuition dans la Phénoménologie de Husserl*)을 통해 후설의 철학을 알게 되었다. 그 여름에 사르트르와 보부아르는 이탈리아에서 시간을 함께 보냈다. 1933년 가을 사르트르는 베를린으로 돌아왔다. 그는 후설과 하이데거를 원전으로 읽었고, 자신의 소설을 수정하였다.

1936년『자아의 초월』(*La transcendance de l'ego. Esquisse d'une description phénoménologique*)이 출간되었다. 이 책은 사르트르가 현상학에 몰두했다는 증거가 된다. 그 뒤 1940년『상상적인 것. 상상력에 대한 현상학적 심리학』(*L'Imaginaire. Psychologie phénoméno-logique de l'imagination*)이라는 보다 광범위한 논문이 나왔다. 이 논문의 주제는 형식적으로나 내용적으로나 이전 텍스트들의 총정리에 해당된다.

1938년『구토』가 출간되었다. 카뮈는 알제리에서 명쾌한 비평을 썼다. 1939년 1월 사르트르는『벽』(*Le Mur*)이란 제목의 단편소설을 내놓았다. 1939년 9월 3일 전쟁이 터졌다. 사르트르는 징집되어 나갔다가 1940년 6월부터 9개월 동안 포로수용소에 잡혀 있었다. 지하에서 레지스탕스 운동이 그 모습을 잡아가고 있을 때 사르트르는 메를로-퐁티를 중심으로 한 단체에 가입했다. 거기서 사르트르는 전투에 직접 참가하지는 않았다. 싸움은 정신적 차원을 넘지 않았다. 사르트르는 자신의 첫번째 철학적 주저에 집중적으로 매달려 있었다.『존재와 무』(*L'Être et le Néant*)는 윤곽이 잡혔고, 1943년 여름, 우선은 별 주목을 받지 못한 채 책으로 나왔다. 그 뒤 연극을 위한 각본도 나왔다.

사르트르는 평화조약이 체결된 후 신문『콤바』(*Combat*)와『피가로』(*Figaro*)의 위탁을 받아 통신원으로 미국에 갔다. 1945년 8월 잡지『현대』(*Les Temps Modernes*)가 창간되었다. 보부아르, 레리스(Michel Leiris), 메를로-퐁티, 올리비에(Albert Olivier) 그리고 폴란(Jean Paulhan) 등이 편집자였고, 사르트르는 편집장이었다.

전쟁이 끝난 지 얼마 되지 않은 시기였기 때문에 프랑스 지식인들은 정치적 결단의 상황에 직면해 있었다. 사르트르는 처음에는 매우 조심스럽게 공산주의를 선택했다. 그는 말로, 지드, 쾨스틀러(Arthur Koestler), 아롱 등과 결별했다. 사르트르는 참여문학에 대한 자신의 주장을『문학이란 무엇인가?』(*Qu'est-ce que la littérature?*, 1947)라는 논문에서는 이론적으로, 그리고 단편으로 남은 4부작 소설『자유의 길들』(*Les Chemins de la liberté*, 1945~1949)에서는 실천적으로 전개했다. 메를로-퐁티는『휴머니즘과 테러』(*Humanisme et Terreur*, 1947)에서 공산주의를 정당화했다. 카뮈는『반항적 인간』(*L'Homme Révolté*, 1951)에서 마르크스주의적 역사철학으로부터 거리를 두고 있다. 사르트르는 1952년 6월에「공산주의자들과 평화」란 논설을 씀으로써 메를로-퐁티를 지지했다.

같은 해에 사르트르는 공산당원으로서 공산주의자 세계평화회의에 참가했다. 1956년 그는 탈당을 천명했다. 그에 앞서 1955년 9월부터 10월까지 사르트르와 보부아르는 소비에트 연방과 중국을 여행했다.

1945년 이래 사르트르의 내적 입장과 외적 입장 사이에는 더 이상 경계를 긋기가 어려웠다. 실존철학과 마르크스주의의 "결혼식"이 세계관적이고 철학적인 문제에서뿐만 아니라 정치적 문제에서도 행해졌다. 색을 바꾸어 가면서, 모순을 동반하며 이론은 그 저자의 진로 수정에 맞추어 정정되었다. 1960년 초 사르트르는 쿠바의 카스트로를 방문하여 그를 찬양했다. 사르트르는 프랑스로부터 알제리의 독립을 옹호하는 성명서를 기안했다. 사르트르는 1960년 그의 두번째 철학적 주저인『변증법적 이성에 대한 비판』(*Critique de la raison dialectique*)을 출간했다. 이 책은 실존주의의 통찰들과 마르크스주의적 이론의 통찰들을 혼합한 사회이론서였다. 사르트르와 그의 반려자 보부아르는 1962~1963년 겨울을 모스크바에서 보냈다. 거기서 그는 반체제 작가들의 궁핍을 알리기 위해 자신의 명성을 이용했다. 1964년 사르트르는 노벨 문학상을 거부했다.

사르트르의 이름은 1968년 3월의 파리 학생폭동과 뗄레야 뗄 수 없는 관계에 있다. 그는 시위대의 대변자가 되어 거리로 나섰다. 사르트르는 곧 자신의 오류를 발견했지만 그것을 철회하지는 않았다. 사르트르는 체념한 채 마지막 문학적 기획, 즉 플로베르의 기념비적 전기(傳記)로 방향을 바꾸었다. 그는 『누벨 옵세르바퇴르』(Nouvel Observateur)를 위해 「일흔 살의 자화상」(Autoportrait à soixante-dix ans)을 썼다. 사르트르는 죽기 전 마지막 몇 해 동안 윤리학을 기획하려 했다. 눈이 거의 먼 채, 자신의 생각을 종이 위에 더 이상 정리할 수 없게 된 채 사르트르는 최후의 이야기를 하기 위해 녹음기를 사용했다. 그는 1980년 4월 15일 파리에서 죽었다.

저작

사르트르는 철학자이기도 하다. 이 점에 대해 논쟁을 벌일 생각은 없다. 그러나 그가 철학자이기도 하다는 것은 사르트르가 오직 철학에만 집중했던 것도 아니고 또 강단철학을 펼쳤던 것도 아니라는 사실과 모순되지 않는다. 작품은 다양한 층을 갖기 때문에 분류를 거부한다. 사르트르 자신은 제2차 세계대전이 끝난 이래 자신이 외적으로는 문화비평가와 문학가일 뿐 아니라 내적으로는 철학자라고 생각했다. 그의 첫번째 철학적 주저인 『존재와 무』는 그 문제사적 문맥에서 보자면 "고전적" 철학에 속한다. 반면 『변증법적 이성에 대한 비판』은 완결되지 못한 채 1960년 잠정적인 상태로 끝맺고 만다. 1943년과 1960년 사이에 사르트르는 마르크스주의로 방향을 바꿨고, 정치적 좌파 정당에 가담했으며,

참여작가로서 글을 썼다.

사르트르의 철학적 저술들을 하나로 연관시키기 위한 두 가지 가능성이 있다. 그 하나는, 작품의 연속성을 전제하는 것으로부터 출발하여 각각의 체류지들 사이의 눈에 띄는 관계고리를 찾는 것이다. 그로써 사유의 견고성이 내용의 견고성이 될 수도 있을 것이다. 다른 하나는, 연구 논문식으로 진행하여 결국 내적 완결성의 문제에 대답하는 것이다. 이 두 가지 길 모두 나름의 위험을 안고 있다. 한편으로 사르트르의 철학은 재구성하여 보다 높은 곳에 응집시키는 것을 거부한다. 다른 한편 그의 철학은——그의 작품들을 철학적인 것에만 국한시키지 않고 전체적으로 조망해 보는 경우——특정한 주도적 주제들을 체계적으로 전개시키지 않고는 생각할 수 없다는 필연성을 갖는다.

여기서는 사태 그 자체에 근거지어져 있는 중도를 걷고자 한다. 『존재와 무』는 1943년에 나왔고, 16년 후인 1960년에 『변증법적 이성에 대한 비판』이 그 뒤를 잇고 있다. 『존재와 무』에 대한 전통적 해석은 그 작품을 인간적 자유에 대한 이론적 저술로 보는 것이다.[1] 사르트르 자신은 이러한 해석에 강하게 반대했다. 그러나 다른 측면에서 보자면 사르트르의 자유 개념은 윤리학에서 제기되는, 자유 개념에 상응하는 가치–상관성 및 규범적 근거제시와 연결되어 있다. 자유 개념은——다음에서 제시될 수 있는 것처럼——부정(否定)의 원리에 의해 규정되어 있다.

하르트만(K. Hartmann)은 자신의 두 탁월한 논문[2]에서 사르트르의 초기 저술뿐만 아니라 1960년의 저술까지를 다루고 있다. 하르트만은 1963년에는——이때는 그가 『변증법적 이성에 대한 비판』을 분명히 다른 것으로 보았던 시기이다——『존재와 무』에 대해, 이 작품이 사회적 자유에 대한 성공적 전망을 내보이고 있지 못하다는 점에서 회의적 평가를 내리고 있다. 『비판』에 대해 하르트만의 1966년의 입장은 분명, 『비판』의 사회이론을 위해 『존재와 무』의 확장 가능성을 제시해 보려는 것이다.

만일 우리가 사르트르의 초기 작품에 대한 가능한 조망을 통해 후기 작품으로 추론해 가려 하고, 그래서 『존재와 무』를 철학적 전통의 중심에 위치시키려 한다면, 물론 우리는 우선 다음의 점들을 숙고해 보아야만 한다. 가장 먼저 우리는 사르트르 자신이 형성해낸 첫번째 철학적 문제들은 현상학에 의해 가능했다는 점을 잊지 말아야 한다. 1975년에 나온 「일흔 살의 자화상」에서 사르트르는 『존재와 무』의 의의를 제한하고 있다. 즉 그는 그 작품을 전기적으로 한정시킴으로써 상대화시키고 있다. 그 당시의 그는 "다소간 스탕달의 영향을 받은, 세계대전 전의 이기주의적 개인주의자"였다고 한다.[3] 『상상적인 것』――이 작품은 최초의 현상학적 공부들을 연결하고, 그것들을 그 단초에서 이미 극복하는 작업이었다――은, 전적으로 후설의 의미에서, 주체가 자기 자신을 관찰하기 위한 텍스트로서 해석된다. 그것은 "내가 찾았던 것, 즉 보편 타당한 것"[4]이었다.

그 서막을 장식했던 것은 1936년의 『자아의 초월』이란 글이었다. 그 제목은 후설의 개념을 받아들인 것이다. 후설의 현상학적 절차는――마르크스의 철학이나 '생철학' 그리고 실증주의처럼――독일 관념론의 체계에 대한 하나의 대답이었다. 그러나 젊은 마르크스와 딜타이가 전통의 배후로 되돌아가는 것을 근원적인 것――즉 인간의 '요구-본성'(마르크스)이나 "실재성과 연관된" 사실적이고 역사적인 '삶'(딜타이)――의 재발견과 연결시킨 반면 후설은 현상학을 "삶에 대한 반성으로부터 생성된 삶의 이행으로서" 이해하지는 않았다.[5]

현상학은, 그것이 목적과 결부된 삶으로부터 거리를 취한 채 작업을 한다는 바로 그 이유 때문에 학문이었던 것이다. 현상학이 그 엄밀한 현상학적 방법을 통해 추구했던 바는 모든 학문에 대한 궁극적 근거 부여의 연관이었다. 후설의 후기 작품에서 문제가 되었던 것은 "생활세계에 속한 일반적 구조들"을 입증해 보이는 것이었다.[6]

사르트르의 후설 수용은 두 단계로 특징지어져 있다. 『자아의 초월』

(1936)이란 논문은 관념론(Idealismus)과 실재론(Realismus)의 대립을 극복하려는 후설의 의도를 뒤쫓고 있는 반면,『상상적인 것』이라는 보다 방대한 논문에서는 후설의 입장이 깔고 있는 기초를 비판적으로 허물고 있는 모습이 이미 나타나고 있다. 1936년의 논문에서 실재성은——"사태 그 자체로"라는 후설의 표어에 상응하여——주체에게 직접적으로 접근될 수 있는 것으로서 파악되고 있다. 4년 후 사르트르는 의식을 부정적(否定的)인 어떤 것으로 기술하고 있다. 즉 세계와의 관련은 부정으로서 간주된다. 이로써『존재와 무』의 근본 주제들 가운데 하나가 윤곽으로나마 드러나게 된 셈이다.

후설에 대한 하이데거의 비판 또한 사르트르에게 중요했다.『존재와 시간』에서 하이데거는 초월론적 자아——하이데거는 이 자아를, 존재를 이해하고 있는 실존으로 바꾸어 해석하고 있다——가 존재와의 연관 없이는 생각될 수 없다는 점을 보이고자 했다. 사르트르는 순수의식의 구성이 자신의 마음에 들지 않는다는 점을『존재와 무』속에서, 특히 대상들의 차원에서 펼쳐보이고 있다. 현상들——즉 주체에게는 대상을 매개해 주는 것으로 나타난 것——은 단순히 의식에 의해 타당한 것으로 여겨진 것 이상이다. 사르트르의 요구에 따르면 현상들은 존재에 의해 "떠받쳐" 있어야만 한다. 이것이 바로『존재와 무』의 주요 주제이다.

사르트르는 이 작품에다 "현상학적 존재론을 위한 시론(試論)"이라는 부제를 붙였고, 그것으로 현상학과 존재론 사이의 특수한 연관을 암시하고 있다. 사르트르가 존재론에 관심을 갖게 된 것은 한편으로는 마르크스에 대한 초기의 독서들과 헤겔에 대한 박학함에 힘입은 바 크다. 이러한 공부는 1933년에서 1939년 사이에 행해진 코제브(Kojève)의 파리 강의들에 의해 강조되었던 점들이었다. 그리고 다른 한편으로 하이데거의『존재와 시간』은 사르트르에게 실존과 자유 그리고 우연성의 주제들에 눈을 뜨게 해주었다. 그 동안 후설류의 현상학은 존재 문제를 해명하기 위한 도구들을 준비해온 것이라 할 수 있다. 존재로의 길은 현상학적 반성을 거쳐간다.

사르트르는 의식으로부터 독립된 존재 그 자체가 주어져 있다고 가정한다. 사르트르는, 존재가 의식에 의한 percipi(인식됨) 속에 놓여 있다는 관념론의 논제를 거부한다. 앎과 인식함은 그 자신들의 측면에서는 percipi로 소급될 필요가 없다. 의식은 어떤 것에 관한 의식이며, 따라서 자립적 대상에게로 초월한다.

그러나 존재는 의식에게 직접적으로는 열어 밝혀지지 않는다. 그것은 현상들 속에서 나타난다. 의식은, 현상적으로 주어져 있는 것을 넘어 주체에게 드러나게 되는 존재의 의미를 감지할 수 있다. 이에 따라 사르트르는 한편으로는 의식의 존재——인식된 존재(percipi-Sein)——를, 그리고 다른 한편으로는 현상의 존재를 확정한다. 이 현상에게도 존재가 그 밑바탕에 놓여 있어야 한다. 만일 그렇지 않다면 현상이 주체와 일치할 것이기 때문이다. 사르트르는 의식의 구조를 인식론적으로 어떻게 근거 짓고 있는가?

의식은——사르트르에겐 부조리한 것이었던 '의식되지 않은 의식'이 존재하지 않기 위해서——그 자신에게 의식되어 있어야만 한다. 물론 그 관련은 직접적 관련이다. 직접적 의식은 "정립하면서", 즉 설명하면서 있지 않다. 그럼에도 그 의식은 정립하는——따라서 반성적인——의식을 구성하고 있다. 사르트르는 이러한 직접적 의식을 '반성 이전의 사유'(präreflexive cogito)라 부른다. 반성 이전의 사유의 구성은 인식론적으로, 우선 대상들에게 지향적으로 지시되어 있는 의식을 가정할 수 있는 토대가 된다.

그러나 의식은——후설에서처럼——자신의 대상 속에 몰입하지 않는다. 의식은 존재연관 속에 서 있다. 의식은 대상, 즉 자체 존재와 관계한다. 반성 이전의 사유와 [반성하는] 사유는, 순환운동이라 표상될 수 있는 하나의 통일성을 형성한다. 초월하는 활동(사유)에 관한 의식은 이미 수행된 초월(반성 이전의 사유)을 전제한다. 반성 이전의 사유는 실존적으로, 자신의 존재가 문제되는 인간 현존재에 상응한다. 의식과 〔의식이 아닌〕 다른 존재 사이의 존재연관은 이제 궁극적인 것을 놀이 속으로 끌어들여야만 한다. 그것은 현상들의 "배후에" 놓여 있는 존재, 즉 현상들을 "지탱하고 있는" 존재이다. 사르트르는 그것을 '자체 존재' 〔즉자 존재〕라 부른다.

사르트르는 먼저 대상의 존재가 인식하는 주체 속에 근거지어져 있지 않다는 것, 그리고 다음에 주체에게 나타나는 '존재의-현상들'에게는 존재가 "〔그 현상들을〕 떠받치면서" 귀속해야만 한다는 것을 제시한 후에야 이 자체 존재로 향할 수 있었다. 주체 측면에서의 '대자 존재' 〔자신을 대상화할 수 있는 존재〕——사르트르는 인간 현존재를 이렇게 부르고 있다——는 객체 측면에서의 자체 존재에 상응하는 것이다.

사르트르는 자체 존재를 3중적으로 정의하고 있다. 첫째, "존재는 그 자체로 〔즉자적으로〕 존재한다." 둘째, "존재는, 그것〔존재〕이 무엇인 바〔본질〕이다." 셋째, "자체 존재는 존재한다."[7] 자체 존재의 구조에는 그 자체 존재가 자기 자신과의 관련 없이 존재한다는 것이 속한다. 이러한 관련을 수립하는 것이 바로 주체이다. 그렇기 때문에 사르트르는 자체 존재를 "그 자신에게 불투명한 것", "그 자신으로써 충족된 것", "순수한 것"[8] 등으로 부르고 있다. 자체 존재의 잠재성과 우연성은, 그 자체 존재가 무관련성을 통해서만 자기 동일성을 갖는다는 것을 말한다. 자체 존재의 특징은 실존이나 본질과 같은 원리들에 의해 규정될 수 없다. 그러한 것들은 주체와의 어떠한 관련도 맺고 있지 않은 '자체 존재'를 어떤 궁극적 존재자로 만들어버릴 수도 있을 것이다.

물론 현상의 자체 존재는 현상에 대한 관계 속에, 즉 그 자신을 대상이 나타나는 방식으로 주체에게 내보이는 것에 대한 관계 속에 그 기초를 놓고 있다. 자체 존재는 직접적으로 현상에 향해 있다. 이제 자체 존재는 사르트르에 의해 구상된, 보다 구체적으로 말해 처음으로 주체가 자체 존재 속에서 어떤 규정성을 깨우는 식으로 구상된 그러한 존재관계의 구조에 속한다. 자체 존재에 대한 이러한 존재규정이 성립하기 위해서는 자체 존재 그 자체가 부정되어야만 한다. 주체에게 이러한 〔부정할 수 있는〕 활동성이 주어진다. 따라서 사르트르는 주체—대자 존재—를 존재의 무(無)로서 이해할 수 있다. 『존재와 무』라는 제목은 그렇게 하여 그 정밀성을 얻는 셈이다.

사람들은 자체 존재와 대자 존재 사이의 존재연관이 오직 주체의 구조 속에서만 가능케 되어 있음을 본다. 사르트르는 의식이 무로서 사유되어야만 한다는 것을, 우선 현상학적으로 그리고 체계화의 강박 없이 증명하고자 한다. 존재하지 않음은—의식과 관련하여—현실적인 것의 한 구성 요소이다. 존재의 영역 속에서 주체는 세계를 제한으로서 경험한다. 존재에 대한 관계 속에서 인간은 "근본적으로 존재와의 연관에 바탕하여 개별화되면서 하나의 존재자로써 제한하는 일"을 끊임없이 계속하고 있다.[9] 〔존재의〕 문제 속에 이미 '존재하지 않음'을 개념적으로 파악하는 일이 내보여지고 있다. 더 나아가 무는 세계 속에서 대상적으로, 즉 모자람〔결핍〕이나 잘려나감, 제한, 그리고 알지 못함 등으로서 만나진다.

그러나 자체 존재가 서술된 바와 같이 순수한 긍정성이라면, 부정적 관련은 자체 속의 고유한 무를 통해 이 무와의 통일을 형성하는 존재, 즉 대자 존재로부터 출발한다. 대자 존재는 이중적으로 분리되어 있다. 첫째, 존재가 주체의 대상이 될 정도로 존재로부터 분리되어 있고, 둘째, 자기 자신으로부터, 즉 자신이 현재 거기에 존재하고 있다는 사실을 결정짓고 있는 요소들로부터 분리되어 있다. 그러므로 자유는 부정(否定)으로서만 가능하다.

인간은 자신에 대해 부정적 태도를 취할 수 있다. 어떤 특정한 것을 선택할 때마다 다른 것들은 배제된다. 그래서 사르트르는 주체의 통일성을 동일성과 차이로서 구성할 수 있는 것이다. 인간은 그 동안 존재에 대해 어떤 특정한 선택만을 실체화해 왔을 뿐이다. 이때 인간은 다른 선택의 가능성들을 닫아 버리고 마는 것이다. 그러한 인간은 "참되지 못하다." 그는 "사람들"(das Man : 이 표현은 하이데거가 『존재와 시간』에서 "비본래적 자기 자신", 즉 "일상적 인간"을 지칭하기 위해 고안해낸 용어이다—옮긴이)과 결합되어 있다. 뒤집어 말하자면 인간은, 주체가 존재의 전체성이라는 이상에 도달하지 못하기 때문에, 언제나 이미 이러한 참되지 못함 가운데 있는 것이다.

우리가 대자 존재에 대한 설명을 더 추적해 본다면, 우리는 의식이 자기 자신이나 객체와 맺고 있는 존재관계의 정확한 구조들을 알 수 있을 것이다. "현존재"(Dasein)로서의 대자 존재는 하나의 특정한 세계 속의 각기 특정한 존재이다. 자체 존재에 대한 관계 속에서뿐 아니라 자기 자신과의 관계 속에서도 한계로서 주어지고 있는 우연에 대한 경험은 현존재의 "사실적 필연성"과 상관이 있다. 그런데 대자 존재는, 자신이 처한 상황의 의미를 선택하기 때문에, 한편으로는 자기 존재에 대해 책임이 있는 것이고, 다른 한편으로는 자신의 실존을 통해 언제나 이미, 자신이 우연적 맥락으로 경험하는 그러한 문맥 속에 서 있는 존재인 것이다. 대자 존재가 자신의 자체 존재를 넘어서고, 그 결과 그 자체 존재를 부정한다는 것은 주체의 구조에 상응하는 것이다. 존재의 "결핍"은 전체성에 대한 추구, 즉 "자기 자신 속에서의 동일성"에 대한 추구를 통해 지양된다. 그러나 대자 존재는 '끊임없는 자기-기획투사'(자신의 가능성들을 앞서 그려봄—옮긴이)를 넘어 그 밖으로 나갈 수는 없다. 전체성은 성취될 수 없는 것이다. 대자 존재는—의식으로서—자체 존재의 구조를 갖는 것이 아니다. 현존재 분석론의 차원에서 말하자면 '세계의 현사실성'(세계가 현실적으로 존재하고 있다는 사실의 성격—옮긴이)이 주체와 그의 가능성들 사이에 끼여든 셈이다. 자유는 선택이고, 선택함 속에서의 부정이다.

인간적 현존재가 본질적으로 부정성이기 때문에 자기를 초월하는 탈자적[자기 자신 밖으로 벗어나는] 존재로서의 대자 존재에게는 시간성

프랑스의 이른바 재야 지식인 그림에서 맨 오른쪽에 그려진 사르트르.
시몬 드 보부아르는 "사르트르의 독창성은 의식에 가장 고고한 독립성을 인정해주었고,
의식의 실재성에 완전한 무게를 허용했다는 점에 있다"고 말한다.

이 속한다. 주체는 과거를 갖는다. 주체는 이 과거이다. 그러나 주체는
다시금 과거가 아니다. 왜냐하면 주체는 이미 이 과거를 벗어나 있기 때
문이다. 『존재와 무』에서는——이는 하이데거와 관련해서도 똑같이 말해
질 수 있는 것인데——시간성에 대해 논구하는 자리에서보다 더 강조하
여 정식화를 시도한 곳들을 발견하기 어렵다. 과거는 대자 존재에게는
자체 존재가 된다. 즉 우연성이 되고, 현사실성이 된다. 탄생은 자체 존
재의 부정이다. 죽음은 "대자 존재에 대한 자체 존재의 승리"를 말한
다.[10] 사르트르는, 주체가 자신의 가능성들과 일치하기 때문에, 미래를
대자 존재의 이상이라 말하고 있다. 그러나 "실존하는 원리"는——자체

존재와 가능성의 부정으로서의—현재이다. 존재를 부정함으로써 주체는 현재적이 된다. 주체는 존재가 "아니다." 즉 주체는 존재에 대한 부정적 관련 속에서 존재를 "갖는다." 그것도 특정한 존재를 갖는다.

자체 존재와 대자 존재라는 원리 외에 "대타-존재"(Für-Andere-Sein〔다른 사람과 마주해 있음〕)는 엄격한 의미의 존재론적 위상을 얻지 못한다. 코기토(cogito)에 존재론적으로 맞세워져 있는 것은 단지 자체 존재뿐이다. 사르트르의 "현상학적 존재론"은, 주체가 다른 주체와 맺게 되는 관계가 주제화되어야만 하는 곳에서 난관에 봉착하고 만다. 문제는 구조적으로 고찰해 보았을 때 대자 존재가 타인을 대상으로 경험하는 데 있다. 그렇지만 타인 역시 대자 존재이긴 마찬가지이고, 그렇게 해서 관계는 역전되고 만다.

사르트르는 『눈길』에서 주체-주체 관계의 병존이 중요하게 된다는 것을 현상학적으로 보이고 있다. 타인이 나를 바라봄으로써 나는 그를 주체로서, 그리고 나 자신을 타인의 대상으로서 경험하게 된다. 내가 "낯선 타인의 자유가 현재 거기에 있다는 그 사실"[11]을 수용할 수 없기 때문에—왜냐하면 이 자유가 나를 객체로 만들어버리기 때문에—, 나는 타인의 주체-위상을 부정함으로써 나를 타인으로부터 떼어내야만 한다. 그러므로 "갈등은 대타 존재의 근원적 의미이다"[12]라는 말이 그 타당성을 얻는다. 보다 고차원적인 전체성—예컨대 헤겔의 범주적 변증법의 의미에서의 전체성—은 불가능하다. 사르트르는 헤겔을 "인식론적 낙관주의자"[13]로 간주한다. 따라서 헤겔에 반대하여 사르트르는 실제적 관계들로 되돌아간다. 사르트르는 정신의 〔변증법적〕 운동을 관념론의 판단의 희생양으로 본다. 사르트르의 존재론은 마치 정적인 존재론과도 같다.

클라우스 하르트만의 설명[14]은 사르트르의 이론에 대한 여기서의 요약을 위해 매우 중요하다. 하르트만은 『존재와 무』의 이론을 "헤겔의 변형"[15]으로 보았다. 사르트르는 우선 현상학의 도움을 빌려 지향성의 존재론을 구상한 것이다. 여기서는 주체의 존재가 해석된다. 존재와 현존재 그리고 대자 존재 등의 규정들이 헤겔에서는 그것들의 범주적 고양과 관련해서만 그 타당성을 갖는 반면, 사르트르는 사유의 내재 영역을 이념주의적인 것으로서 거부한다. 사르트르의 존재 원리——자체 존재와 대자 존재——는 환원 불가능하다.

따라서 주체들 사이에 매개된 자유를 고려해 본다면 초기의 사르트르에게서는 사회이론이 분명 불가능하다. 『존재와 무』의 존재론에서부터 규범적으로 하나의 윤리학을 발전시킨다는 것도 불가능하고, 또 사르트르에 의해 정의된 존재-개념으로부터 어떤 형이상학적 '의미-초월'을 전개해 갈 수도 없다. 그리고 사회성이 그 자체로 적대주의적 성격을 갖고 있는 것이지 어떤 특정의 '계급 대립' 속에서야 비로소 그러한 적대성을 띠게 되는 것이 아니기 때문에 사르트르가 마치 마르크스주의로부터도 결별하는 것처럼 보인다.

사르트르 자신은 마르크스주의적으로 기초지어진 사회철학에 대한 필요를, 전문철학적 논구들 저편에 앞서 주어져 있었던 경험들과 우선 동일시했다. "전쟁 이전의 이기주의적 개인주의자"를 현실 속으로 떠밀었던 것은 수비대의 일원으로 참전했던 제2차 세계대전과 레지스탕스 활동이었다. 『자화상』에서 『변증법적 이성에 대한 비판』은 물질적 결핍, 다시 말해 "인간들 사이에 벌어진 과거와 현재의 모든 적대주의"[16]를 사유적으로 극복하는 문제에 대한 궁극적 대답으로 해석되고 있다.

두 위대한 작업 사이에는 16년의 틈새가 벌어져 있다. 『비판』으로 넘어가는 데는 두 짧은 저술이 징검다리 역할을 하고 있다. 그것은 『실존주의는 휴머니즘이다』(*L'existentialisme est un humanisme*, 1946)와 『유물론과 혁명』(*Matérialisme et révolution*, 1949)이다. 일 년 전에 가졌던 강연에 기초한 실존주의 작업 속에서 사르트르가 일차적으로 했던 일은 『존재와 무』의 중심적 입장들을 다시 요약하는 것이었다. 주체가 행위를 할 때는 행위하고 있는 자신의 적까지도 존경해야만 한다고 말하는 데서 우리는 윤리적 사상이 희미하게 엿보임을 알 수 있다. 자유가 목표로서 파악될 수 있기 위한 조건은, 타인들의 자유도 목표로서 간주되어야 한다는 것이다. 사르트르가 선택의 문제를 상론할 때, 즉 주체를 현실적으로 제약하는 선택이 전체적 인간성을 현실적으로 제약하는 것이라고 말할 때 그는 책임에 관해서도 말하고 있는 것이다. 인간의 행동에는 책임이 전제되어 있다고 한다. 물론 무엇에 대한 책임인지는 정확히 규정되지 않는다. 게다가 규범이라는 것은 『존재와 무』에서 전개된 사실성에 의해 해체되어야만 한다고 한다.

『유물론과 혁명』은 사회이론으로 접근하려는 또 다른 통로를 열려는 시도이다. 이 저술은 특히, 변증법적 유물론의 형태로 굳어졌던 마르크스주의의 이론과 비판적으로 손잡고 있다. 사르트르에 의하면, 마르크스주의 이론에 따르자면 사유는 덧붙여진 현상으로 환원되고 만다. 그것은 인간이 단순히 자연이 진행되는 과정상의 한 기능으로 간주되기 때문이다. 따라서 진리 발견의 저변에 자율이 흐르게 되고, 자신을 자유로운 행동가로서 이해할 수 있는 것의 불가능성은 제거된다. 이렇게 해서 『변증법적 이성에 대한 비판』의 주요 동기들이 비판으로서 그 모습을 갖추게 된다.

사르트르는 자신의 두번째 주저를 무엇보다 철저히 칸트적 의미에서 비판서로서 파악하고 있다. 사회적 자유에 대한 이론——이것은 『존재와 무』에서 벗어나는 가운데 거기에서 기술된 인격과 인격 간의 순수한 관계를 극복해야만 한다——의 문제를 보다 거시적으로 제기함으로써 마르크스주의적 이론의 주장들, 즉 마르크스주의를 사르트르가 요구한 자유의 문맥 속에 적절히 통합시키는 것을 방해하던 주장들에 대한 비판을 미리 예비할 수 있게 했다.

사르트르는 반영이론을 형이상학이라 부르고 있다. 그는 그 과정 속에 인간적 현존재까지도——따라서 인식까지도——결정하는 자연의 변증법을 관념론적 구성물로 간주하여 거부한다. 만일 존재가 인간의 모든 의미 부여에 대해 차단되어 있다면, 그리고 더 나아가, 주체가 단순히 자연의 부분이기 때문에, 주체에 의한 어떠한 초월론적 정당화도 거부된다면, 변증법적 유물론에서 말해지는 감성법칙의 사유적 전개를 도대체 우리는 어떻게 근거지을 수 있겠는가?

변증법적 유물론이 이 문제에 대해 만족할 만한 대답을 주지 못하기 때문에, 사르트르는 변증법 개념의 제한을 요구한다. 계급 대립 속에, 소외 속에 그리고 사회적 자유에 대한 요구 속에 놓여 있는 변증법은 긍정된다. 그러나 이러한 변증법은 단지 실천적이고 역사적이고 사회적인 영역에 대해서만, 다시 말해 인간이 자신 위에 군림하는 필연성의 객체 〔대상〕 이상일 수 있는 영역에 대해서만 그 구속력을 가질 뿐이다.

『존재와 무』의 현존재 분석에서부터 획득된 통찰이 이 점에서 계속 이어져 전개될 수 있다. 초월론적 · 존재론적 근거로서의 개별적 인간이 처음에는 사회적 자유에 가능한 한 저항하는 한 실존론적 중요성은 간과할 수 없는 것이다. 사회이론은 깎아내릴 수 없는 주체성을 고려에 두어야만 한다. 사회적 자유는 순전히 "전체화"의 양식으로 드러날 수도 있을 것이다. 사르트르는 그의 두번째 주저에서도 헤겔의 범주적 진행을 거부하고 있다. 그는 구조적 인간학을 생각하고 있다. 대자 존재와 타인들 사이의 이원론은 사회적 "집단"의 다원성 속으로 해소되어야만 한다. 이 집단들이 단지 구조적으로만 파악될 수 있다면, 주체들의 결합으로서의 전체화는 개념적 종합으로서 파악될 수 없다. 집단 형성의 과정들은 뒤집을 수 없다. 따라서 이러한 과정들과 함께 사회적 자유, 즉 언제나 그 반대가 되도록 협박하는 사회적 자유 또한 있다.

사르트르는 구조적으로 진행해 감으로써 어떤 규범적 입장을 취하는 것도, 그렇다고 목적론적으로 사유하는 것도 아니다. 『비판』에서 내비친 사실성은, 언제나 이미 거기에 실제적으로 있는 것을 구성하려는 사르트르의 방법에 상응하는 것이다. 이로써 가설적 의미부여가 선험적으로 거부되는 것은 아니다. 다만 밑바탕에 깔린 그러한 의미부여는 우선 역사를 향해 방향이 잡혀져야만 하며, 그래서 전체화된 과거에 대한 역사적 계승—이것이 곧 역사철학이다—을 '의미 충만한 것'으로 입증해야만 한다.

구조적 인간학의 이러한 프로그램에 맞추어 사르트르는 인간을 더 이상 단순히 의식으로서가 아니라 오히려 실천으로서, 즉 존재자들 한가운데서 행위하고 있는 자로서 서술하고 있다. 물론 실천은 하나의 원리로부터 추론된 개념이 아니다. 그것은 근거이자 동시에 존재자이다. 사르트르가 인간을 그의 필요에 의해 규정함으로써 행위는 기능적으로 필요의 충족과 연관된다. 주체와 물질 사이에 작용하는 변증법은 노동의 논리학이다. 유기체를 통일시키는 내면의 성질과 주체의 필요 구조에 입각하여 주체를 구속하는 외적 질서 사이에는 갈등이 존재한다. 자유는, 인간이—노동으로서의 삶 속에서—물질적인 것을 이러저러한 방식으로, 그러나 물질에 대한 구속에서 벗어날 수 없이, 지배할 수 있는 한에서만 인간에게 주어져 있다.

자체 존재로서의 물질과의 만남이라는 지평에 의해 이제 인간이 인간과 맺게 되는 관계의 형태가 바뀌게 된다. 타인의 우연성은 더 이상—『존재와 무』에서처럼—갈등의 동인으로서만 이해되지는 않는다. 연대의식은 물질에 대한 공동의 노동 속에서 가능하다. 사르트르는 이러한 점에서 제3의 것이라는 개념을 끌어들인다. 제3의 것—이것은 강제의 〔집행과 그에 대한 판결을 통제하는〕법정, 즉 지배계급을 대표하는 것이자 공장에서 시간을 기록하는 자이다—은 이 제3의 것을 자신들의 객체〔대상〕로 받아들여 '우리'를 경험하는 두 개인이 하나의 짝을 이루도록 촉구하는 것이다. 이렇게 강제된 공동체는 소외에 의해 비로소 설명될 수 있다.

사르트르는 이제 노동과 소외의 구조를, 인간을 규정하는 구조의 요구 속에서 보편적 선험으로서 해명할 어떤 원리를 설명해야만 한다. 그것은 결핍 내지 부족이다. 부족은 인간이 타인을 자신의 적으로 간주하게 되는 현실을 야기하며, 더 나아가 계급의 대립을 야기한다. 물론 소외는——마르크스주의에서와는 다르게——부족에 기초하여 일어난다. 왜냐하면 소외는 역사적으로 성장해온 제약성일 뿐만 아니라 원칙적으로는 구조적·인간학적으로 인간이 인간과 맺게 되는 관련이기 때문이다. 필요의 무한성은, 가설적으로는 무한히 많은 것을 우리들에게 제공할 수 있을 자연의 테두리조차 파괴하고 만다. 부족은 원칙적으로 지양될 수 없다.

사르트르는 물질을 보다 넓은 우연의 구조로 설명한다. 물질은 인간이 자신의 필요를 충족시킬 수 있게 해준다. 따라서 물질은 인간이 어떤 특정의 의미를 "써넣은" "반대 법정"이 된다. 물질은 그 자체로는 그러한 각인〔써넣음〕과 무관하다. 다른 측면에서 보자면 물질은 주체와 직접적으로 대결하고 있다. 즉 물질은 주체와 마주 서 있는 것이고, 주체의 환경이며, 주위세계이고, 실천의 대상인 것이다. 그렇기 때문에 인간이 물질과의 대결 속에서 새롭게 부여된 의미들을 발견하고, 타인을 자신의 경쟁자로 경험할 수 있는 것이다. 인간이 노동자로서 물질로부터 어떤 것을 얻으려 하기 때문에, 물질은 "반대편의 궁극적인 것"이 된다. 물론 물질의 뒷편에는 항상 인간 집단의 대립이 놓여 있다. 예로서 소유물을 가진 자는 물질의 이용자인 것이다. 사르트르는 이러한 연관에서 소유의 개념을 논구하고 있다.

한편 소유는 원리적·존재론적 위상을 갖는다. 소유는 인간의 실존과 함께 언제나 이미 주어져 있다. 다른 한편 소유는 개별화에 영향을 미친다. 소유는 주체를 고립으로 몰아가며, 그런 한 소유는 사회적 규정을 잃어버린다. 소유에 대한 사르트르의 존재론적 분석은 마르크스주의적 이론과 동일시될 수 없다. 갖는다는 것은 주체의 한 관련이고, 가지고자 한다는 것은 주체가 자신의 전존재를 얻으려고 노력하는 활동이다. 그러나 이로써 계급 대립에 대한 설명이 제공된 것은 아니다.

사르트르는 계급의 구조를 어떻게 보는가? 그는 그 구조를 노동자 집단과 산업가(産業家)로 이분화하고 있다. 계급의 통일은 대립의식을 전제한다. 산업가들에게는 엄밀한 의미에서 일반화할 수 있는 관심이 없지만 노동자들에게는 그와 같은 것이 없다고 할 수 없다. 노동자들은, '우리[의]-객체들'로 만들어진 채, 자유롭지 못한 것으로서의 물질에 좌지우지되고 있다. 이러한 상황에 대한 의식은 어떻게 유발될 수 있는가? 보통 노동자 계급은 스스로를 우선 무기력하게 느낀다. 자유가 갑작스럽게 그리고 아무런 매개도 없이 모든 계급에 나누어질 수는 없기 때문에, 그것은 개인적 실천에 의해서만 이끌어 들여져야만 한다. 집단—즉 구조적 인간학 안에서의 새로운 단계—은 성공을 이루어 가는 사회성의 출발점에 위치한다.

사르트르는 집단을 공동체의 "형태"(Gestalt)라 칭한다. 집단이 형성되어가는 과정 속에는 어떤 사건이 놓여 있다. 사르트르는 집단과의 동맹을 이성적으로 만들어낼 수 있을 어떠한 논리적 진보나 또는 변증법적 진보도 알고 있지 않다. 집단은 생겨나야만 한다. 동맹을 조성하는 요소들 가운데 하나는 위험이다. 위험 속에서 주체는 자신이 개별자임을 체험한다. 주체는 자신이 다른 주체들과 함께 하고 있는 그 상황을 잘 알고 있다. 다시 말해 이러한 앎으로부터 주체의 존재, 즉 대자 존재를 지키기 위한 행위의 통일이 발생한다. 집단은 존재적으로 하나가 되는 것이 아니라 실천적으로 하나가 되는 것이다.

행위의 통일체로서의 집단은 두 가지 가능성에 의해 위험에 처하게 된다. 집단은 집단이 다시 발생함으로써 무너진다. 그리고 집단은 그 목표가 달성되면 해체의 압박을 받는다. 우리는 집단의 현존재가 단지 목표의 사실에 바탕해 있을지라도, 집단은 목표를 달성한 후에도 확고해야만 한다는 모순에 주목할 필요가 있다. 물론 사르트르는 어떤 임의적 목표가 아니라 최후의 승리를 가정한다. 그리고 그는 '기이하게 목적론적인', 마르크스주의 이론과 일치하는 요소를 논의 속으로 끌어들인다. 집단의 실천적 경험으로서 그 내적 결속을 보장해야만 하는 것은 맹세이다. 맹세는 집단 형성을 강화시키고, 주위 세계에 대한 신중한 대응으로서의 집단은 이러한 맹세를 통해 안정된다.

집단이 '사회적으로 확고한 것'으로서 간주될 수 있을 때 보다 광범위한—보다 내적인—차별화가 일어난다. 계급들에 대한 지배는 피할 수 없지만 그러나 그러한 지배가 다시금 주체의 대자 존재와 관계하는 것은 아니다. 더 나아가 그 집단에 소속된 자들은 타당한 기준들을 지켜야 할 의무가 있다. 이러한 기준들은 주체들 서로에 의해 통찰 가능한 것이어야 한다. 서로 다른 집단들간의 절대적 병렬은, 그것들이 전체 사회속에 통합되어 있다는 점을 고려해 볼 때, 불가능한 것이다. 이러한 점에서도 사르트르는 마르크스주의뿐 아니라 헤겔과도 거리를 두고 있는셈이다. 집단의 목표는 "자기 중심적"이다. 예컨대 그 집단에 속하지 않는 타인들에 대한 방어를 목표로 한다. 물론 우리는 사르트르가 집단을단순히 사회적 의사소통의 가능한 형태로서만 보고 있지 않음을 보아야만 한다. 자유로운 인간은 집단에 대한 귀속성과 관련되어 있다.

그렇기 때문에 사르트르는 『변증법적 이성에 대한 비판』의 부제를 "실천적 집단에 대한 이론"이라 부르고 있다. 사르트르는 애초부터 그리고 진행 과정 속에서도, 헤겔뿐 아니라 마르크스주의까지도 진보적으로상승한다고 보았던 점을 거부한다. 엄밀히 말해 사르트르에게 전체화의과정 속에서 가정되는 대단원의 끝은 없다. 이러한 사실은 사르트르가사회의 집단과 대립을 벌일 때에도 계속 나타난다. 대립해 있는 타인들은 집단에게는 통제되고 지배되어야 할 객체들일 뿐이다. 엄격한 '집단일원론'(Gruppenmonismus)은 사회를 집단에 반대하는 자들의 총체로 부정적으로 보고자 한다.

국가에 대한 설명은 보다 복잡해진다. 체계의 관점에서 보자면, 국가는 가장 높은 곳에 위치한 집단이다. 국가는 다스리는 자들, 행정에 종사하는 자들, 조직을 만드는 자들 등등의 연합이다. 더 나아가 국가는지배자들 사이에 일어나는 갈등을 중재하는 법정이다. 국가의 권한은

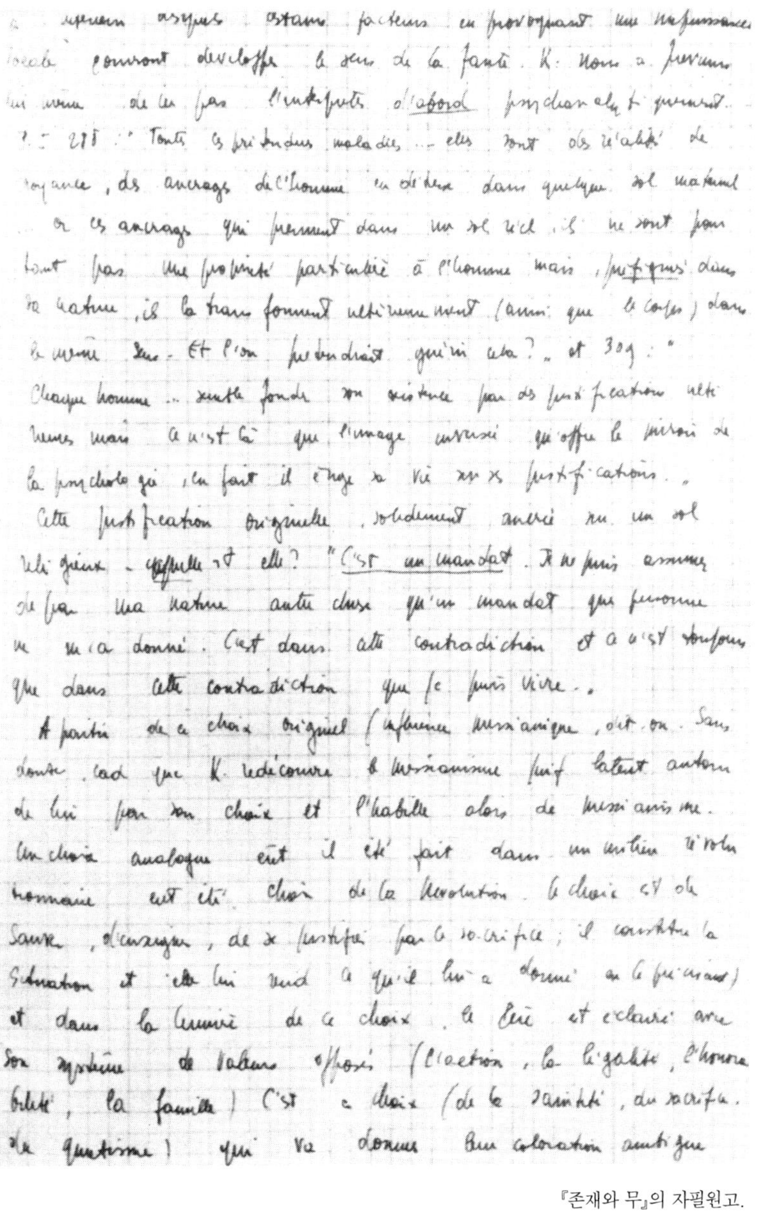

『존재와 무』의 자필원고.

계급의 차이에서 나온 것이다. 그러나 국가의 권한은 이러한 차이 위에 통치로서 형식적으로 놓여 있을 뿐이다. 국가는 서로 다른 사회적 관심들을 매개하여 통합할 수 없다. 국가의 권한을 보존한다는 측면에서 고찰해 볼 때, 국가는 비록 보편적 구조이긴 하지만 그 본질상 지배계급의 기관인 것이다.

프롤레타리아의 독재가 국가와 유사한 종류이며 거부되어야만 하는 과도한 조직주의를 촉진하게 될 것이라는 점에서 사르트르의 사유는 일관성이 있다. 사르트르는 탈관료정치화, 노동자 위원회, 개별 집단들과 같은 것들을 옹호한다. 이러한 옹호는 각각의 단체라는 것이, 타인들을 전체화하는 누군가(여기서는 어떤 집단)를 위한 단체에 불과하다는 통찰에서부터 생겨난 것이다. 이러한 연관에서 구조적으로 기술(記述)하는 것의 장점은, 모든 것을 공동의 목표로 이상주의적으로 통일시키는 것으로부터 거리를 취하게 한다는 데 있다. 사르트르에게는 단지 부분적 자유만이 주어져 있을 뿐이다.

사르트르는 마르크스주의적 이론을 근본적으로 활용할 수도 있을 하나의 출구를 알고 있다. 이를 위해서는 역사로 눈길을 돌릴 필요가 있다. 역사는 억압받던 계급들이 "사악한" 반대 계급에 대항해 어떻게 자신들의 권리를 주장할 수 있었는지를 보여줄 것임에 틀림없을 것이다. 그렇다면 그러한 과정으로부터 목적론이 추론될 수도 있을 것이다. 어쨌든 마르크스주의가 말하는 종결성은 그런 식으로 구원될 수도 있을 것이다. 사르트르는 이러한 주제에 대해 숙고했던 『비판』의 제2권을 저술하지는 못했다.

결론적으로 우리는 극단적 적대주의 흐름 가운데 제시된, 『존재와 무』의 사회 구조가 『변증법적 이성에 대한 비판』을 위해 어느 정도의 구속력을 갖고 있는지를 물을 수 있을 것이다. 사르트르는 두번째 주저의 시작 머리에서 두 가지 문제와 대결을 벌이고 있다. 첫째 사르트르는 자연 과정의 밑바탕에 가설적으로 놓아둔, 변증법적 유물론의 이론을 거부하지만, 그러나 그는 본질적으로는 계급 대립과 소외와 같은 마르크스주의적 통찰들을 고수하려 한다. 『비판』은 마르크스주의적 철학의 토대 위에서만 형성될 수 있다. 둘째, 실존주의는 마르크스주의에 대한 교정으로서 받아들여져야 한다. 즉 실존주의는 『존재와 무』에서 구상되었던 것과 같은 그러한 "순수한" 형식에서 파악되어서는 안 된다. 그러나 그렇다고 주체의 온전한 구조가 흔들리는 것은 아니다. 이로써 『비판』의 저술 방식을 함께 규정하는 선택들이 이끌려 들어온다.

그 선택들은 사르트르의 사회 이론의 위대한 사유적 업적을 경감시키기는커녕 오히려 부분적으로 구조적 인간학의 특정 난점들을 이해할 수 있게 해준다. 물질과의 대결 속에서 인간과 인간이 "적극적으로" 움직일 수 있다는 통찰이 비록 초기 작품에서 명백히 드러나 있었던 엄격한 적대주의의 사유를 극복하는 것이긴 하지만, 그러나 사회적 맥락 속에서의 자유는 더 이상 결코 부정(否定, Negation)이 아니다. 다른 한편 행위의 주체들로서의 집단들은 다시금 대립의 구조 속에서 나타난다. 그 결과 보다 상위의 동맹에 대해서는 논의되고 있지 못하다. 특히 주체의 대자 존재는 주체가 집단에 귀속해 있다는 것을 결코 해명해 주지 못한다. 왜냐하면 집단은 엄밀한 의미에서 존재의 위상을 갖는 것이 아니라 단지 행위의 위상만을 가질 뿐이기 때문이다. 물질적 결핍의 극복 또한 단지 부분적으로만 그리고 특정의 목표와 관련해서만 성공할 수 있을 뿐이다. 인간은 자신의 필요 구조에 따라, 언제나 자신의 뜻대로 할 수나 있는 것처럼 그때그때마다 더 많은 것을 원하고 있다는 논제는 사회 이론을 그 결정적인 점에서 주체의 존재론으로 되돌려 놓고 만다. 사르트르는 그가 마르크스주의로부터 배운 것보다 더 풍부한, 인간의 모순된 구조를 그대로 내버려 두고 있다.

평가와 역사적 영향

사르트르의 철학적 의의는 결코 낮게 평가될 수 없다. 『존재와 무』의 출간 이래 사르트르가—무엇보다도 프랑스에서—해소했던 논쟁들이 그의 철학의 막강한 영향력의 간접적 징표라고 한다면, 그는 의심의 여지 없이 20세기의 위대한 사유가들 가운데 한 명에 속한다. 사람들이 단지 전문철학의 잣대로만 재려 한다면, 사르트르는 해당 분야에 기록될 수 있는 나름의 체계를 남긴 사람도, 또 그 내재적 의미에서 어떤 학파를 창시한 사람도 아니다.

이러한 점에서 사르트르는 하이데거와 유사하다. 사르트르의 존재론은 결코 과학일 수 없다. 만일 그렇다면 그 존재론은 어떤 연구 프로그램으로 변환될 수도 있어야 할 것이다. 그 존재론은 독특한 방식으로 자체충족적이다. 이러한 사실에 대한 언급이 주어져 있다. 이러한 언급을 통해 우리는 실존 분석에서 다루지 못했던 주제들에 대한 일목요연한 분석이 요구되는 곳에서 사르트르와 하이데거 모두에게 발생했던 난점들을 간접적으로 해명해 볼 수 있다. 중요한 것은 윤리학에 대한 문제이다. 1947년 이른바 『휴머니즘에 대한 서한』에서 주어진 하이데거의 대답은, 『존재와 시간』의 토대 위에서 전개시킬 수 있는 윤리학이란 가능하지 않다는 것을 확증하는 것이었다. 1년 전인 1946년에 사르트르는 『실존주의는 휴머니즘이다』라는 강연에서 『존재와 무』의 가장 극단적 결론을 약화시켰다. 그는 제한적 차원의 규범에 관해 매우 모호하게 "내 자유의 목표는 타인들의 자유를 나 자신의 것으로 포함한다"고 말하고 있다. 따라서 그는 이미 초기 주저의 토대를 떠난 것이다.

하이데거에서와 달리 사르트르의 경우 1945년 이래 사회정치적 현실 참여는 사회적 실천을 위해 철학의 개방을 촉진시키는 데 한몫을 했다. 후기 사르트르의 철학적 작업들을 특징짓는 모순들은 적어도 어느 정도는 그의 철학을 이해하지 못하는 사람들로부터 제기된 것들이다.

그러나 작품에 "한 획"을 긋지 않을 수는 없다. 우리는 『존재와 무』의 주요 동기들이 『변증법적 이성에 대한 비판』에서 다시 나타나고 있음을 볼 수 있다. 사르트르는 인간의 존재를 특징짓는 대자 존재의 존재론적 위상을, 인간이——성공적인 사회적 실천을 위한 조건으로서——(노동이란 의미의) 행위 개념을 통해 보완될 때조차도 결코 포기하지 않는다. 물론 사르트르의 존재론이 인간적 현존재를 이해하기 위해——특히 〔이 현존재를〕 의사소통적 과정으로서 이해하기 위해——얼마나 유용한가 하는 문제는 피할 수 없을 것이다. 대자 존재는 부정의 양태에 의해 규정되어 있다. 사르트르는 이 부정의 개념 속에 후설의 이론, 즉 주체가 자신의 대상을 향해 있다는 것은 물론 현존재의 세계, 즉 현존재의 의미 영역에 관한 하이데거의 이론까지도 포섭하고 있다. 인간적 관련들에 대한 그렇게 정교한 해석의 장점은 자유가 하나의 활동으로서, 즉 주어진 것을 그때마다의 부정함을 통해 넘어서는 활동으로서 파악될 수 있다는 데 있다. 이러한 과정은 인간이 결코 잠자는(ruhend) 동일성의 단계에까지 도달하지는 못하기 때문에 무한히 발생한다. 그렇기 때문에 하르트만은, 카뮈에서 제공된 시시포스 주제가 존재론적으로 확증되고 있다고 말한다.[17]

인간적 대립이 등장하는 곳에서 주체의 부정적 관련은 보다 문제가 많은 것으로 나타난다. 사르트르의 이론은 나와 타인의 관련에서 적대주의적 관계를 밑바탕에 깔고 있다. 그래서 성공적으로 의사를 소통하는 실천(사랑에서부터 유대감에 이르기까지)은 시야에서 놓치고 만다. 사르트르가 자체 존재와 대자 존재에게만 엄밀한 의미의 존재론적 위상을 허용하고 대타 존재를 거기로부터 추론하기 때문에, 그의 이론에는 사회적 지평이 빠져 있다.

『변증법적 이성에 대한 비판』은 실제로 『존재와 무』의 밑바탕에 깔린 실상에 대한 대답과 수정으로서 읽혀야만 한다. 사회적 자유는 가능해야만 한다. 이것은 마르크스주의의 요구이다. 그러나 마르크스주의 이론이 말하는 바처럼 프롤레타리아가 승리할 때에야 비로소 자유의 현실화 상태가 더욱 촉진된다고 보는 한, 실제적 관계들은 마르크스주의에게는 비판되어 마땅한 것일 뿐이다. 사르트르는 목적론을 던져 버린다. 목적론 때문에 변증법적 유물론은 결국 과정에 대한 사유로 치닫게 되는 것이다. 이러한 사유 속에서 인간은 행위하는 주체로서는 차단되고 만다. 뿐만 아니라 사르트르는 자유 이론의 과제를 역사철학에게 떠맡기려 하지 않는다. 구조적 인간학은 원래 거기에 이미 무엇이 있는지를, 즉 사회적 자유는 부분적으로만 주어져 있다는 것을 수긍시켜야만 한다. 물론 사르트르는 이러한 통찰의 의의를 철저히 제한하고 있다. 존립하는 사회구조들을 긍정하는 것에 대해서는 사유되어 있지 않다.

『변증법적 이성에 대한 비판』이 정열적으로 관심을 기울이는 부분은 억압받는 사회계급 즉 노동자 계급이다. 이때 억압의 보다 광범위한 형식들—정신적 영역에서의 보다 섬세한 형식, 식민주의와 제3세계의 복합 속에서 보다 명료하게 되는 형식—은 배제된다. 사람들은『비판』의 씌어지지 않은 제2부, 즉 역사로 방향잡혀진 부분이 역사를 고려에 넣었으리라는 점에 대해 사변을 펼칠 수도 있을 것이다. 사르트르의 사회이론이 놓여 있는 것처럼—그런데 그것 또한 모순에 속한다—그 이론은 현대 산업국가의 모델로 정향되어 있으며 그러한 모델과 관련되어 있다. 그럼에도 그 이론은 보편적 타당성을 요구한다.

사르트르는 1960년 이후『비판』의 이론으로부터 체계적으로 거리를 취하지는 않았다. 사르트르에게『비판』은 마지막까지 타당한 이론으로 남는다. 우리는 그가 후기의 대화들 속에서 집단들의 부분적 실존—이것은 늦어도 1968년 이후부터는 더 이상 산업 노동자에게만 국한되지 않는다—을 강조할 때 이러한 사실을 확인할 수 있다. 무정부주의적 [노동]조합주의(Anarcho-Syndikalismus)의 바람이 그 영향력을 미쳤고, 이 바람은 무엇보다도 혁명의 숨결 속에서 1968년 5월의 대표적 인물들에 의해 더욱 길어졌다.

사르트르의 철학이 미친 영향사의 관점에서 볼 때, 단순히 수사학적인 인정을 진실된 것으로 수용하는 것과 그러한 인정을 거부하는 것을 구별하기란 쉽지 않다. 사르트르에 대한 2차 문헌은 이미 오래 전에 조망이 불가능할 정도로 늘어나 있다. 또한 수용에서 문학과 철학, 철학과 정치학, 그리고 정치학과 문학 사이가 언제나 뚜렷하게 구분될 수 있는 것도 아니다. 사람들이 단지 철학으로만——즉 1945년 이후에 감행된 문제들로만——되돌아간다면, 그들은 예를 들어 카뮈와 사르트르의 관계, 따라서『존재와 무』의 초기 영향사를 놓치고 마는 것이다. 대중적인, 그리고 바깥에서 바라본 이러한 초기 영향사는 흔히 실존주의의 깃발 아래 진행되며, 적어도 소설『구토』뿐만 아니라 그의 첫번째 철학적 주저와 관계되어 있다.

메를로-퐁티는 1945년 여름 사르트르와의 대결이 진지함을 결여하고 있다고 한탄한 적이 있다. 실존주의에 대한 "좌파적" 거부는 사르트르의 책이 공동체를 촉진했던 레지스탕스 시절의 체험을 헛되게 한다는 확신에 근거한다. 메를로-퐁티가 사르트르는 1945년에 현존재의 상호주체성[상호주관성]에 대한 통찰을 결여하고 있었다고 비난하는 것은 보다 차별화된 비판인 것이다.[18]『존재와 무』는 지나치게 반명제적으로[모순적으로] 구성되어 있고, 대자 존재와 자체 존재의 반명제[대립]에 지나치게 의존해 있으며, 변증법적으로 너무 적게 매개되어 있다고 한다.

루카치 또한 1946년의『실존주의냐 마르크스주의냐?』에서, 사르트르가『존재와 무』의 차원에서 타인과의 사회적 관계를 구성하려 할 때 가졌던 문제들에 관해 말하고 있다.『존재와 무』는 사르트르 논리학의 모순성을 비난하고 있는 토마스주의의 철학에 의해 비판된다.[19] 말로와 아롱——그의 책『지성인의 아편』(*L'Opium des Intellectuels*, 1955)——으로 대표되는 온건한 보수주의 진영도『존재와 무』를 거부하고 있다.『존재와 무』에 동의하면서 그 책을 받아들였던 이들은 사르트르의 존재론을 자유에 대한 이론으로 단순화했던 생-제르맹-데-프레(Saint-

Germain-des-Près)의 작가들이었다.[20] 메를로-퐁티 또한, 위에서 언급된 반론에도 불구하고, 사르트르의 작품을 자유의 이름 아래 감행된 시도로 변호했다.[21]

1960년 『변증법적 이성에 대한 비판』의 출간은 적지 않은 논쟁들을 잠재웠다. 이 책은 사르트르가 마르크스주의를 공산주의적 당 이념의 형식으로 정치적으로 이미 인정하고 있던 때에 나온 것이다. 마르크스주의에다 어떤 새로운 이론을 맹목적으로 부여하는 것은 문제가 될 수 없다. 가로디(Roger Garaudy),[22] 르페브르(Henri Lefébvre)[23] 그리고 아담 샤프(Adam Schaff)[24] 등과 같은 마르크스주의 진영의 인사들에 의한 비판은 의미심장하다. 일반적인 비난은 사르트르가 역사로부터 추론한다는 식으로 이루어진다. 아롱은 자신의 비평서에서 『비판』을 마르크스주의의 이론의 잣대로 재고 있으며, 그런 까닭에 『비판』을 불완전한 것으로 간주한다.[25] 『비판』의 특징인 실존주의와 마르크스주의의 결합은 혼란을 야기했다. 거기에 사르트르의 사회이론에 대한, 구조적 인간학의 개념에 의해 감명을 받았던 사람들의 거부가 더해졌다. 그 대표자가 바로 레비-스트로스(Claude Lévi-Strauss)이다. 『야생의 사고』(*La pensée sauvage*)에서 레비-스트로스는 역사적 사례에 대한 사르트르의 선별적 선택을 비난하고 있다.[26] 이러한 선택에 의해 행위의 의미가 앞서 제한되게 되고, 따라서 그러한 선택은 역사를 구조로서 과대평가하는 것과 모순된 것이다.

두번째 주저의 경우에도 토론은 세계관적 선택의 문제로 급격히 쏠리게 된다. 1968년 3월에 펼쳐진 자신의 활동들을 통해 그리고 또한 그후에도 여전히 행동주의를 상징화한 것은 다름 아닌 사르트르 자신이었다. 이러한 행동주의가 『비판』에 진지하게 몰두하도록 촉진한 것은 아니다. 사르트르는 너무나 편하게 "마르크스주의자"를 자신의 "마르크스주의적" 사회 이론과 동일시하고 있다.

사르트르가 전문철학을 위해 얼마나 새로운 것을 발견할 수 있었는가

하는 문제는 열린 채 놓아두기로 한다. 그러나 우리는 사르트르의 사상이 오랜 시간 동안 영향을 미쳐 왔다는 사실을 배제해선 안 된다. 사르트르가 첫번째 주저에서도 그리고 두번째 주저에서도 "고전적" 대답들을 정식화할 수 없었다는 사실이, 그 두 텍스트가, 그 구체적 성과들을 넘어서 그들을 세기적 작품으로 만든 개념의 노력에 의해 사유된 것이라는 것을 가려서는 안 된다.

| 마르틴 마이어 · 구연상 옮김 |

마르틴 마이어(Martin Meyer)
1951년 취리히에서 출생. 취리히 대학에서 독문학과 철학, 역사를 공부한 뒤 1976년 학위를 취득했다. 학위논문 제목은 "Idealismus und politische Romantik" (관념론과 정치적 낭만주의). 1974년부터 *Neuen Zürcher Zeitung*의 문예부 주필로 있다. 여기에 게재된, 철학과 문헌 비판에 대한 수많은 글들이 있고, *Merkur*에 발표된 사르트르와 플레스너(Plessner)에 대한 논문들이 있다. *Philosophie in der Schweiz*(1981)의 편집자이기도 하다.

구연상
한국외국어대학교 독일어과를 졸업하고 같은 학교 대학원 철학과에서 석 · 박사학위를 받았다. 서양철학과 한국철학 그리고 우리말과 문화에 대한 연구를 계속해왔다. 지금은 숙명여자대학교 교양교육원 의사소통센터 교수로 있으면서, '우리말로 학문하기 모임'의 총무이사를 맡고 있다. 주요 저서로는『공포와 두려움 그리고 불안』『감각의 대화』『후회와 시간』『철학은 슬기 맑힘이다』『부동산 아리랑』등이 있다.

주

1) H. H. Holz, 1951 참조. 또한 Rud. W. Meyer의 논문 "Maurice Merleau-Ponty und das Schicksal des französischen Existentialismus" (in : *Philosoph. Rundschau* 3, 1955. 129~165)도 참조.

2) Hartmann, 1963, 1965 참조.

3) 사르트르, 『사르트르에 대한 사르트르』, 145쪽.

4) 사르트르, 『자화상』, 210쪽.

5) Werner Marx, "Vernunft und Lebenswelt", in : *Vernunft und Welt*, Den Haag 1970, 47쪽.

6) 후설, 『유럽 학문의 위기와 선험적 철학』, 142쪽.

7) 사르트르, 『존재와 무』, 35쪽.

8) 같은 책, 34쪽.

9) 같은 책, 45쪽.

10) 같은 책, 211쪽.

11) 같은 책, 365쪽.

12) 같은 책, 467쪽.

13) 같은 책, 322쪽.

14) Hartmann 1963 참조.

15) 같은 책, 118쪽.

16) 사르트르, 『자화상』, 188쪽.

17) Klaus Hartmann, "Freiheit als Negation?", in : *Neue Zürcher Zeitung*, Nr. 262, 1979, 68쪽.

18) Maurice Merleau-Ponty, *Sens et Non-Sens*, Paris, Nagel, 1948, 142쪽.

19) M. Blondel, "The inconsistency of J.-P. Sartre's Logic", in : *The Thomist* 10(1947) 393~397.

20) C. E. Magny, "Système de Sartre", in : *Esprit* 13(1945) 564~580.

21) M. Merleau-Ponty, *Sens et Non-Sens*, 83쪽.

22) R. Garaudy, in : *Marxisme et Existentialisme*, 1962, 27~43쪽.

23) H. Lefèbvre, *Marx. Sa vie, son œuvre*, 1964, 22~27쪽.

24) A. Schaff, *Marx oder Sartre?*, 1964.

25) R. Aron, in : *Figaro littéraire* 29, 10. 1964.

26) C. Lévi-Strauss, *La pensée sauvage*, Paris, Plon, 1962.

참고문헌

원전

전집

●이제껏 완결된 전집판은 프랑스어 원전으로도 독일어 번역본으로도 아직 나오지 않고 있다.

단행본

● "La transcendance de l'égo", in : *Recherches Philosophiques* 1936~1937.
● *Une idée fondamentale de la phénoménologie de Husserl*, Paris, NRF, 1939.
● *Esquisse d'une théorie des émotions*, Paris, Hermann, 1939.
● *L'imagination*, Paris, P. U. F., 1936.
● *L'Imaginaire*, Paris, Gallimard, 1940.
● *L'Etre et le Néant*, Paris, Gallimard, 1943.
● *L'existentialisme est un humanisme*, Paris, Nagel, 1949.
● "Matérialisme et révolution", in : *Situaltions* III, Paris, Gallimard, 1949.
● *Critique de la raison dialectique*, Tome I, Paris, Gallimard, 1960.
● "Débat sur la dialectique", in : *Marxisme et existentialisme, Controverse sur la dialectique*, Paris, Plon, 1962.
● "Problèmes du marxisme", in : *Situations* VI und VII, Paris, Gallimard, 1965.
● "Pouvoir et liberté, Dialogue avec Pierre Victor", in : *Libération*, 6. 1. 1977.
● "L'espoir maintenant, Dialogue", in : *Le Nouvel Observateur*, Nr. 800, 801, 802, Paris 1980.
● *Les Mots*, Paris, Gallimard, 1963.
● "Autoportrait à soixante-dix ans", in : *Situations* X, Paris, Gallimard, 1976.
● *Lettres au Castor*, Paris, Gallimard, 1983.

● *Cahiers pour une morale*, Paris, Gallimard, 1983.

독일어 번역본

● *Ist der Existentialismus ein Humanismus?*, Zürich 1947.
● *Materialismus und Revolution*, Zürich 1950.
● *Das Sein und das Nichts*, Reinbek 1962.
● *Die Transzendenz des Ego. Drei Essays* (darin : Über die Einbildungskraft ; Entwurf einer Theorie der Emotionen), Reinbek 1964.
● *Marxismus und Existentialismus. Versuch einer Methodik*, Reinbek 1964.
● *Die Wörter*, Reinbek 1965.
● *Existentialismus und Marxismus. Eine Kontroverse zwischen Sartre, R. Garaudy, J. Hyppolite, J. P. Vigier und J. Orcel*, Frankfurt 1965.
● *Kritik der dialektischen Vernunft*, Reinbek 1967.
● *Das Imaginäre, Phänomenologische Psychologie der Einbildungskraft*, Reinbek 1971.
● *Brüderlichkeit und Gewalt. Ein Gespräch mit Benny Lévy*, Berlin 1993.

2차 문헌

인물과 삶

● de Beauvoir, S. : *La force de l'âge*, Paris, Gallimard, 1960.
● _____ : *La cérémonie des adieux*, Paris, Gallimard, 1981.
● Biemel, W. : *Jean-Paul Sartre in Selbstzeugnissen und Bilddokumenten*, Reinbek bei Hamburg 1964.
● Cohen-Solal, A. : *Sartre, 1905~1980*, Paris 1985.
● Lejeune, Ph. : *Le pacte autobiographique*, Paris, Le Seuil, 1975.
● Madsen, A. : *Jean-Paul Sartre und Simone de Beauvoir. Die Geschichte einer ungewöhnlichen Liebe*, Düsseldorf 1980.
● Murdoch, I. : *Sartre. Romantic Rationalist*, London, Collins, 1971.

주석서

● Garaudy, R. : *Perspectives de l'homme*, Paris, P. U. F., [3]1961.
● Holz, H. H. : *Jean-Paul Sartre*, Meisenheim 1951.

● _____ : *Der französische Existentialismus*, München 1958.

●Jeanson, F. : *Le problème moral et la pensée de Sartre*, Paris, Le Seuil, 1959.

●Kuhn, H. : *Begegnung mit dem Nichts*, Tübingen 1950.

●Müller, M. : *Existenzphilosophie im geistigen Leben der Gegenwart*, Heidelberg 1949.

●Schaff, A. : *Marx oder Sartre?*, Wien 1964.

●Streller, J. : *Zur Freiheit verurteilt. Ein Grundriß der Philosophie Jean-Paul Sartres*, Hamburg 1962.

●Wahl, J. : *Les Philosophies de l'existence*, Paris, Colin, 1954.

●Warnock, M. : *The Philosophy of Sartre*, London, Hutehinson, 1965.

●Zehn, G. A. : *Historische Vernunft und direkte Aktion. Zur Politik und Philosophie von Jean-Paul Sartre*, Stuttgart 1964.

연구서

●Aron, R. : *Histoire et dialectique de la violence*, Paris, Gallimard, 1973.

●Gorz, A. : *Le Socialisme difficile*, Paris, Le Seuil, 1967.

●Hartmann, K. : *Grundzüge der Ontologie Sartres in ihrem Verhältnis zu Hegels Logik*, Berlin 1963.

● _____ : *Sartres Sozialphilosophie. Eine Untersuchung zur "Critique de la raison dialectique Tome I"*, Berlin 1966.

●Hübner, K. : "Fichte, Sartre und der Nihilismus", in : *Zeitschr. f. phil. Forschung* 10(1956) 29~43.

●Kopper, J. : *Die Dialektik der Gemeinschaft*, Frankfurt 1960.

●Marcuse, H. : "Existentialism. Remarks on Jean-Paul sartre's 'L' Etre et le Néant'", in : *Philosophy and Phenomenological Research* 8(1948) 309~336.

●Merleau-Ponty, M. : "La querelle de l'exestentialisme", in : *Les Temps Modernes* 1945(345쪽 이하).

● _____ : *Humanisme et Terreur. Essai sur le Problème communiste*, Paris, Gallimard, 1947.

● _____ : *Les Aventures de la dialectique*, Paris, Gallimard, 1955.

● _____ : *Le Visible et l'Invisible*, Paris, Gallimard, 1964.

●Moller, J. : *Absurdes Sein. Eine Auseinandersetzung mit der Ontologie Jean-Paul Sartres*, Stuttgart 1959.

문헌목록

●Biemel, W. : *Jean-Paul Sartre in Selbstzeugnissen und Bilddokumenten*, Reinbek bei Hamburg 1964.

●Contat, M., Rybalka, M. : *Les Ecrits de Sartre. Chronologie, bibliographie commentée*, Paris, Gallimard, 1970.

●Wilcox, R. : *Jean-Paul Sartre : A Bibliography of International Criticism*, Alberta, The University of Alberta Press, 1975.

찾아보기

철학의 거장들 4
현대편_니체에서 사르트르까지

엮은이 · 오트프리트 회페
옮긴이 · 이진우 • 윤형식 • 김희봉 • 최재식 • 윤선구 • 이종훈 • 신상희 • 구연상
펴낸이 · 김언호
펴낸곳 · ㈜도서출판 한길사

등록 · 1976년 12월 24일 제74호
주소 · 413-756 경기도 파주시 광인사길 37
　　　www.hangilsa.co.kr E-mail: hangilsa@hangilsa.co.kr
전화 · 031-955-2000~3 팩스 · 031-955-2005

인쇄 · 오색프린팅 | 제본 · 한영제책사

제1판 제1쇄 2006년 1월 5일
제1판 제4쇄 2014년 3월 25일

값 20,000원
ISBN 978-89-356-5367-6 94100
ISBN 978-89-356-5368-3 (전4권)
• 잘못 만들어진 책은 구입하신 서점에서 바꿔드립니다.

• 이 도서의 국립중앙도서관 출판시도서목록(CIP)은
e-CIP 홈페이지(http://www.nl.go.kr/ecip)에서 이용하실 수 있습니다.
(CIP제어번호: CIP2014008482)